Romance Espírita

UN AMOR DE VERDAD

Psicografía de
Zibia Gasparetto
Por el Espíritu
Lucius

Traducción al Español:
J.Thomas Saldias, MSc.
Trujillo, Perú, Marzo 2021

Título Original en Portugués:
"UM AMOR DE VERDADE"
© Zibia Gasparetto, 2004

Revisión:
Sol Ríos Ramirez

World Spiritist Institute
Houston, Texas, USA
E-mail:
contact@worldspiritistinstitute.org

De la Médium

Zibia Gasparetto, escritora espírita brasileña, nació en Campinas, se casó con Aldo Luis Gasparetto con quien tuvo cuatro hijos. Según su propio relato, una noche de 1950 se despertó y empezó a caminar por la casa hablando alemán, un idioma que no conocía. Al día siguiente, su esposo salió y compró un libro sobre Espiritismo que luego comenzaron a estudiar juntos.

Su esposo asistió a las reuniones de la asociación espiritual Federação Espírita do Estado de São Paulo, pero Gasparetto tuvo que quedarse en casa para cuidar a los niños. Una vez a la semana estudiaban juntos en casa. En una ocasión, Gasparetto sintió un dolor agudo en el brazo que se movía de un lado a otro sin control. Después que Aldo le dio lápiz y papel, comenzó a escribir rápidamente, redactando lo que se convertiría en su primera novela "El Amor Venció" firmada por un espíritu llamado Lucius. Mecanografiado el manuscrito, Gasparetto se lo mostró a un profesor de historia de la Universidad de São Paulo que también estaba interesado en el Espiritismo. Dos semanas después recibió la confirmación que el libro sería publicado por Editora LAKE. En sus últimos años Gasparetto usaba su computadora cuatro veces por semana para escribir los textos dictados por sus espíritus.

Por lo general, escribía por la noche durante una o dos horas. "Ellos [los espíritus] no están disponibles para trabajar muchos días a la semana", explica. "No sé por qué, pero cada uno de ellos solo aparece una vez a la semana. Traté que cambiar pero no pude." Como resultado, solía tener una noche a la semana libre para cada uno de los cuatro espíritus con los que se comunicaban con ella.

Vea al final de este libro los títulos de Zibia Gasparetto disponibles en Español, todos traducidos gracias al **World Spiritist Institute**.

Del Traductor

Jesus Thomas Saldias, MSc., nació en Trujillo, Perú.

Desde los años 80's conoció la doctrina espírita gracias a su estadía en Brasil donde tuvo oportunidad de interactuar a través de médiums con el Dr. Napoleón Rodriguez Laureano, quien se convirtió en su mentor y guía espiritual.

Posteriormente se mudó al Estado de Texas, en los Estados Unidos y se graduó en la carrera de Zootecnia en la Universidad de Texas A&M. Obtuvo también su Maestría en Ciencias de Fauna Silvestre siguiendo sus estudios de Doctorado en la misma universidad.

Terminada su carrera académica, estableció la empresa *Global Specialized Consultants LLC* a través de la cual promovió el Uso Sostenible de Recursos Naturales a través de Latino América y luego fue partícipe de la formación del **World Spiritist Institute**, registrada en el Estado de Texas como una ONG sin fines de lucro con la finalidad de promover la divulgación de la doctrina espírita.

Actualmente se encuentra trabajando desde Perú en la traducción de libros de varios médiums y espíritus del portugués al español, habiendo traducido más de 160 títulos, así como conduciendo el programa "La Hora de los Espíritus."

* * *

En medio de la tormenta que empapaba su cara, Nina caminaba ajena a todo, indiferente a la fuerte lluvia que le empapaba el cuerpo, con los truenos que rugían iluminando el cielo de vez en cuando, mezclando las lágrimas que empañaban su visión con el torrente incontenido de la tormenta.

Debido a que la tormenta interior estallaba más fuerte que la exterior, y ella no podía calmar su corazón atribulado y afligido.

No había nadie en la calle. Incluso los carros se habían detenido, esperando a que amainara la tormenta. Pero ella siguió caminando, como si ese caminar fuese imperativo y urgente.

Detrás de los cristales brumosos, algunos rostros asustados, mirándola pasar, lanzaban miradas temerosas, preguntándose íntimamente por qué enfrentaba la tormenta.

Nina; sin embargo, se volvió hacia su drama interior, siguió caminando, siendo consciente solo de su dolor, Dentro de su corazón, la revuelta, la ira, el inconformismo por todo lo que la vida le negaba como si fuera menos, no merecía la felicidad.

Se detuvo por un momento y apretó los puños, diciendo en voz baja:

– ¡Ellos no me van a vencer! Aun estoy viva. A partir de ahora todo cambiará. André no será feliz con ella.

La visión de los dos abrazados y sonriendo apareció nuevamente, y ella gritó desesperada:

– Voy a tener a mi hijo y vivir para mi venganza, ¡lo juro! Ellos me las pagarán.

Un rayo más brillante iluminó su rostro en ese momento, mostrando su rostro contraído, pálido y sufrido.

Sentía como si las fuerzas de la naturaleza confirmaran su juramento.

Sus lágrimas se detuvieron. Necesitaba guardar fuerzas, pensar qué hacer, cómo afrontar los cinco meses que le quedaban para que naciera el niño.

Miró el cielo gris y oscuro en el presagio de la noche que se acercaba. La lluvia había pasado. Decidió irse a casa. Su rostro estaba pálido, pero sin lágrimas. Había llorado todo lo que podía. Sintió un vacío en el pecho, pero al mismo tiempo una nueva fuerza.

Entró en la pequeña y elegante casa donde residía, dispuesta a arreglar sus cosas. Tenía la intención de irse al día siguiente. Cuando André la buscara, ya no la encontraría.

Renunciaría a su trabajo a la mañana siguiente y se marcharía. Tenía algunos ahorros que la ayudarían a vivir modestamente hasta que naciera su hijo. Mientras tanto, decidiría qué camino tomar en la vida.

Había conocido a André hacía tres años. Cuando la cortejó, ella ya estaba enamorada. Él era de familia rica y estaba estudiando Derecho. Trabajaba en la oficina de su tío, un abogado famoso y respetado.

Nina recordó la felicidad que habían disfrutado juntos, la casa que él había alquilado, donde ella se instaló y él se quedó la mayor parte del tiempo.

André le había pedido que guardara el secreto, alegando que su familia no quería verlo casado antes de graduarse y ganar lo suficiente. Le había prometido que poco después de la graduación formalizaría el compromiso.

De encima de la mesita de noche, Nina cogió una porta retratos en cuya foto André sonreía feliz. Dijo con voz fría:

– ¡Traidor! Ahora que te graduaste, elegiste a Janete para casarte. Llegaste a pedir que abortara. Hablaste de la ilusión de la juventud, dijiste que debería olvidar, como si el pasado no fuera nada. Sucedió ayer, y hoy los vi juntos, la alianza en sus dedos, mirándose con amor.

Colocó el porta retratos en su lugar y continuó:

– ¡Pues estás equivocado, André! ¡Nunca me olvidaré! Yo te amaba con toda la pureza de mi corazón. Me entregué de cuerpo y alma a ese sentimiento y no te importó, como si yo no existiera, como si todo fuera mentira. De ahora en adelante lo recordaré todo, todos los días. Viviré cada minuto pensando en mostrarte que soy un ser humano, soy una persona, y que no puedes descartarme como un objeto inútil y usado.

Decidida, abrió el armario, tomó una maleta y comenzó a empacar. Era pasada la medianoche cuando dejó todo listo para la mudanza. Solo iba a llevar ropa y efectos personales. El resto lo decidirá André.

Él le había dicho que seguiría pagando el alquiler y los gastos de la casa y que ella no debía preocuparse. Ante ese pensamiento, Nina apretó los dientes con fuerza. Nunca aceptaría esa migaja. Era fuerte e inteligente, lo suficiente como para mantenerse. A la mañana siguiente, luego de renunciar al trabajo iría al internado de monjas a conseguir un lugar. Trabajaría a cambio de casa y comida hasta que tuviera a su hijo. Se quedaría allí hasta decidir qué hacer. Guardaría sus ahorros para más tarde. Sintió el estómago adolorido y recordó que no había comido nada en todo el día. Fue a la cocina, se preparó un buen bocadillo y comió. Necesitaba cuidar su salud. A partir de entonces, solo podría contar con ella misma.

Recordó a sus padres. No sabían nada. Mejor así. Sabrían cuándo fuera oportuno. Vivían en el interior de Minas Gerais y Nina prefirió ahorrarles problemas. Cuando se acostó, se esforzó por no pensar en otra cosa. Cualquier recuerdo triste minaría su fuerza; la necesitaba para sobrevivir.

Entonces, decidida a reaccionar, se acostó y, manteniendo su firme intención de no pensar en nada, pronto se durmió.

* * *

Nina miró su reloj y se levantó rápidamente. No se perdería esa reunión por nada. Era un contacto importante y que podía abrirle las puertas del mundo en el que deseaba entrar. Miró por encima del escritorio, fijándose en el marco donde un niño sonreía feliz. Su rostro se suavizó, pero había un resplandor fuerte y decidido en sus ojos. Marcos era su fuerza, su deleite, su tesoro. Desde que se nació, cinco años atrás, se había apoderado de sus pensamientos, de su amor. A pesar de esto, no había olvidado los votos que había hecho aquella tarde tempestuosa.

Si antes había un fuerte motivo para querer ascender en la vida, el nacimiento de Marcos había reforzado su determinación. Nunca más tuvo contacto con André. Francisca, una amiga y vecina de la casa donde vivía con él, le informaba de los acontecimientos.

Después de renunciar a su trabajo, fue a verla para decir adiós. Francisca trató de disuadirla que no se fuera de la casa. Pero fue inútil. Nina estaba decidida:

– Eres la única persona que sabe a dónde voy. No le cuentes a nadie. Recoge el correo cuando llegue. Después vendré a buscarte. No quiero que mi madre sepa lo que está pasando.

– Creo que te estás precipitando. André vendrá a buscarte, estoy segura. ¿Qué le diré?

– Que no sabes nada.

– Estás acostumbrada a un buen nivel de vida. Ahora que estás embarazada, necesitas algunos cuidados. No te puedes quedar sin recursos, depender de la caridad de las monjas del internado.

– Tengo unos ahorros. Puedo pagarlo. Además, estaré protegida allí. Solo que no quiero que André sepa dónde estoy.

– Estará desesperado.

– No te dejes engañar. Se sentirá aliviado. Me estoy saliendo de su camino. Será libre de hacer lo que quiera. Francisca todavía intentó discutir, pero Nina fue irreductible. Mientras vivía en el internado, fue a través de Francisca que siguió los pasos de André. Al principio, se sintió angustiado, intentó por todos los medios descubrir su paradero. No lo consiguió.

En una fría mañana de junio, nació Marcos. Al mirar el retrato sobre el escritorio, Nina recordó el momento en que lo tuvo en sus brazos por primera vez. Una mezcla de alegría y dolor. Una sensación de plenitud y al mismo tiempo de tristeza frente a su hijo sin padre.

André había preferido otro amor, y se imaginó lo mucho que se perdía por no sentir esa plenitud. Apretándolo contra su corazón, Nina pensó:

– André no hará falta. Yo haré todo por mi hijo: voy a ser madre, padre, guía, apoyo. Lo que sea necesario –. Durante el tiempo que estuvo en el internado, Nina había trabajado en el colegio de monjas, que estaba en el edificio de al lado. Útil, incansable, educada, se hizo amiga de los profesores, se ganó su simpatía y admiración. Había hecho el curso de secretariado y, al poco tiempo, fue invitada a asumir el cargo de la escuela, que estaba hasta el nivel de secundaria.

Sus veinte años, su embarazo asumido valientemente, su voluntad de trabajar la ayudaron a progresar rápidamente. Cuando nació Marcos, continuó trabajando.

Su hijo se quedaba en la guardería, del internado donde seguía viviendo. Ganando un buen sueldo, gastando muy poco, logró ahorrar un poco de dinero. Llevó una vida metódica. Pasaba su tiempo libre con Marcos.

Nina miró la habitación donde había trabajado durante cinco años. Le gustó la sobriedad de los muebles, la sencillez de ese ambiente. Si la reunión a la que iba salía bien, pronto dejaría ese lugar donde se sentía segura y apoyada.

Pero era necesario seguir adelante, hacerse cargo de su futuro y de su hijo. Se dirigió al baño y se miró en el espejo. Necesitaba causar una buena impresión.

Se arregló el cabello, se retocó su delicado maquillaje, recogió su bolso y se fue. La tarde era fría y se abrochó el abrigo. Sabía que estaba elegante. Compró la ropa para esta ocasión.

Cogió el tranvía hasta el centro de la ciudad. Abajo en la Praça da Sé estaba caminando por la Rua Marconi, mirando atentamente el número.

Encontró lo que estaba buscando: era un edificio elegante, entró. El ascensor la dejó en el cuarto piso. En el pasillo, leyó en el letrero:

Dr. Antônio Dantas – Abogado.

Tocó el timbre y luego una chica le abrió, dejándola entrar.

– Mi nombre es Nina Braga.

– El Dr. Antônio te está esperando. Siéntate por favor. Le haré saber que has llegado.

Nina se sentó en el sofá observando de cerca el ambiente lujoso y sobrio con satisfacción. Admiró el jarrón de la mesa auxiliar, del que un arreglo de rosas rojas exudaba un delicado aroma.

La joven regresó diciendo amablemente:

– Puedes entrar. El Dr. Antônio te está esperando.

Nina se levantó de inmediato y con paso firme entró en la habitación. Al verla, nadie se hubiera imaginado lo nerviosa que estaba. Miró al hombre de mediana edad frente a él. Moreno, con canas en las sienes, el rostro era serio, pero sus ojos ágiles y alegres contrastaban con su postura erguida y discreta.

– Buenas tardes, doctor.

Él, que se había puesto de pie cuando ella entró, estrechó la mano de Nina con fuerza y le pidió que se sentara.

Al verla sentada frente a él, la miró por unos momentos y luego dijo:

– Eres demasiado joven. ¿Qué edad tienes?

– Veinticinco.

– Siento no haberte preguntado cuando solicitaste el trabajo. Había pensado en una persona mayor.

Nina lo miró a los ojos y dijo con seriedad:

– Tengo experiencia y muchas ganas de trabajar. Puedo dedicarme por completo, porque no tengo ningún compromiso. Estoy soltera.

– Sé que tienes un hijo.

– Sí. Pero tengo a alguien a quien dejarlo. Como sabe, pasé cinco años trabajando en el colegio, pero durante ese tiempo estudié Derecho y puedo decir que simplemente no tengo un diploma porque no pude ir a la universidad.

– En la carta que escribiste, dijiste que conocías las leyes. Pensé que al menos habías asistido a los primeros años de la universidad.

– No pude. Pero estudié mucho. Estoy convencida que el conocimiento, las ganas de aprender, las ganas de triunfar, son más importantes que un diploma. Si pudiera, habría obtenido uno. Sin embargo, estoy reconfortada al observar que en muchos casos un diploma no garantiza el buen desempeño de un profesional.

Sus ojos se entrecerraron un poco, fijándola como si quisiera penetrar en sus pensamientos, que no apartaron la mirada.

– Estoy de acuerdo – dijo al fin –. Noto que realmente quieres este puesto.

– Sí. Estoy segura que estoy calificado y puedo ofrecer un servicio digno de la fama de esta empresa.

– ¿Te importaría hacer una prueba?

– Estoy disponible.

– Muy bien. Prepararé todo y te espero mañana a las nueve.

– Estaré aquí.

Nina se despidió y se fue. Sentía las piernas un poco inestables, pero estaba contenta. Al menos le había dado una oportunidad. Sabría cómo aprovecharla. Quería hacer carrera en la misma rama que André. Como no pudo asistir a la universidad y competir con él como un igual, concluyó que necesitaría estudiar por su cuenta.

Consiguió el plan de estudios de una escuela de Derecho y se fue orientando por él, adquiriendo los libros como pudo, dedicando todo el su tiempo libre a su estudio. En adición, se decidió actualizar sus conocimientos. Leía diariamente los periódicos, revistas que recibía la escuela, seguía las noticias de la radio, manteniéndose informada de todos los temas de actualidad.

Siguió atentamente los asuntos judiciales, buscó en los libros las leyes relativas, anotó todo y pensó en cómo actuaría si tuviera que defender esa causa.

Por todas estas razones, se sintió preparada para la prueba de la mañana siguiente. No estaba nerviosa, sino impaciente por lograr sus objetivos.

Sabía que André trabajaba con su tío y que disfrutaba de su fama, no tenía que luchar para lograr su propio éxito. De vez en cuando leía las noticias ocasionales sobre él en los periódicos. Vio fotos de él con su esposa en revistas de sociedad.

En estos momentos, pensó con tristeza en su hijo sin padre, pero al mismo tiempo sentía redoblar la voluntad de vencer, para mostrar a André que ella podría darle al niño todo lo que él no le diera.

Aceleró sus pasos. Tenía la intención de llegar rápidamente a la escuela. Cuando entró en la Rua Barão de Itapetininga, sintió que alguien la tiraba del brazo:

– ¡Nina!

Se volteó y vio a André mirándola con ansiedad. Sintió que le temblaban las piernas, pero se controló. Ella solo dijo:

– ¡André!

– Finalmente te encontré. Necesitamos hablar.

Ella tiró de su brazo que sostenía y dijo con voz firme:

– No tenemos nada de qué hablar.

– Claro que sí. No sabes cómo te he estado buscando. ¿Por qué me hiciste esto? - Ella lo miró seriamente y respondió:

– ¡¿Yo?! No hice nada. Tú decidiste tomar otro camino y yo traté de hacerme cargo de mi vida.

– Me preguntaba qué te pasó...

– No te preocupes. Está todo bien. Me tengo que ir.

– No. Por qué favor. Ven, vamos a tomar algo. No puedo dejarte ir de esa manera.

– Pues yo me iré. No tenemos nada que decirnos.

– Estás hermosa, bien vestida... –. Dudó un poco, y luego preguntó:

– ¿Te casaste?

Un destello irónico pasó por los ojos de Nina:

– ¿Por qué lo preguntas? ¿Crees que no podría hacerme cargo de mi vida yo misma?

– No quise decir eso. Es que está más guapa que antes, tu apariencia ha mejorado. Debes haber progresado.

– Mejoré. Tengo la intención de mejorar aun más. Si quieres saber, no me casé ni tengo la intención de casarme. De hecho, estar sola es bueno: descubrí mi propia capacidad.

Ella empezó a caminar. Él la tomó del brazo de nuevo.

– Te extraño. Vamos a hablar al menos un par de minutos en consideración del tiempo en el que vivimos juntos.

Ella se rio amablemente y respondió:

– Este es un tiempo que ha pasado y ya lo olvidé. Me gusta seguir adelante. No quiero mirar atrás. Adiós.

Ella tiró de su brazo y, antes que él reaccionara, se apresuró, detuvo un taxi que pasaba y se subió. Mirando hacia atrás, vio que todavía la seguía sin poder alcanzarla.

Dentro del carro, Nina expresó su irritación. ¿Qué pretendía? ¿Relacionarse con ella de nuevo? ¿Decir que lamentaba lo que había hecho y empezar de nuevo?

Apretó sus dientes con ira. Si dependía de ella, André no se acercaría al niño. Afortunadamente la había encontrado cuando estaba bien vestida, con ropa elegante, bien maquillada. Eso le devolvió el buen humor.

Necesitaba estar preparada. En su nuevo trabajo, tendría muchas posibilidades de encontrarlo. De hecho, había elegido cuidadosamente esa carrera para eso. Quería que él fuera testigo de su éxito, que se arrepintiera de haberlo cambiado por otra. Si volviera a enamorarse de ella, entonces sería su oportunidad de despreciarlo y demostrarle que el pasado no significa nada.

De regreso al trabajo, trató de olvidar ese encuentro. Necesitaba concentrarse en la prueba que iba a hacer a la mañana siguiente. Por la noche, en casa, tenía la intención de repasar algunos temas que le parecían importantes.

A pesar de este propósito, la cara de sorpresa de André nunca abandonó su mente. También estaba más guapo. Más maduro, muy bien vestido. Sabía que le estaba yendo muy bien. Se había ganado un nombre y dinero en la profesión. Varias veces había encontrado referencias a él en columnas sociales.

Una vez en casa, intentó estudiar, pero no pudo concentrarse. Nerviosa, buscó una pastilla. Después de tomar el tranquilizante, se reclinó en el sofá y cerró los ojos, tratando de reaccionar. No podía dejarse impresionar. André había pisoteado sus sentimientos, la había engañado. Sintió crecer su resentimiento. Así era como quería recordarlo. Fue de ese sentimiento que extrajo su fuerza para seguir adelante, su deseo de levantarse en la vida. Ella sonrió, recordando la chispa de admiración que había visto en sus ojos. Aun quedaba mucho por hacer. Para ello, necesitaba ser fría, dura, olvidando por completo que un día lo había amado. Ese amor estaba muerto. Ahora había solamente espacio para una mujer traicionada, abandonada.

Respiró hondo. En su corazón no tenía lugar para más nada, solo para sus metas de éxito. Volvió a coger el libro, decidida a estudiar. Se sumergió en la lectura y esta vez logró olvidar por completo todo lo que no era lo que estaba leyendo.

André volvió a casa pensativo. El encuentro con Nina lo había perturbado. En el camino, recordó con nostalgia los momentos que habían disfrutado juntos. Se habían amado con la fuerza y la pureza de la juventud.

El Dr. Romeo Cerqueira César, su padre, licenciado en Ingeniería, heredó de su abuelo, además de una considerable fortuna, una empresa de construcción civil muy respetada y con una cartera de importantes clientes. Competente y dedicado, Romeo logró no solo mantener, sino hacer avanzar esta empresa, disfrutando de la confianza y el respeto de la alta sociedad.

Tuvieron un par de hijos. Tanto a él como a Andréia, su esposa, les hubiera gustado que André siguiera la carrera de su padre. Sin embargo, estaba determinado a ser abogado, y después de alguna insistencia terminaron concordando, después de todo, un buen abogado podría tomar el control de la empresa cuando llegase el momento. Ese era el sueño de Romeo, encaminar a su hijo, convertirlo en un ciudadano útil.

A pesar de haber nacido en una cuna de oro y nunca haber tenido ningún tipo de necesidad, Romeo entendió que un hombre necesita trabajo para vivir bien. Estaba en contra de cualquier tipo de ociosidad. Él mismo dio ejemplo, trabajando siempre con alegría y disposición.

Ya Milena, cinco años más joven que André poseía un temperamento difícil y poco inclinado a los estudios. Con facilidad pasaba de la euforia a la depresión, o viceversa, confundiendo a sus padres, profesores, amigos y familiares.

Su estado de ánimo inestable dificultaba cualquier programa para el futuro. Cuando era adolescente, le dio tanto trabajo a su familia que su padres buscaron ayuda psiquiátrica, sin obtener muchos resultados.

Cuando tomaba la medicina, se hundía en la depresión, hablaba sobre el suicidio, no comía ni quería levantarse de la cama. El médico cambiaba el tratamiento y ella se ponía eufórica, agitada, se sumergía en las fiestas hasta el amanecer.

Por eso, estaba atrasada en sus estudios. A los diecinueve años, no había completado la secundaria. Andréia, cansada, le dijo a su marido:

- Creo que es mejor para Milena terminar solo la secundaria y no ir a la universidad. Después de todo, no necesitará una profesión para vivir.

- Tal vez encuentre un buen marido - respondió Romeo -. Amor, hijos, cambia a la gente. Ser esposa y madre la hará madurar,

- Me resulta difícil creer que un hombre aguante su genio -. Él sacudió su cabeza y tratando de consolarla respondió:

- El amor es ciego. Ella es una chica hermosa. Además, hay un gusto para todo. Hay quienes gustan de ordenar y obedecidos, de consolar o proteger.

– Dios te escuche. Sería una bendición. Alguien que la ayude a mantener el equilibrio. Va a aparecer. Ya verás –. Andréia suspiró esperanzada. Su hija era su problema, pero André su deleite. Desde temprano había centrado su cariño en él y estaba orgullosa de ver cuánto se destacaba en el club, cuánto lo admiraban las chicas. Sí, correspondería al sueño de su madre. Sería un abogado brillante.

André entró en la casa. Janete estaba en la habitación y al verlo entrar se acercó atenta:

– Llegaste temprano. ¿Ha pasado algo?

– No – respondió él, besándola suavemente en la mejilla –. Fui a una audiencia que terminó ahora. Mamá nos invitó a cenar. Si iba a la oficina, inevitablemente llegaría tarde. Ya sabes: papá hace hincapié en la puntualidad.

– No sé cómo te las arreglas para ser tan formal.

André la miró con seriedad y no respondió. Janete era su contrario: no tenía tiempo para nada. Odiaba tener que programar alguna cosa por adelantado. André miró su reloj y consideró:

– Tendremos que irnos en una hora. Espero que estés lista.

– Lo estaré. Ahora me gustaría que le dieras un vistazo a estas revistas que separé. He estado pensando en cambiar el jardín alrededor de la piscina.

– ¿Cambiar? ¡Está tan bonito! Además de eso, nosotros reformamos todo antes de nuestro matrimonio.

– Estoy harta de siempre mirar a la misma cosa. Pensé en hacer una plataforma moderna. Llamé a un paisajista para rehacer las camas. Tengo todo planeado en la cabeza. Va a ser hermoso.

– Dejémoslo para otro día. Además, me gusta mucho cómo se ve. No veo ninguna razón para hablar de esto ahora.

Ella frunció el ceño, molesta.

– Bueno, no me gusta. La semana pasada fui a pasar la tarde a casa de Elvira y me sentí humillada. Ella reformó todo. ¡Necesitas ver qué belleza! ¿Se parecía a una casa que visitó en Hollywood, de ese famoso artista, cómo se llama?

– No lo sé.

– Cuando llegué aquí, me di cuenta de la que nuestra casa está obsoleta –. André la miró con seriedad:

– Estoy cansado, Janete. Tuve un mal día. Por favor, dejemos este asunto para otro día. Voy a subir, tomar un baño, y tú trata de arreglarte, porque no quiero retrasarme.

Sin darle tiempo a responder, André subió al dormitorio. Janete se tragó su ira. Si pensaba que ella se iba a rendir, estaba equivocado.

Una vez en el dormitorio, André se sentó en la cama para quitarse los zapatos. En su mesita de noche había una foto de Janete. Él la miró pensativo. Morena, ojos grandes, rostro ovalado, cabello lacio, boca bien hecha, era muy hermosa. Tal vez por esto se había dejado envolver por su madre, cuyo sueño era verlo casado con la hija del juez Fontoura.

Andréia era una amiga de la familia, ella había conocido Janete desde que era pequeña. Altiva, rica, hermosa, educada, era la esposa ideal para André. Cuando decidió convertirse en abogado, Andréia pensó inmediatamente que un suegro respetado lo ayudaría a hacer una carrera brillante.

Lo que más quería Andréia era que su hijo brillara, se ganara un nombre, se hiciera famoso y, quién sabe, incluso un político importante. Quizás se convertiría en un gran estadista. Se lo merecía todo, incluso llegara a ser presidente de la república.

Al principio, a André no le había interesado Janete. Amaba a Nina, estaba feliz a su lado. Pero Andréia soñó en grande y no perdió la oportunidad de intentar convencer a su hijo que hiciera lo que ella quería. Al escuchar a su madre hablar sobre sus proyectos futuros, tuvo miedo de hablar con ella sobre su relación con Nina, una mujer hermosa, inteligente y educada, pero lejos de cumplir con las expectativas de Andréia.

Para complacer a su madre, que siempre invitaba a la familia de Janete a cenas, reuniones de clubes, fiestas y recepciones a las que él le invitaba a asistir, empezó a bailar con ella, a conversar, a llevársela a casa.

Andréia dijo que ella estaba enamorada de él, que tanto a ella como a su padre les gustaría que se casaran. Ella era la mujer ideal. Janete frecuentaba la alta sociedad y fue muy cortejada. Su pasión por él lo halagó. Los amigos lo envidiaban, daban por sentado el matrimonio. Nadie imaginó que quizás él no quisiera.

Cuando Nina le dijo que estaba embarazada, lo sacaron de sus ensoñaciones. Él estaba asustado. No podía asumir esa paternidad. Sería un escándalo. Sus padres nunca lo aprobarían. Su madre tendría una gran angustia. No podría causarte tal decepción. Ella esperaba que se convirtiera en un gran éxito. ¿Cómo casarse con una chica pobre y corriente, renunciando a los hermosos proyectos con los que habían soñado?

El encuentro con Nina esa tarde lo había impresionado. Una semana después de la ruptura fue a buscarla. Pero ella se había ido. En los meses que siguieron, trató de encontrarla, de saber qué había sucedido, pero fue en vano. Francisca cumplió al pie de la letra lo que le había prometido a ella.

Nina era más hermosa, más mujer. Muy bien vestida. ¿Cómo estaría viviendo? Se imaginó que, al verse abandonada, había cambiado de opinión y había recurrido al aborto.

Después de todo, que el embarazo podría también haber sido una manera de ejercer presión sobre él en el matrimonio. Como él no se había rendido, ella se habría deshecho de ese compromiso.

Fue a la ducha, pero de repente lo asaltó una duda. ¿Y si hubiera continuado con el embarazo? En ese caso, el niño ya habría nacido.

No. Ella no habría sido tan imprudente. Siempre había sido una joven pensativa, con los pies en el suelo. No se sumergiría en una aventura así.

Salió de la ducha y, mientras se vestía, le volvió la duda, provocando una desagradable inquietud. Trató de calmarse, pensando que, si había un niño, ella lo habría buscado para ayudarla a mantenerlo. No. Seguramente ella habría cedido de una manera y este hijo nunca habría nacido.

Janete apareció en la habitación y consideró:

– Ya casi es la hora. Te lo dije, no podemos llegar tarde.

– Voy a darme una ducha y a prepararme.

– Ya vi que te vas a demorar más de una hora. Por favor, deja ese baño para más tarde.

– Hoy estás de mal humor... ¿Qué te pasó?

– Haz lo que te pido, por favor. Estaré esperando abajo.

André se sentó en la sala irritado. No le gustaba esperar. Recordó que Nina era rápida y nunca se demoraría. Respiró hondo. Se sentía nervioso, inquieto. Fue difícil esperar a Janete que, como siempre, llegaba tarde. Él estaba a punto de explotar cuando ella finalmente bajó.

– ¡Hasta que por fin! – Él se desahogó –. Sabes que no me gusta esperar y aun así nunca llegas a tiempo.

Ella se encogió de hombros:

– Es temprano. Qué manía ustedes tienen de cenar con las gallinas. En sociedad es bueno cenar después de las nueve.

– Para mí es de buena educación respetar los hábitos de los anfitriones. A mis padres les gustaría tener la cena a las siete y media. Vamos.

Durante el viaje, André guardó silencio. Reconoció que estaba siendo desagradable, pero no se sintió cómodo.

La criada los llevó a la habitación donde Romeo los estaba esperando, degustando su whisky. André se acercó a su padre diciendo:

– Siento llegar tarde, papá. Fue involuntario.

– Está bien, hijo mío. ¿Quieres beber algo?

– Lo mismo que tú. Tuve un día tenso, necesito relajarme –. Al ver que su padre se levantaba para atenderlo, lo interrumpió:

– No te preocupes, yo me serviré.

Romeo lo miró con seriedad. Al verlo sentarse en el sillón con el vaso en la mano, preguntó:

– ¿Pasó algo?

André miró en secreto a Janete, que estaba sentada en el sofá y hojeaba una revista, y respondió:

– No. Nada.

– ¿Cómo van las cosas en tu oficina?

– Bueno, sabes que Breno es genial. Con él todo va rápido.

– Él me sorprendió. Sabes que yo estaba en contra de recomendarte a trabajar con Olavo. Después de todo, a pesar de haber asistido a la misma universidad que tú, no pertenece a nuestro círculo. No tengo prejuicios, pero considero la educación un factor muy importante.

– Él estudió tanto como yo.

– Pero no tiene cuna. Esto es básico. Pero, como decía, en estos dos años me ha sorprendido. Olavo no ha escatimado elogios. Si no tienes cuidado, él puede terminar haciendo una carrera más rápido que tú.

André sonrió y respondió:

- No voy a correr ese riesgo. También he hecho un buen trabajo. El tío también está satisfecho con mi desempeño.

Aprovechando que Janete había salido de la habitación, Romeo dijo en voz baja:

- Si no estás así por el trabajo, entonces ¿qué es?

- No pasa nada.

- Pero dijiste que estabas tenso. Significa que tienes un problema. ¿Está todo bien entre tú y Janete?

- Por supuesto. Quédate tranquilo. No pasa nada. Tuve una audiencia de un caso desagradable y me quedé irritado. Pero ya pasó.

- Bueno.

La criada vino y avisó que se estaba sirviendo la cena. Andréia estaba justo detrás y abrazó a su hijo diciendo:

- Me alegro que hayan llegado. Tu padre estaba impaciente.

André no respondió. Besó a su madre y la siguió al comedor para cenar. Acomodada a alrededor de la mesa, Andréia dijo que la cena estaba servida y trató de animar la conversación. Pero pronto vio que era difícil. André parecía distraído, Janete, aburrida; Milena, con el ceño fruncido, estaba en uno de esos días de depresión: no comía nada, no hablaba.

Andréia miró a Romeo desconsolada, pero ninguno de los dos se atrevió a hablar con ella. Sabía que si lo hacían sería peor. Después de la cena, Milena se encerró en su habitación y el resto se fue a la sala a conversar.

Andréia se sentó de la mano de su nuera, mientras Romeo y André se acomodaban uno al lado del otro, hablando de la compañía de la familia. Era el tema favorito de Romeo.

Pretendía con eso interesar a su hijo para que un día se decidiese a asumir el patrimonio que él estaba orgulloso de haber sido capaz de expandir y mantener.

Andréia habló con su nuera, comentando las últimas noticias sociales. Pero poco a poco fue dirigiendo el asunto a lo que le interesaba:

– Han sido cuatro años desde que se casaron.

– Sí. Pasó rápidamente.

Andréia hizo una pequeña pausa y continuó:

– Es hora de pensar en un hijo, ¿no crees? – Janete se estremeció y trató de disimular su enfado. ¿Hijos?

– Aun es temprano, Andréia. Tenemos mucho tiempo para pensarlo.

– Romeo y yo soñamos con un nieto. Un niño completa la felicidad de una pareja.

Janete frunció los labios, tratando de controlar su irritación.

– Por ahora no quiero. Estamos bien así. Un niño vendría ahora a trastornar nuestras vidas.

Andréia la miró un poco escandalizada.

– Un niño nunca se interpone en su camino. ¿No te gustan los niños?

– No se trata de eso, Andréia. Quiero vivir más tiempo a solas con André. Disfrutar más de su compañía, darle toda mi atención. Aun no es el momento.

– Me asustaste. Llegué a pensar que no querías tener hijos.

Janete sonrió tratando de ocultar su enfado. No le gustaban que se entrometiesen en su vida. Tenía que tener cuidado. Andréia era manipuladora. Le hacía esto a su propio hijo todo el tiempo. Pero no iba a funcionar con ella. No era tan ingenua como él. Niños, no estaba en sus planes. Afortunadamente, André nunca había hablado de eso.

Miró su reloj, disimulando su aburrimiento. André estaba hablando animadamente con su padre y ella quería irse pronto. Cuando Andréia salió de la habitación por unos momentos, se acercó a su esposo y le dijo con voz que trataba de volverla delicada:

– André, me gustaría ir a casa. Estoy con un tremendo dolor de cabeza.

– Pídele a mamá una pastilla, descansa un poco.

– Cuando tengo este dolor de cabeza, solo pasa relajándome en un cuarto oscuro. La medicina no sirve de nada.

– ¿Siempre tienes eso? – preguntó Romeo, preocupado –. ¿Has consultado a un médico?

– Sí, es migraña. Apreciaría mucho poder ir a casa y descansar –. André se puso de pie diciendo:

– Será mejor que nos vayamos. Si puedo, mañana pasaré por tu oficina para continuar con nuestro asunto.

– Está bien, hijo mío. Te estaré esperando

En el viaje de regreso, André guardó silencio. La imagen de Nina se apoderó de sus pensamientos. Janete, por su parte, estaba también en silencio. Se había inventado la mentira y necesitaba fingir que realmente le dolía la cabeza. No quería enfadarse con André. A él le gustaba mucho su familia. No podía mostrar su disgusto.

Esa noche, mientras Janete dormía tranquila, a André le fue muy difícil conciliar el sueño. Los recuerdos del pasado volvieron fuertes y no podía olvidar su encuentro con Nina.

Necesitaba volver a verla, encontrar respuestas a las preguntas que le preocupaban. Pero ¿dónde encontrarla? ¿Por qué la había dejado ir sin saber su dirección? ¿Y si nunca la volviera a ver? A ese pensamiento, se remecía en la cama inquieto. No era posible.

La encontraría, incluso si tuviera que contratar a alguien para que lo hiciera. Quería saber la verdad.

* * *

Nina aceleró el paso. No quería llegar tarde. Llevaba dos meses trabajando en su nuevo trabajo. Al contratarla, Antônio había dicho:

– Aunque no tienes un título universitario, tu examen fue bueno. Así que lo intentaremos. Comenzarás como asistente de oficina.

– Gracias, doctor, no se arrepentirá.

Neide, la jefa de la oficina, era una mujer seria, rozando los cincuenta años, exigente, discreta, fría. Cuando hablaba a un subordinado, rara vez sonreía. Hablaba lenta, pero firmemente. Vestía con clase y elegancia. Todos los abogados de la organización quedaron satisfechos con sus servicios y su experiencia, confiando en ella los pasos más delicados.

Nina era lo opuesto a ella. Exuberante, joven y hermosa, inmediatamente notó que su contratación no había sido vista con simpatía. Se dio cuenta que esa mujer podía alterar sus planes. Entonces, al final del primer día de trabajo, la buscó en su oficina.

– ¿Qué quieres? – Preguntó Neide, mirándola a los ojos.

– Hablar con usted – respondió Nina sin apartar la mirada.

– Siéntate y ve directo al grano.

– Gracias. Vine a pedir orientación personal. Estudié mucho, me esforcé para conseguir este trabajo, pero hoy en día, al verla, sentí que, a pesar que tengo conocimiento profesional, me falta la clase, la postura, que he notado en usted.

Nina hizo una pequeña pausa y, al ver que Neide escuchaba con atención, continuó:

– Me gustaría que me guiara, que me dijera cómo convertirme en una empleada ejemplar. Prometo obediencia a sus consejos y mi dedicacción por completo al trabajo.

Sin mover un músculo de su rostro, Neide respondió:

- Veo que eres perspicaz. Muy bien hecho. En primer lugar, debo decirte que, para trabajar en un despacho donde los abogados son hombres, hay que ser muy discreta en la ropa, en las actitudes y ser muy profesional. Por eso que les pedí que contrataran a alguien mayor. Pareces demasiado joven para el puesto.

- Le garantizo que si me dice cómo quiere que proceda, obedeceré y no tendrá ningún motivo para arrepentirse de haberme contratado.

- Bueno, vamos a ver... Debes cambiar tu peinado. Mejor cabello recogido. Elija ropa de buen diseñador, pero con colores apagados. Los complementos deben ser de colores básicos. El maquillaje suave; la postura, seria. Los asuntos dentro de la oficina deben ser exclusivamente profesionales. Las conversaciones con los compañeros solo se admiten fuera de la empresa. Esto cuenta también en lo que respecta a los abogados, de esta o de otras empresas que circulen por aquí.

- Entendido. Haré lo mejor para atender a sus consideraciones. Gracias por haberme orientado. Hasta mañana.

En los días siguientes, Nina apareció en el trabajo con un conjunto discreto de pelo pegado y actitud seria. Neide no le dijo nada, pero Nina se dio cuenta que se había aprobado su apariencia. Antônio la miró sorprendido, pero no hizo ningún comentario.

A partir de ese día se dedicó a trabajar, tratando de hacer lo mejor que sabía. Sin embargo, notó de inmediato que Neide evitaba al máximo que algunos de los abogados hablaran con ella o con las otras tres chicas bajo su dirección.

Neide tuvo cuidado que solo se dirigieran a ella, evitando a toda costa que se acercaran a los demás empleados.

Se hizo claro a Nina que ella manipulaba todo, el objetivo de siempre aparecerá como la persona clave, no permitiendo que otros se destacaran. Por eso quería que se volvieran inexpresivas, sin nada que llamara la atención. Todos vestían igual, hablaban igual, actuaban igual. Eran como robots en manos de Neide.

Nina, a pesar de darse cuenta del juego, se sometió temporalmente a su tutela. Ella estaba recién empezando, no había tenido ocasión de demostrar su capacidad. Si Neide quería despedirla, sería fácil. Claro que su opinión sería escuchada y ella no tendría cómo demostrar lo contrario.

Aun así, continuó esforzándose, nunca llegando tarde, quedándose después de horas siempre que se le pedía. Ese día, al entrar a la oficina, Nina notó de inmediato que algo no estaba como de costumbre. Sus compañeras estaban tensas y nerviosas. Fue a su escritorio e intentó prepararse para comenzar su trabajo.

Fue entonces cuando escuchó voces alteradas en la oficina de Neide. Después de unos momentos, Antônia, su colega, salió llorando y fue al baño. Nina sintió ganas de ir tras ella, pero se detuvo. Neide apareció en la habitación, diciendo seriamente:

– No puedo tolerar la falta de control. Intenten empezar a trabajar pronto. Tenemos muchas cosas para hoy.

Nadie se atrevió a decir nada. Cada uno trató de obedecer. Nina estaba enojada. Esa mujer no podía tratar así a una persona. Antônia era una chica dulce, delicada y muy trabajadora. Estaba segura de que, si ella hubiera perdido el control, debería haber una razón en serio. El tiempo fue pasando y Antônia no regresó. Las tres se miraron angustiadas, pero no se animaron a ir tras ella. De repente, escucharon un grito. Inmediatamente salieron corriendo, y en el pasillo la señora de la limpieza sollozó presa del pánico.

Neide apareció en el pasillo, preguntando seriamente:

– ¿Qué pasa, Augusta? ¿Por qué haces este escándalo?

– Es Antônia, doña Neide. Fui a limpiar el baño y ella estaba ahí, tirada en el suelo. ¡Creo que está muerta!

Neide fue al baño y las otras la acompañaron asustada. Antônia estaba tendida en el suelo.

– Dígale al operador que llame a una ambulancia. Esto es lo que causa la falta de control.

– Está muy pálida – dijo una de las chicas.

Al mirar el rostro pálido de Antônia, Nina sintió que se le oprimía el pecho. Vio de inmediato que su estado era grave. Llegó la ambulancia y el médico, tras un breve examen, dijo con seriedad:

– Lo siento, pero es demasiado tarde. ¡Ella está muerta! ¿Alguien me puede decir lo que pasó? – Neide tomó la iniciativa y dijo:

– No lo sabemos, doctor. Estoy a cargo de la oficina. Antônia ha sido nuestra empleada durante dos años. Se encerró en el baño, fue la señora de la limpieza quien la encontró.

– ¿Alguien tocó algo?

– No – respondió Neide.

El médico miró a su alrededor y tomó un frasco en un rincón del fregadero, al lado del vaso.

– Parece un suicidio. Tengo que avisar a la policía.

– ¿No podemos evitar el escándalo? Sería mejor si pudiéramos llamar a la familia y arreglar todo.

– No puedo. Notifiquen a la familia, pero yo voy a avisar a la policía. No toquen nada. Vamos a cerrar la puerta. ¿Dónde puedo hablar por teléfono?

– Por favor, venga conmigo, doctor –. Dirigiéndose a las chicas:

– Salgan del pasillo y vuelvan al trabajo. Traten de controlar sus emociones.

Regresaron a su lugar, pero nadie pudo trabajar. Hablaron en voz baja, asustadas. Antônio llegó preocupado, habló con el médico y lo llevó a su oficina a esperar a que llegara la policía.

Media hora después llegó el comisario con algunas personas. Antônio y el médico informaron al policía de lo sucedido.

– Todo indica que fue un suicidio – dijo al fin el oficial.

– Eso parece – confirmó el médico.

– ¿Ella no dejó ninguna nota, nada?

– Creo que no – dijo el médico.

Interrogó a la señora de la limpieza que encontró el cuerpo y sus hombres confirmaron que no había nota.

Mientras tanto, uno de los investigadores estaba hablando con las tres oficinistas.

– ¿Qué llevaría a una chica joven y hermosa a hacer una locura como esa?

– No lo sé – dijo Gilda –. Nunca imaginé que ella pudiera hacerlo.

– Siempre fue una buena empleada, una buena colega – dijo María.

– A pesar de hoy que llegó muy pálida y nerviosa. Parecía enferma – dijo Gilda.

– La vi llorar a escondidas – agregó María –. Tanto es así que doña Neide la llamó para una conversación. Ya sabes cómo es: aquí tenemos que ser profesionales. Los problemas personales necesitan quedarse en casa.

– ¿Crees que la regañaron? – Dijo.

– Bueno... no lo sé. Es solo... –. Gilda vaciló y se mordió el labio.

– ¿Qué pasó? – Preguntó –. Puedes decirlo. Se quedará entre nosotros.

– La escuchamos discutir con doña Neide. Luego salió corriendo y se encerró en el baño – concluyó Gilda.

– ¿Crees que se suicidó por esta discusión?

– Eso no – respondió María –. Ella ya estaba nerviosa.

– Le pido que no le diga nada al comisario – pidió Gilda –. Realmente necesito este trabajo. Si doña Neide se entera lo que le dije, me pueden despedir.

– Mantén la calma. No pasará nada.

Fue a unirse al comisario y María comentó:

– No deberíamos haber dicho nada.

– Bueno, creo que hicimos lo correcto. Nadie me saca de la cabeza que, si Neide hubiera sido más humana, habría evitado esta tragedia.

– Es posible. Antônia estaba desesperada. Y la desesperación anula la razón y el sentido común – dijo Nina, que había estado callada hasta entonces.

Sintió que su corazón se hundía. Recordó su desilusión, la desesperación que había sentido al ver desmoronarse sus sueños de amor. ¿Habría sucedido eso con Antônia?

No podría decirlo. Ella era una chica dulce, pero muy tranquila. Nunca hacía confidencias, ni hablaba de su vida. Tan pronto como la policía lo permitió, Antônio reunió a todos los empleados. Tomó la palabra y dijo conmocionado:

– Estamos consternados por lo ocurrido. Desafortunadamente no pudimos evitarlo. Todas están dispensadas por hoy. Nuestra oficina estará cerrada mañana. Para que puedan ir al funeral. Como es viernes, volveremos el lunes normalmente. Tenía su dirección publicada en la pared. Les pido discreción. Al comentar sobre esta tragedia será solamente agravar un caso que es ya muy triste.

Nina dejó el trabajo en el momento en el que el cuerpo estaba siendo transportado. Una ola de tristeza la golpeó. También pensó que, si Neide hubiera sido más humana y perspicaz, podría haber evitado ese suicidio.

Nina también pensó que ella, a su vez, debería haber seguido su impulso y perseguir a Antônia. En cierto modo, se sintió culpable. Ella estaba siendo muy pasiva. Neide los dominaba y aceptaba ese control sin hacer nada. No podría seguir de esta manera. Necesitaba recuperar la posesión de sí misma. Ellas se estaban convirtiendo en muñecas que Neide manipulaba a voluntad. Necesitaba reaccionar, hacer alguna cosa. Lamentó profundamente haber contemporizado.

A la mañana siguiente, cuando llamó a la dirección de Antônia para saber del entierro, se sorprendió: vivía en una pensión. El dueño le informó que no sabía cuándo ni dónde se velaría a Antônia.

Nina estaba pensativa. Necesitaba esa información. Decidida, llamó a la casa de Neide.

– Soy Nina. ¿Sabe dónde será el funeral de Antônia?

– No. ¿No anotaste su dirección?

– Vivía en una pensión y el dueño no sabe nada.

– Bueno, yo tampoco.

– ¿No va al funeral?

– ¿Por qué iría? Ella no es mi pariente. La confusión que nos hizo con este suicidio es suficiente. Esto es lo que lo hace tan perturbador.

– Lo siento. No debería haberla molestado. Que la pase bien, doña Neide.

Nina colgó el teléfono con irritación. Cogió su agenda, encontró el número y marcó. La voz de una mujer respondió:

– Por favor, ¿puedo hablar con el Dr. Dantas?

– ¿Quién lo busca?

– Nina. Soy una empleada de su oficina. Después de unos segundos respondió:

– Hola.

– Dr. Dantas, soy yo, Nina. Trabajo en su oficina. Siento molestarlo en su casa, pero no tuve elección. Hablé con doña Neide, pero ella no está interesada.

– ¿De qué se trata?

– Quiero ir al velorio de nuestra colega Antônia. Resulta que vivía en una pensión, parece que no tiene familia, el dueño de la pensión no sabe nada y no quiere involucrarse con el caso.

– ¡Ese es el diablo! – se comentó en serio –. ¿Estás segura de lo que estás diciendo?

– Sí, señor.

– Voy a ver lo que puedo hacer –. Se quedó en silencio durante unos segundos, y luego prosiguió:

– Tendremos que investigar. ¿Puedes ir a la oficina ahora?

– Sí, claro.

– Nos veremos allí. La policía tomó su cartera de profesionales, pero solo aparece en la dirección que usted tiene. Tendremos que hacer una búsqueda en la oficina. Ella debe tener una familia.

– Si no la encontramos, la enterrarán como indigente.

– Tiene razón. Estaré en la oficina en media hora.

Nina trató de vestirse. Se miró en el espejo y decidió. Se iba a vestir a la forma en que le gustaba. Neide ya no la dominaría. Se preparó y fue a la oficina.

Cuando llegó, Antônio ya estaba allí. Al verla, la miró asombrado, pero no dijo nada. Antônio pidió que Nina buscara el registro de Antônia en los archivos. Ella fue a la sala con la carpeta. La abrió y, mirando su retrato, dijo con tristeza:

– ¡Ella era tan hermosa! ¿Por qué habría hecho eso?

– La desesperación es mala consejera. Ayer llegó a la oficina muy abatida y triste. Tanto es así que no pudo contener las lágrimas.

– En ese caso, ¿por qué no habló con ella y trató de encontrar lo que estaba pasando?

– Me siento culpable por no haberlo hecho. Doña Neide la llamó a su oficina –. Sacudió la cabeza.

– Ella no era la mejor persona para ayudar.

– En realidad no. Discutieron y Antônia se fue llorando. Pasó junto a nosotros y se encerró en el baño. Quería ir tras ella, pero me detuve. Siento mucho no haber hecho nada.

Suspiró profundamente y consideró:

– Tengo una hija de casi su edad. Estoy muy sorprendido. Me hubiera gustado mucho haberme dado cuenta y haber hecho algo.

– Todos nos estamos sintiendo así, doctor. Así que quiero despedirme de ella.

– Veamos qué hay en el archivo. "Antônia Alves – veintitrés años – profesora – nacida en Campinas, SP – hija de José Alves y Clementina Alves." Nada más, además de la dirección que ellos ya sabían.

– No es posible, Nina. Necesitamos hacer algo. No permitiré que la entierren como indigente. Llamaré al comisario.

Él llamó y se enteró que el comisario estaba tratando de encontrarlo por la misma razón. Ninguno de los dos obtuvo ninguna otra información. Antônio no estaba satisfecho. Nina sugirió:

– Puede colocar un anuncio en el periódico.

– Es una buena idea. ¿Puedes encargarte de eso?

– Ciertamente. ¿Puedo publicar su foto?

– Claro. Es muy pequeña, pero es la que tenemos.

Nina fue hasta el mostrador de anuncios del periódico llevando la foto. Esperó para que ellos la copiaran y se dirigió de nuevo a la oficina.

Antônio todavía estaba allí y Nina, luego de reponer la foto en el archivo de Antônia, fue a su oficina y preguntó:

– ¿Hay algo más que pueda hacer?

– No lo creo. Tendremos que esperar –. Nina le entregó un papel, diciendo:

– Este es el número de teléfono donde vivo. Si me necesita para algo, estaré disponible –. Vaciló un poco y concluyó:

– Me gustaría tener noticias del caso.

– Mantén la calma. Si sé algo, llamaré.

– Gracias, doctor.

Ella se fue y él suspiró con tristeza. El suicidio de Antônia le había impresionado mucho. Decidió irse a casa. Nina compró el periódico al día siguiente y se publicó el anuncio de la muerte, con la foto ampliada de Antônia, pidiendo a la familia que se dirigiera a la comisaría.

Como Antônio no llamó, Nina dedujo que no habían tenido noticias. Fue por la tarde que finalmente llamó, una mujer se había acercado a la comisaría alegando ser la tía de Antônia.

– El comisario me avisó y me pidió hablar con ella. Me gustaría mucho que me acompañaras.

– De acuerdo. ¿Dónde está la comisaría?

– Es mejor que me des tu dirección y pasaré a cogerte. Quiero ir lo más rápido posible.

Media hora después pasó y se dirigieron a la comisaría. Milton los recibió de inmediato y los condujo a una habitación donde les presentaron a la tía de Antônia. Era una mujer de unos cincuenta años, delgada, alta, muy bien vestida. Estaba claro que tenía clase y dinero.

– Esta es la señora Olivia Fontoura, la tía de Antônia – dijo el comisario.

— Vio el anuncio y vino a vernos.

— Mi nombre es Antônio Dantas, abogado, y ella es Nina. Antônia trabajaba en mi oficina. Nosotros colocamos el anuncio porque Antônia nunca nos dio información sobre su familia.

Olivia se puso de pie y estrechó la mano que le tendía, diciendo:

— Todavía estoy en shock. A pesar de todo, no esperaba tal noticia.

— Siéntese y esté tranquila - dijo el comisario -. Veré si puedo obtener el resultado de la autopsia para poder liberar el cuerpo.

Se calmaron y Antônio preguntó:

— ¿Es su tía?

— Sí. Su madre era hermana de mi marido.

— ¿Ha avisado al resto de la familia?

— Con la excepción de mi esposo y yo, ella no tiene a nadie más. A decir verdad, no quería venir. Pero mi esposo insistió. Está fuera del país.

— Menos mal que usted vino - dijo Antônio -. Todos estamos conmocionados por el caso.

— Ciertamente causó problemas a su empresa. Siempre supo hacerlo muy bien. Cuando su madre murió en un accidente de carro, ella era adolescente y mi marido, un verdadero hombre de caridad, la trajo a nuestra casa. Pero ella solo nos dio problemas. Por esto, cuando decidió mudarse, fue un alivio. Debe haberse aborrecido. Bien podría haberse suicidado en otro lugar.

Nina se movió inquieta en la silla. Le pareció insoportable presenciar la actitud de aquella mujer. Antônio consideró:

— No lo veo de esa manera. Si hubiese percibido lo que ella quería hacer, me hubiera esforzado para impedirlo. Me pregunto por qué habría hecho eso. Ella era joven, hermosa. Tenía todo un futuro por delante.

- Usted es un hombre educado. Pero ella era así. Nunca le importaban los problemas de los demás. Era inestable, llena de altos y bajos. Solo podía pasar lo que pasó.

Nina intervino:

- Veo que usted no la conocía bien. Antônia era una joven dulce, cariñosa, delicada y gentil. Todos los compañeros la estimaban, además de ser una empleada ejemplar. Para hacer lo que hizo, debe haber sufrido mucho.

Olivia la fulminó con la mirada y no respondió. Antônio añadió:

- Esa también era mi opinión. En cualquier caso, lo importante ahora es saber qué pasos quiere dar con respecto al funeral.

- Bueno, mi esposo no podrá venir. Estás en un seminario importante en Suiza. Es médico, oftalmólogo. Pero pagaremos todos los gastos. Será enterrada junto a su madre. Ahora necesito irme. Aquí está mi tarjeta. Esperaré noticias.

Después que se fue, Nina no pudo evitarlo:

- ¡Qué mujer tan desagradable! Lo siento, doctor, pero fue difícil contenerme.

- Se pudo notar ver que Antônia no le agradaba. En cualquier caso, logramos nuestro objetivo. Ahora solo necesitamos saber cuándo se liberará el cuerpo. Tenemos que hacer arreglos para el funeral. Ella va a pagar, pero dejó en claro que no quiere molestarse con nada.

- Si quiere, puedo obtener toda la información al respecto y usted decide lo que prefiera.

- Hazlo. Vamos. Te llevaré a casa.

- No se preocupe, doctor. Puedo tomar un bus. Usted está cansado

– Yo insisto.

Una vez en el auto, dijo:

– Vives en un colegio, ¿no tienes familia?

– Mis padres viven en el interior de Minas Gerais, tengo un hijo pequeño que nació en el internado de las monjas. Antes de trabajar con usted, trabajé en la escuela. Cambié de trabajo, pero sigo viviendo allí. Mi hijo se queda en la guardería de la escuela.

– Eres una chica valiente.

– Tenía que serlo. Tengo que criar a mi hijo por mi cuenta. Quiero darle una buena educación.

Nina pensó que iba a preguntar por el padre del niño, pero no lo hizo. Era discreto y ella apreciaba su actitud. Pero si preguntaba, no se avergonzaría de responder. Había tomado su situación con facilidad y no le importaba el juicio que pudiesen hacer de ella.

La dejó en casa y Nina, después de ver a su hijo, tomó la información para el entierro de Antônia. Lo coordinó todo con Antônio.

El cuerpo fue entregado el domingo por la mañana y el funeral se programó para la tarde del mismo día. Nina se encargó de todo y Antônio se sintió aliviado de haberse librado de tan desagradable tarea. De hecho, Nina organizó todo, ahorrándole el trabajo.

En el velorio, Nina se quedó todo el tiempo. Había avisado a todos los empleados, incluida Neide, aunque ella había dicho que no iría. Sus colegas Gilda y María llegaron justo después del almuerzo y se quedaron hasta el funeral. Neide no asistió. La tía de Antônia estuvo allí, no más de quince minutos. Media hora antes del funeral, Antônio apareció con su esposa y acompañaron el cuerpo hasta la tumba.

Cuando terminó, a la salida del cementerio, Antônio se acercó a Nina y le presentó a su esposa. Mercedes era una mujer hermosa y elegante, con ojos vivos y francos.

– Esta es Nina, que nos ayudó mucho esta vez.

Mercedes le tendió la mano y la miró a los ojos con simpatía:

– Estoy muy contenta de conocerte. Estoy muy agradecida por lo que hiciste. Antônio estaba muy conmocionado por el caso. Sería demasiado doloroso para él ocuparse de los detalles.

– Me gustaría poder haber evitado esta tragedia. Todavía me siento un poco culpable.

– No digas eso. No se podía predecir lo que sucedió. Aunque el momento es triste, realmente disfruté conocerte. Espero verte en una ocasión más alegre. Antônio me dijo que eres muy eficiente.

– Será un placer. Si necesita de alguna cosa, estaré en su disposición –. Ellos se despidieron. Gilda y María, que los miraban, se acercaron:

– No sabía que eras tan importante – dijo Gilda.

– Trabajó aquí hace más de cuatro años y nunca me presentó a doña Mercedes – dijo María –. ¿Ya la conocías?

– No – respondió Nina con total naturalidad –. Ella es muy agradable. Ahora necesito irme. Dejé a mi hijo con las monjas. Me hicieron este favor y no puedo abusar de ellas. Hasta mañana

Después que Nina se fue, Gilda comentó:

– Si doña Neide supiera esta intimidad con el Dr. Antônio, se enojaría mucho.

– No piensas en decirle, ¿verdad?

– Pensándolo bien, incluso estaría muy bien. Doña Neide lo disimularía, pero estaría comiendo fuego. Eso me gustaría ver.

– Pero entonces perseguiría a Nina y no se lo merece.

– Eso es cierto. Pero luego de lo que hemos visto hoy aquí, creo que doña Neide no conseguiría nada con el Dr. Antônio.

Después de comentar sobre la muerte de su colega, el hermoso funeral, las flores y la antipatía de Olivia, se despidieron. La tarde murió lentamente y las hojas cayeron de los árboles en la tumba de Antônia, donde los empleados terminaron de cerrar la losa que habían abierto con un remolque, y el fuerte viento que sopló los movió como si quisieran barrer la tristeza y el dolor por esa vida truncada tan temprano, llorando por oportunidades perdidas.

Nina se apresuró a llegar a la oficina. Miró su reloj y suspiró aliviada. Aunque el tranvía se había retrasado, logró llegar a tiempo. Dejó el bolso en el armario e, incluso antes de sentarse, Neide ya estaba de pie a su lado.

– Buenos días, doña Neide.

– Buenos días. Tengo un servicio urgente. Debe llevar estos documentos a la oficina del Dr. Camargo.

Nina la miró con seriedad. Desde la muerte de Antônia, cuatro meses atrás, Neide intentaba enviarla fuera de la oficina, encargándole tareas con que podrían ser realizadas por el mensajero.

Nina notó que esto había comenzado a suceder después de darse cuenta que el Dr. Antônio la estaba llamando a su oficina y, a veces, se detenía en su mesa para saludarla.

Gilda le había dicho que Neide había ido a preguntar cómo Nina había logrado tal cercanía, y María le había contado con mucho gusto sobre el funeral de Antônia.

El día que Mercedes llamó y pidió hablar con Nina enfureció a Neide. A pesar que no escuchó la conversación, no pudo ocultar su molestia.

Bien que había desconfiado de la buena voluntad de Nina, siempre dispuesta a hacer todo, a quedarse después del horario. Estaba claro que ella quería ocupar su lugar. Lamentó no haber hecho los preparativos para el funeral de Antônia.

También, ¿cómo iba a adivinar que Antônio, un experimentado abogado, podría quedar tan impresionado con lo que había sucedido? Tenía que tratar de despedirla. No podía estar tranquila mientras ese peligro acechaba a su alrededor. Se estaba claro que el Dr, Antônio se dejara llevar por la "buena voluntad" de Nina.

También había observado que Nina ya no obedecía sus instrucciones, apareciendo en la oficina maquillada, con ropa llamativa. Ella le había dicho cómo debería vestirse.

Ahora que se sentía importante, Nina lo hacía para enfrentarse a ella. A menudo el Dr. Antônio buscaba a Nina. Deseaba darle algunas instrucciones, pero ella nunca estaba. Neide le informó que Nina le gustaba quedarse en la calle y siguió pidiendo a hacer este tipo de servicio.

Nina se fue dando cuenta del juego y decidió responder. Neide continuó con el sobre extendido y Nina preguntó:

– ¿Doña Neide no puede enviar al mensajero a entregarlo? – Neide se sonrojó de ira.

– ¿Cómo te atreves? Estás aquí a obedecerme. Nina abrió el juego:

– He notado que ha intentado mantenerme alejada de la oficina, enviándome a realizar servicios que cualquier mensajero puede hacer. Esa no es mi función.

– Tu trabajo es hacer lo que digo. ¿Quién te crees que eres?

– Una persona responsable.

– Toma este sobre y llévalo a la oficina del Dr. Camargo.

– ¿Y si no voy?

– Si no lo haces, voy a hablar con el Dr. Antônio, y serás despedida –. El teléfono sonó y Nina respondió. Fue el Dr. Antônio:

– Me alegro de haberte encontrado. Ven a mi oficina.

– Sí, señor.

Nina colgó el teléfono y, mirando a Neide, dijo con seriedad:

– Lo siento, pero no podré ir. El Dr. Antônio me llama.

Neide la fulminó con la mirada y fue a su oficina. Gilda y María disimularon su alegría. Tan pronto como Nina fue a la oficina de Antônio, se acercaron:

– ¿Viste su cara? – Dijo María.

– Pensé que iba a tener un ataque – dijo Gilda, satisfecha. Nina golpeó ligeramente en la puerta y Antônio la hizo pasar.

– Por fin puedo hablar contigo – dijo.

– Cuando llamó, le estaba diciendo a doña Neide que cualquier mensajero podía entregar ese sobre. Soy consciente que el sueldo que me paga es para hacer otro tipo de servicio.

– ¿Qué sobre era ese?

– Para llevar al consultorio del Dr. Esteves Camargo.

– No era para que lo tomaras tú, sino para el mensajero. ¿Por qué te envió ella?

– No lo sé. Estaba muy enojada. Amenazó con despedirme.

– ¿Ella dijo eso?

– Sí. Le pregunté si el chico no podía hacer eso y no le gustó. En cualquier caso, si cree que será mejor que me vaya, me iré.

– No. Déjalo, yo lo resolveré. Te llamé aquí para abordar otro asunto. ¿Te acuerdas de Olivia, la tía de Antônia?

– Sí.

– Ayer, fuimos a una cena en la casa de un amigo y allí estaba ella con el marido. Un hombre muy educado, muy amable, he aprendido a través de este mi amigo que ellos son muy ricos y bien considerado en la sociedad. Mercedes pidió que te lo diga. Dijo que va a llamarte para comentar.

– ¿Ella mencionó a Antônia?

– No. Nosotros hablamos un poco. Mercedes tampoco simpatiza con ella. Le fue indiferente la muerte de su sobrina.

– El marido parecía muy agradable. Fue esto que yo quería decirle. Sin embargo, ya que estás aquí, toma este contrato y esta petición. Cuando lo termines, tráemelo directamente a mí.

Nina se fue pensando que Neide se irritaría aun más cuando supiera que él la había puesto a cargo del servicio por encima de su autoridad. No le parecía tan formal como ella.

Era muy probable que toda esa disciplina de "línea dura " fuera creada solo por ella para retener su autoridad y mantener a los demás empleados alejados de su jefe.

Nina, al ver que Neide se acercaba, dijo seriamente:

– El Dr. Antônio me dijo que envió al mensajero a entregar ese sobre. Creo que usted se equivocó.

Neide se mordió el labio y dijo:

– En realidad, yo estaba equivocada. Pero eso no justifica tu actitud. Me estás desafiando.

– No se trata de eso, doña Neide. Es que me están pagado para hacer un servicio más complejo. Es costoso para la oficina utilizar mi tiempo con cosas que cualquier otro puede hacer.

– No pedí tu opinión. Sé lo que estoy haciendo –. Vaciló un poco y preguntó:

– Después de todo, ¿qué quería el Dr. Antônio?

– Hablarme de un asunto privado. También me pidió que le hiciera algunos servicios. Neide no respondió. Casi echó a correr, para el deleite de Gilda y María, que se miraron con malicia. Se acercaron a Nina queriendo saber qué había pasado, pero ella dijo simplemente:

– Vamos a dejar eso a un lado. No tiene ninguna importancia. Tengo muchas cosas que hacer.

Los dos se pusieron a trabajar y Nina estaba dispuesta a hacer lo que el Dr. Antônio le había pedido que hiciera. Casi a la hora del almuerzo, Mercedes llamó:

– Nina, me gustaría hablar contigo. ¿Puedes venir a mi casa hoy cuando salgas de la oficina?

– Lo siento, doña Mercedes, pero necesito ir a buscar a mi hijo. No tengo con quien dejarlo, me encantaría ir.

– No importa. Mañana es sábado. ¿Por qué no vienes a tomar una merienda y traes a tu hijo? Me encantaría conocerlo.

Nina vaciló un poco, luego respondió:

– Él es muy travieso.

– No te preocupes. Ven, eso nos dará mucho gusto.

– En ese caso, iremos. Pueden esperarnos.

– Quiero hablar contigo. Necesitaré tu ayuda.

– Puedes contar conmigo.

Nina colgó el teléfono y volvió a trabajar. A pesar de las amistades que tenía en la escuela, no iba a casa de nadie.

Había notado que su situación como madre soltera no era bien vista por la mayoría de las mujeres, quienes la veían como una peligrosa rival. Tampoco quería exponer a su hijo a murmuraciones y prejuicios.

Pero le había agradado a Mercedes. Además, ella sabía la verdad y; sin embargo, insistía en invitarla. Hubo momentos en los que, a pesar de tener un hijo, se sentía muy sola. Sus padres vivían lejos. Sabían la verdad, seguían apoyándola, pero vivían en un pequeño pueblo donde su presencia sería un escándalo. Así que nunca volvió a visitarlos. Cuando podían, venían a São Paulo a verla. Pero en esos cuatro años los había visto solo dos veces. Así que aceptó la invitación de Mercedes. Sintió que era una persona franca, sin prejuicios.

Neide colgó el teléfono con enojo. Desde que notó la simpatía que Antônio tenía por Nina, cada vez que ella contestaba el teléfono, escuchaba por la extensión. La invitación de Mercedes la puso muy molesta. No cabía duda que Nina se estaba insinuando en la familia de su jefe, intentando ocupar su lugar. Eso no lo podía tolerar. Había conseguido ese trabajo con mucho esfuerzo y no estaba dispuesta a perderlo.

No tenía sentido decirle a Nina que su apariencia exuberante no se correspondía con la sobriedad de la oficina. Ella le había dado las gracias por el consejo, pero seguía haciendo lo mismo.

Las miradas de admiración que le lanzaban los hombres no pasaron desapercibidas. Un día, Neide no pudo evitarlo. La llamó a su oficina y dijo:

– Tienes que dejar de arreglarte como si fueras a ir a una fiesta. Aquí estamos en un lugar de trabajo. Tienes que ser discreta.

Nina sonrió, dio una vuelta y respondió:

– Un traje verde hoja, una camisa de seda color crema, zapatos cerrados marrones... Me parece muy apropiado.

– Pero no lo es. En adición, tu ejemplo ha sido pernicioso. Tus colegas están tratando de imitarte. Tienes que cambiar.

– Le agradezco su opinión, doña Neide. Pero el Dr. Antônio no piensa como usted; sin embargo, ayer me dijo que todas las jóvenes de aquí deberían vestirse con la misma clase que yo. Así que seguiré vistiéndome como me gusta.

Neide se mordió el labio con ira. La situación era peor de lo que había imaginado. ¿Cómo se atrevía a dar esa respuesta? Estaba claro que tenía al jefe bajo control. Era muy posible que Nina estuviera coqueteando con su jefe. Necesitaba abrirle los ojos a Mercedes. Sería una buena excusa para acabar con la audacia de Nina. Se preguntó cuál era la mejor manera de hacerlo.

A la tarde siguiente, Nina y su hijo fueron a visitar a Mercedes, quien los recibió con cariño.

– ¡Tu hijo es muy guapo! – Dijo ella.

– Él es todo en mi vida – dijo Nina con un brillo emocionado los ojos.

Estaban tomando un refrigerio en el comedor cuando llegó una mujer joven, elegante, morena, ojos oscuros y brillantes, labios carnudos y rojos, cabello castaño ondulado que le caía sobre los hombros.

– Esta es mi hija Marta – presentó Mercedes. Nina la miró a los ojos y preguntó:

– ¿No nos conocemos de alguna parte?

– No lo creo. Es curioso, también tuve la impresión de conocerte.

– Ya me pasó a mí – dijo Mercedes –. Van a ver que ustedes se conocen de otra encarnación –. Marta sonrió y respondió:

– Es lo más probable. Pero, ¿quién es este hermoso chico?

– Marcos, mi hijo.

Ella se acercó al chico:

– ¿Cómo estás, Marcos?

– Bien, gracias.

Marta se sentó al lado de él y los dos pronto comenzaron a conversar. Nina estaba sorprendida. Marcos, a pesar de convivir cortésmente con la gente, era muy reservado. Con Marta, después de unos minutos de conversación, ya estaba hablando con ella sobre sus pequeños amigos en la guardería.

– Es muy inteligente – dijo Marta.

– Yo también lo creo. Pero ya sabes cómo es una madre...

– Tiene carisma y su mirada es muy expresiva. Es un espíritu lúcido y experimentado. Ha vivido muchas vidas.

– Marta tiene mucha sensibilidad. Puedes creer lo que ella dice.

– Yo lo creo. Sé que es inteligente, ha madurado. Dice cosas que me sorprenden. Pero dijiste que ha vivido muchas vidas.

– Sí. ¿No crees en la reencarnación?

Tomada por sorpresa, Nina no supo cómo responder. A veces había escuchado referencias al tema, pero nunca le había interesado el tema. Las monjas hacen chistes al respecto, alegando que era imposible.

– Para ser honesta, nunca pensé en eso.

– Nina trabajó con monjas y aun vive con ellas. Quizás sea mejor no entrar en ese tema.

– Bueno, yo creo que es el momento para que ella comience a ver la verdad. Así se puede entender mejor lo que pasó y desechar de su corazón todo el daño que la está haciendo infeliz.

Los ojos de Marta brillaron convencidos y Mercedes se detuvo. Ella sabía que Marta no hablaba por sí misma. Nina la miró asombrada.

Sabían que era madre soltera, pero el dolor que tenía en el corazón nunca se lo había dicho a nadie. Guardó silencio, esperando que ella continuara.

– Cuando no vemos los hechos como son, adoptamos la posición de víctimas, creemos que nos están haciendo daño, por eso cultivamos el odio, el deseo de venganza. Pero todo esto desaparece cuando se aprende que todo ha siempre sido lo correcto, que todo necesitaba ser de la manera en que fue, ya sea para nuestra maduración, para el desarrollo de nuestra conciencia, o también para resolver cuestiones mal acabadas en otras vidas. Nuestro destino es la felicidad, pero nadie puede ser feliz sin tener la alegría en el corazón. Por esto te digo, ha llegado el momento, Nina, de conocer la vida espiritual. Para saber cómo son realmente las cosas.

Marta suspiró, sonrió y dijo alegremente:

– Mamá, ¿puedo servirme un pedazo de ese pastel? Me muero de hambre.

Nina estaba emocionada. Algo diferente estaba sucediendo allí y ella no sabía qué era. Después de comer, Marta miró a Nina y le preguntó:

– ¿Puedo llevar a Marcos a mi habitación? Quiero mostrarle algunas imágenes.

– Por supuesto. Solo que él es muy travieso.

– Déjamelo a mí. Vamos, Marcos.

Después de tomar al niño de la mano, Mercedes dijo:

– Debes estar intrigada por lo que te dijo. Trataré de explicarte. Tuve dos hijas. Marta nació primero. Seis años después nació Valquiria. Desafortunadamente, no llegó con buena salud. No se desarrolló como debería y murió a la edad de tres años. Este problema nos causó mucho sufrimiento.

Hicimos todo en un intento de salvarla, pero fue inútil. Desde esos tiempos, nos dimos cuenta que Marta era diferente comparada con otras personas. Desde la edad de dos, hablaba con invisibles seres, jugaba, conversaba y a menudo nos sorprendía diciendo que hablaba con algunos de nuestros familiares fallecidos. Hablaba con tanta firmeza y tantos detalles que acabamos creyendo sus palabras, aunque ella era muy pequeña. Cuando nació Valquiria, pasó mucho tiempo mirándola y a menudo nos decía que solo había venido por un tiempo y que regresaría pronto. Al darse cuenta que lloraba cuando decía eso, Marta me acariciaba y decía:

– No estés triste, mamá. Ella vino a curarse. Cuando se haya ido, estará bien. Será feliz.

– No entendí. Habló con Antônio, quien, asesorado por unos amigos, comenzó a estudiar Espiritismo. Pero yo, de formación católica, no le escuché. Pronto se convenció que Marta era sensible y por eso, siempre que hablaba de cualquier cosa seria, él le creía. Ella predijo la muerte de su hermana con precisión. Al ver mi desesperación, ella me dijo seriamente:

– No llores, mamá. Quédate feliz. Ahora ella está curada. Se liberó.

– Delante de su hermana muerta, no derramó ninguna lágrima. La acarició con gran amor y rezó por ella deseándole felicidad. Todos quedamos muy impresionados con su actitud. Solo tenía nueve años.

Después de eso, Antônio me habló mucho y poco a poco también comencé a estudiar Espiritismo. Allí encontré muchas respuestas al drama que habíamos vivido. Me consolé. Descubrí que ya hemos vivido otras vidas, siempre con el propósito de madurar, aprender a vivir mejor.

Nina tenía lágrimas en los ojos. Sentía que Mercedes hablaba con sinceridad.

– Doña Mercedes, valoro su dolor. Si encontró consuelo en eso, el Espiritismo solo puede ser algo bueno.

– Tienes razón. Además, no fue solo consuelo lo que encontré. Empecé a estudiar tratando de comprender lo que nos sucedió, pero con el tiempo me di cuenta que todo era cierto. En el día a día fui encontrando la evidencia de estas enseñanzas. Hoy en día no tengo ninguna duda: Yo sé que la muerte es solamente un viaje, que nuestro espíritu es eterno. Cuando nuestros cuerpos mueren, todavía estamos vivos en otra dimensión del universo. Todo continúa. El cuerpo de carne es solo un vestido que, cuando se rompe, lo abandonamos.

Nina se asustó.

– ¿Qué pasó? – Preguntó Mercedes.

– Me acordé de Antônia ¿Quiere decir que ella puede estar viviendo en otro lugar?

– Ciertamente. No sé si ya estás consciente. El suicidio es un acto de rebelión que solo aumenta el sufrimiento, ya que la vida sigue y los problemas persisten. Pero, si ya se ha despertado en el otro mundo, debe sentir mucha pena por su gesto.

– ¿Por qué se suicidó?

– Difícil de saber. No dejó nada escrito.

– ¡Dios mío! Me apena. El suicidio no es una solución. Es un acto de falsa valentía. El verdadero valor es afrontar los problemas, sean los que sean.

– Estoy de acuerdo.

A partir de ese día, Nina comenzó a visitar la casa de Mercedes con regularidad. Nació una sincera amistad entre ella y Mercedes y Marta. Nina se alegró de verlos rodear de cariño a Marcos.

Un sábado por la tarde, mientras estaban almorzando en el balcón, Marta jugaba con Marcos y de repente se detuvo, se acercó a Nina y le dijo:

– Tu vida cambiará. Van a pasar muchas cosas. Pero recuerda que mientras mantengas tu dolor y el deseo de venganza en tu corazón, ¡no podrás ser feliz!

Nina palideció. A pesar de la amistad que las unía, nunca les había contado la verdadera razón por la que quería ascender en la vida. Marta hablaba con firmeza y sus ojos estaban fijos en un punto lejano.

Cuando Nina logró salir de la sorpresa e iba a contestar, Marta hizo una mueca y dijo:

– Mami, ¿puedo tomar una taza de té?

Mientras bebía su té como si nada hubiera pasado, Nina, impresionada, estaba pensativa. Después de unos segundos, preguntó:

– ¿Puede suceder realmente lo que ella dijo?

– Puede y siempre sucede.

– ¿Cómo es que ella sabía que yo guardo una herida en el corazón? – preguntó Nina. Esta vez fue Marta quien respondió:

– Sentí eso desde la primera vez que te vi. Pero hoy fue un amigo espiritual quien dio este mensaje.

Mercedes intervino:

– Como te dije, Nina, estamos rodeados de seres que viven en otras dimensiones del universo. Quien muere en este mundo sigue vivo en otro lugar.

– ¿Incluso las personas malas? – Preguntó Nina,

– Todo el mundo. La vida continúa y el espíritu es eterno. Digamos que los que se engañan a sí mismos con el mal ignoran las leyes perfectas de la vida. Pero un día ellos también habrán aprendido y se volverán lúcidos y de buen humor.

Nina pensó en André y consideró:

– Es difícil creer que alguien que fue malo, que causó sufrimiento a la gente, pueda volverse bueno.

– El progreso es para todos. Dios es amor y quiere nuestra felicidad, pero Él quiere que nosotros seamos lúcidos, que nuestra conciencia se desarrolle. Solo entonces seremos capaces de valorar y apreciar adecuadamente el bien. Sin esto seremos indiferentes, incapaces de realizar los valores eternos y verdaderos.

– Hay gente tan mala que parece imposible.

– No lo es. Para esto tenemos toda la eternidad. El dolor angustia, el sufrimiento constriñe. Todos queremos deshacernos de ellos. Por tanto, buscamos caminos nuevos y menos dolorosos. Al final sabemos que somos responsables de todo lo que, en el caso, que somos nosotros que con nuestras actitudes atraemos bueno o malo.

Nina se quedó pensativa por unos momentos. Nunca había herido a nadie, pero había sido víctima de la malicia de André. Marcos era inocente y no merecía ser despreciado por su padre.

– Lo que dices es hermoso, pero en la práctica no sucede.

– ¿Por qué piensas eso?

Nina miró a su alrededor y, al ver que Marta se había ido al jardín jugando con Marcos, dijo:

– Porque en mi vida no fue así. Amé a un hombre y le di todo lo que tenían de mejor. Fui sincera, leal, cariñosa, dedicada. Era estudiante e hicimos planes para cuando se graduara. Sin embargo, cuando se graduó, me abandonó, aunque sabía que estaba esperando un hijo.

– Y ese es el dolor que tienes en tu corazón.

– ¡Lo odio! Cambió mi amor sincero, el amor de nuestro hijo, por ambición. Se casó con una chica de sociedad. Me engañó todo el tiempo. Nunca me amó. ¿Cómo puedo ser responsable de lo que me pasó si él tuvo la culpa?

Mercedes puso su mano sobre la de Nina, acariciándola levemente:

– Te estás poniendo como víctima. Eso no es verdad. En el juego del amor hay dos personas, y para tener éxito es necesario que ambos deseen estar juntos. Cuando una mujer comienza una relación, necesita enfrentar la realidad, usar el sentido común y decidir cuánto vale la pena atreverse. Eras inexperta y esto te llevó a entregarte basándote únicamente en tus propios sentimientos, sin preguntar que él no era tú y podría apreciar las cosas de manera diferente.

- Estaba muy enamorada. No pude resistir.

- Sabes que querías estar con él. Decidiste eso. Simplemente no pensaste en la posibilidad que él eligiera otro camino.

- A pesar que yo hubiese pensado en ello, me hubiera quedado con él, mientras que él me quisiese. Hoy me da vergüenza decir eso. Pero en ese momento estaba ciega.

- Si reconoces eso, si sabes que hiciste lo que querías, ¿por qué lo culpas por elegir otro camino? Hiciste lo que querías y deseabas continuar, pero él cambió. Le puede pasar a cualquiera.

- Después de estar sumergida de cuerpo y alma en ese amor, fue muy triste verlo al lado de otra. Su desprecio por nuestro hijo fue lo que más me dolió. Sugirió que me hiciera un aborto. Prometió seguir pagando los gastos de la casa que nos había preparado. Por supuesto que no quise. A la mañana siguiente me fui, pero no pude olvidar lo que nos hizo.

- ¿Conoce al niño?

- No. Cuando salí de la casa, no dejé dirección. Solo una amiga sabía dónde estaba, pero le prohibí que se lo dijera.

- ¿Quiere decir que no sabía que era padre?

- Durante cinco años nunca nos encontramos. Sin embargo, el día que fui a la empresa para la primera entrevista con el Dr. Antônio, cuando me retiraba nos encontramos en la calle. No lo había visto, pero me tomó del brazo ansioso, queriendo saberlo todo. Respondí evasivamente y no dije nada. Ni siquiera le di mi dirección.

- Quizás sería mejor hablar, después de todo un niño siempre es una responsabilidad.

– Marcos no lo necesita. Yo soy suficiente para darle todo lo que es necesario. Yo no quiero que sepa que su padre lo rechazó. Un padre así no merece el placer de su convivencia.

Mercedes la miró pensativa. Ella guardó silencio por unos momentos, luego dijo:

– El orgullo es un mal consejero.

– No me gustó como me miró cuando le dije que estaba embarazada. Había sospecha en sus ojos. Tal vez se imaginó que estaba usando esta artimaña para engañarlo y casar me con él. Él es de una familia rica y yo no. Así que decidí asumir toda la responsabilidad por mis acciones. Mi hijo no tiene por qué hacerlo; puedo cuidarlo bien.

– De hecho. Él está fantástico. Es un chico encantador.

– Marcos es todo lo que tengo en este mundo. Es por lo que yo he estudiado, trabajado –. Marta entró en la habitación con Marcos, diciendo alegremente:

– Este chico es muy vivo. Aprende fácilmente.

– Me gustó la historia del camello. Después te la cuento a ti, mamá – dijo Marcos, feliz.

– Puedes contarle ahora – dijo Mercedes.

– No. Se lo contaré a la hora de dormir. Ella siempre me habla del burro y hoy voy a hablar del camello.

La tarde terminaba cuando Nina se despidió y se fue con su hijo, Mercedes y Marta querían que se quedaran a cenar, pero Nina no quería abusar de ellas. En el camino de regreso, pensó en las conversaciones que habían tenido. Tanto Mercedes como Marta tenían buenas intenciones, pero nunca pudieron medir cuánto había sufrido. Para aquellos que estaban fuera de la situación, era fácil encontrar explicaciones, asesorar. Lo difícil era poder olvidar, perdonar, cuando la herida seguía sangrando y dolía.

Recordó el encuentro con André y sintió que su corazón se hundía. Sin duda era feliz, viviendo su vida con su esposa, y el éxito profesional, mientras llevaba el peso de esa traición, de un amor que la convirtió en una persona infeliz y rechazada. No. Ella no podría olvidar. Un día, André aun lamentaría todo lo que le había hecho.

***

Nina entró en la oficina del Dr. Antônio diciendo amablemente:

– ¿Desea algo, Doctor?

Dejó a un lado el informe que estaba examinando. La miró y respondió:

– Quiero hablar contigo. Siéntate, por favor.

Ella se sentó frente a su mesa y esperó. Él continuó:

– Hace dos años que trabajas conmigo y te has mostrado muy eficiente. Me gustaría a hacerte una propuesta.

Sus ojos brillaron de alegría.

– Estoy muy agradecida por la oportunidad que ha dado mí. He aprendido mucho en esta oficina.

– Como sabe, nuestro trabajo ha aumentado mucho.

– Has sido brillante, estamos con una cartera de clientes envidiable.

– He trabajado demasiado. Al principio pensé en invitar a otros abogados a formar una sociedad. Hablé con Mercedes. Ella pensó que sería problemático poner un abogado desconocido en nuestra oficina. Hizo una sugerencia y la encontré mucho mejor. Has estado trabajando duro. Conoces las leyes tanto como yo.

– Es muy amable, doctor.

– Estoy siendo honesto. Serías una excelente abogada. Te entregaría muchos casos en tus manos, lo que me aliviaría mucho. Desafortunadamente, no tienes un diploma.

– De hecho. Soy autodidacta.

– ¿Te gustaría ir a la universidad y obtener tu diploma?

– Ese es mi sueño.

– En ese caso, te daré un aumento de salario, suficiente para pagar el curso. A cambio, después de graduarte, trabajarás conmigo.

Nina sintió que su voz se ahogaba y no respondió de inmediato.

– Entonces, ¿qué dices?

– Por supuesto que acepto.

– Hablaré con el decano. Es mi amigo. Le pediré que te examine y vea en qué año puede inscribirte.

– ¿Cree que lo lograré?

– Harás los exámenes y ellos evaluarán. Estoy seguro que no tendrás que empezar desde el primer año.

Cuando regresó a casa a última hora de la tarde, Nina fue a la directora de la escuela para contarle la noticia. La madre Pierina, además de ayudarla cuando fue al internado por primera vez, se había convertido en su gran amiga.

Para estudiar, Nina necesitaría su cooperación. Además de trabajar todo el día, estudiar por la noche, no llegaba a casa hasta muy tarde.

Nina le daba al niño todo su tiempo libre. Le encantaba estar con él, pero al mismo tiempo, como él no tenía padre, sentía que necesitaba compensar esa falta.

A pesar de desear mucho ese diploma, ¿sería justo a privar a su hijo de su compañía por tanto tiempo? ¿Eso no lo alejaría de ella? Por otro lado, esta era la gran oportunidad que había soñado alcanzar para progresar y darle a su hijo una vida buena y cómoda.

Además, había jurado no escatimar esfuerzos para llegar a donde quería y hacer que André se arrepintiera de haberla dejado atrás.

Este último argumento la convenció que no podía negarse. Marcos dormía temprano y, por tanto, no sentiría mucho su falta. Le gustaría compensar esa ausencia rodeándolo de más amor. Hablaría con él y le haría entender que era un sacrificio justificado para que pudieran mejorar económicamente. Buscó a la madre Pierina, le explicó la situación y concluyó:

– El Dr. Dantas dijo que voy a hacer un examen. Es posible que ni siquiera necesite comenzar desde el primer año. Mi único problema es pasar más tiempo lejos de Marcos. Pero si usted está de acuerdo que yo pueda recogerlos más tarde, lo aceptaré. Como recibiré un aumento de salario, podré pagar una matrícula más alta al colegio.

Pierina la miró seriamente y preguntó:

– ¿Estás segura que necesitas este diploma?

– Bueno, el Dr. Dantas me ofreció una oportunidad única: convertirme en su colaboradora directa, tal vez incluso en socia. Es un abogado respetado y muy valorado. A muchos profesionales les gustaría a tener esa oportunidad.

– Estudiar, mejorar tu vida es algo bueno. Pero aun tienes un hijo que criar. Además de eso, tienes otro objetivo, que considero peligroso. Me pregunto si has olvidado el pasado, si ya has perdonado.

Nina se estremeció. Levantó la cabeza con altivez y respondió:

– No, madre. No lo olvidé. No creo que lo olvide nunca.

– Eso es lo que me preocupa. Es hora de olvidar lo que pasó, a mirar hacia adelante, reconstruir tu vida amorosa.

– No, madre. Para mí, el amor se acabó. Solo mi hijo cuenta. Hago todo por él, quiero que sea muy feliz.

– Es necesario aceptar la voluntad de Dios, hija mía. Él sabe lo que hace.

– Gracias, madre. Sé que me deseas lo mejor. Yo respeto su fe, pero yo no soy religiosa. No tengo la misma certeza que usted. Sé que necesito cuidar de mi vida y estoy tratando de hacer lo mejor posible. Eso es lo que creo.

La madre Pierina suspiró desanimada. Hacía años que trataba que Nina fuese más resignada con su destino. Ella se había entregado a su novio antes de la boda y él la cambiara por otra. Si hubiera preservado su intimidad, no habría sufrido tanto. En lugar de asumir su propia responsabilidad, se había rebelado contra sí misma.

– Está bien, mi hija, nosotras podemos cuidar a Marcos para que tú puedas estudiar –. Nina se levantó y la abrazó con cariño:

– ¡Sabía que podía contar contigo! Puede estar segura que todavía estará orgullosa de mí –. Pierina sonrió. Nina le había caído bien. Aunque la joven pensaba de manera tan diferente a ella, respetaba su esfuerzo por apoyar a su hijo, su dedicación al trabajo y su honestidad.

Una semana después, Nina estaba en la universidad. Antônio la había presentado al rector, quien conversó con ella un rato y le informó que, a pesar de tener muchos conocimientos, necesitaría tomar un número determinado de clases para graduarse.

Entusiasmado por el conocimiento que mostraba, especialmente con su impecable redacción y lleno de ingeniosos argumentos, prometió ayudarla como pudiera.

Nina se sumergió en sus estudios con entusiasmo. Marcos la extrañó al principio, pero poco a poco se fue acostumbrando.

– Es solo por algún tiempo – explicó que cuando lo veía triste –. Pronto terminaré mis estudios, así que tendré todo el tiempo para ti. Ganaré mucho dinero y podremos tener una casa propia. Tendrás una hermosa habitación, llena de juguetes.

– ¡Pero lo que yo quiero es estar contigo! El otro día me caí, me lastimé la pierna y tú no estabas.

– ¿Te dolió mucho?

– Lloré, te quería conmigo.

Ella lo besó con cariño. Sabía que el llanto era más de nostalgia que de dolor. La extrañaba.

– Estoy aquí. Todas las noches, cuando llego ya estás durmiendo. Te cargo en mi regazo y te llevo a la habitación.

– Ya no voy a dormir. Quiero estar despierto cuando llegues.

– Vamos a hacer esto: te duermes temprano y cuando yo llego, te despierto para que tomes leche conmigo –. A partir de ese día, Nina, cuando regresaba de la universidad, lo despertaba y ambos tomaban un refrigerio juntos. Luego lo llevaba a la cama y se quedaba con él hasta que se durmiera.

Muchas veces Nina, después de acomodarlo, volvía a estudiar, solo parando al amanecer. Antônio notó que había perdido peso y comentó:

– No sé si fue buena idea que vuelvas a estudiar.

– ¿Por qué, doctor? ¿Cree que no lo lograré?

– Al contrario. Creo que te esfuerzas demasiado. Has bajado de peso. Mercedes dijo que no has estado en casa. De esa forma, te enfermarás.

– Estoy bien. No se preocupe. Siento nostalgia de doña Mercedes y de Marta.

– Ella se queja que Marcos no ha aparecido.

– El sábado iremos a verlas. Puede estar tranquilo.

– Sabía que ibas a exagerar.

– Realmente aprecio mucho esta oportunidad. Quiero aprovechar.

– Muchas cosas que estudiarás en la universidad, nunca las usarás. Solo sirven para mejorar tu nivel cultural. La experiencia en el ejercicio de la profesión en conjunto, la visión que yo sé que tienes es la que va a convertirte en una buena profesional. Por lo tanto, piensa en lo esencial, y no te desgastes estudiando lo que no te será útil.

– He aprendido mucho aquí.

– Voy a contratar a una persona como secretaria y pasarte algunos casos en desarrollo.

– ¿Cree que estoy lista?

– Lo creo. Vamos a trabajar juntos –. Antônio tomó el teléfono y llamó:

– Neide, ven aquí.

Llamó suavemente a la puerta y entró.

– Quiero que contrate una nueva secretaria para nosotros –. Neide se sorprendió:

– ¿Cómo? No entiendo.

– Sí. Necesitaremos una nueva secretaria. Preferiblemente con algún conocimiento legal. De ahora en adelante, Nina va a trabajar directamente conmigo. ¿Cómo está la sala de al lado?

– Después que su asistente se fue, está vacío.

– Vamos a prepararla para Nina. Deja todo en orden, yo la inspeccionaré –. Neide se puso roja y luchó por ocultar su ira:

– Sí, señor.

Después que se fue, Nina consideró:

– Ella me odia. Siempre estuvo muy celosa.

– Si quieres quedarte aquí, tendrás que tragarte sus celos. No dejaré de hacer lo que quiero solo porque doña Neide no esté de acuerdo.

Cuando Nina regresó a su mesa, Neide no se contuvo:

– No sé qué tipo de juego es el tuyo. Siempre obtienes todo. No lo puedo creer –. Nina la miró directamente a los ojos y reflexionó:

- No estés en mi contra. No tengo nada en tu contra. Podemos trabajar juntas muy bien.

- Nunca me engañaste. Vi desde el primer día que eras peligrosa. Poco a poco, se fue infiltrando en todo, incluso en la casa del Dr. Dantas, con su familia. Es repugnante.

- No sé por qué me odias.

- Sí, te odio. No soportaré esto. Tú, que nunca fuiste nada en la vida, viniste aquí y te encargaste de todo. Yo, que he estado luchando durante tantos años, no puedo progresar. Cuando necesita a alguien, te busca. No es justo.

Poco a poco Neide levantaba la voz y terminó sollozando, gritando las últimas palabras.

- ¿Qué está pasando aquí? Antônio se paró frente a ellos, irritado.

- Usted es injusto, no le gusto, siempre le he servido con dedicación; prefiere una chica bonita, sin experiencia y me deja de lado. Es demasiado.

Antônio frunció el ceño visiblemente irritado:

- Y es realmente demasiado. Nadie me va a decir qué hacer dentro de mi propia empresa. Usted siempre fue eficiente, y por eso he soportado su mezquindad con nuestros empleados. Pero hoy llegó a su límite. Está despedida.

- Ella está nerviosa, doctor. Ha estado cansada. Va a reflexionar y darse cuenta que no hay ninguna razón para estar molesta - dijo Nina.

- Pues no necesito su buena voluntad. Me voy. Soy un excelente profesional, pronto tendré otro trabajo. Doctor, aun se arrepentirá. Quizás doña Mercedes descubra lo equivocada que estuvo al llevar a esta chica a su casa.

- Retírese, Neide, antes que yo mismo la saque de aquí. No tenemos nada más que hablar.

Frente a los empleados que la miraban con asombro, recogió sus objetos personales y asomó una mirada dura y rencorosa, diciéndole a Nina, quien, avergonzada, la miraba nerviosamente:

– ¡Me las pagarás!

El Dr. Dantas había regresado a su oficina. Tan pronto como Neide se fue y cerró la puerta, Gilda y María rodearon a Nina.

– ¿Qué pasó? – Preguntó María.

– Se enojó porque el Dr. Antônio quiere que lo ayude con los trámites y contratará a otra secretaria. Ordenó que se prepare la sala de su ex asistente para mí.

– ¡Imagínate! – dijo Gilda –. Ella le había puesto un ojo en ese ambiente. Ella siempre quiso ser transferida allí.

– Yo no lo sabía – respondió Nina cuidadosamente –. Fue el Dr. Antônio quien lo decidió. Yo no pedí nada.

– Estuvo bien. Así estamos libres de ella. Ayer mismo se burló de mí porque llegué cinco minutos tarde. Me llamó perezosa, dijo que, si me tardase de nuevo, me iba a despedir. ¡Bien hecho!

– La que se fue, fue ella – dijo María, satisfecha.

– No puedo olvidar a Antônia. Si ella no hubiera sido tan dura, tal vez todavía estuviera viva – dijo Gilda –. Nunca me cayó bien, pero después de este día fue peor.

– No sirve de nada quedarnos hablando de ella. Después de todo, una persona así, tan envidiosa, sufre mucho – dijo Nina.

– Ella salió amenazándote – dijo María.

– No tengo miedo. Nunca hice nada contra ella. Tal vez vuelva y pida disculpas al Dr. Antônio.

– Él no la aceptará – dijo Gilda –, estaba muy enojado.

– Así es. Incluso se puso pálido. Voy a ver qué quiere que se haga –. Nina entró a su oficina, preocupada:

– Lo siento, doctor. No esperaba eso.

– Pues yo me siento aliviado de no tener que ver más su cara todos los días.

– Ella se arrepentirá y se disculpará.

– No lo creo. Pero incluso si lo hiciera, no volvería. Ahora tenemos que actuar. Ve a hablar con Erasmo, que se encarga de la sección de personal, para tratar su liquidación. Mira también si tiene algunas fichas de candidatas para examinar.

Nina salió y proporcionó todo. Cuando regresó a su mesa, Gilda se acercó:

– Nina, dijiste que el doctor va a contratar una secretaria. Mi prima es secretaria y está desempleada. Trabajó durante cinco años en un bufete de abogados y solo dejó porque el propietario de la empresa murió y se cerró. Los otros socios no quisieron continuar.

– Ella debe tener experiencia.

– Ella es muy trabajadora y preparada. Además de eso, es una persona honesta. Si se le contrata, no se van a arrepentir. Ella realmente necesita trabajar. Tiene una hija pequeña para criar.

– Dile que venga a hablar con el Dr. Antônio mañana. Él es quien decide. Hago votos que salga bien.

Gilda abrazó a Nina con alegría:

– Caramba, ella estará muy feliz. Ni siquiera sé cómo agradecerte.

– Espero que le guste al Dr. Antônio y la contrate. Esperemos.

Gilda corrió a llamar a su prima y Nina sonrió. De hecho, el entorno de la oficina estaría mucho mejor sin Neide. Pero no podía perder calidad en el servicio a los clientes. Inmediatamente Nina buscó a Antônio:

– Hablé con Erasmo. Tiene algunas fichas. Pero ya tenemos una candidata: la prima de Gilda –. Explicó los detalles y concluyó:

– Ella vendrá temprano mañana para hablar con usted.

– Hazle tú una primera entrevista. Si ella es como dijo Gilda, hablaré con ella después. Múdate a tu nueva oficina. Atiende a tu nueva secretaria allí. Es importante que ella te vea como jefa.

A la mañana siguiente, cuando Nina llegó a la oficina, la prima de Gilda ya la estaba esperando. Era una mujer de unos treinta años, alta, hermosa, vestida con clase y elegancia.

– Esta es mi prima Lucía – dijo Gilda.

– Encantada de conocerte, mi nombre es Nina –. Volteándose hacia Gilda:

– Llévala a la sala a esperar. Dentro de diez minutos conversaremos.

Nina fue a su nueva oficina. El lugar era espacioso, bien decorado. Sentada detrás de esa mesa, sintió una oleada de entusiasmo. Este era el mundo que había soñado con vivir. Esto era solo el comienzo. Imaginó la sorpresa de André al descubrir que esa chica ingenua, pobre y sencilla que había abandonado se había vuelto tan rica y poderosa como él.

Había flores en el escritorio y una tarjeta con saludos de Gilda y María por la promoción.

Nina apretó el botón del teléfono y Gilda respondió.

– Haz que entre tu prima.

Lucía entró y se sentó frente a la mesa, como indicó Nina. Era una chica elegante, parecía segura de sí misma.

En el transcurso de la entrevista, Nina notó con satisfacción que Lucía tenía mucha experiencia y garra, pensamiento rápido y buena voluntad. Pero para ser una buena secretaria, necesitaba conocer el lado personal.

– Háblame de ti – preguntó.

– Bueno, tengo treinta y tres años. Soy soltera. Tengo una hija de cuatro años. Mi madre es la hermana de la madre de Gilda, mi padre es de clase media alta. Hemos roto relaciones a causa de mi embarazo –. Nina suspiró. Otra víctima de la maldad de los hombres.

– Puedo entenderlo. También soy madre soltera – dijo.

– Mis padres querían que el padre de mi hija se casara conmigo. Si estuviera libre, lo habría hecho. Cuando perdí mi trabajo, estaba muy angustiada. Me hice cargo de mi hija sola. A pesar de mis conocimientos, no es fácil encontrar un trabajo que me permita seguir criando a mi hija con comodidad. Así que me encantaría venir a trabajar aquí. Me gustó el ambiente, el salario es conveniente. Si me acepta, haré todo lo posible. El hecho que Gilda sea mi prima no obstaculizará el trabajo. Soy suficientemente profesional para saber separar las cosas.

– Muy bien, Lucía. Por mi parte, me gustaría que vinieras a trabajar con nosotros. Pero es el Dr. Dantas quien decide. Puedes irte y volver más tarde a conversar con él.

Lucía se puso de pie.

– ¿A qué hora sería conveniente?

– A las cuatro.

– Estaré aquí.

Después que se fue, Nina se sentó pensativa. La historia de Lucía era similar a la suya. Esto la hizo comprensiva. Pero reconoció que la chica tenía todas las cualidades para el trabajo que debería ocupar.

Esa misma tarde Dantas contrató a Lucía con satisfacción. El rostro serio de la joven, su actitud educada, su conocimiento, su discreta elegancia, sus ojos que no se desviaron durante la conversación lo convencieron.

A partir de ese día, comenzó una situación diferente para Nina. Lucía comenzó a trabajar y rápidamente se ocupó de todo el trabajo que le competía con eficiencia y capricho, permitiendo a Nina dedicarse por completo a su nueva tarea.

Nina no solo se elaboró contratos, como estudiaba procesos, emitía opiniones de tal suerte inteligentes que el Dr. Dantas con satisfacción le encargaba también algunas audiencias.

Nina se sumergió en el trabajo con la única distracción más allá de los agradables momentos que le dedicaba a su hijo. Una tarde en la que ella Lucía había trabajado hasta más tarde salieron juntas y Nina comentó:

– Gracias, Lucía, por quedarte hasta esta hora. Son más de las nueve.

– Siempre que lo necesite, solo dígamelo.

– Este caso es muy importante. Hay mucho dinero involucrado.

– Lo sé. Ni siquiera fuiste a la universidad...

Cuando salieron del ascensor, Lucía se asustó.

– ¿Qué pasó? – Preguntó Nina.

– Breno me está esperando. No esperaba verlo hoy. Debe haber sucedido alguna cosa.

Nina miró y vio un hombre alto, elegante, aparentando cuarenta años de edad, que, al verlas, se acercó.

– ¡Pensé que no saldrías más! – dijo, besando a Lucía levemente en la mejilla,

– No sabía que estabas aquí. ¿Por qué no llamaste?

– No quería molestar. No deberías estar trabajando hasta esta hora. Nina intervino:

– Hoy fue una excepción.

Lucía se apresuró a presentarla.

– Breno, esta es mi jefa, Nina. Este es Breno.

Nina extendió la mano, que él apretó observándola con atención.

– ¿No nos conocemos? – Preguntó.

– No.

– Gracioso... Su cara me parece familiar. ¿Está segura que no nos hemos visto antes?

– Impresión suya. Ya me habría acordado. Ahora tengo que irme. Buenas noches, Lucía. Buenas noches, Breno –. Nina se fue y Breno comentó:

– Sigo pensando que nos hemos conocido.

– Ustedes trabajan en la misma área. Nina es muy bonita, debe haber llamado tu atención en algún lugar.

– Aun voy a descubrir de dónde la conozco. Vine porque me necesitaba verte. Estoy preocupado

– ¿Pasó algo?

– Vamos a tu casa. Allí hablaremos.

Una vez en su apartamento, Lucía encontró que su hija, Mirela, y Rosa, la mujer joven que había contratado para cuidarla desde el nacimiento, dormían tranquilas. Se sentó en la sala, al lado de Breno.

– ¿Te acuerdas de aquel fin de semana que pasamos en Rio de Janeiro antes que Mirela naciera?

– Por supuesto. Nunca lo podré olvidar.

– Bueno, alguien, que todavía no conozco, me envió unas fotos muy comprometedoras de nosotros. Nuestros momentos de intimidad en el hotel fueron sido violados.

Lucía se asustó:

– ¡Qué horror! ¿Quién habría hecho eso?

– No lo sé, pero lo averiguaré.

– ¿Dónde están las fotos?

– Las quemé de inmediato. Ya sabes lo celosa que es Anabel. Si se entera, ni siquiera sé qué puede hacer.

Lucía suspiró nerviosamente:

– Siempre tuve miedo que esto pasara algún día.

– Yo no. Siempre hemos sido discretos. Si se entera, será el diablo. Hará de nuestras vidas un infierno.

– ¿Crees que vendría a buscarme?

– Seguramente. Después pondría a su padre en mi contra. Ya sabes de nuestras diferencias sociales. Ellos son muy ricos, mientras que yo nací en una familia humilde. He progresado en mi trabajo, pero; aun así, mi suegro a menudo hace hincapié en recordar esta diferencia. Cuando lo sepan, ni siquiera sé lo que van a hacer.

Lucía lo miró seriamente y dijo:

– Tal vez estaríamos mejor si nos diéramos un tiempo en nuestra relación –. Breno le tomó las manos y dijo nerviosamente:

– No, eso no. Tú y Mirela son toda la razón de mi vida. No podría soportar vivir sin ti.

– Yo también te amo, pero a veces me siento muy incómoda con esta situación. No era lo que deseaba para mí.

– Yo tampoco. Tú sabes, me casé muy joven, yo quería vencer en la vida. Me quedé impresionado con la posición social de Anabel. Dondequiera que apareciera era venerada, la gente se apresuraba a saludarla y responderle.

– Es una mujer hermosa y elegante.

– Así es. Creí que la amaba sinceramente. Pero la ilusión pasó y un día me di cuenta que la atracción se había ido. Si no tuviéramos hijos, me habría separado.

– Ahora es inútil recordar el pasado. ¿Qué planeas hacer?

– Aun no lo sé. Estoy seguro que se trata de un chantaje. Simplemente no sé cuánto tendré que pagar.

– ¿Piensas en pagar?

– No tengo alternativa. No puedo involucrarme en un escándalo ahora mismo, cuando me ocupo de algunos casos importantes que me exigirán una conducta impecable. Estamos lidiando con intereses ilícitos de personas poderosas. Cualquier desliz puede costar mi carrera y, quién sabe, incluso nuestra paz.

– Bueno, creo que lo mejor sería hacer frente, darnos un tiempo en nuestra relación, descubrir quién está detrás de esto y reaccionar. No me gusta contemporizar. Eso nunca sale bien.

– No, no puedo hacer eso. Pagaré por los negativos y punto.

Nina los dejó a ambos sintiendo que sus corazones latían con fuerza. Los años habían pasado, pero era evidente que ella se recordaba. Breno era colega de facultad de André y varias veces se habían encontrado. Sabía que ellos eran socios, pero prefirió fingir que no lo conocía. Todavía no estaba lista para el encuentro con André.

Afortunadamente, él no la había recordado con claridad. En el camino del regreso, Nina reflexionó sobre cómo la vida es increíble, poniendo a Breno en su camino. Nunca imaginó que el caso de Lucía fuera él, aunque el nombre era el mismo. Si la recordaba, se lo diría a André, quien volvería a acosarla.

Nunca supo si ese embarazo había terminado. Estaba curioso. Pero no perdía por esperar. Un día, cuando llegara el momento, lo sabría todo, no para volver atrás ni volver a intentarlo, sino para lamentar lo que había perdido y llorar para siempre la distancia de su hijo.

Nina intentó no darle importancia, pero tuvo que admitir que el encuentro con Breno la había devuelto al pasado. Recordó el primer encuentro con André, los momentos que habían vivido juntos, la decepción y la rabia que aun tenía en el corazón. Llegó a casa pálida y triste. Al verla, la madre Pierina consideró:

– Estás deprimida. ¿Sucedió algo?

– No, madre. Estoy bien

– Has abusado, Nina. No dejas de trabajar, de estudiar. Necesitas cuidarte. De esa manera, terminarás enferma.

– No se preocupe, estoy bien.

Esa noche llevó a Marcos a su habitación, pero no le apetecía jugar con él como de costumbre. Después del refrigerio, dijo:

– Vamos a dormir, hijo. Estoy muy cansada.

– Es temprano. Juguemos un poco.

– Lo siento, pero estoy con dolor de cabeza. Prometo que mañana jugaremos mucho.

Después de acomodar a Marcos, Nina se dispuso a dormir. Se acostó, pero el sueño no llegó. En su memoria, las escenas del pasado seguían reproduciéndose, vivas, como si hubieran sucedido ese día.

Las lágrimas corrían por su rostro y las secó con ira.

– "Él no vale mis lágrimas" - pensó –. Ni siquiera merece el amor que una vez sentí. Esta ira solo pasará cuando consiga vengarme. Estoy segura que después de eso, nunca volveré a derramar una lágrima. Estaré curada para siempre.

A pesar de intentar convencerse a sí misma de esto, no pudo dormir. Amanecía cuando, cansada, finalmente logró conciliar el sueño. Después de ese día, Nina comenzó a evitar la compañía de Lucía. La apreciaba, pero con miedo de encontrarse nuevamente con Breno, limitaba su relación con ella a asuntos profesionales.

Una tarde, aprovechando el tiempo libre, Lucía la invitó a tomar un refrigerio en la pastelería de al lado.

– Gracias, Lucía, pero no quiero –. Lucía vaciló un poco y preguntó:

– ¿Hice algo que a ti no te gustó? Nina la miró sorprendida:

– No. ¿Por qué?

– He notado que cambiaste conmigo. Antes salías conmigo, me contabas cosas personales. Ahora me doy cuenta que me evitas.

– Te equivocas. Sigo siendo la misma de siempre. Si no te he estado iendo es porque estoy más ocupada. Con el paso del tiempo, los estudios me exigen más, sin mencionar que el Dr. Antônio se ha hecho cargo de causas importantes, que requieren toda mi atención. Créeme, Lucía, me agradas. No es nada personal.

– Has cambiado desde que conociste a Breno. Puede que no apruebes mi relación con un hombre comprometido. Yo no me siento bien. Pero nos amamos mucho. No lo hacemos por frivolidad. Ocurrió. No tuve fuerzas para resistir. Luego está Mirela.

Nina se levantó y la abrazó:

– Estás equivocada. Nunca se me pasó por la cabeza. ¿Olvidas que también soy madre soltera? Vamos a hacer una pausa y tomar un café en la pastelería. Quiero hablar contigo.

Una vez sentada en un rincón discreto tomando café, Nina dijo:

– Siento que hayas pensado eso. Necesito decirte la verdad, pero primero quiero que me prometas mantenerlo en secreto. Especialmente con Breno.

Lucía se asustó:

– Sabía que había algo. ¿Qué hay con él?

– Es sobre mí. ¿Prometes no decírselo?

– Te lo prometo. Puedes hablar.

— Para tu comprensión, te lo cuento todo desde el principio —. Nina narró toda la su relación con André, y concluyó:

— Él no sabe que tuvimos un hijo. Solo lo sabrá cuando yo lo crea oportuno. Me ha estado buscando para averiguar qué pasó.

— ¿Qué tiene esto que ver con Breno?

— Eran compañeros en la universidad de André. Son amigos y socios.

— Por eso dijo que te conocía.

— Él nos vio juntos. Si descubre la verdad, le contará a André. No he salido contigo para no encontrarme con Breno. Si me vuelve a ver, lo recordará.

— Lo siento, Nina. Pensé que era yo. Me diste esta oportunidad, me has ayudado tanto... No quiero perder tu amistad.

— Te lo dije todo para que me ayudes. André no puede saber dónde estoy. No quiero que vea a Marcos.

— ¿Tienes miedo que quiera reconocer al niño y pueda quitártelo?

— Sí. Por esto quiero progresar, tener condiciones para darle a Marcos una vida buena.

— Tú eres una buena madre. La ley está de tu lado. Ningún juez te quitaría a tu hijo. ¿Sabías que no tiene hijos? Breno me dijo que a su esposa no le gustan los niños.

— Razón de más para que se mantenga alejado de Marcos.

— Al mismo tiempo, es triste no sentir la alegría de ser padre.

— Lo eligió de esa manera. No tengo piedad.

— Aun estás herida, no lo perdonaste.

— En realidad, no. No se merece el hijo que tiene.

- Mantener el corazón herido duele mucho. Si pudieras perdonar y olvidar, serías libre de rehacer tu vida afectiva.

- No quiero olvidar. Al contrario, trato de recordar lo sucedido. En medio de mi sufrimiento, eso fue lo que me dio fuerzas para el progreso. Yo podría haber vuelto a la casa de mis padres. Ellos me habrían acogido bien. Pero eso sería confesar mi incapacidad para resolver mis problemas. Cuando decidí venir a São Paulo, intentaron disuadirme enumerando los peligros que podía correr. Dispuesta a hacer lo que quería, respondí que asumiría toda la responsabilidad de mi propia vida, frente a lo sucedido, ni pensé en recurrir a ellos. No fue nada fácil. Yo no tenía profesión rentable, ni siquiera podía trabajar por causa del embarazo.

- Admiro tu coraje. ¿Cómo lo hiciste?

- Fui al internado de las monjas. Me recibieron con cariño. Allí me sumergí en el trabajo, tratando de complacerlas. Era la ira de André, el deseo que él supiese cuánto yo era capaz, me dio la fuerza para continuar. Después nació Marcos y me sentí más animada.

- Un niño siempre es una bendición. El nacimiento de Mirela también me conmovió mucho. A veces me pregunto si sería mejor si rompiera con Breno. ¿Qué le diré cuando sea grande y empiece a querer saber por qué su padre no vive con nosotros? Pero yo lo amo y no quiero perderlo. Prefiero compartirlo con otra antes que romper con él. Además, nos rodea de mucho amor.

- Tú aceptaste esta situación y no quieres salir de ella. Entonces, cuando Mirela empiece a preguntar, dile la verdad.

Lucía suspiró tristemente:

- Espero tener valor. No quiero que piense que no tengo dignidad y que mis valores morales son falsos.

- Escuchándote, siento que hice bien al ocultarle a Marcos que su padre está vivo. Cree que su padre murió.

– ¿Qué pasará si alguna vez descubre la verdad?

– Él lo sabrá, pero por mí, en el momento adecuado. Por eso te pido que no le digas nada a Breno.

– Mantén la calma. No diré nada.

A partir de ese día, Nina y Lucía afianzaron los lazos de amistad dentro de la empresa. Afuera, cada una siguió su propio camino.

Lucía era una profesional eficiente y dedicada. Antônio quedó satisfecho con su rendimiento, lo que hizo que Nina estuviera más disponible para ayudarlo.

Nina progresaba todos los días, demostrando ser muy talentosa, lo que hizo que Antônio dijera a Mercedes con satisfacción:

– Si Nina sigue así, pronto tendremos que contratar a otra asistente. Ella actúa con tal rapidez y celeridad que, aunque en términos se duplicó el número de clientes, mi trabajo ha disminuido.

– Tienes que tener cuidado. Ella también se viene esforzando demasiado. Yo no quiero que se enferme.

– Después de esas pruebas en la universidad, está mejor. El Dr. Renato me llamó para felicitarme. Nina logró hacer las pruebas para dos semestres juntos y aprobar con honores en ambos. Pasó al tercer año.

– ¡Qué belleza! Si continúa así, pronto se graduará.

– Hoy ganamos una causa importante, una que el Dr. Olavo decía que tenía ganada.

– ¡No me digas!

– Nueve años de disputa. El proceso fue tan masivo que no tuve ganas de estudiarlo. Se lo entregué a Nina, quien hizo un estudio minucioso, armó un *dossier* completo y muy esclarecedor. Cuando nos sentamos a discutir el asunto, me sorprendí. Ella sugirió pasos, propuso un trato muy razonable, tan bueno que no podría haberlo hecho mejor. Ante el juez, el cliente aceptó y, lo que es más importante, nuestros argumentos fueron tan convincentes que ganamos el caso. Al final, el Dr. Olavo tuvo que tragarse la decepción. Vino a felicitarme.

– ¡Bien! Debes darle un premio.

– Por supuesto. Le di la mitad de lo que recibimos. Al final, ella hizo casi todo.

Esa misma tarde, Breno fue a esperar a Lucía al final del día. Ella lo saludó con sorpresa:

– ¡Breno! ¡Qué bueno verte! No te esperaba hoy.

– Quiero hablar contigo.

– ¿Pasó algo? Me pareces molesto.

– Cenemos juntos y hablaremos.

– Está bien. Voy a llamar a casa y avisar. Mirela se queda esperándome para cenar.

Fueron a un restaurante cercano y, después que ella llamó, se sentaron en un lugar tranquilo y pidieron la cena. Mientras esperaban, ella comentó:

– No estás bien. ¿Qué pasó?

– Problemas en la oficina. Hoy hemos perdido una causa importante. El Dr. Olavo estaba muy enojado.

– No está acostumbrado a perder.

– Lo peor es que André y yo quedamos mal parados. Dijo que fuimos descuidados, que esta causa estaba prácticamente ganada y que es culpa nuestra. Aunque protege a André y encima se desquitó conmigo.

– Por supuesto, no tienes el apellido de André.

– Incluso André estaba molesto. No le gusta cuando el Dr. Olavo me discrimina. Estaba insatisfecho. Estuvimos una semana repasando todo el proceso, hicimos de todo ya que no había cometido ningún error ni se había olvidado de nada, pero sucedió.

- Le puede pasar a cualquiera. El Dr. Dantas es un excelente abogado.

- Me veo obligado a estar de acuerdo. El Dr. Olavo dijo que nunca perdió una causa para ello. Debo admitir que la defensa fue brillante. Convenció al juez.

Lucía sonrió:

- Lo siento por ti, pero Nina se merecía esa victoria. ¡Ella es maravillosa!

- ¿Nina? Espera un minuto... ¿La que me presentaste? Lucía se arrepintió de haber mencionado el nombre de su amiga.

- Y...

- ¿Es ella abogada?

- Aun no está graduada, pero el Dr. Dantas la considera mucho. Dice que ella sabe más que muchos abogados.

- No puede ser. Ellos deben haber consultado a alguien muy experimentado. Ella no sería capaz de defenderse. Anuló todos nuestros reclamos uno por uno de forma clara y convincente.

- Hasta donde yo sé, no consultaron a nadie.

El camarero trajo la comida y Breno guardó silencio mientras les servía.

- Siento que hayas perdido. No quiero que se enoje conmigo por trabajar con el abogado de la parte contraria. Cuando me contrataron, no sabía que se estaban ocupando de esta causa.

- No estoy molesto contigo. Necesitas trabajar, pagan un buen salario. Fue una coincidencia. Nosotros nos esforzamos al máximo, pero ganar o perder no depende únicamente de nosotros. El juez decide.

- Es cierto. El Dr. Olavo estaba nervioso, contaba con la victoria, pero seguramente lo pensará mejor y reconocerá que ustedes no tienen la culpa. De hecho, si hubo algún fallo, fue el suyo, porque no se hace nada sin su opinión.

– Sí. Él nos culpa por no habernos imaginado algunos detalles que ellos usaron en la defensa. En realidad, estaban bien acertados, sino que tanto él como nosotros no tuvimos esa visión.

Lucía cambió de tema, habló de Mirela, contó chistes, y Breno poco a poco se relajó. Él adoraba a su hija. Su rostro alegre, su hermosa sonrisa, su afecto inocente lo hacían sentirse bien con la vida.

Anabel, arrogante, lo atormentaba con sus celos y al mismo tiempo trataba de menospreciarlo con cualquier pretexto mencionando su origen humilde. No podía soportarlo más. Sin embargo, sus dos hijos y el miedo a dañar su carrera le impidieron pedir la separación. Breno había luchado mucho para llegar a la posición que disfrutaba, ganaba bien, ahorraba para lograr su independencia económica.

Había hecho proyectos para el futuro: cuando consolidara su reputación profesional, se ganara la confianza de sus clientes, abriría su propia oficina.

Entonces sería económicamente independiente, sus hijos serían adultos, podría deshacerse de Anabel y casarse, incluso en el extranjero, con Lucía.

Hasta que consiguiera lo que quería, tenía que ser paciente, esforzarse, ignorar las humillaciones que le imponía su esposa.

Después de llevar a Lucía a su casa y ver a Mirela, se despidió.

– Gracias por la fuerza. Cada día que pasa, te amo mucho más. Un día, ya no voy a tener que decir adiós dejando aquí el mejor pedazo de mí. Estaremos juntos para siempre.

Lucía temía que ese día nunca llegara. Pero ella no quería molestarlo y sonrió cuando respondió:

– Es lo que más deseo.

Breno llegó a casa pasadas las once, esperando que Anabel ya estuviera dormida. Subió a la habitación. Por el rayo de luz que pasó por debajo de la puerta, supo que estaba despierta. Suspiró resignado, abrió la puerta y entró.

Sentada en la silla al lado de la cama, Anabel hojeaba una revista. Desde el pliegue en su frente, se veía a la vez que ella estaba en un mal estado de ánimo.

– ¡Por fin estás aquí! Pensé que tenía que pasar toda la noche en vela. ¿Dónde has estado hasta esta hora?

Frunció el ceño y respondió:

– Trabajando. Tuvimos un mal día. Perdimos una causa importante y nos quedamos en la oficina reevaluando todo para ver si todavía podemos apelar.

– Llamé allí y no había nadie.

– Necesitábamos silencio y concentración. Enviamos a la secretaria a casa y colgamos el teléfono.

– No creo en nada de lo que estás diciendo. Verás que un día todavía voy a averiguar en qué gastas el tiempo después de horas.

– No sirve de nada hablar contigo. Estoy exhausto. Voy a darme una ducha y ver si puedo dormir. Recogió su pijama y fue al baño. Molesta, Anabel lo siguió, quejándose. Breno se disculpó, cerró la puerta y abrió la llave. Intentó tomar una ducha tan larga como fuese posible para que el tiempo pase y se duerma. No podía soportar más la presión. Temía no poder controlarse. Pero cuando regresó a la habitación, Anabel aun estaba despierta.

– Lo que me molesta es que llegas tarde, no me avisas, e incluso me evitas.

– Estoy cansado, aburrido, quiero ver si puedo dormir.

– No me prestas atención. Debería haber escuchado a mi madre. Ella me advirtió que nuestro matrimonio no iba a funcionar. Fuimos educados de manera diferentes. No tienes ninguna consideración.

Breno palideció. Estaba al límite de su resistencia. Apretó los dientes y respondió:

- Si dices una palabra más, me voy a dormir en un cuarto de huéspedes. Mañana tendré un día completo, necesito descansar. Si sigues quejándote, esas arrugas de tu frente marcarán tu rostro para siempre -. Anabel se sobresaltó:

- ¿Arrugas? ¿Qué arrugas?

Corrió hacia el espejo. Notó el pliegue de preocupación y luchó por estirar la cara. Estaba aterrorizada de envejecer. Fue al baño y buscó la crema antiarrugas. Examinó su rostro cuidadosamente con la lupa y se masajeó la frente y las comisuras de los ojos con la crema. Aliviado, Breno aprovechó para apagar la lámpara, se volteó hacia un lado y fingió dormir. Anabel regresó poco después y se acostó. Ella todavía estaba irritada, pero luchó por controlar sus pensamientos.

A la mañana siguiente, Breno fue el primero en llegar a la oficina.

Media hora después entró André. Estaba aborrecido. Él tampoco esperaba la derrota. Se desahogó con Breno.

- Nunca pensé que el Dr. Dantas nos podría derribar la causa. Todavía estoy desconcertado.

- Es un abogado de renombre. Tiene su prestigio.

- Nunca fue rival para nosotros. De hecho, Nunes me dijo que Dantas ha estado apareciendo mucho últimamente, consiguiendo grandes contratos.

El Dr. Olavo no está satisfecho.

- Ayer fui a ver a Lucía. Sabes, ella me mantiene al tanto. Esta historia me molestó mucho. El Dr. Olavo cree que no hemos sido lo suficientemente buenos.

– Cuando el Dr. Olavo está nervioso, se desahoga. Para ser honesto, no me gusta. No es justo. Tú eres muy competente. Aguantas mucho. Si se tratara de mí, yo contestaría a la altura.

– Tú puedes. Yo no. ¿Olvidas mi origen?

– ¿Porque no tienes un nombre importante? Lo que importa es la competencia. Eres tan competente como él o yo.

– Tú eres mi amigo. Salí de aquí ayer muy molesto, pero Lucía me devolvió el buen humor. Es tranquila, paciente y sabe animarme.

– Eso no es lo mismo para mí. Janete no se interesa por mi trabajo.

– No sé si ya te lo dije, pero Lucía trabaja en la oficina del Dr. Dantas – André se sorprendió:

– ¿De verdad? ¿Qué hace ella ahí?

– Es secretaria de la adjunta del Dr. Dantas.

– ¿Y quién es esta asistente, que incluso tiene secretaria?

– Lucía la admira mucho. Dijo que ella es muy competente. Se aseguró que el Dr. Dantas dejara esa causa a su cuidado.

– ¿Nosotros la conocemos?

– Tú no lo sé, pero nos encontramos casualmente y Lucía nos presentó. Es muy bonita. Aunque Lucía afirma esto, no creo que sea cierto. Ella ni siquiera se ha graduado todavía. No dejaría un caso tan importante al cuidado de un pasante.

– Estoy de acuerdo. Deben tener el consejo de alguien famoso que no quiso aparecer e inventó esta historia. Eso les debe haber costado mucho dinero.

– Podría ser. Lo curioso es que esta chica no me es ajena. Estoy seguro que la conozco de alguna parte. No recuerdo dónde.

– Trabaja en nuestra área. Debes haberla encontrado al azar.

- Lucía dijo lo mismo. Podría ser...

- Intenta averiguar más. Me gustaría saber quién los está monitoreando. Hay otra causa cuyo oponente es el Dr. Dantas. Tenemos que saber contra quién estamos trabajando.

- No me gusta involucrar a Lucía. Está muy contenta con este trabajo. Además, para mí es muy conveniente que gane algo de dinero. Anabel me controla hasta en gastos y es difícil explicar ciertos gastos.

- No sabía que era tacaña.

- Realmente no lo es. Al contrario, gasta demasiado. Ella vela por mis gastos por celos. Sabes que tener una amante es caro.

André negó con la cabeza y respondió:

- A veces creo que te gusta vivir peligrosamente. ¿Has pensado alguna vez si Anabel se entera?

- Ahora mismo, sería terrible. Pero amo a Lucía, luego está Mirela. No podría vivir sin ellas. Prefiero arriesgarme, pero confieso que no es fácil. Supiste elegir mejor, tuviste más suerte en el matrimonio.

André suspiró.

- Yo quise una boda por conveniencia y lo conseguí. Hoy no sé si valió la pena. Reprimí mis sentimientos, pagué un precio demasiado alto. Si al menos Janete acordara a tener un hijo...

- Un hijo es una emoción muy grande. Me llevo este matrimonio por causas de los chicos. No quiero que sufran por nuestra separación.

André consideró:

- Un día se enterará y tus hijos sufrirán lo mismo.

- No mientras pueda evitarlo. Lucía y Mirela son muy importantes para mí. No podría soportar vivir sin ellas. Anabel, en cambio, solo piensa en sí misma. Vive cuidando de sí misma;

si se pone unos pocos gramos, se queja, que va en una dieta. Tiene miedo a envejecer. Para ella, los niños están en segundo plano.

– Me gustaría tener un hijo. A Janete ni siquiera le gusta hablar de eso. Mi madre siempre le tira indirectas, mi padre habla con claridad, pero ella no habla. Es demasiado vanidosa, tiene miedo de deformar su cuerpo.

– ¡Tonterías! Lucía estaba más hermosa después que nació Mirela. Tiene un cuerpo perfecto.

– La naturaleza es perfecta. Pero la vanidad es mayor. Volviendo a nuestro tema, con tacto, quizás puedas informarte mejor sobre dicho asesor. Por supuesto, no haremos daño a Lucía. Seremos discretos.

– ¿Qué planeas hacer si te enteras?

– Saber todo sobre esa persona, actuar de forma confidencial. Ni siquiera sabrá que ha sido identificado. Con esta información, podremos configurar mejor nuestro esquema de defensa.

– ¿Estás seguro que nadie sabrá quién fue nuestro informante?

– Por supuesto. De hecho, por seguridad, ni el Dr. Olavo debería saberlo. Vamos a hacer un trabajo maestro. Tendrá que reconocer nuestra competencia.

– Él reconoce el tuyo; es el mío el que está en discusión.

– Una razón más para que hagas lo que te pido.

– Eso es verdad. Lo intentaré.

Dos semanas después, André volvió a mencionar el tema:

– Entonces, ¿descubriste algo?

– Lo intenté, pero fue inútil. Lucía dice con convicción que nadie los asesora. He llegado a la conclusión que dice la verdad.

André estuvo pensativo por unos momentos, luego dijo:

- No puede ser. Nuestro trabajo fue perfecto. El argumento que utilizaron fue la retroalimentación. Conozco el trabajo del Dr. Dantas. Es un buen abogado, pero no tendría esa idea. Debe haber alguien.

- Lucía sigue diciendo que es su jefa quien se encarga de todo. Ella puede tener razón.

- ¿Qué sabes de ella?

- Muy poco. De hecho, Lucía evita hablar de ella. Sé que vive sola, tiene un hijo pequeño y asiste al último año de la universidad.

- No parece que haya nada especial.

- ¡Ah! Ahora lo recuerdo. Ella debería tener algo especial. No presentó el examen de ingreso como todo el mundo. El Dr. Dantas convenció al decano para que le hiciera algunas pruebas y parece que le fue tan bien que logró eliminar algunas materias. Va a completar la carrera en menos tiempo.

- Esta mujer debe ser talentosa, tener un coeficiente intelectual superior al promedio. Si esto es cierto, podría explicar nuestra derrota.

- Lucía siente una gran admiración por ella.

- Intentaré averiguarlo. Tengo algunos amigos que enseñan en la universidad. Solo necesito su nombre y la escuela.

- Intentaré averiguarlo.

Ese fin de semana, Nina había ido con Marcos a la casa de Mercedes y les había dicho que tenía la intención de dejar la escuela para darle más comodidad a Marcos. Marta le había dicho que había una casa en alquiler, cerca de ella, en planta baja, con dos habitaciones amplias, un jardín delantero y un pequeño patio, por un precio razonable. Ese mismo día fueron a ver la casa y tanto a Nina como a Marcos les encantó. Mercedes se ofreció a ser la garante y una semana después Nina firmó el contrato. Tenía dinero para amueblarlo. Finalmente, estaba obteniendo lo que siempre había querido.

Marcos se había encariñado mucho con Ofelia, una asistente que ayudaba a cuidar a los niños en la guardería, y Nina le ofreció un trabajo en su nuevo hogar. Ofelia había estado en la escuela durante muchos años. Una joven del interior, criada en el campo, había sido seducida por un vendedor que de vez en cuando iba a la hacienda de su patrón. Embarazada, avergonzada de su familia, huyó a la capital tras el padre del niño. Sin conocer la ciudad y sin lugar a donde ir, vagando sin rumbo, fue llevada por la policía a la asistencia social del Estado, que la envió a la escuela de monjas.

Allí trabajó sin sueldo. Continuó buscando localizar al padre del niño y, con la ayuda de las monjas, lo logró.

Descubrió que estaba casado, tenía muchos hijos y no quería reconocer al niño.

Cuando nació el niño, se le avisó, pero ni siquiera se presentó a verlo. Ofelia juró que no volvería a querer a nadie y que viviría para su hijo. Cuando Nina llegó a la escuela, embarazada, se hicieron amigas. Ayudó a Nina a criar a Marcos. Desafortunadamente, su hijo murió a los dos años. Desesperada, Ofelia se encariñó más con Marcos.

Cuando Nina se iba a trabajar fuera de la escuela, Ofelia fue la que se ocupó de Marcos más allá de los horarios establecidos por las monjas, y Nina la gratificó con la mejora de su sueldo. Cuando Nina la invitó a trabajar con ella en su nuevo hogar, Ofelia concordó feliz. Ya ni siquiera quería un salario.

Pero a Nina le caía muy bien y estaba feliz de poder llevarla y pagarle un salario justo. Fue con gran alegría que se mudaron a la nueva casa. Marcos estaba en su tercer año de primaria y ella fue a la escuela más cercana para inscribirlo.

Él se había criado en el colegio donde nació y nunca había asistido a otra escuela. Nina se dio cuenta que él estaba ansioso y el primer día que lo acompañó fueron conversando y tratando de transmitirle confianza y paz.

A pesar de esto, le sorprendió el cambio. Había perdido el apetito, su sueño era inquieto, se aferró más a ella y a Ofelia. Preocupada, Nina fue a hablar con la directora, que la tranquilizó diciendo que su reacción era natural y pronto se adaptaría.

De hecho, a la segunda semana volvió a la normalidad. Había hecho nuevos amigos y estaba más alegre. Satisfecha, Nina notó que había adoptado una actitud más ingeniosa, más apropiada para su edad. Ya no era un bebé. Adoptó una postura más adulta y Nina estaba orgullosa de él.

Esa mañana, llegó a la oficina más pronto y con mucha disposición se dedicó al trabajo. Lucía la puso al tanto con los mensajes del día y luego dijo:

- Ayer Breno me preguntó tu nombre completo. Nina se sorprendió:

- ¿Por qué?

- Dijo que fue por curiosidad. Pero no estuve de acuerdo y no cedí.

- Hiciste lo correcto.

Pero sentí que estaba aun más interesado. Estoy segura que volverá a mencionar el tema.

- ¿Recordó dónde me conoció?

- No lo creo. Él y André estaban muy nerviosos debido a que perdieron la causa -. Los ojos de Nina se iluminaron y respondió:

- Es solo el comienzo -. Lucía se maravilló:

- ¡Lo dijiste con un tono amenazador! - Nina lo disimuló:

- Es el placer de la victoria. Pretendo ganar otras causas.

- Si vuelve a tocar el tema, ¿qué debo hacer?

Nina pensó un rato y luego respondió:

– Puedes darle mi nombre.

– ¿Estás segura? Pensé que no querías que André supiera...

– Un día él tendrá que saber. Así que, si Breno te lo pide, puedes darle mi nombre.

– Vendrá a buscarte.

– No lo recibiré.

Lucía suspiró.

– Yo no quiero que te molestes conmigo. Haré lo que me indiques. Estoy de tu lado, amo mi trabajo, estoy aquí para ayudarte y no meterte en problemas.

– No tienes la culpa de nada. Empiezo a pensar que Marta tiene razón. Cuando la vida crea una situación, es porque somos lo suficientemente maduros para enfrentarla.

– ¿Ella dijo eso?

– Necesitas conocerla. Es la persona más lúcida que conozco. Sus palabras tienen el poder de hacerme entender las cosas de una manera mejor. A su lado me siento muy bien.

– Como lo dices, debes ser una persona iluminada.

– Ella lo es. Varias veces hablamos de André y ella siempre dice que la vida crea situaciones para obligarnos a enfrentar nuestros miedos. Iba a llegar un momento en que ya no podría ocultar la verdad.

– Cuando quedé embarazada, Breno fue el primero en saberlo. No podía ocultárselo, era demasiado fuerte.

– Yo estuve con André por amor. No acepto el hecho que me haya cambiado por dinero. Y lo que más me duele era la indiferencia con respecto a Marcos.

– ¡Él no sabe que Marcos existe!

– Él lo supo y no lo apreció. No se merece el hijo que tiene.

– Dios quiera que nunca te arrepientas de esta actitud.

– Por supuesto que no me arrepentiré.

– En cualquier caso, haré todo lo posible por no dar tu nombre. Cuando quiero, sé evitar un tema muy bien –. Lucía dejó la habitación dispuesta a no involucrarse más en ese asunto. No quería crearle dificultades a Nina.

Después que ella se fue, Nina se reclinó en su silla, frotando su frente para protegerse de los pensamientos dolorosos. Ella no podría estar más involucrada con los recuerdos.

Su cabeza necesitaba estar lúcida para dedicarse al trabajo con éxito. Sacudió la cabeza para liberarse y se lanzó a leer los papeles frente a ella con firmeza y disposición.

Breno se apresuró a entrar en la oficina en busca de André. Lo encontró al teléfono y esperó con inquietud a que terminara. André colgó el teléfono y lo miró diciendo:

– ¿Qué pasa? ¡Parece que has visto fantasmas!

– Aquella chica, de tus tiempos de estudiante, Nina, ¿cómo se llama? –André negó con la cabeza, sorprendido:

– Ya lo dijiste: Nina. ¿Por qué?

– ¿Nina qué? ¿Cuál es su nombre completo?

– Nina Braga. ¿Por qué?

Breno se dejó caer en su silla y exclamó asombrado:

– ¡Entonces es ella!

– ¿Ella quién?

– La asistente del Dr. Dantas.

André abrió la boca y volvió a cerrarla sin decir una palabra y esperó a que continuara:

– Ayer estuve con Lucía. Le pregunté el nombre de su jefa, pero ella, como siempre, no me lo dijo. Yo estaba intrigado.

¿Por qué tanto misterio? Estaba seguro de haberla conocido. Luego, en el almuerzo, pasé por la puerta del edificio y vi cuando salían juntas. Esperé a que se alejaran y me acerqué al portero. Él me conoce como novio de Lucía. Le dije que estaba muy agradecido por las atenciones que le daba la jefa de Lucía y que tenía la intención de enviarle flores en agradecimiento. Era una sorpresa. Entonces él la llama de doña Nina y me dio exactamente el nombre que te he dicho.

André saltó de su silla:

– ¡Por fin sé dónde está! Sabes cuánto la he estado buscando. ¿Qué más averiguaste sobre ella?

– Cuando dijo Nina, recordé dónde la conocí. Por supuesto, era ella. Eso explicaba la dificultad de Lucía en hablar de ella. Por supuesto que me reconoció y le pidió que no dijera nada.

– ¿Qué más? ¿Sabes si se casó?

– Sé que es la jefa de Lucía y tiene un hijo.

– ¿Un hijo? ¿Qué edad tiene él?

– No lo sé. Una vez, Lucía mencionó que ella tenía un hijo y que entiende sus problemas como madre.

André se dejó caer en su silla y dijo:

– ¿Estás seguro que es la asistente del Dr. Dantas?

– Claro que sí.

– Debes estar equivocado. Era una chica sencilla e ingenua, y tampoco tenía medios para estudiar.

– Puede que haya progresado, no lo sé. El caso es que Lucía habla de ella con admiración y respeto. Siempre dice que es la mano derecha del Dr. Dantas. Sus colegas le dijeron que fue ascendida. A Neide no le gustó y fue despedida.

– Desde que lo conocí, no hizo nada sin Neide.

- Para que lo veas. Ahora es la asistente de aquí, asistente de allá. Ella frecuenta la casa del Dr. Dantas y ambas, doña Mercedes como Marta, son íntimas de ella.

André negó con la cabeza y dijo:

- Creo que debe ser un error. Esa no se parece ni un poco a la Nina que conocí. Debe ser otra persona con el mismo nombre.

- ¡Es ella! Después me enteré del nombre, me acordé. No tengo ninguna duda.

- Pues, la voy a buscar de inmediato. Necesito saber la verdad.

- Cálmate. Haz la cuenta que lo descubriste por casualidad. No deseo perjudicar a Lucía.

- Mantén la calma. Haré algo mejor. Voy a llamar a Dantas y fijar una entrevista en su oficina para hablar sobre el caso en curso. Voy como si no supiera nada. Entonces, no comprometeré a Lucía.

- ¡Mira lo que vas a hacer! Puede que al Dr. Olavo no le guste.

- No necesita saberlo. Iré inmediatamente.

- Cálmate. Tienes que actuar con naturalidad.

- Sí. No será fácil esperar. Pero voy a pedirle a Lourdes que llame.

Le pidió hacer la llamada y esperó con impaciencia. Luego ella regresó:

- Dr. André, dijo que podía verlo mañana a las diez.

- Dile que me voy a ir hoy porque viajo mañana y estaré fuera por unos pocos días –. Ella se fue y regresó poco después:

- Le pidió que fuera a las cuatro. ¿Está bien?

- Puedes confirmar. Estaré allí.

Ella salió. André miró su reloj, se levantó, fue a la percha, se puso la chaqueta.

– ¿A dónde vas? Son solo las dos. Estarás allí en menos de veinte minutos.

– Estoy ansioso. El tiempo costará en pasar.

– De esa forma, Dantas se dará cuenta que estás mintiendo. Nina también sospechará. No pensé que ibas a estar tan ansioso.

André se quitó la chaqueta, la colgó y volvió a sentarse.

– Hoy Nina va a tener que decirme todo. Por lo menos podrías haber preguntado cuántos años tiene su niño. Entonces sabría si es mío o no.

– ¿Qué edad tendría?

André pensó un rato y respondió:

– Aproximadamente nueve años.

– Yo sé cuánto deseas un niño. Pero es mejor no alimentar muchas esperanzas. Nueve años es mucho tiempo. Te casaste, Nina puede haber hecho lo mismo. Era una chica pobre. Si hubiera tenido un hijo tuyo, sin duda te habría buscado para ayudarla con los gastos.

– Lo pensé, pero ella es muy orgullosa. Tenía la intención de continuar nuestra relación después de casarme. Sin embargo, Nina no aceptó. Desapareció de tal manera que nunca pude encontrarla. A menos que...

– A menos que ¿qué...?

– Hace poco más de tres años nos encontramos por casualidad en la calle. Ella estaba más hermosa, muy elegante, bien vestida. No quería hablar conmigo. Se fue a toda prisa, sin responder a mis preguntas.

– Ciertamente mejoró su vida. Si no se casó, encontró a alguien que la apoyara. André se levantó enojado:

– ¿Qué dices? Nina es una chica honesta. Jamás haría eso. Incluso amándome, teniendo en el vientre a un hijo mío, no quiso relacionarse más conmigo después de mi matrimonio.

– Lo siento. Éstas son hipótesis. Lo mejor es ir allí, averiguar qué pasó. Aunque un niño ahora pueda crearte problemas con Janete. ¿Has pensado si ella llega a enterarse?

André se encogió de hombros.

– Se resentirá. Pero cada vez que hablamos sobre el tema ve la manera de escaparse. Es demasiado vanidosa. Le horroriza deformar su cuerpo con el embarazo.

– Sé de algunas mujeres que piensan eso.

André no respondió. Estaba más interesado en su propio problema.

– Mientras esperas, sería bueno que echaras un vistazo al caso de la empresa maderera. Después de todo, se trata de lo que hablarás con el Dr. Dantas.

André estuvo de acuerdo y Breno puso la carpeta en la mesa de su escritorio.

– Buena idea. Descubriré los detalles. Entonces, el tiempo pasará más rápido y estaré preparado.

Por la tarde, el Dr. Dantas llamó a Nina y le preguntó:

– Dame la carpeta del caso de la maderera. Quiero darle una lectura –. Nina fue a buscarlo y se lo puso al frente.

– Este caso es reciente. ¿Ya conociste los detalles?

– Sí. Vamos a encontrarnos nuevamente con el Dr. Olavo Cerqueira César –. Los ojos del Dr. Dantas tenían un brillo de satisfacción cuando respondió:

– Y esta vez volveremos a ganar. Él contaba con tener esa causa ganada. Esta vez está preocupado. Envió a uno de sus asistentes para tratar de abordar el problema.

Nina se sorprendió:

– ¿Cuándo?

– Esta tarde.

Nina pensó en encontrar una excusa para irse. Pero Dantas continuó:

– Te necesitaré. Estás más al tanto de este caso que yo.

– Tienes más capacidad para encargarte de eso.

– Quizás venga a proponer un trato. Si lo atiendes, tendrás más condiciones de negociación. Solo apareceré cuando sea conveniente.

Nina sintió que su corazón latía con fuerza y respiró hondo.

– ¿Qué pasa, Nina? Me pareces inquieta.

– Es que preferiría que se ocupara de este asunto.

– ¿Por qué?

Nina negó con la cabeza como para expulsar pensamientos desagradables y respondió:

– Por nada. Haré lo que quieras.

– Muy bien. Cuando llegue el Dr. André, lo recibirás en tu oficina.

Nina trató de controlarse. Ella era una profesional, necesitaba asumir la postura adecuada.

– Sí, señor.

Ella se fue sintiendo sus piernas un poco temblorosas. Fue a su oficina, bebió un poco de agua, dejó la carpeta sobre la mesa y se sentó.

Tomó un respiro profundo. Después de todo, había llegado el momento que había esperado. Ya no era la jovencita crédula e inocente. Profesionalmente, estaba preparada para ocuparse del caso en cuestión.

Sabía que algún día tendría que lidiar con André, y eso era exactamente lo que quería. Se arrepentiría de lo que le había hecho. Fue al baño, se miró en el espejo, evaluando su apariencia. Ella sonrió satisfecha. Estaba muy bien vestida y maquillada. Regresó a su oficina, se sentó e intentó leer el expediente que pronto tendría que discutir con André.

Lucía llamó suavemente a la puerta y entró.

– Nina, el Dr. Dantas dijo que verás al Dr. André Cerqueira César. Debería estar aquí en unos minutos. ¿Qué haremos? – Preguntó asustada.

– Exactamente lo que dijo el Dr. Dantas. Lo haces pasar, y lo atenderé.

– Bueno... pensé que tú...

– Estoy lista. No te preocupes. Controla los nervios. Quiero que el Dr. André sea atendido con mucha clase. Estoy segura que sabes cómo hacer esto.

Lucía salió y Nina miró a su alrededor. Su oficina era muy elegante y estaba bien decorada. Ahora era su momento. Había llegado a la cima.

Él fue quien la buscó para un trato profesional. Ante ese pensamiento, sonrió con satisfacción. Estaba tranquila y lista para afrontar el encuentro.

André llegó a tiempo. Lucía lo recibió y luego de los saludos explicó:

– El Dr. Dantas me pidió que lo remitiera a su asistente, la Dra. Nina. Ella es quien se ocupa de todos los casos de manera preliminar y está en condiciones de ayudarlo. Pide disculpas. Llegó un cliente muy preocupado y no tuvo forma de evitarlo.

– De acuerdo. Hablaré con ella.

André ocultó su satisfacción. Era precisamente con ella que quería conversar. Siguió a Lucía con ansiedad.

Lucía abrió la puerta y anunció:

– El Dr. André Cerqueira César. Y, volteándose hacia André, prosiguió:

– Entre, doctor, por favor –. Miró a la elegante mujer, sentada detrás del escritorio, leyendo unos papeles. La sorpresa lo silenció. Nina se puso de pie, le tendió la mano y dijo con voz tranquila:

– ¿Cómo está, Dr. André? Por favor, siéntese –. Lucía cerró la puerta, pero aun podía escuchar:

– ¡¿Nina?! ¡¿Es verdad?!

– Por favor, doctor...

– ¡Te busqué por todas partes! ¡Nunca imaginé encontrarte aquí!

– Quizás el Dr. Breno recordó dónde me conocía y usted vino a comprobarlo. Pero no importa. Estamos aquí para hablar de negocios.

El tono serio e impersonal de Nina lo irritó:

– Él me hizo sospechar que eras la asistente del Dr. Dantas. Pero yo no lo creí.

– Verás que no se equivocó. Pero acepté recibirlo para discutir el caso de la empresa maderera.

– No me interesa el caso de esta empresa maderera. Quiero hablarte de nuestro pasado, del hijo que estabas esperando.

– El pasado está muerto. No hay nada de qué hablar. Todo acabó el día en que nos separamos. Es muy desagradable mencionar este tema.

– Necesito saber qué pasó después que me dejaste.

– ¿Para qué? Yo ya lo había olvidado. Usted eligió otro camino y yo traté de cuidar de mi vida.

– Por cierto, estás muy bien cuidada. Se ve que no necesitaste de mí – dijo irónico.

– Eso es verdad. No lo necesité y no lo necesitaré. Por eso, Dr. André, si no desea hablar de la empresa maderera, nuestro asunto está encerrado. No tenemos nada más que hablar.

Nina dijo esto con voz firme y se puso de pie. Trató de ganar tiempo. Él suspiró y la miró a los ojos, desafiante, respondió:

– De acuerdo. Si quieres hablar sobre la empresa maderera, echemos un vistazo.

Nina volvió a sentarse y sin apartar los ojos de él preguntó:

– ¿Usted desea proponer un acuerdo?

– Es temprano para eso. Yo no creo que sea la mejor solución –. Nina habló de la situación con firmeza y concluyó:

– ¿Propone un acuerdo en este punto que sería ventajoso para su cliente? Además de poder obtener un descuento mayor, aun ahorraría tiempo. Sabes cuánto tiempo puede llevar un caso así. Este retraso, además del riesgo de perder, aumentará enormemente el monto de la deuda. Las tasas de interés son altas, como saben.

André parecía irritado:

– Hablas como si estuvieras segura de la victoria. No deberías estar tan segura. Este retraso perjudicará a tu cliente más que al mío.

– En una causa como esta nadie puede estar seguro de la victoria, y un acuerdo bien negociado, justo en el comienzo, puede ser muy interesante para ambas partes. Por eso, cuando decidió buscarnos, creí que podríamos llegar a un denominador en el que cada uno otorgaría algo, con evidente ventaja para todos. Piénselo, Dr. André. Hable con el Dr. Olavo.

André pensaba que ella tenía razón, pero no quería dar el brazo a torcer. Ella no podía hablar así con él, darle lecciones profesionales. ¡Era demasiado petulante!

– No tenemos nada más de qué hablar – dijo, levantándose.

– Piense en ello. Buenas tardes, Dr. André.

– No me iré de esta manera. Vas a tenerme que decir lo que quiero saber.

– Mi vida privada no le interesa a nadie, y menos a ti.

– Sé que tienes un hijo.

– Así es.

– ¿Qué edad tiene?

– Te lo aclaro. Marcos tiene nueve años. Pero está registrado a mi nombre. El nombre del padre no consta.

– Él es mi hijo! ¿Cómo pudiste hacerme esto? ¿Por qué nunca me lo dijiste?

– Fuiste tú quien nos abandonó voluntariamente. Por lo tanto, no tienes ningún derecho a él.

– ¿Nunca te preguntó por su padre?

– Cree que su padre murió. Entonces no tienes que preocuparte. No tienes ninguna responsabilidad por ello. Soy suficiente para cuidar de su futuro. Una vez aclarado este tema, espero que nunca más vuelva a él. Acepta de una vez por todas que nuestra relación está definitivamente terminada.

Antes que pudiera responder, Nina llamó a Lucía y le pidió:

– El Dr. André se retira. Acompáñelo a la puerta, por favor.

André miró a Nina, luego a Lucía, que lo estaba esperando, y decidió irse. Estaba pálido, su pecho se sentía oprimido, no quería que Nina notara su abatimiento. En el pasillo, Lucía, mirándolo a la cara, ofreció:

– ¿Acepta un café, agua?

– No, gracias.

Él salió y Lucía fue a ver a Nina. La encontró sentada detrás del escritorio, pensativa.

– Estaba pálido, ¿te diste cuenta? Pensé que se iba a desmayar. Me quedé apenada.

– No merece tu compasión. Es un hombre insensible, que valora el dinero, la posición más que el amor verdadero.

– Breno me ha estado haciendo preguntas... No dije nada...

– Lo sé, Lucía. Yo lo recibí porque quería. Ya era tiempo que André empezara a sentir el peso de su error.

– Él no tiene hijos. Va a querer conocer al niño –. Nina se rio con ironía:

– Exacto. Pero eso no cambia nada. Marcos no va a saber que tiene un padre. Nunca permitiré que André se acerque a él.

– Hasta donde yo sé, a su esposa no le gustan los niños. Breno me dijo que ella sigue diciendo que quiere tener uno, pero está seguro que es pura farsa.

– Eso no me no importa en absoluto. Te pido que te reserves tus comentarios acerca de André y su familia.

– Lo siento, Nina. No volveré a tocar el tema.

Después que Lucía salió de la oficina, Nina pensó en todo lo que André le había dicho, sonrió al recordar su palidez, cómo él trató de disimularla, pero se le salió de control.

Fue allí sin estar muy seguro de encontrarla, aunque Breno había dicho su nombre. Pero lo que no esperaba era encontrar a una Nina muy distinta a la dócil e ingenua señorita de otras épocas. Notó que estaba irritado. Por supuesto, no pudo manipularla. Nina apretó los dientes con ira. Ahora, era ella quien daría las cartas. Sabía que insistiría, querría ver a su hijo. No iba a permitir ninguna intimidad.

***

André salió perplejo de la oficina de Nina. Esa mujer hermosa, elegante y con clase no era la Nina que había conocido. La joven figura de Nina se dibujó en su memoria y él reconoció que ella siempre había sido hermosa, tenía una elegancia natural. Pero en aquellos días sus ojos eran alegres, llenos de entusiasmo, muy diferentes a la mujer que lo había recibido, mirándolo con frialdad, tratándolo como a un igual.

¿Dónde estaba la dulzura que anhelaba recordar? ¿Dónde estaba la sonrisa amistosa y el calor amoroso de sus brazos cuando regresaba a casa?

Pasó una mano por su cabello como si tratara de deshacerse de esos pensamientos. Su Nina, de la que seguía enamorado, no se parecía en nada a esta mujer dura, objetiva e indiferente.

Decidió caminar un poco. Necesitaba pensar. Llegó a la Plaza de la República. La tarde llegaba a su fin y los pájaros pasaban cantando adorando al sol que comenzaba a ocultarse.

André se sentó en una banca sin importarle la gente que iba y venía. ¡Un hijo! ¡Qué locura! Tenía un hijo de nueve años. ¡Un pequeñito! ¿Se parecería a él? Necesitaba verlo. ¿Por qué no había insistido? Nina no tenía derecho a hacer eso.

Queriendo o no, Nina tendría que rendirle cuentas. Iría buscarla y la haría cambiar de idea. Si no lo hiciera, iría a la corte. Pensó en Janete. Si lo supiera, haría un escándalo. Quizás sería mejor intentar convencer a Nina a las buenas.

Reconoció que ella tenía motivos para odiarlo. Había actuado como un canalla. Varias veces habían hecho planes para casarse cuando se graduara.

¿Por qué se había dejado llevar por su madre? ¿Por qué se dejara ilusionar con la ganancia fácil, la carrera preparada? ¿De qué le había servido todo esto? No amaba a Janete. Al principio se había sentido atraído por ella y llegó a pensar que algún día la amaría. Sin embargo, cuando más pasaba el tiempo, más se convencía que entre ellos no había nada en común.

Janete era diferente de lo que le gustaría. Su temperamento sofisticado, su excesiva preocupación por las apariencias lo alejó aun más de su relación. Le parecía que ella siempre estaba jugando un papel. Le faltaba alma, su alegría era formal, su postura adaptada al momento, su mirada crítica y en ocasiones desdeñosa. Recordó los momentos que vivió con

Nina con nostalgia y reconoció que nunca había vuelto a ser feliz.

Si la buscaba, mostraba arrepentimiento, tal vez ella lo perdonara, le permitiera acercarse al niño y, quién sabe, aun podrían revivir el pasado.

Con ese pensamiento, André se estremeció. Tener a Nina nuevamente sumisa en sus brazos sería un premio por el que debería luchar.

De repente apareció un pensamiento y se levantó del banquillo preocupado: ¿se habría casado? Necesitaba saberlo. Decidió ir a la oficina.

Nada más al entrar, Breno preguntó:

– ¡Tardaste demasiado! Entonces, ¿era ella?

André se dejó caer en un sillón y respondió:

– Sí, está cambiada, muy diferente de la joven que conocimos, pero todavía hermosa, incluso bonita aun cuando se había transformado en una ejecutiva fría y calculista.

– No es esta la opinión que Lucía tiene de ella. Por el contrario, dice siempre que ella es más amiga que su jefe. ¿Conseguiste saber algo sobre el niño?

– Sí. Es mi hijo y tiene nueve años.

Breno guardó silencio unos instantes, conmovido por el tono con el que había hablado André. Entonces dijo:

– Aunque sabías que la dejaste embarazada, no esperabas eso.

– En realidad no. Después de todo, no siempre un embarazo llega a buen término. Luego, como ella nunca me buscó, yo pensaba que había tenido un aborto.

– Es una mujer valiente y de carácter. Otra en su lugar se habría colgado de ti.

– Es demasiado orgullosa para eso. Me arrojó a la cara que el niño piensa que su padre murió y no le importa porque ella ha sido suficiente para hacer el papel de padre y madre. Dijo mi hijo no necesita de mí para nada y que no va a permitir que lo conozca.

— Y tú, ¿qué planeas hacer?

— Por mi cabeza pasó de todo. Desde pedir perdón hasta apelar a la justicia.

— Ten cuidado con eso. Un escándalo solo te haría daño. Además, tal acción no sería justa para tu familia. Janete nunca lo perdonaría.

— Lo que haga Janete no me molesta ni un poco. Para ser honesto, nuestro matrimonio va de mal en peor. A veces me quedo en la calle solo para retrasar el tiempo de encontrarla.

Breno lo miró con seriedad. La situación era peor de lo que había imaginado.

— ¿No crees que te estás precipitando? ¿El hecho que hayas redescubierto a Nina no está haciendo que quieras rechazar a Janete?

— Puede ser que este hecho me haya hecho percibir más claramente lo que yo buscaba negarme a mí mismo, que mi matrimonio con Janete fue un error y que no seremos felices juntos.

— Cálmate, André. No hagas nada por ahora. Estás conmocionado. Espera a que se asiente el polvo y toma alguna actitud solo cuando estés seguro.

— Necesito ver a ese niño. Nueve años, ya no es un niñito.

— No puedes aparecer de repente ante él y decir: ¡Soy tu padre! No sabes cómo este niño ha lidiado con tu ausencia todo este tiempo.

— Tienes razón. No quiero hacerle daño. Pero yo quiero saber todo sobre él. Así que, no sé cómo ha vivido Nina todos estos años. Si se casó, si ama a alguien, después de todo, es posible que haya reconstruido su vida.

— Que yo sepa, vive sola con su hijo.

– Lo que me intriga es que ha progresado mucho económicamente. Está terminando la universidad. Ella era una chica pobre y sencilla. ¿Cómo logró todo eso? No solo mantiene a su hijo, también estudia. Viste muy bien, parece tener dinero.

– ¿Qué estás insinuando?

– Bueno, ella todavía es hermosa, puede que alguien la ayude con los gastos.

– No lo sé. Pero frecuenta la casa del Dr. Dantas, mantiene una estrecha amistad con su hija y su esposa.

– No lo entiendo.

– Tiene habilidades profesionales. Lucía me dijo que el Dr. Dantas consultó y discutieron en igualdad de condiciones. A menudo hace lo que ella dice.

– No se me mete en la cabeza. Ella no parecía así, tan capaz.

– Nina era muy joven cuando la conociste. Es posible que haya desarrollado esa habilidad más tarde.

– Sí. Deberías ver con que soltura hablaba sobre el caso de la maderera, dio sugerencias, propuso un acuerdo de la cual, confieso, que sería excelente para ambas partes. Es sorprendente.

Breno sonrió y agregó:

– No es fácil para ti descubrir que cambiaste una perla real por una falsa.

– No deberías decir eso.

– Lo siento, no quise ofender a Janete. Pero confiesa que estás enojado y lamentas haberla pasado por alto.

André suspiró profundamente y comentó:

– Desde que hablé con ella siento una opresión en el pecho. Puede ser que sea eso.

– Lo hecho, hecho está. Lo mejor es intentar calmarse. Después de todo, tu situación no es tan mala. Tu esposa es una mujer hermosa, tiene clase, tu carrera va bien, no te falta dinero. Dale tiempo. Nina pensará mejor y finalmente cederá. Toda madre desea lo mejor para su hijo y tú puedes darle una buena vida. Esto pesará, estoy seguro.

– Si Dios quiere. Y lo mejor es dejar que el polvo se asiente. Trataré de dominarme. Con el tiempo, eventualmente cederá.

Dispuesto a tomarse un descanso, André fue a su oficina. Se sentó detrás del escritorio, tomó algunos papeles que tendría que firmar, pero tan pronto como comenzó a leer, no entendió nada de lo que estaba escrito. Empezó de nuevo, pero su mente estaba en Nina, el hijo que él no conocía, en los deseos que tenía de verlo, asumir todos esos años que había estado ausente, saberlo todo. Era inútil querer trabajar. Llamó a la secretaria y dijo:

– Necesito irme y no volveré hoy. Mañana firmaré estos documentos.

Una vez en la calle, respiró hondo. El sol ya se había escondido, presagiando la noche. No tenía ganas de volver a casa. Comenzó a caminar por las calles, sin rumbo fijo, perdido en sus pensamientos. Luego decidió ir al edificio donde trabajaba Nina.

Pero aquello no podría permanecer de esa manera. Hablaría con ella de nuevo. Quería ver al niño. Pero cuando llegó cerca del edificio, vio a Breno en la puerta. Avergonzado, entró en un bar para que su amigo no lo viese. No quería parecer débil.

Pidió un café. Desde donde estaba, podía ver a Breno, quien ciertamente estaba esperando a Lucía. Lo vio cuando ellos se fueron y los dos pasaron por la puerta del bar, sin verlo. Tan pronto como se fueron, André se dirigió a la puerta del edificio. Nina tendría que escucharlo.

Esperó media hora, luego colocó un billete en la mano del portero y preguntó:

- Estoy esperando a doña Nina. ¿Sabes si tardará mucho?

- Doña Nina ya se fue. Usted puede dejar un mensaje, que yo se lo doy.

- No es necesario, gracias. Mañana me pondré en contacto con ella.

Salió de allí nervioso. Si él supiera donde vivía, iría hasta allí. Tendría que esperar. Molesto, se fue a casa. Janete estaba molesta con él. Al verlo, inmediatamente dijo:

- Te olvidaste de la cena en la casa del Dr. Norbert. Estamos tarde, no es de buena educación llegar tarde a una cena.

André la miró con nerviosismo y dijo con frialdad:

- No iré.

- ¡¿Cómo?! Es su aniversario de bodas, todos nuestros amigos estarán allí, incluidos tus padres.

- Ve tú. No estoy con el estado de ánimo para hacer los honores a nadie. Hoy no.

- ¡No te entiendo! Eres un abogado de renombre, debes cuidar tu carrera. El Dr. Norberto es muy importante. A muchas personas les gustaría ser invitadas a su mesa.

- Bueno, no voy. Ve tú.

- No me gustaría presentarme sola en esa cena. ¿Qué es lo que la gente va a decir?

- No me interesa. Estoy cansado, tuve un día negro y quiero quedarme en casa y descansar -. Janete lo miró asombrada. Nunca lo había visto tan nervioso, ¿qué habría sucedido? Ella se había preparado durante todo el día, comprado ropa, ido al salón de belleza, hecho su maquillaje. Sintió que las lágrimas corrían por su rostro.

– Espero que tengas una buena explicación. Estás siendo grosero conmigo. ¿Por qué no dijiste eso antes? Ahora, después que me he preparado toda, ¿dices que no quieres ir?

– No dije nada porque no me preguntaste. De hecho, concertas citas sin consultarme. Cuando llego cansado, que siempre tienes esto o aquello para hacer.

André sabía que le estaba arrojando con toda su irritación, pero no podía controlarse.

– ¡Nunca te quejaste! Yo misma me he esforzado por que tengas éxito profesional. ¿Es así como me agradeces?

André luchó por endulzar su voz y consideró:

– Lo siento. Hoy no tengo el estado de ánimo para hablar. Voy a darme una ducha y descansar.

Janete todavía intentó discutir, pero él subió y se encerró en el baño. Se dio una ducha y se encerró en su oficina. No estaba dispuesto a hablar.

Sentado en una silla, por su mente pasó toda su relación con Nina. Reconoció que ella era el gran amor de su vida. ¿Por qué se había dejado llevar por la ambición? ¿Por qué? Ahora ya era demasiado tarde. Ella lo odiaba. Pero tenían un hijo. Por más que ella lo despreciase, él era el padre. Tenía sus derechos y no iba a renunciar a ellos. Cuando la criada golpeó en la puerta avisando que iba a servir la cena, dijo que no quería comer. Era de madrugada, cuando finalmente se fue a su habitación.

La casa estaba en silencio y en la penumbra se acostó y trató de dormir. Janete estaba dormida, pero a pesar de haberse acostado tarde, se dio la vuelta en la cama y le costó conciliar el sueño.

* * *

A la mañana siguiente, cuando Nina entró a la oficina del Dr. Antônio, preguntó:

– ¿Cómo fue tu reunión con el Dr. André ayer? ¿Llegó a proponer un acuerdo en el caso de la empresa maderera?

– No, señor.

– ¡¿No?! Qué extraño. Ellos nunca vinieron aquí. Pero ¿qué quería él? – Nina se movió inquieta. Luego dijo:

– Era un asunto privado. Vino a hablar conmigo.

– ¿Contigo? ¿Asunto privado? ¿Qué está pasando que yo no sé? – Nina tomó un profundo aliento, se sentó en el sillón en frente de su mesa y dijo:

– Nunca había tocado este tema antes, pero ahora siento que es necesario. Te diré la verdad.

En pocas palabras, Nina le contó todo. El Dr. Antônio la miró sorprendido. Cuando terminó, preguntó:

– ¿Qué planeas hacer?

– Nada, doctor. Yo no le doy el derecho a ver a mi hijo. Él nunca sabrá que André es su padre –. Antônio se quedó pensativo durante unos segundos y luego dijo:

– ¿No crees que estás siendo muy estricta con él?

– No solamente yo sé lo que pasé para aceptar lo que él hizo y criar a mi hijo sin padre. Ahora que estoy bien, que el niño es grande y puedo darle una vida cómoda, André aparece dispuesto a aprovecharse. Él no estaba interesado en la vida de mi hijo. No se merece nada. Que él permanezca lejos, viviendo su vida como eligió, y que nos deje en paz. Si lo hace, nunca tendrá que quejarse. Pero si insiste, verá con quién está tratando.

– Nina, ten cuidado. Todavía estás muy lastimada. No es bueno tener resentimientos en tu corazón. Esto te está haciendo daño.

– Claro que no. Fue alimentando este resentimiento que encontré la fuerza para trabajar, estudiar y criar a mi hijo. Fue por el deseo de demostrarle a André que soy suficiente para cuidar sola del niño y que me he esforzado tanto.

– Por la forma que hablas, suena a venganza. Eres una buena chica, no creo que seas capaz de eso.

– No quiero vengarme, sino hacer justicia. Él no quiso a su hijo. Mientras yo sufría el dolor del abandono, él se casó con otra y se fue a vivir feliz. ¿Ahora, después de todo, él regresa y quiere dárselas de papá? Eso no es justo.

– Sea como sea, es el padre. Un niño es un vínculo muy fuerte. Puede reclamar la paternidad en los tribunales.

– Si lo hace, negaré su paternidad.

– Puede hacer un análisis de sangre.

– Estos exámenes son relativos. Además, no creo que llegue a ese punto. Sería un escándalo. Él es casado. ¿Qué pensaría su familia de eso?

– Es una posibilidad, a pesar de todo. Así que sería recomendable que no fueras tan dura con él. Puedes exacerbarlo.

– No puedo, doctor. Solo de pensar en él con Marcos me indigna.

– Cálmate, Nina. Después de todo, él era muy joven y la familia suele influir en los jóvenes. Debe estar arrepentido.

– Quizás. Pero eso no borra lo que hizo. Tendrá que dejarnos solos. Por eso, haré todo lo que pueda.

– André no se conformará. Marcos puede descubrir que le impediste ver a su padre y no aceptar eso. A pesar de lo que pasó, él tiene el derecho a conocerlo y a decidir si desea o no que se le prive de su amistad.

– Cree que su padre murió durante mi embarazo. Aceptó muy bien esta situación y nunca comentó al respecto. No creo que extrañe a su padre. He suplido todas sus necesidades. Marcos es un niño feliz y alegre. Lo conoces y sabes que digo la verdad.

– Lo sé. Marcos es un chico cariñoso y te ama. Pero a pesar de eso, te sugiero que lo pienses mejor. Es un tema muy delicado.

– A esta altura, la presencia del padre lo perturbaría. Está bien como está. No necesita nada –. Antônio no respondió. Sintió que Nina estaba decidida. Nada de lo que dijo la haría cambiar de opinión. La rabia que ella sentía por André después de muchos años, su falta de interés en la búsqueda de otra relación de amor le hizo sospechar que, aunque lo negase a sí misma, no había sido capaz de arrancar ese amor del corazón.

Esa noche, después de la cena, Antônio le contó a Mercedes lo sucedido y concluyó:

– Nina está decidida a impedir que André vea a su hijo, que se indigna solamente en hablar de ello.

– A pesar del tiempo, ella ha no olvidado. El dolor está todavía vivo como en el primer día.

– Eso es lo que pienso. Traté de hacerle entender que la conexión entre padre e hijo es un vínculo muy fuerte. Marcos, a pesar de no hablar, puede estar extrañando mucho a su padre. Tiene derecho a decidir si quiere o no estar con él.

– Hasta donde yo sé, a Janete le aterroriza tener hijos. Andréia vive contándole a sus amigas que sueña con tener un nieto y está muy decepcionada porque después de tantos años de matrimonio esto no sucedió. ¿Qué ocurrirá si descubre que ya tiene un nieto de nueve años?

– ¿Cómo lo sabes?

– Mi prima Celina es muy amiga de Andréia y me comentó.

– ¿Crees que reconocerían al nieto?

– No lo sé. Andréia es muy formal, llena de reglas sociales. Entre el deseo de tener un nieto y el escándalo que provocaría su presencia, quizás ella preferiría ignorarlo. Luego está Janete, orgullosa, viviendo su rol social. Que, si descubre a este hijo de André, ni siquiera sé qué haría. Pensándolo bien, Nina puede estar haciendo lo correcto. Tener a estas dos mujeres como enemigas no sería bueno para ella ni para Marcos.

– ¿Crees que intentarían algo contra Nina?

– No sabes lo que pueden hacer las mujeres con la vanidad herida.

– He visto algunos casos y tienes razón. Pero me resulta difícil para Nina poder detener a André. ¿Alguna vez has pensado cómo él debe sentirse? Nina nunca lo buscó y él no sabía que tenía este hijo. Sospechaba, pero no estaba seguro de nada.

– Él debe ser emocionado, ansioso. Yo también creo que no se va a conformar. Se las hará difícil a Nina.

Antônio suspiró pensativo y guardó silencio unos momentos. Entonces dijo:

– Nina necesitará apoyo. Nosotros vamos a ayudarla.

– Tienes razón. Haremos todo lo que sea necesario para que ella siga viviendo en paz. Pero me temo que, después de hoy, no lo conseguirá.

* * *

André se despertó tarde esa mañana y su primer pensamiento fue para Nina. Eso no podría quedarse así, ella tendría que ceder. Estaba atrasado. Se levantó apresuradamente, se vistió, y bajó a tomar desayuno. Janete, al verlo, comentó:

– Dijiste que querías irte temprano y llegas tarde.

– Lo sé. No dormí muy bien esta noche.

– No dormiste y no me dejaste dormir. Te movías inquieto, murmurabas e incluso peleabas. ¿Tienes algún problema?

– No. Fue solo una pesadilla.

– ¿Con quién estabas peleando?

– Con nadie. Me voy, llegaré tarde.

– No vas a salir así, sin comer nada. Siéntate. Voy a mandar que te sirvan el desayuno. Unos minutos más no marcarán la diferencia.

André suspiró y se sentó. Su pecho se sentía pesado y quería discutir con Janete. Se controló. Ella no tenía nada que ver con sus preocupaciones. Se sirvió café y tomó una galleta. Janete se sentó a su lado y, al ver que seguía en silencio, dijo:

– Hubo un momento en que gritaste que era una injusticia, que no podías permitirlo. ¿Puedo saber de qué se trata esto?

André estaba irritado:

– ¿Cómo puedo saberlo? Fue una pesadilla, ni siquiera recuerdo cómo fue –. ¿Habría dicho algo comprometedor? Él moderó su tono y continuó:

– Estoy lidiando con una causa complicada. Debo haber estado demasiado involucrado.

– Mi padre siempre dice que un abogado no puede dejarse dominar por los sentimientos ni involucrarse con los clientes. Solo entonces tendrás lucidez para trabajar.

André se puso de pie:

– Eso lo sé.

– No comiste nada

– Tengo prisa.

Antes que ella dijera algo, se alejó rápidamente. Janete se sentó pensativa:

– Eso no me gustó en absoluto. Lo escuché muy bien cuando dijo: "Ella no puede hacerme esta injusticia." No es algo. André no está impresionado con cualquier caso... No era solamente una pesadilla. Está inquieto, irritado... Sería bueno hablar con papá para hablar con el Dr. Olavo y averiguar de qué casos se está ocupando André.

André fue a la oficina. Breno lo estaba esperando:

– Ha llegado el cliente y el Dr. Olavo ya ha preguntado por ti.

– Tuve una noche de perros. No estoy de humor para esta conversación. Pon una excusa y habla con él.

– De acuerdo. ¿Hay más información que no esté anotada?

– No. Necesito hablar con Nina.

– Mejor toma un tranquilizante, tómate un descanso. No pareces estar en condiciones de hablar con nadie.

– No puedo esperar, quiero ver a mi hijo.

– Si quieres convencer a Nina para que te permita acercarte a Marcos, necesitas usar el sentido común, saber hacer las cosas bien. No estás bien.

– Realmente no lo estoy. ¿Se nota tanto así?

– Bueno, yo te conozco hace tantos años y nunca te vi tan alterado como ahora –. André puso su mano sobre el brazo de Breno diciendo:

– De hecho. Esta noticia cayó sobre mí como una bomba.

– Y son buenas noticias. Debes estar feliz –. André se pasó la mano por el cabello y consideró:

– ¿Cómo ser feliz sabiendo que fui frívolo, intrascendente e inútil?

– No es momento de culparse. No tenías la madurez de hoy. Hiciste lo que pensaste era lo correcto en ese momento.

– Pero Nina me condena, no lo cree. Tuvo el coraje de decirle a mi hijo que morí. ¿Crees que es justo?

– Quería evitar que supiera la verdad.

– ¡Pero estoy vivo! Ni siquiera sabe que existo.

– No sirve de nada torturarse. Esto solo empeorará las cosas. Lo que tienes que hacer es tratar de calmarse, solamente buscarla cuando estés mejor y puedan hablar. Después de todo, tú eres el padre de Marcos. Ella finalmente aceptará. Pero debes ser cuidadoso. Ella se entregó a ti por completo y fue abandonada, engañada, cambiada por otra. Es natural que se sienta ofendida.

– Reconozco que tienes razón. Pero yo no sé si voy a poder aguantar. Mi deseo es que correr hasta ella y obligarla a reconocer mis derechos como padre.

– Cálmate. ¿Ha pensado en Janete, doña Andréia? ¿Quieres saber? Creo que la actitud de Nina ha preservado tu nombre frente a tu familia. Ella, a diferencia de otras que conozco, nunca se molestó ni cobró nada. Deberías estar agradecido.

André suspiró nervioso.

– Cometí un error, pero no puedo repetir el mismo error. ¡Tengo un hijo! Janete, a pesar de decir que quiere hijos siempre esquiva el tema. Yo sé que ella no los tuvo porque no quiere.

– Nina es discreta. Puedes convencerla que te permita acercarse a su hijo, sin tener que reconocerlo públicamente. Por lo tanto, tu familia se conservaría.

– Y todavía me sentiría como un cobarde.

– Quieres castigarte, sufrir, pagar por lo que hiciste.

– Podría ser. Pero reconoceré a mi hijo y todos lo sabrán. Si Nina se niega a recibirme, iré a la corte. Tendrá que aceptar mi paternidad.

Breno asintió, en desacuerdo:

– No hagas eso. Nina estará aun más indignada –. La secretaria entró en la oficina:

- El Dr. Olavo llama al Dr. André con impaciencia.

– André no se encuentra bien. Yo lo atenderé.

Después que Breno se fue, André tomó el teléfono y llamó a Nina. Lucía respondió:

– Doña Nina salió. ¿Quiere dejar un mensaje?

– Yo sé que ella está allí y no me quiere atender. Dile que, si no atiende el teléfono, voy a ir hasta allí –. Después de unos segundos de silencio, Lucía respondió:

– Está equivocado. Si no me cree, puede comprobarlo.

– Entonces iré. En cualquier caso, dígale que llamé y que nuestra conversación aun no ha terminado. Si ella no me busca para tratar nuestro tema, yo lo haré. No me voy a dar por vencido.

– Le daré su mensaje.

Lucía colgó y fue a la oficina de Nina:

– Está nervioso, dijo que no se rendirá. ¿No sería mejor hablar con él de inmediato y tratar el tema?

– Nunca estaré de acuerdo con lo que quiere. Por tanto, cualquier conversación será una pérdida de tiempo. Dile eso si llama o se presenta aquí de nuevo.

A última hora de la tarde, cuando Lucía salió de la oficina, se encontró con Breno, como de costumbre:

– André nos la hará difícil.

– Traté de convencerlo para que espere un tiempo, ir con calma, pero él está decidido.

– Nina también. Dice que es inútil conversar, porque no va a estar de acuerdo con lo que él quiere.

– Lo que me preocupa es que André está muy nervioso. Nos conocemos desde la universidad y nunca lo he visto fuera de control como ahora. Si Nina insiste, tengo miedo que haga alguna locura.

– ¿Qué locura? ¿Él puede agredir a Nina?

– No digo eso. Pero se le metió en la cabeza que va a reconocer al niño de cualquier manera, ya sea si Nina está de acuerdo o no.

– Eso no va a terminar bien. Tal vez, si Nina conversase con calma, él terminaría haciendo lo que ella quiere. Pero no. Ella está muy enojada con él.

– El orgullo no es un buen consejero. No conoces a doña Andréia ni a Janete. Las dos caerán en picada cuando lo sepan. Ni siquiera sé qué podrán hacer.

– Mientras dejen a Nina en paz...

– Si André va a la corte, todos lo sabrán. Ellas estarán furiosas.

– Aconséjale que abandone esa idea. Solo agravará el problema.

– Ya lo aconsejé, pero André se siente culpable. Quiere castigarse a sí mismo, enfrentarse a su familia, a la sociedad, a todo. Dijo que no quiere seguir siendo un cobarde.

– ¿Vive bien con su esposa?

– Nuestra relación es más profesional. El Dr. Olavo me invita a las fiestas en su casa, pero no puedo decir que disfruto de su intimidad. Doña Andréia valora los nombres, el cargo, siempre muy atenta a las personas importantes y, por supuesto, indiferente a las personas que considera sin prestigio, como yo.

– Tal vez haya sido por eso que André eligió casarse con Janete. Por lo que sé, su familia es importante. Por supuesto que cedió a su influencia. Él estaba muy enamorado de Nina.

– Pero no tuvo el valor de enfrentarse a su madre.

– Yo hasta lo entiendo. Yo soy de origen humilde. Estudié mucho para poder llegar a donde llegué, pero a pesar que André y el Dr. Olavo me tratan como iguales, noto que tanto doña Andréia y Janete me ven como si yo fuera menos. Las dos son muy pretenciosas y, francamente, no creo que André sea feliz junto a ellas.

– Verás que él es igual.

– Ahí es donde te equivocas. Éramos compañeros de universidad. Era el joven rico, de una familia importante; yo un estudiante pobre, trabajando duro para poder graduarme. Nosotros nos convertimos en amigos desde el primer día. André siempre ha sido un buen compañero. Después de graduados, estuve trabajando con un abogado de clase media, pero logré sobresalir en un caso importante, el Dr. Olavo lo conocía y me hizo una oferta de trabajo. André se enteró y me buscó, y fue él quien propuso una sociedad.

– ¿Eres socio del Dr. Olavo?

– No. El Dr. Olavo es el director, pero en nuestro despacho hay varios abogados, asociados entre sí. Cada empresa legal atiende a un área. Todos mantienen contratos con la empresa del Dr. Olavo.

– Es reconocido y famoso.

– Se merece la fama que tiene. Supervisa nuestro trabajo de manera eficiente. Sabías que doña Andréia estaba en contra que hiciera sociedad conmigo, pero André fue inflexible. Hemos trabajado muy bien juntos.

– Sigo pensando que Nina debería hablar con André, intentar una solución pacífica. Pero ella se irrita con solo escuchar su nombre.

– Es una lástima. En cualquier caso, intenta hablar con ella y yo con él. Vamos a ver que logramos.

* * *

Cuando Nina llegó a casa a última hora de la tarde, Marcos ya había regresado de la escuela y lo abrazó con cariño. Luego se sentó con él en el sofá y quiso saber qué había hecho en clase. Marcos empezó a contarle y mientras hablaba Nina no pudo evitar notar cómo se parecía a André. La misma sonrisa, la forma de inclinar la cabeza cuando la escucha, la vivacidad en los ojos. Más tarde, cuando el niño ya estaba dormido, Nina, sentada en un sillón de la sala, intentó leer una revista y resistir la presión de sus recuerdos.

Ella había olvidado y llevado la vida por delante. ¿Por qué ahora todo reaparecía con la misma fuerza que antes? André tenía la culpa de todo. Su presencia la devolvía al pasado y eso no podía permitirlo. Al mismo tiempo reconoció que durante todos esos años había trabajado por este reencuentro, cuando triunfó sobre él, apareciendo como una mujer sola, inteligente, competente y capaz.

Había tenido éxito, pero esa victoria no le dio lo que ella esperaba. En vez de satisfacción, el dolor reapareció con la misma intensidad.

Ella no podía ceder. André podría no saber cuánto aun sufría y lloraba por su amor rechazado. Por mucho que le doliera, era necesario mantenerse firme y evitar a toda costa que se acercara a su hijo.

Esa misma tarde, Janete fue a la oficina de su padre. Al verla entrar, Júlio dejó el periódico que estaba leyendo sobre el escritorio y fue a abrazarla:

– ¡Qué bueno verte, hija mía!

Después de besarla en la mejilla, se sentó junto a ella en el sofá y le dijo alegremente:

– Entonces, ¿qué quieres?

– Hablando así, ¡da la impresión que solo te visito solo cuando quiero algo!

– Eso no es lo que quise decir. Resulta que estoy feliz de hacer algo por ti.

– Te extrañé, papá.

– Hace mucho que no nos visitas. Te hemos extrañado. Tu madre se queja. Cuando llamamos, nunca estás en casa.

– Ya sabes cómo es: André necesita mantener buenas relaciones.

– Lo sé, hija. No te estoy reclamando. ¿Quieres un café, un agua, un té?

– No, gracias.

Janete suspiró pensativa y Júlio preguntó:

– Pareces preocupada. ¿Sucedió algo?

– Por ahora, no.

– Eso significa que pasa algo. ¿Qué es?

– Durante los últimos días, André ha estado inquieto, nervioso, irritado. Traté de hablar con él, pero dice que está preocupado por el trabajo.

– Puede ser, André siempre fue muy responsable.

– No, no creo que sea por ello. Algo le pasó. Siento que su comportamiento ha cambiado.

– Podría ser tu impresión.

– No, no. Esta noche estaba inquieto y apenas me dejó dormir. Gruñó, argumentó, luchó y gritó que era una injusticia y que no podía permitirlo.

– Debe ser un problema de trabajo. ¿Olvidaste que él trabaja con la justicia?

– Puede ser, pero desde que nos casamos nunca lo vi tan enojado. Me gustaría que hablaras con el Dr. Olavo para averiguar si hay algún problema con un cliente.

– No veo ninguna razón para que estés tan preocupada. Hoy mismo voy a hacer lo que me pides.

– Sé discreto. No le digas que te lo pedí.

– No te preocupes dejarlo. Yo sé cómo hacer eso.

Janete salió satisfecha de la oficina de su padre. Tenían una cena en el club por la noche, pero André ya le había dicho que no iría. No quería pasar otra noche aburrida en casa. Seguramente se encerraría en la oficina o se iría a dormir temprano. Pero tendría paciencia, al menos hasta el día siguiente.

André pasó el día nervioso. Había llamado varias veces, pero Nina se negaba a verlo. Se estremecía solamente de pensar que tenía un hijo de nueve años y ni sabía cómo era.

Nina se mostraba inflexible, pero no quería esperar más. Decidió permanecer escondido y seguirla cuando saliera de la oficina. De esa manera averiguaría dónde vivían y vería al niño.

Vio cuando Nina se fue con Lucía, se despidió de ella, fue al estacionamiento, tomó el auto y salió. Él estaba sin carro. Tomó un taxi y le pidió seguirla discretamente.

Cuando se detuvo frente al garaje, él se paró en la esquina, dispensó al taxi y esperó a que ella entrara. Luego se dirigió a la casa. Su corazón latía con fuerza.

Se paró frente a la barandilla, mirando el jardín bien cuidado, la hermosa casa donde unas pocas luces encendidas indicaban que había más personas allí adentro. Sintió el deseo de presionar el timbre, pero se contuvo. ¿Estaría ella viviendo con alguien más? A pesar de continuar soltera, ella era hermosa, bien vestida, más atractiva que antes. Era difícil de creer que ella todavía estaba sola. Si Nina supiera que él estaba allí, seguro que se irritaría, incluso podría mudarse, desaparecer, como lo había hecho la otra vez. Lo mejor sería ir allí durante el día, mientras ella estaba trabajando, y tratar de ver al niño. Escuchó voces allí adentro, pero no logró distinguir lo que decían.

Para no llamar la atención, se apartó un poco y se fue caminando por los alrededores. Su hijo estaba tan cerca y al mismo tiempo tan lejos. En ese momento, él podría estar ahí, adentro, disfrutando del amor de Nina y del cariño de su hijo.

¡Nunca había sentido tanto arrepentimiento como en ese momento! Nina había sido el más grande amor de su vida. ¿Por qué se dejara llevar por la ambición? ¿Por qué había menospreciado sus sentimientos creyendo que ella aceptaría ser la otra, viviendo una vida marginal?

Las lágrimas corrían por su rostro mientras meditaba sobre sus recuerdos. Se pasó una mano por la cara tratando de reaccionar. La vida le había dado la oportunidad de ser feliz y él cambió todo por las facilidades aparentes que alimentan la vanidad, pero que dejan un vacío en el corazón.

Era muy tarde cuando llegó a casa. Janete, preocupada, lo esperaba despierta. Al ver su abatimiento, no pudo evitarlo:

– ¡André! ¿Qué está pasando? ¿Por qué no viniste a cenar?

André la miró y no tuvo el valor de decir nada. Ella no tenía la culpa. Él era el único responsable de lo que estaba pasando. Ella continuó:

– ¡Estoy esperando, quiero saber qué está pasando!

– Nada está sucediendo. No me siento bien. Voy a darme una ducha y descansar.

– No es eso. ¡Tenemos que hablar! No puedo dejarlo ir. Soy tu esposa. Estás cambiado. Solitario, nervioso, te has ido alejando de todos. Quiero saber qué pasa.

– Te digo que no pasa nada. No quiero hablar. Estoy cansado y me voy a dormir.

– No me dejaste dormir bien anoche.

– No te preocupes. No te molestaré. Dormiré en la habitación de invitados.

Se levantó apresuradamente y Janete apretó los dientes con rabia. Estaba segura que algo muy grave estaba sucediendo. Ella no iba a dejarlo así. Necesitaba encontrar una manera de averiguarlo.

Pasaba de las nueve, cuando André despertó la mañana siguiente. A pesar del cansancio, le había costado dormir. Se levantó apresuradamente, se vistió y bajó al desayuno.

Janete lo estaba esperando en la sala, hojeando una revista con impaciencia. Al verlo, se acercó diciendo:

– Ayer fuiste grosero e intolerable.

– Lo siento. No tenía ninguna intención. Disculpa, llegaré tarde.

– No te irás de esa manera, sin ninguna explicación... ¿Quién crees que soy?

– Déjame pasar, no quiero ser grosero contigo. No me siento bien. Espero que comprendas.

– Me tratas como a una extraña. Estás mal y no me cuentas por qué. Quiero ayudarte. Para eso están las esposas.

– Ayudarás más dejándome solo –. Janete negó con la cabeza:

– No puedo entender tu actitud.

– Por favor. Necesito irme. Llegaré tarde.

Antes que ella dijera algo más, se volteó y se fue. Janete fue tras él diciendo:

– ¿No vas a tomar un café?

Ni siquiera pareció escuchar. Cogió el carro y salió. Entró preocupada a la casa. Inmediatamente llamó a su padre, que todavía estaba en casa.

– Papá, ¿hablaste con el Dr. Olavo?

– Hablé, sí, hija.

– ¿Qué dijo? ¿Sabes algo?

– Hablamos durante más de una hora. Dijo que todo está bien. No pasa nada. No tienes de qué preocuparte.

– Ayer André no vino a cenar. Llegó pasada la medianoche. Estaba abatido, cansado. Cuando quise saber qué estaba pasando, estaba irritado. ¿Sabes lo que hizo? Se fue a dormir a la habitación de invitados.

– ¿Quieres que hable con él?

– No. Eso no. Voy a hablar con Andréia. Quizás pueda averiguar algo. Esta situación me está sacando de quicio. Algo muy grave está sucediendo, y voy a saber qué es.

– Mantén la calma. Habla con Andréia. No hagas nada sin hablar con ella. Si es necesario, es solo llamarme. Haré lo que quieras.

* * *

André llegó a la puerta del edificio de oficinas, sintió su cabeza mareada. Pensó en que no había comido nada desde el día anterior. Entró en una panadería, pidió un bocadillo y un café con leche. Entonces decidió no ir a trabajar. Llamó a Breno para avisarle.

– ¿Qué vas a hacer, André? Ven por lo menos hasta aquí para conversar un poco. Eso te sentará bien.

– No estoy de humor para trabajar. Hazle saber al Dr. Olavo que no me siento bien y que fui a ver a un médico.

– Eso no es lo que vas a hacer, ¿verdad?

– No. Ayer seguí a Nina y averigüé donde vive. Voy allí para ver al niño.

– Ten cuidado. Marcos no sabe que tú eres su padre. Puede que te sorprendas. Recuerda que es un niño.

– Por supuesto. ¿Quién crees que soy? Solo quiero verlo. No aguanto más pensar en él sin saber cómo luce.

– Ve con calma.

– No lo molestaré. Puedes estar seguro.

Breno colgó el teléfono preocupado. El Dr. Olavo había preguntado por él insistiendo en saber si estaba ocurriendo alguna cosa:

– André está raro. ¿Sabes si está enfermo?

– Estaba indispuesto, nada grave.

– Debe estar pasando algo. Ayer Júlio vino a verme y me hizo algunas preguntas acerca de André. Le aseguré que todo estaba bien, pero tengo mis dudas.

- Él está enfermo, nada más. Está yendo a ver al médico y pronto estará bien -. Olavo lo miró fijamente y dijo:

- Para que Júlio venga aquí a preguntar, algo está pasando. ¿Cómo estará su relación con Janete?

- No lo sé, doctor. Pero creo que todo está bien. Él no dice nada -. Olavo estuvo pensativo por unos momentos, luego consideró:

- Nunca he creído que este matrimonio fuese a durar. Ellos son tan diferentes... - Breno se sorprendió:

- ¿Por qué, doctor?

- Tu amistad con André viene desde la época de la universidad. Él cambió mucho después de la boda. Era un chico idealista, irradiaba alegría, disposición. Poco a poco fue cambiando. En sus ojos ya no hay ese brillo entusiasta. Hay momentos en los que parece aburrido, triste. ¿No estás de acuerdo conmigo?

- Sí. De hecho, ha cambiado. Con el tiempo, todos cambiamos -. Olavo sonrió:

- No tanto. Estás siendo discreto, pero siento que pasa algo. Quizás otra mujer -. Breno negó con la cabeza. Estaba a punto de hablar, pero Olavo no le dio tiempo:

- No se preocupe. Para Júlio, mi respuesta siempre será la misma. Está todo bien. Yo aprecio André, lo respeto y admiro. A pesar que es mi sobrino, yo no quiero interferir en su vida -. Breno vaciló un poco y luego dijo:

- Usted es muy perspicaz. En efecto, André está atravesando una crisis personal. Pero no quiero traicionar su confianza, prefiero que se lo cuente todo él mismo.

- Me pregunto si hay algo que pueda hacer para ayudarlo.

- Por el momento, nadie puede hacer nada. Es una cuestión íntima que le compete a él resolver.

– De acuerdo. Ambos saben que siempre pueden contar conmigo.

– Gracias, doctor.

André salió de la panadería, tomó el auto y fue a la casa de Nina. Se detuvo unos metros antes de la entrada y miró. Era una hermosa casa de dos pisos con un jardín bien cuidado. Las ventanas de arriba estaban abiertas.

El corazón de André golpeó más fuerte. Había gente en casa. Se quedó atento. Marcos podría aparecer en cualquier momento. Pero no apareció. Poco antes del mediodía apareció una mujer y cerró las ventanas. Poco después que ella se fuera, André decidió seguirla.

Caminó unas cuadras, giró en una calle y André se emocionó al verla detenerse en la puerta de una escuela junto a algunas madres. Los niños comenzaron a salir, llenando el aire con un alegre y ruidoso zumbido.

André, con el corazón acelerado, mantuvo la mirada en Ofelia. Fue cuando vio a un chico alegre y lindo acercándose a ella que lo besó con cariño en la cara. Poco a poco empezaron a caminar y André los observaba sintiendo lágrimas bajando por sus mejillas, una mezcla de alegría y dolor.

¡Su hijo! ¡Ese niño guapo, fuerte y alegre era su hijo! Ellos voltearon en la esquina y André encendió el carro y los siguió lentamente. Quería parar, hablar con él, escuchar su voz, saber cómo era. Los dos continuaron caminando, hablando animadamente sin darse cuenta que eran seguidos. Llegaron en la casa y, antes de entrar, Ofelia fue llamada por una señora de una casa vecina y ambos se detuvieron. Mientras Ofelia hablaba, Marcos esperaba con calma. En ese momento, André, dentro del auto, parado unos metros después, puedo verlo bien. Marcos se parecía mucho a él. Era su hijo, no cabía duda.

Ellos entraron y André se quedó dentro del carro por unos minutos. Entonces decidió retirarse. Quería ver sus fotos de niño. Su madre tenía una gran colección de ellos. Fue a buscarla.

Andréia, al verlo entrar, se sorprendió:

– ¡André! ¿Ha pasado algo? ¡Estás con una cara! – Trató de disimular, sonrió y respondió:

– No pasó nada, estaba un poco cansado, indispuesto, me tomé el día para descansar. Quería venir aquí y hablar un poco.

– ¿Fuiste al médico?

– Iba a ir, pero mejoré. Estoy bien

– No parece. Sigo pensando que deberías ir. Puedo hacer una cita con el Dr. Luciano.

– No te preocupes, mamá. Es un simple resfriado.

– Aun así, no debes descuidarte.

La criada vino y avisó que el almuerzo sería ser servido. Ella mandó colocar un plato más, pero André interveno:

– Hace una hora comí un bocadillo y no tengo hambre –. Romeo, que se había acercado, abrazó a su hijo e insistió:

– Haznos compañía.

– Gracias, papá, pero ya comí. Me gustaría descansar un rato en tu biblioteca mientras almuerzan.

Los dos fueron al comedor y André subió las escaleras hacia la biblioteca. Al pasar por el pasillo, escuchó sollozos. Alguien lloraba convulsivamente en el salón que llevaba a la habitación de Milena. André, preocupado, intentó abrir la puerta, pero estaba cerrada. Caminó alrededor de la habitación de su hermana y entró en el salón. De rodillas en el suelo con los codos apoyados en la cama, con la cara entre las manos, Milena sollozaba. Apenado, André se acercó, puso sus manos sobre sus hombros diciendo:

– Milena, ¿qué pasó? ¿Por qué estás llorando esta manera? ¿Qué sucedió?

Ella se estremeció y no respondió. André la obligó a levantarse y la abrazó con afecto, él nunca se interesó con el temperamento inquieto de la hermana, ni intentara comprenderla.

Su madre dijo que era un caso de psiquiatra y él pensó que no podía hacer nada. Pero en ese momento en el que se sintió tan frágil, sus lágrimas lo conmovieron como nunca antes. Al ver que ella seguía llorando suavemente, dijo:

– Llora, mi querida. Déjalo salir. Hay momentos en la vida en la que hay que llorar, para sacar todo el dolor que estamos sintiendo.

Ella no respondió. Él la abrazó con afecto, mientras que ella estaba todavía llorando, y André se sintió culpable por no haber nunca tratado de entender lo que le estaba ocurriendo. ¿Por qué se sentía sintió tan triste?

Al no encontrar palabras para decir, continuó abrazándola en silencio. Poco a poco se fue calmando. André la condujo al sofá y se sentó a su lado. Le ofreció un pañuelo. Milena se secó los ojos, estremeciéndose de vez en cuando. Le acarició el pelo diciendo:

– Sea lo que sea que te esté pasando, estoy de tu lado para protegerte. Quiero que sepas que me caes muy bien y que siempre puedes contar conmigo.

– Gracias. Pero nadie podrá ayudarme.

– No digas eso. ¿Por qué no me dices el motivo de tantas lágrimas?

– No hay ninguna razón especial. Es todo, mi vida es inútil y vacía. Soy torpe, no le gusto a nadie. Siempre ha sido así, me resigné, pero es que a veces se pone peor.

– Estás equivocada. Eres una chica hermosa, educada y rica que tiene todo para ser feliz. ¿Por qué te deprecias tanto?

Milena se encogió de hombros y no respondió. André continuó:

– Lo que necesitas es reaccionar, mirar la vida con más alegría, eres joven. Tendrás muchas oportunidades para ser feliz.

– La felicidad no fue hecha para mí.

André le puso las manos en los hombros diciendo:

– Milena, mírame –. Ella lo hizo. Él continuó:

– ¿Pasó algo serio que no quieres contarme? Habla con sinceridad. Sea lo que sea, estoy aquí para ayudarte.

– No pasó nada. Es lo de siempre. Una tristeza, un desánimo, un deseo de morir...

– No digas eso. De ahora en delante voy a cuidar de ti –. Hizo un gesto vago:

– No servirá de nada. No quiero ser un problema.

– No puedo verte así. Me siento egoísta, culpable, pensando solo en mí. Tu tristeza me entristece. Vamos, arréglate un poco y baja a almorzar.

– No tengo hambre. Ve tú.

– Yo tampoco quiero comer. Estoy en necesidad de tu ayuda. Ella lo miró sorprendida:

– ¿Qué necesitas?

– ¿Sabes dónde están las fotografías de cuando éramos niños?

– Sí. ¿Por qué?

– Para ser honesto, hoy también me estoy sintiendo triste, con la nostalgia de aquellos tiempos. Vine aquí pensando en revisar estas fotos. Ayúdame a encontrarlas.

– Vayamos a la biblioteca.

Se levantó y André la acompañó hasta el despacho de su padre, donde también se encontraba la biblioteca. Milena fue a un armario y sacó dos álbumes y se los entregó a su hermano.

– Vamos, Milena, veamos juntos.

Se sentaron en el sofá y abrieron uno de los álbumes. De repente, André se sobresaltó frente a una imagen de sí mismo, reconociendo que se parecía con Marcos. Había notado el parecido, pero no creía que fuera tanto.

Emocionado, no pudo contener las lágrimas y Milena, notando su emoción, puso su mano sobre la de él, diciendo seriamente:

– Siento que tú también estás triste, amargado, lleno de remordimientos. Tu corazón está tan oprimido como el mío.

André miró a sus ojos y vio tanta solidaridad en ella que no se contuvo. Comenzó a hablar de su amor por Nina, su matrimonio equivocado, su arrepentimiento y cómo descubrió que tenía un hijo de nueve años, muy parecido a él. Milena escuchó con interés sin interrumpir ni comentar. Cuando terminó, ella preguntó:

– ¿Qué planeas hacer?

– Quiero reconocer a mi hijo. Nina no va a podernos separar. No tiene ese derecho.

– Ella todavía está muy herida, porque todavía te ama.

– No lo creo. Ella me odia. Si vieras la frialdad con la que me trató, la ira, nos dirías eso.

– Confiaste en mí, me dijiste tu secreto, yo te diré el mío. Mamá siempre dice que estoy desequilibrada, sigue llevándome al psiquiatra, tal vez tenga razón. No sé lo que me pasa, hay momentos en que las personas se me acercan y siento lo que están pensando, lo que sienten, lo que les va a suceder. Es terrible. Al principio intenté hablar de ello, pero nadie lo creyó. Ellos incluso dijeron que estoy loca. Así que me callo. Pero no sé cómo lidiar con eso.

André la miró sorprendido:

– ¿Sientes lo que los demás están pensando? ¿Estás segura de no ser víctima de una ilusión?

– Sí. Debido a que las personas dicen cosas, actúan de la manera que yo sabía que lo harían, ellas me demostraron que no es una ilusión. Realmente lo siento. A veces no me controlo y termino diciendo lo que siento.

– ¿Cómo es eso?

– Tristeza, rabia, rebeldía, la ola llega tan fuerte que no puedo controlarla. Cuando me encuentro llorando, como hoy, peleando con la gente, como lo he hecho. Esto no es lo que quiero. Mamá no lo cree, dice que necesito controlarme. Hago el esfuerzo, a veces puedo, pero a veces no. Por eso no me gusta ir a fiestas ni hacer amigos. Siempre termino avergonzándome. ¿También crees que me estoy volviendo loca?

André la abrazó con cariño.

– No. ¿Nunca has oído hablar de la telepatía? Es una ciencia probada. Eso debe ser lo que tienes. Prometo que investigaré, estudiaremos el tema.

– ¿Crees eso? ¡Ah! Si pudiera deshacerme de eso...

– Veamos.

Romeo abrió la puerta y, al verlos hablar animadamente en el sofá, se maravilló.

– Usted deberían comer algo – dijo él –. No pueden quedarse sin comer –. André cerró el álbum, se puso de pie:

– Nuestra conversación me dio hambre. Vamos a comer. Me harás compañía.

Milena estuvo de acuerdo y ante los ojos sorprendidos de su padre, se dirigieron al comedor, se sentaron a la mesa y el criado corrió a su servicio.

Andréia los miró, pero no dijo nada, Milena estaba con los ojos enrojecidos, pero parecía tranquila y dio gracias a Dios. Fue a hablar con Romeo expresándole su admiración:

– No entendí lo que pasó. André y Milena decidieron almorzar juntos y conversaban animadamente. Ella se veía normal. ¿Qué pasó?

– No lo sé. También me sorprendió verlos sentados en el sofá hojeando el álbum de fotos, hablando. Fuera lo que fuese, estuvo bien porque Milena hoy estaba imposible, llorosa. Al menos se ve mejor.

Milena comió con apetito y sonrió con mirada cómplice a André.

– Mamá debe estar loca por saber de qué hablamos.

– Es un secreto nuestro.

– Así es.

Después del almuerzo, André se despidió de sus padres y Milena lo acompañó al jardín. Cuando empezó a despedirse, ella dijo:

– No vayas a la corte. Ten paciencia. Este es el camino. Su voz era más seria y André la miró con admiración.

– ¿Qué fue lo que dijiste? – Ella negó con la cabeza.

– ¿Dije algo? No me acuerdo.

– Dijiste que no vaya a la corte.

– Si lo dije y no me acuerdo, hazlo. Cuando eso sucede, aunque no recuerdo bien las palabras, siento que sucederá.

André dejo impresionado a su hermana. Se sintió más tranquilo, esa agitación había pasado. El caso de Milena lo desconcertó. Ella no parecía una persona desequilibrada. Por extrañas que fueran sus palabras, sintió que eran sinceras. Fue a la oficina. Breno lo esperaba con ansias.

– El Dr. Olavo ha preguntado por ti. Parecía preocupado. El Dr. Júlio lo visitó haciéndole preguntas sobre ti.

André estuvo pensativo por unos momentos, luego consideró:

– Por supuesto, Janete fue a molestar a su padre con sus quejas y dudas sobre mí. Se dio cuenta que no me encontraba bien. Como no dije nada, fue tras él. Me irrita profundamente. Me hace sentir acorralado, espiado. Es horrible.

– El Dr. Olavo también se había dado cuenta de su preocupación, pero dijo todo estaba bien, no pasaba nada. Le agradas mucho.

– Eso lo sé. Hablaré con él.

Fue a la oficina de su tío, tocó levemente la puerta y entró:

– ¿Me estabas buscando?

– Sí. No te veías bien. ¿Estás enfermo?

– No, tío. Estaba indispuesto –. Él lo miró fijamente y le preguntó:

– Sé que no me incumbe, pero es que eres mi sobrino preferido. ¿Tuviste una pelea con Janete?

– No. Resulta que no siempre estoy dispuesto a contarle todos mis pensamientos. Hay momentos en los que tengo ganas de estar solo. Ella no acepta eso.

– Janete es una mujer dominante. Si no eres firme, con el tiempo terminarás haciendo todo lo que ella quiere - André lo miró sorprendido. Era la primera vez que su tío expresaba una opinión sobre ella.

– De hecho, Janete es testaruda y yo no puedo cumplirle todos sus caprichos.

– Tienes razón. Pero me parece que desde hace unos días estás más nervioso de lo habitual. Parece que hay algo más...

– Si lo hay. He estado preocupado por Milena.

– Es una chica con problemas.

– Estoy pensando en ayudarla. Mamá la ha estado llevando al psiquiatra, pero no está mejorando. Vengo sintiéndome culpable por no haberla apoyado y tratado de hacer algo para ayudarla.

– ¿Qué puedes hacer? No eres médico.

– Eso es lo que me entristece. Pero decidí darle cariño, apoyo.

- Esto es bueno. Estás abatido. ¿Sigues mal?

- Me estoy sintiendo mejor. Puedes estar tranquilo que no descuidaré el trabajo.

- Escuché que estabas con Dantas para lidiar con el caso de la empresa maderera, ¿no crees que es demasiado pronto? Puede interpretar esto como una debilidad.

- He estado examinando este caso y llegué a la conclusión que un acuerdo bien hecho sería ventajoso para ambas partes y rentable para nosotros.

- ¿En qué te basas para afirmar esto?

André le propuso a su tío todos los argumentos que Nina había utilizado como si fueran suyos, y al final Olavo negó con la cabeza diciendo:

- No había pensado en eso. Quizás tengas razón. Examinaré el caso personalmente y tendremos una reunión para decidir.

André salió de la oficina de su tío aliviado de no haber contado su caso, habiendo justificado su nerviosismo sin tener que mentir. Se sintió más tranquilo y decidió reanudar su trabajo. Entró en su oficina y Breno lo acompañó.

- Estoy volviendo al trabajo. ¿Cómo van las cosas? - Breno resumió los hechos y finalizó:

- Es bueno ver que te sientes mejor. ¿Desististe de ir a la corte?

- No. Decidí esperar un poco más, a ver si Nina me escucha. Dependerá de ella. Yo vi al niño.

- ¿Nina lo sabe?

- No, fui a vigilar su casa de cerca, seguí a la empleada cuando fue a recogerlo a la escuela.

- ¿Hablaste con él?

- Todavía no. Pero es un niño hermoso y saludable, muy parecido a mí -. Breno sonrió:

– ¡Estás fantaseando!

– Fui a la casa de mamá para ver mis fotos a su edad. Somos muy parecidos.

– Tómatelo con calma. Con el tiempo, Nina comprenderá que no puede evitar que reconozcas a tu hijo.

– Ella me odia. Está determinada. Querrá detenerme. Pero también estoy decidido a acercarme a él. Yo mismo me sentí culpable y no quiero mantenerme ausente. Voy a cumplir mi rol de padre, así Nina esté de acuerdo o no.

– Quizás puedas hacerlo. Lucía quiere mucho a Nina, dice que es educada, justa, amable y trata a todos con respeto. Me preocupan más Janete y doña Andréia. Si reconoces al niño, no lo aceptarán. Harán de tu vida un infierno.

– Janete ya comienza a cansarme. Es jactanciosa, inútil, pretenciosa. Ella dice que está de acuerdo con ser madre, pero ella me está engañando. Ni siquiera quiere tener hijos.

– Cuidado, André. Nunca hablaste así de Janete.

– Lo he estado observando durante mucho tiempo, su forma de pensar es muy diferente a la mía. Quiere manipularme. No me gustó que Janete se quejara con su padre. Me casé con ella porque era hermosa, de alta sociedad, pero no porque su padre fuera juez. Tanto es así que cuando me gradué, él quería que me fuera a trabajar para una gran empresa y yo preferí quedarme con mi tío, quien generosamente me invitó a quedarme aquí.

– Tu tío también es abogado de renombre.

– Eso es verdad. Entonces, desde niño él hablaba que si yo me graduase iría a trabajar con él.

– Creo que es porque no tiene hijos. Él se encariñó contigo.

– Sí. Nunca se casó y, que yo sepa, en realidad no tiene hijos.

– ¿Por qué no le cuentas todo? Estoy seguro que te apoyaría. Además, te daría un gran consejo.

– Voy a esperar un poco más y ver cómo van las cosas. Sabes que mi tío me preguntó por qué fui a la oficina del Dr. Dantas y tuve que explicarle.

– ¿Le dijiste lo que hiciste allí?

– Por supuesto que no. Cuando recobré la conciencia, estaba repitiendo las palabras de Nina como si fueran mías para dar solución al caso. A él le gustó mucho, ¿te lo imaginas?

– Por lo que dice Lucía, Nina es muy competente y el Dr. Dantas no hace nada sin preguntarle su opinión.

André negó con la cabeza:

– Todo parece mentira. ¿Quién hubiera pensado que esa simple y pobre chica del campo llegaría a donde llegó?

Breno sonrió y respondió:

– A veces la humillación, la ira inducen a las personas a luchar para progresar. Quizás tú, sin saberlo, la ayudaste a escalar al lugar donde se encuentra.

André estuvo pensativo por unos momentos. Luego respondió:

– No lo creo. Lo que hice fue malo y nunca daría buenos resultados. Voy a retomar el caso de la empresa maderera. Mi tío quiere saber cómo está y quiere tener una reunión. Vamos a ver lo que pasa.

Mientras André le pedía a la secretaria que recogiera la carpeta, Breno parecía satisfecho. Después de todo, André parecía haber recuperado un poco el equilibrio. Regresó a su oficina, listo para terminar la petición que estaba haciendo.

Nina llegó a la oficina un poco tarde. Antônio había concertado una reunión con un cliente y quería que estuviera presente.

Se apresuró a ir a su oficina, donde Lucía la estaba esperando.

– ¡Estoy atrasada! ¿Ya llegó el Dr. Mendes?

– Acabó de llegar y ya está en la oficina con el Dr. Antônio. Pidió que les sirvieran un café. Aquí están todos los informes que solicitaste.

Le tendió la carpeta y Nina determinó:

– Voy a entrar. Cuando te llame, me llevas todo.

Dejó su bolso en el armario, se miró en el espejo, se ajustó la ropa y se dirigió al despacho de Antônio. Tocó ligeramente a la puerta y entró. Tomaban café y hablaban.

Luego de los saludos, Nina se sentó y esperó a que comenzaran el asunto a discutir. Luego llamó a Lucía con los documentos y empezó a analizarlos. Mendes era un exitoso hombre de negocios en el ramo de ropa y enfrentaba un grave problema con uno de los socios, que estaba malversando dinero. A pesar de la evidencia, se mostró reacio a aceptar esta idea, a lo que Antônio observó:

– La evidencia es concluyente. Si no toma medidas enérgicas, terminará en quiebra.

– Es el único primo de mi esposa. Es una situación complicada. ¿Y si nos equivocamos?

– Dr. Mendes, está claro que malversó el dinero. Vea este extracto. No hay error. Lo siento, pero realmente está perjudicando a su empresa.

En ese instante escucharon gritos de pavor e inmediatamente se levantaron.

Nina abrió la puerta asustada. Había un alboroto, y los tres fueron a ver qué pasaba. Gilda estaba tendida frente a la puerta del baño, desmayada, y María, pálida, trataba de reanimarla.

– ¿Qué pasó? – Preguntó Nina.

– No lo sé. De repente, escuché a Gilda gritar, corrí y la encontré aquí.

Antônio se inclinó y Mendes lo ayudó a levantarla y la llevó al sofá de la sala de la dirección. Nina tomó un vaso de agua, mientras que Antônio frotó sus muñecas tratando de reanimarla.

– Será mejor que llame al médico – sugirió Mendes.

– Se acaba de desmayar – respondió Antônio –. Mira, está volviendo en sí.

En efecto, Gilda respiraba mejor. Abrió los ojos y miró hacia atrás como queriendo ubicarse. Luego se puso la mano en el pecho y gritó:

– ¡La vi! Era ella. ¡Antônia, estaba ahí, dentro del baño!

– No puede ser – dijo Nina –. ¡Fue una alucinación! – Antônio intervino:

– Dime lo que viste.

– Cuando abrí la puerta del baño, vi que estaba de pie ante el espejo detrás de la puerta. Se volteó y dijo: "¡Gilda, ayúdame!" Estaba pálida, vestía el mismo vestido que en el funeral y respiraba con dificultad. ¡Creo que grité y luego no vi nada más!

– Cálmate – dijo Antônio –. Ella te apreciaba y no te va a hacer ningún daño. Ella necesita oraciones.

– ¡Nunca volveré a entrar en ese baño! ¡Tengo miedo! ¡Santo Dios! ¡Nunca había visto un alma de otro mundo!

– Siempre hay una primera vez. No necesita temer. Oremos para que la ayuden y la orienten a donde necesita ir – dijo Antônio.

Luego tomó el vaso que Nina sostenía con una mano temblorosa y se lo entregó a Gilda.

– Bebe, te sentirás mejor.

Ella lo hizo. Antônio continuó:

– Oremos todos pidiendo a Dios que la ayude.

Luego dijo una oración pidiendo a Dios que pudiera ayudar a Antônia. Luego se volvió hacia Gilda:

– Entonces, ¿te sientes mejor?

– Sí. Estoy más tranquila, pero, aunque viva cien años nunca voy a olvidarlo. ¡Parecía viva!

– ¡Está viva! – Respondió Antônio.

– ¡Se suicidó, todos lo vimos, fuimos a su funeral! – Dijo María, sorprendida.

– Su cuerpo murió, pero su espíritu sigue vivo. Este es el primer descubrimiento que hace el suicida después de la muerte: que a pesar de todo sigue vivo. Otro día volveremos a este tema. Nina, cuida de ella. El Dr. Mendes y yo continuaremos.

Nina ayudó a Gilda a ponerse de pie, sosteniéndola, y salieron de la habitación. Después que se fueron, Mendes se sentó nuevamente frente al escritorio de Antônio y preguntó:

– ¿En serio crees que está diciendo la verdad?

– Por supuesto. Por desgracia, Antônia era nuestra empleada y se suicidó en ese cuarto de baño. Ella era joven, fue muy triste.

– ¿No habrá sido una alucinación? ¿No se habrá impresionado por este suicidio y se imaginó que la vio?

– Si es así, habría tenido alucinaciones poco después del hecho, no ahora, que pasó hace tanto tiempo. Fue ella, estoy seguro.

– Es difícil creer que alguien que murió pueda regresar.

– Es más común de lo que crees. Mi hija desde muy pequeña veía los espíritus y nos los describía con tanta riqueza de detalles que nos convenció. Siempre me pregunté a dónde irían los que mueren, pero no estaba seguro de nada. Mi esposa se mostró más incrédula. Sin embargo, fueron muchas las pruebas que nos vimos obligados a admitirlo. Hoy en día no tenemos más dudas.

El Dr. Mendes bajó la cabeza, pensativo y luego dijo:

– Si es que es cierto, creo que estoy cometiendo un gran error.

– ¿Por qué?

– Mi hijo tiene ocho años, pero desde los dos dice que ve gente del otro mundo, les habla. Mi esposa y yo lo llevamos al psiquiatra, que lo ha estado tratando durante años sin éxito. Ya no nos cuenta cómo lo hacía antes, pero cuando no estamos cerca, sigue hablando con seres invisibles.

– Aparte de este detalle, ¿ha mostrado algún desequilibrio mental?

– Al contrario. Él tiene un alto coeficiente intelectual, responde a todo con facilidad, el psiquiatra, incluso dice que él es muy dotado. Esto no lo entiendo.

Dantas sonrió y consideró:

– ¿Tienes compromisos para esta noche?

– No. ¿Por qué?

– Ve a cenar a mi casa, trae a tu mujer y a tu hijo. Conocerás a mi hija y descubrirás cómo lidiar con tu hijo. Tenemos mucho que hablar.

– De acuerdo. Iremos. En cuanto a nuestro tema, volveré otro día. Siento que no estoy en condiciones de decidir nada hoy.

– Está bien. Pero llega antes de las ocho –. Después que él se fue, Antônio llamó a Nina:

– ¿Cómo está Gilda?

– Más tranquila. Sin embargo, no consigue hablar de otra cosa. María está muy asustada. Quiere pedirle permiso para traer un sacerdote para bendecir todo aquí.

– Entonces hablaré con ellos. No se preocupe, todo está bajo control. Temía que esto pasara. Marta me advirtió que por aquí circulaba el espíritu de Antônia y que tendríamos noticias de ella.

– ¡Entonces es verdad! Aunque leí en los libros que me prestó Marta que esto es posible, nunca pensé que pasaría aquí.

– Es natural. Desde que murió, hemos intentado ayudarla. Desafortunadamente, el suicida tarda en recuperarse. ¿Tienes compromisos para esta noche?

– No, señor.

– Me gustaría que vengas a cenar en mi casa. Invité al Dr. Mendes con su familia.

– ¿Fue para compensar un poco la confusión que presenció aquí?

– No. Fue porque tiene un hijo que necesita guía espiritual. Estoy seguro que podemos ayudarlo. Trae a Marcos, el hijo que tiene casi la misma edad que él.

– Está bien. Iremos. A Marcos le encanta ir a tu casa.

Después que Nina salió de la habitación, Anônio llamó a Mercedes, la puso al tanto de los eventos y le habló de la cena. Con todo combinado, reanudó su trabajo satisfecho. Observador de los hechos de la vida, siempre estudiando sus significados, estaba seguro que la aparición de Antônia exactamente en el momento en que Mendes estaba en su oficina era una forma de ayudarlo a comprender más sobre la espiritualidad y al mismo tiempo ayudar a su espíritu.

Esta genialidad de la vida, usando todos los eventos para lograr sus objetivos de desarrollo espiritual, mientras beneficiaba a todos los involucrados, le encantaba.

***

André salió de la oficina a las seis y media y no fue a su casa. Entró en un restaurante, se comió un sándwich, se tomó un refresco. Luego se subió a su auto y terminó cerca de la casa de Nina. Las luces estaban encendidas y desde donde estaba podía ver el carro dentro del garaje.

Quería tocar el timbre, pero se detuvo. Eran las siete y media cuando la criada abrió el portón, Nina y Marcos subieron al auto y salieron. André puso en marcha el carro y los siguió discretamente. ¿A dónde irían a esa hora?

Vio cuando ella se detuvo frente a la casa del Dr. Dantas, tocó el timbre, abrió la puerta y entró con el carro. Estaba pensando qué hacer cuando otro automóvil se acercó y se detuvo frente a la casa. De él descendieron una pareja y un niño.

André reconoció al Dr. Mendes y su familia. Eran muy amigos de sus padres. Cuando se construyó la mayor de sus fábricas, todo el material de construcción había sido suministrado por la compañía de su padre. ¿Eran amigos de Nina? Necesitaba averiguarlo. Quería saber todo lo relacionado con ella y su hijo. Tal vez encontrara una manera de hacerla cambiar de opinión a su respecto.

Allí permaneció más de una hora, pero al ver que no iban a salir, decidió irse a casa. En cuanto entró, encontró a Janete irritada:

– ¿Dónde estabas? Llamé al Dr. Olavo y él me dijo que no sabía dónde estabas.

– Salió de la oficina antes que yo. Ni siquiera podía saberlo.

– ¿Tendré que esperarte todas las noches para cenar? Los criados se irritan cuando no cenamos a tiempo. Todo el servicio de la casa está desorganizado.

– En ese caso, no tienes que esperarme para cenar. Cena a tiempo. Cuando no pueda llegar temprano, comeré fuera.

– No es esto lo que yo quiero. Tu eres mi esposo. Te quedas afuera todo el día. ¿Qué es lo que está pasando?

- No pasa nada. No tienes que molestar a tu padre con tus dudas, no me gusta que le pidas que me cuide. Puedo cuidarme perfectamente.

Janete lo miró indignada:

- Te ves diferente. Nunca me trataste así. Puedes estar seguro que averiguaré de qué se trata.

- Estoy cansado, trabajé duro, voy a descansar. No quiero hablar ahora.

Él subió y ella se quedó furiosa. Ciertamente había otra mujer. Solo podría ser eso. André estaba preocupado, abatido, distante. Decidió que al día siguiente hablaría con Andréia. Quizás ella sabía algo.

* * *

En la casa del Dr. Dantas, Nina fue recibida con el cariño habitual. Mientras hablaba con Mercedes sobre la aparición del espíritu de Antônia, Marcos se entretuvo con Marta. Ella tenía una manera encantadora de contar historias que el niño adoraba.

Cuando llegó Mendes con su esposa e hijo, Mercedes se levantó para recibirlos. Luego de hablar con los dueños de la casa, se acercó a Nina diciéndole:

- Esta es Altamira, mi esposa, y ese mi hijo Renato.

El niño se había acercado a Marcos y Marta y les hablaba animadamente.

- Encantado de conocerla, señora - dijo Nina -. Al parecer, nuestros hijos ya se han presentado a sí mismos.

- Estoy encantada. Renato no siempre es tan comunicativo.

- Seguro que ha sentido el carisma de Marta. Tiene una forma especial de tratar con los niños. Marcos la adora.

Mientras esperaban la cena, se entretuvieron hablando cuando de repente Renato salió al jardín casi corriendo. Marta y Marcos lo siguieron.

Altamira le lanzó una mirada de preocupación a su esposo, quien inmediatamente se puso de pie, haciendo un movimiento para seguirlos. Mercedes intervino:

– No se preocupe, Dr. Mendes. Marta se hará cargo de ellos.

– Es que... usted no lo sabe... – dijo Altamira –. Cuando hace eso, es porque está teniendo una crisis. Lo siento mucho. No creo que debiéramos haber venido.

– No visitamos a nadie con él. Como Dantas me dijo que podía ayudarlo, pensé que esto no iba a pasar aquí...

– Al contrario – respondió Antônio –. Aquí es el lugar donde debe pasar. Necesitamos evaluar mejor su caso.

– Creo que será mejor que vayas tras ellos – le pidió Altamira a su marido.

– No es necesario. Marta sabe qué hacer – dijo Mercedes.

Renato se había escondido detrás de un arbusto en el jardín. Marta se acercó diciendo:

– Puedes salir, Renato. Ya vi al chico.

– ¿Lo viste?

– Lo vi. Él es tu amigo y quiere hablar. Desde pequeños ustedes confían uno en el otro.

– Pero ahora ya no quiero. Mi mamá se pone nerviosa, me lleva al médico, mi papá se asusta. Ya basta de eso.

Marta se le acercó, lo tomó del brazo y lo arrastró hasta una banca diciendo:

– Sentémonos aquí y hablemos.

Marcos los miró con asombro. Renato le preguntó:

– ¿También lo viste?

– No.

Renato se volvió hacia Marta:

– Creo que lo estás diciendo solo para calmarme. No vio nada.

– No tengo la costumbre de mentir. Yo lo vi. Es delgado, cabello rizado, ojos marrones, usa pantalones marrones y una camisa azul. Es un chico bueno y guapo. Muy amigo tuyo. Dice que su nombre es Mário.

– ¡Lo viste! Es él.

– No tengas miedo. Es un espíritu bueno.

– Lo sé. Nosotros jugamos mucho. Pero mis padres piensan que es malo y sufren. Por eso ya no quiero hablar con él.

– No lo lograrás. Tienes el sexto sentido agudizado. Ve seres de otras dimensiones, como yo.

– ¡Caramba! ¿Tú también los ves?

– Así es.

– ¿Tus padres no están enojados contigo por esto?

– No, ellos creen en mí, saben que es verdad.

– Tú siempre viste a los espíritus, ¿no?

– Sí. Pero antes pensé que todos los estaban viendo.

– Solo los ven quienes tienen una mayor sensibilidad. Te lo explicaré mejor. El universo es infinito. En él hay muchos mundos, uno diferente al otro, y todos están habitados por espíritus creados por Dios para desarrollarse y aprender a vivir mejor. Por ejemplo, para vivir aquí, nuestro espíritu necesita llevar un cuerpo de carne y aprender a hacer las cosas aquí, caminar, comer, trabajar.

– Nacemos pequeños. ¿Nuestro espíritu es pequeño? – Preguntó Marcos.

– No. Nuestro espíritu es adulto. Hemos vivido en este mundo algunas veces. Es que nuestro espíritu tiene de un cuerpo muy maleable. Cuando hay que nacer aquí, es diminuto.

– ¿Por qué? – Preguntó Renato.

– Porque necesitamos tiempo para acostumbrarnos al cuerpo de carne, que es pesado, y también para aprender a conducirlo y manejar las cosas materiales. Por eso nacemos pequeños y crecemos con el tiempo.

– ¿Los ancianos también tienen este cuerpo maleable? – Preguntó Marcos.

– Todos los seres lo tienen. Es este cuerpo al que llamamos astral el que da forma al nuevo cuerpo en formación, de acuerdo con las necesidades de tu espíritu.

– ¿Quieres decir que volverán a ser niños? – Preguntó Renato.

– Así es.

– Entonces es por eso que yo ya me vi viejo y sabiendo de muchas cosas. A veces la profesora da una lección y n o solo sé lo que ella va a decir sino también las respuestas. ¡Dios mío!

– Yo también lo siento – exclamó Marcos, admirado.

– Es que ya han vivido aquí antes. Aunque no recuerdan con claridad, todo lo que vivieron se guarda en su inconscientes y les provoca estas sensaciones.

Renato estuvo pensativo por unos momentos, luego preguntó:

– ¿Quieres decir que los seguiré viendo?

– Sí.

Renato se pasó la mano por el cabello y consideró:

– No me gusta mentir. Pero mis padres no entienden.

– Voy a decirte un secreto: sus padres están empezando a creer –. Renato negó con la cabeza y dijo:

– Es difícil. Tendría que ocurrir un milagro.

– Bueno, ocurrió ese milagro. Te diré un secreto.

En pocas palabras Marta habló de lo que había pasado en la oficina y concluyó:

- Estoy segura que fueron tus amigos espirituales los que provocaron esto justo cuando tu padre estaba allí.

- ¡Caramba! Le pedí a Mário que no apareciera más y me dijo que tuviera paciencia, que me ayudarían. Tiene muchos amigos allí donde vive. A veces, cuando duermo, me lleva a ese lugar. Es muy hermoso.

- ¿Cómo te lleva? - Preguntó Marcos, sorprendido.

- Volando. Me abraza y salimos, atravesamos paredes, nos deslizamos por la ciudad. Siento mucha alegría cuando eso sucede.

- A veces sueño que estoy volando, pero nadie me viene a buscar. Hablo con gente que no conozco. Cuando despierto, recuerdo todo, pero luego me olvido - intervino Marcos.

- Tú también haces viajes astrales. Tu cuerpo se queda dormido y tu espíritu sale - aclaró Marta.

- Solo que no ves quién te está amparando.

- ¿Por qué?

- Quizás aun no estés listo. No todas las personas son iguales. Hay diferentes grados de sensibilidad.

- Creo que tendría miedo - dijo Marcos.

- No - respondió Renato -. Son personas como nosotros. De vez en cuando veo cosas feas, pero Mário me enseñó a orar y pronto desaparecen. Él dice que el mundo astral es lo mismo que aquí: hay gente buena y mala. Cada uno elige con quién quiere quedarse.

- Así es - dijo Marta, sonriendo -. Mário te ha dado instrucciones.

- ¿Me enseñarás a hacer esto? - Preguntó Marcos en serio -. A veces sueño con cosas malas y me despierto con miedo. Corro a la cama de mi madre, pero ya no puedo dormir.

La criada vino a avisar que se iba a servir la cena.

- ¡Qué lástima! - comentó Renato.

– ¡Quiero saber más! – Preguntó Marcos.

– Vamos a comer. Tenemos mucho tiempo para hablar.

Cuando entraron al comedor, todos se estaban acomodando a la mesa. Altamira, preocupada, los miró. A pesar de la conversación que había tenido con su esposo y de haber aceptado ir a esa cena, no le gustaba en absoluto esta historia espiritual. Siempre había oído que era peligroso tratar con eso. Renato era un niño. Ojalá no lo hubieran llevado allí para hablar de eso.

Pero los chicos estaban felices, con sus rostros relajados, lo que en parte la tranquilizó. Probablemente no lo habían mencionado. La cena transcurrió sin problemas. Luego, mientras los adultos iban a sentarse en la sala a tomar café y licor, Marta invitó a los chicos a subir a su habitación, donde tenía la intención de mostrarle unos libros.

Altamira miró a su esposo con preocupación, luego comentó:

– No se demoren. No podemos irnos tarde. Renato se despierta muy temprano para ir a la escuela.

Subieron y Mercedes se sentó en el sofá junto a Altamira, mientras los dos hombres se dirigían al otro lado de la sala. A Mendes le gustaba fumar y no quería molestar a las señoras.

Después de tomar café, Mercedes dijo:

– Me di cuenta que usted está preocupada acerca de la conversación que Marta está teniendo con su hijo.

– Y... de hecho, tal como está, no es que no confíe en tu hija, pero el caso de Renato es muy serio. Me temo que esta historia de espíritus le perturbe la cabeza aun más.

Mercedes la miró seriamente y respondió:

– Negar una verdadera experiencia que él tiene solo porque no puedes ver lo que él ve es lo que te puede molestar. ¿Nunca pensaste en eso?

– El doctor dice que es una fantasía y alimentar esta ilusión puede hacerle daño.

– ¿Nunca pensó que pudiera estar viendo seres que realmente existen, en un estado diferente al nuestro, que residen en otras dimensiones del universo?

– No creo que haya vida en otro lugar fuera de la Tierra. La ciencia nunca lo ha comprobado.

– Por ahora, ya que todavía no se tienen los instrumentos adecuados para registrar la que se produce en los mundos de diferente consistencia de energía, en la cual se mueven sus moléculas más rápidamente que nuestros instrumentos pueden registrar.

Altamira la miró con asombro.

– ¿De dónde sacó esa idea? ¿Cómo aceptar cosas que no tenemos cómo comprobar si son verdaderas?

– Porque muchas personas en todas las partes del mundo ven las mismas cosas, de la misma manera. La mediumnidad se ha manifestado en todas partes, con los mismos síntomas, independientemente de la religión, nacionalidad, creencias de cada uno. Luego están los científicos de indiscutible credibilidad que han investigado y probado que la vida continúa después de la muerte del cuerpo, que la muerte es solo un viaje, un cambio de lugar.

– No puedo creerlo. No estoy segura de aceptar una situación como esta, sin pruebas convincentes.

– Tengo algunos libros que me gustaría prestarte. Al leerlos, puedes encontrar las respuestas que estás buscando. Cuando Marta empezó a contar cosas que acabamos de ver, hablar con seres de otro mundo, mi marido y yo estábamos muy asustados. Hasta entonces, no teníamos ningún conocimiento de este tema. Por el contrario, educados en el catolicismo, nos fue difícil aceptar lo que estaba sucediendo. Como ningún médico pudo resolver esta situación, decidimos observar, tratar de entender por qué Marta tenía esta particularidad.

– Renato está en la misma situación. Los médicos no pueden curarlo.

– Una cosa era segura: Marta era una niña sana, feliz e inteligente. Con un desarrollo normal para su edad, incluso precoz en muchos sentidos.

– Igual que Renato.

– A veces, frente a ciertas personas, se ponía seria y decía cosas inusuales sobre ellos, sobre su vida. Hablaba a menudo, enviaba mensajes de sus familiares fallecidos, conmoviendo a todos con la verdad. Cuando le pedimos que explicara de dónde había sacado esas palabras, sonreía y decía que no sabía. Simplemente las palabras venían a su mente y su boca hablaba. Otras veces describía a la persona que le había dado el mensaje y, para nuestro asombro, el familiar lloraba de emoción, dando fe de la verdad del mensaje. ¿Cómo ponernos en duda ante tanta evidencia?

Altamira estaba emocionada. Mercedes había descrito exactamente el procedimiento de Renato. Ella estuvo pensativa por unos momentos, luego dijo:

– No sé qué decir o hacer. Renato ya no dice nada frente a nosotros, pero sé que continúa como antes.

– Él sabe que a ustedes no les gusta y no quiere disgustarlos. Ustedes necesitan saber que cuando la sensibilidad se abre, no hay manera de detener que se manifieste. Es un fenómeno natural que todos tenemos en mayor o menor grado. Tanto Marta como Renato tienen esta facultad altamente desarrollada. En el grado en que la tienen, se enfrentan a estos fenómenos de forma natural y se preguntan por qué la mayoría todavía no pueden sentirse como ellos.

– De hecho. Al principio preguntó por qué no estábamos viendo. ¿Quiere decir que seguirá así?

– Todo indica que sí.

– En ese caso, me quedo desanimada. No sé cómo lidiar con eso. Es difícil para mí.

– Tendrá que estudiar la materia para apoyarlo. Estoy segura que cuando Renato vea que usted entiende su manera de ser, tendrá tranquilidad para cumplir con su tarea en el mundo. Fortalecerá los lazos de amor que los unen.

– Tengo miedo de esta historia de cumplir su tarea en el mundo. Todo misionero sufre mucho.

– Cuando hablo de tarea, no me refiero a la religión. La mediumnidad es una capacidad del espíritu que todos tenemos. La diferencia es que nuestros hijos lo tienen en un alto grado de desarrollo.

– ¿Qué quieres decir entonces?

– Que toda persona nacida en el mundo trae un programa de desarrollo interior que es su responsabilidad llevar a cabo. Está aquí para aprender, desarrollar la conciencia y apropiarse de los potenciales que la vida le ha dado como herramienta para el progreso. Lograr la tarea es lograrlo. Abrir la sensibilidad le ayuda a comprender mejor la vida y los valores esenciales para el progreso que necesita realizar.

– ¿Quieres decir que hay un programa para nosotros en este mundo?

– Por supuesto. Sin él la vida no tiene sentido. Los valores éticos pierden la utilidad.

– De hecho. Cuando veo que los malos tienen suerte y los buenos se lastiman, me pregunto cuál es el beneficio de ser honesto.

– La conciencia tranquila es uno de ellos. Notará a los demás cuando descubra que la vida responde a todas sus actitudes, tarde o temprano, quien transgrede los valores eternos del espíritu recibirá la respuesta adecuada.

– ¿Crees eso?

– Estoy segura. Simplemente observe a la gente a nuestras espaldas. Si lo hace con atención, observa cómo sucede.

– He visto a la gente que hace veinte años actuaron mal, siguen actuando y tienen suerte.

– Cuanto más conocimiento tiene la persona, más rápido responde la vida. Esta respuesta tiene como objetivo educar, no para castigar. Este medio que se espera que la persona madure, progresando un poco más, esté en condiciones de aprovechar la lección. Debo aclarar que, con ciertas personas más resistentes, puede que no suceda en esta encarnación, sino en otras. A pesar de esto, si está atenta, encontrará muchos otros para demostrar lo que estoy diciendo.

– Lo que dices me hace creer que la vida tiene sabiduría y poder.

– ¡La vida es Dios en acción y Él puede hacer cualquier cosa! Si estás interesada, como dije, puedo prestarte algunos libros que te ayudarán a comprender mejor.

– Estoy interesada. Necesito comprender lo que está pasando al interior de mi casa, con mi hijo. Confieso que este tema me ha angustiado mucho.

– Entiendo, pero todo cambiará de ahora en adelante. Estoy segura de eso.

Sentada en un sillón junto a ellas, Nina hojeaba una revista. No quería ser indiscreta. Escuchó de lo que estaban hablando las dos, pero se abstuvo de dar una opinión. Se dio cuenta de la vergüenza de Altamira y pensó que no tenía suficientes conocimientos para participar en la conversación. Mercedes, volteándose hacia ella, dijo:

– Nina también necesitará estudiar más este tema.

– ¿Su hijo también tiene problemas? – Nina se apresuró a responder:

– No. Está muy bien.

- En ese caso...

- Él también tiene mucha sensibilidad. Pero por ahora aun no se ha manifestado - aclaró Mercedes.

- Marta ya me advirtió. De hecho, Marcos es sensible, intuitivo, eso es todo.

- ¿No tienes miedo?

- No. Está bien para él.

- En este caso, es bueno no tocar este tema con él, no vaya ser que se ponga como Renato.

- Ustedes no dijeron nada al respecto, lo que no impidió que su mediumnidad se manifestara - dijo Mercedes -. Sería bueno que todos los padres estudiaran los fenómenos espirituales. De esta manera, sabrían proteger a su familia de posibles invasiones por espíritus perturbadores.

Continuaron hablando hasta que Nina, mirando su reloj, se puso de pie:

- Es hora de irnos. Marcos se levanta temprano para ir a la escuela -. Altamira también se puso de pie:

- También tenemos que irnos.

Nina subió a llamarlos y bajó las escaleras. Estaban alegres y de buen humor, lo que tranquilizó a Altamira. Después que se fueron, Mercedes le dijo a su esposo:

- Ella es reacia -. Marta sonrió y dijo:

- Tendrá que ceder. Renato es un espíritu lúcido, vino a trabajar con los espíritus. Es consciente de ello y nada lo desanimará. Tendrán que aceptar.

- Mendes ya aceptó. Hablamos mucho y entendió perfectamente a su hijo. Yo le presté *"El Libro de los Espíritus."* Él está muy interesado. La esposa eventualmente se convencerá. Después de todo, la verdad tiene fuerza.

Marta sonrió y agregó:

– Yo tuve mucha suerte al nacer aquí con ustedes. Renato pasó por malos momentos.

– Somos nosotros los que tuvimos la suerte de tener una hija como tú –. dijo Mercedes, pasando el brazo por los hombros de la joven –. Ahora vamos a dormir, que es tarde –. Los tres, abrazados, se fueron a dormir.

Nina llegó a casa pensativa. Durante el camino de regreso, Marcos contaba animado la conversación que había tenido con Marta, demostrando estar muy interesado sobre las otras dimensiones del universo y la comunicación con los espíritus, no tenía duda que Renato decía la verdad y le gustaría poder ser como él.

A pesar de su convivencia con Marta, de respetar a la familia de su jefe y amigo, todavía no tenía total confianza en ellos. Marcos se fue a dormir. Nina fue a su dormitorio, se acostó, pero se sintió incómoda. De repente, una tristeza, una sensación de miedo la golpeó y encendió la luz de la lámpara, se levantó y fue a tomar agua en la cocina.

Quizás le impresionó esa conversación. Sería mejor no dejar que Marcos se involucre en ese asunto. Podría quedar sugestionado. Regresó al dormitorio y se acostó. Le vino a la mente el recuerdo de lo que había pasado en la oficina. ¿Antônia había estado realmente allí? ¿Gilda no habría tenido una alucinación? Recordó el día del suicidio, el funeral, la indiferencia de la tía de Antônia. ¿Por qué se habría suicidado? Nina quería dormir y decidió reaccionar. Necesitaba olvidar ese triste evento. Rezó por su alma y trató de pensar en otra cosa. Había un caso que necesitaría estudiar al día siguiente y recordó los detalles, los pasos que tendría que dar, hasta que, cansada, apagó la lámpara y finalmente se quedó dormida.

Soñó que caminaba por un pasillo oscuro, sentía el pecho pesado, la angustia y la misma tristeza que la había envuelto antes. Quería salir de ese lugar y buscaba la salida sin encontrarla. Finalmente llegó a un lugar oscuro donde las figuras pasaban junto a ella, haciéndola temblar de miedo. Angustiada, sintió que necesitaba salir de ese lugar. Fue cuando vio a una linda chica que la abrazó diciendo:

– Ven conmigo. Te llevaré de vuelta.

Nina se sintió tranquila, pero en ese instante vio a Antônia frente a ella, rostro pálido, ojos hundidos, extendiendo sus manos y gritando de angustia:

– ¡Nina, por favor ayúdame! ¡No puedo soportarlo más!

Nina se despertó al escuchar ese grito de dolor. Sobresaltada, se sentó en la cama, su corazón latía con fuerza, sus piernas temblaban. Se frotó la frente como si quisiera borrar esa imagen aterradora. Encendió la lámpara y se calmó gradualmente. ¿Qué podría haber pasado? ¿Había visto realmente el espíritu de Antônia o era una alucinación? ¿La escena en la oficina, la conversación en la casa de Mercedes, había desencadenado ese sueño?

Se levantó. Estaba con miedo de dormir y soñar de nuevo. Marta le había dicho que los suicidas no encuentran la paz. Era verdad ¿Estaba Antônia vagando por ese horrible lugar sufriendo por el gesto que hizo? Había pedido ayuda. ¿Qué podía hacer por ella? ¿Mandar a hacer una misa? Trató de pensar en otra cosa, tal vez todo fuera una ilusión. La habían impresionado los hechos de ese día. Pero el recuerdo del encuentro con Antônia no abandonó su mente. ¡Fue tan real!

Si fuera cierto, ¿por qué no habría ido a pedir ayuda a Marta o Mercedes? Ellos sabrían cómo ayudarla. A pesar del esfuerzo para olvidar y ser capaz de dormir, el día estaba amaneciendo cuando Nina, cansada, logró conciliar el sueño.

Tres horas después, cuando sonó la alarma, Nina tardó en despertar y tuvo que hacer un esfuerzo para levantarse. Pensó en Marcos. ¿Habría dormido bien?

Se vistió y fue a su habitación, pero él ya había bajado a desayunar. Lo encontró en el comedor.

– Entonces, hijo mío, ¿dormiste bien?

– Muy bien.

Parecía de buen humor y Nina se sentó a desayunar. Marcos continuó:

– Madre, Renato es como Marta. También ve los espíritus.

– Ya lo hablamos ayer.

– Su madre no entiende y su padre es igual. Por eso no les dice nada más. Cada vez que les decía lo que veía, lo llevaban al médico y la medicación, además de no funcionar, lo hacía sentirse mal.

– Este tema es delicado. Sería bueno si no piensas acerca de esas cosas demasiado.

– Marta dijo que tenemos que estudiar los fenómenos porque tanto él como yo tenemos mediumnidad. Me gusta mucho aprender cómo es esto. Yo no quiero tener pesadillas o involucrarme con los espíritus con problemas. Ellos mantienen reuniones una vez a la semana. Pedí participar.

– Deberías haberme pedido permiso a mí antes. Estas reuniones son para las personas de la familia.

– Ella dijo que ella ya te invitó a ir y que si vas puedo ir contigo –. Nina trató de contemporizar:

– Vamos a ver. Es hora que te vayas. No puedes llegar tarde a la escuela –. Después que se fue, Nina recordó el sueño y pensó:

– "Espaciaré mis visitas a Marta. Marcos necesita olvidar este asunto."

Llegó a la oficina y encontró a Gilda hablando por teléfono sobre lo que le había pasado el día anterior. Al verla entrar, terminó:

– Ya no puedo hablar. Es hora de trabajar. Pasa por mi casa por la noche y hablaremos mejor.

Nina se acercó y preguntó:

– ¿Estás más tranquila?

– Sí estoy. Pero esa noche casi ni dormí, no consigo olvidar como ella estaba.

– No deberías tomártelo tan en serio. Puede que haya sido una ilusión.

– No lo creo, Nina. ¡Era ella! Llevaba ese vestido igualito al del entierro. Ojos hundidos, delgada, pálida, extendiendo sus manos. Nina sintió un escalofrío. En su sueño ella estaba así.

– Ayer, cuando salí de aquí, fui a la iglesia a pedir una misa. Pero cuando el sacerdote se enteró que ella se había suicidado, dijo que no podía, que la iglesia no lo permitía. Yo estaba triste. Ella está sufriendo mucho, pidió ayuda. Pero solo podemos rezar, nada más.

– La oración es todo lo que podemos hacer.

– Mi amiga asiste a un Centro Espírita. Estaba hablando con ella. Dijo que me guiará. Yo había oído hablar que los espíritus aparecen a las personas, pero que nunca se había visto nada. Era la primera vez y casi me mata del susto. Nunca más quiero ver nada.

– Estás impresionada. Olvidémoslo.

– Es lo que más quiero. Pero la escena vuelve y tengo miedo. No volveré a entrar en ese baño. Usaré el del pasillo.

– Pongámonos a trabajar.

Nina fue a su sala, pero reconoció que su sueño también no le salía del pensamiento. Guardó el bolso y se sentó dispuesta a poner toda su atención en el trabajo.

Cuando entró en la oficina del Dr. Dantas, él levantó la mirada y la miró:

– Nina, estás abatida. ¿Ha pasado algo?

- No. Es que me costó dormir y, cuando lo logré, tuve una pesadilla.

- Debes haberte quedado impresionada con lo que pasó aquí ayer.

- Debe ser eso. Terminé soñando con Antônia.

- Ella aun no está bien. ¿Cómo fue ese sueño?

- Como dijiste, me impresionó. No fue nada más que eso.

- Dímelo de todos modos.

Nina le informó de todo y luego consideró:

- Ella debe estar rodeándonos en busca de ayuda. Debes haberla ido a buscar en tu sueño.

- Yo nunca haría eso.

- Cuando nuestro cuerpo duerme, nos liberamos y muchas veces vamos al astral en busca de personas. La manera como lo describiste, sí, fuiste, pero tuviste la ayuda de un espíritu asistente. Ellos nos ayudan en nuestros astrales viajes. El lugar que visitaste debe ser el lugar donde ella vive ahora.

- En ese caso, ¿cómo pudo venir aquí ayer?

- Debido a que el pensamiento que estaba aquí. Ella necesita ayuda y ustedes eran muy amigas. Me acuerdo que se llevaban bien.

- Así es. Hasta ahora me pregunto por qué ella no nos habló sobre sus problemas. Si lo hubiera hecho, habríamos evitado esta locura. Estoy segura de eso

- Pero no lo hizo. Marta dice que no son solamente los sufrimientos que provoca el suicidio los que atormentan. Hay algo más. Algo que ella quiere que hagamos.

- ¿Qué sería? Solo tenía esa tía con la que creo que nunca se llevó bien. Antônia era lo opuesto a ella. Si al menos había dejado una carta, cualquier pedido... Así no podremos hacer nada.

– Nos lo dirá ella misma cuando pueda.

– Oh, Dr. Antônio, yo preferiría que ella no hiciese eso, yo no quiero tener aquel sueño de nuevo –. Él sonrió y consideró:

– Huir no servirá de nada. Será mejor darle la oportunidad de comunicarse.

– Dices eso con tanta calma...

– Tienes que acostumbrarte, Nina. Este es un hecho que tarde o temprano tendrás que enfrentar.

– No pretendo profundizar en este tema. Puede parecer sencillo para ti, pero no para mí. Me siento insegura, nerviosa.

La miró con seriedad y no respondió de inmediato. Después de unos momentos consideró:

– La inseguridad pasará cuando hayas estudiado mejor. Enfrentar los miedos es mejor que ceder. Cuando llega el momento de aprender, la vida tiende a insistir.

– ¿Quieres decir que puedo volver a soñar con ella?

– Si el espíritu de Antônia quiere algo de nosotros hará todo lo posible por comunicarse.

– Ella no me necesita para eso. Le puede hablar perfectamente a Marta, que se distingue más que yo que no entiendo. Ella podrá ir a la reunión en su casa y aclarar todo.

– Resulta, Nina, que no funciona así. En todas las manifestaciones de los espíritus hay mensajes, los objetivos a alcanzar, que van mucho más allá de lo que nos parece a primera vista.

– ¿Cómo es eso?

– Si Antônia, en lugar de aparecer aquí para Gilda, hubiera ido a mi casa en una sesión regular, el Dr. Mendes no habría tomado conciencia del problema de su hijo. Era necesario que los hechos fueran como sucedieron no solo para que Renato pudiera ser ayudado, ya que se le podía alertar de este hecho y

Gilda descubrió que la vida continúa después de la muerte. A pesar que haya sido un susto para ustedes, la vida, al ayudar a Antônia, lo hizo con todos de nosotros, cada uno a su manera.

- De hecho, pensando así... Pero a pesar de eso, tengo mucho miedo. No es agradable pensar en la muerte o soñar con alguien en tal estado de sufrimiento.

- Piensa en cómo debe estar sufriendo el espíritu de Antônia.

- Pide ayuda y no podemos hacer nada. Esto es muy triste.

- Intenta pensar en ella, no como la viste en ese sueño, sino como era cuando estaba con nosotros. Recuerda los buenos momentos que pasaron juntas, imagina que sigue como estaba. Esto te ayudará, estoy seguro.

- De acuerdo. Tengo una foto que nos hicimos juntas. Voy a tratar de olvidar el sueño y pensar como era.

- Hazlo. Cada vez que recuerdes el sueño, echa un vistazo a la foto e imagina que ella está igual a la foto -. Nina fue a su oficina y buscó la foto. Recordó haberlo guardado en una carpeta con otros miembros de la empresa. Lo encontró y se sentó, arreglándola. Las tres sonreían: ella, Antônia y Gilda. Después de horas, las tres habían ido a un restaurante para celebrar el cumpleaños de Gilda.

En ese tiempo, Neide no les permitía ninguna celebración dentro de la empresa, incluso después de horas.

Nina recordó que fue después de una conversación en la sala con Neide que Antônia se encerró el cuarto de baño y puso fin a su vida, ¿de qué habrían hablado? ¿Qué habría sucedido para que se tomase esa medida desesperada? Siempre que pensaba en ello, lamentaba no haberla seguido. Nunca se imaginó que se iba a matar. Miró la foto y reconoció que a pesar que ese momento era de alegría, la sonrisa de Antônia era vaga y había mucha tristeza en sus ojos. De hecho, nunca hablaba de sí misma, de su vida o de su familia. Por primera vez, Nina comenzó a pensar que Antônia podría tener algún secreto, algo que se había quedado sin resolver y que le impedía seguir su camino en el otro mundo. Sintió un escalofrío y puso la foto de vuelta en el cajón. Todavía estaba muy impresionada con esa historia. Sería mejor olvidarlo y concentrarse en su trabajo.

Decidida, tomó una carpeta, la abrió y se sumergió en la lectura. Dos días después, André decidió pasar por la oficina y hablar con Nina. Quería hacer un intento más para resolver ese caso pacíficamente. En el vestíbulo del edificio fue informado que había salido y volvería en dos horas.

Dispuesto a esperar, André decidió ir a un restaurante cercano para el almuerzo. En los últimos tiempos, casi no iba a almorzar a casa. Evitaba la compañía de Janete, que cada día se volvía más suspicaz e insistente, haciéndole preguntas desagradables que no quería responder. El lugar estaba lleno y decidió esperar.

– ¿Cómo estás, André?

Se dio la vuelta y vio al Dr. Mendes sonriendo.

– Bien, ¿y usted?

– Bien. Te vi entrar. No hay lugar. Ven y siéntate con nosotros.

André aceptó con gusto y los acompañó. Sentado a la mesa estaba el Dr. Dantas, quien se puso de pie y lo saludó.

La conversación fluyó con naturalidad y Mendes le dijo que estaba procesando al socio. Intercambiaron ideas sobre el caso y fue Mendes quien planteó el asunto:

– Ya basta de hablar de ese desgraciado. Altamira no se conforma. Prefiero hablar de espiritualidad. ¿Sabías que estoy estudiando la materia?

André se sorprendió. Mendes siempre había sido un incrédulo. Sus padres le comentaron que parecía ateo.

– ¿Cómo pasó?

- Ocurrió en la oficina de Dantas. Es un maestro en este asunto.

En pocas palabras Mendes le contó todo. André estaba muy interesado. Además del deseo de saber más sobre Nina y su hijo, estaba el caso de Milena.

- Fue bueno saber eso, Dr. Dantas. Quizás puedas guiarme. Hace unos días hablé con Milena. Me asegura que es capaz de sentir lo que las personas piensan, sienten. Hay momentos en que no logra controlar las emociones y esto termina preocupando a la gente. Pensé en la telepatía. ¿Cree que es posible?

- La telepatía es un hecho probado. Pero el caso me parece que va más allá de eso.

- ¿A qué te refieres?

- Mediumnidad. ¿Has oído hablar de eso?

- Sí. Pero nunca imaginé que fuera su caso.

- Es lo que me parece. Pero para estar seguros, necesitaremos estudiar mejor, aprender más al respecto.

- Milena es tímida, inestable, pasa de la euforia a la depresión con facilidad. Mi madre no la descuida, la lleva al psiquiatra, pero no han logrado curarla. Hay temporadas que son un poco más estables, pero en otras empeora. Me confesó que lucha por controlar ciertas emociones, pero no puede. Simplemente hablando de cosas a regañadientes y termina en situaciones desagradables.

- Necesita ayuda espiritual y sobre todo comprensión. Sería bueno que estudiaran el tema para poder ayudarla.

- No será fácil con Andréia - dijo Mendes con seriedad.

- Sí - asintió André -. Mi madre no aceptaría esta posibilidad. Mi padre es más comprensivo. ¿Qué me aconseja, Dr. Dantas?

- Mi hija Marta tiene mucha sensibilidad. Ella ve, siente y escucha a los seres de otras dimensiones del universo. Me gustaría que vea a Milena. Ella podría, mejor que yo, orientar el caso.

– ¿Haría eso por nosotros?

– Por supuesto, André. Habla con Milena. Si ella quiere, pueden venir a tomar un té en casa. Tanto Mercedes como Marta estarán encantadas de recibirlos.

– Gracias, doctor. No sé si deberíamos aceptarlo. No quiero molestarlos.

– Sí, deberías – intervino Mendes –. Mi vida cambió después de la noche en que fuimos allá. Había otro niño, hijo de la Dra. Nina, Marcos, que también tiene sensibilidad. No como Renato, pero Marta dijo que él también es médium.

André se estremeció y Dantas se dio cuenta, pero no dijo nada. Sin notar la emoción de André, Mendes continuó:

– Marta es un encanto. Tiene el don de deleitar a todos. Los muchachos la adoran. Estoy seguro que ayudará a tu hermana.

– ¿Doña Altamira también ya aceptó que Renato es médium? – Mendes se rio afablemente:

– Ella lo está intentando. Luchando con la incredulidad. ¿Por qué nos resulta tan difícil aceptar la vida después de la muerte?

– Porque vivimos dentro de la materia, en un mundo donde todo parece tener un principio, un medio y un final. En el universo, todo es infinito – consideró Dantas.

– Me gustaría ayudar a Milena – dijo André –. Se aísla por miedo a ser incómoda. Cada vez que recibimos amigos, mi madre le hace tantas recomendaciones que termina por encerrarse en la habitación sin querer ver a nadie.

Dantas sacó una tarjeta de su bolsillo y se la entregó a André diciendo:

– Te invito a que vengas a mi casa a conversar. Aquí está el teléfono. Pídele a Milena que llame y hable con Marta. Si es por la noche, estaré en casa y tendré la mayor satisfacción de recibir a tus padres. André tomó la tarjeta, vaciló un poco y luego dijo:

– Agradezco la invitación, pero por ahora es mejor dejar fuera a mis padres. Iré con Milena.

– Como desees. Siento que Milena necesita ayuda, así que te aconsejo que vayas lo antes posible.

– Puedo ir esta noche, siempre y cuando no tengan otra cita.

– De acuerdo. Estaremos esperando.

Después de almorzar, André se despidió. Cuando salió del restaurante, no tuvo el valor de ir a la oficina a hablar con Nina. Pensó que quizás sería mejor acercarse al Dr. Dantas y su familia.

Nina los estimaba, frecuentaba su hogar. No tenía intención de hacerlo, sinceramente quería ayudar a Milena, pero la situación lo estaba favoreciendo y quizás esa era la mejor forma de una solución pacífica.

El Dr. Dantas regresó a la oficina preguntándose qué quería la vida al acercarlo a André, quien, además de trabajar para un competidor, tenía un romance complicado con Nina.

Ella era intransigente. De ninguna manera quería que André se acercara a Marcos. Pero ¿sería lo mejor?

André no tuvo hijos, ¿y esa cercanía no traería mayores problemas a su matrimonio? Por otro lado, ¿sería justo privar a Marcos de tener una relación con su padre?

Cuando Nina entró en su oficina, dijo:

– Hoy Mendes y yo almorzamos con André.

– ¿Fue a buscarte por mi culpa?

– No, fue ocasional. Fuimos a almorzar y estaba fuera de lugar. Mendes es muy cercano a su familia y lo invitó a nuestra mesa.

Nina suspiró aliviada. Antônio continuó:

- Mendes mencionó Renato y sus problemas espirituales, y André se interesó en la causa de su hermana. Milena ha tenido muchos problemas. Creo que es un caso de mediumnidad. Yo lo invité a llevarla a mi casa esta noche a hablar con Marta. Siento que ella puede ayudarle.

Al salir de la oficina de su jefe, Nina estabilizó el propósito de espaciar las visitas a Marta. No podría exponer a Marcos a un encuentro casual con André.

✻ ✻ ✻

Estaba oscureciendo cuando André fue a la casa de sus padres. Andréia, al verlo, se sorprendió:

- ¿Estás aquí a esta hora, pasó algo?

- Nada. Está todo bien. Quiero hablar con Milena.

André subió rápidamente a la habitación de su hermana, sin darle tiempo a Andréia para hacerle preguntas. La puerta estaba cerrada y André llamó a la puerta, llamando:

- Milena, abre, soy yo.

Ella abrió la puerta, él la abrazó y le preguntó:

- Cierra la puerta. Tenemos que hablar.

Se sentó junto a ella en el sofá y le contó sobre su conversación con Dantas.

- Vine a llevarte allí esta noche para hablar con Marta -. Milena vaciló:

- No lo sé... ¿Estás seguro que pueden ayudarme?

- Todo indica que sí. El Dr. Mendes garantiza que es la persona adecuada.

- ¿Cómo puede saberlo?

André relató el caso de Renato y concluyó:

- Él dijo que podía entender el problema de su hijo y todo mejoró.

- No sé si alguien me puede ayudar. La vida entera he sufrido y nunca nadie pudo.

- Pero deberíamos intentarlo. El Dr. Dantas es un hombre muy serio y muy respetado. Si él dice que puede ayudarnos, vamos a probarlo. No cuesta nada ir allí y hablar un poco.

Ella lo pensó, luego decidió:

- De acuerdo. Vamos.

- Iremos después de cenar. Vendré a buscarte.

- ¿Por qué no cenas aquí?

- De acuerdo. Llamaré a Janete.

Milena se colgó de su cuello y lo besó en la mejilla:

- Gracias por haberte interesado. Incluso si no obtengo nada, estoy feliz con tu interés.

- Vas a estar bien - dijo él -. Haré todo por ello -. Cuando bajó, Andréia lo estaba esperando con curiosidad.

- Voy a llamar a Janete y avisarle que voy a quedarme aquí a cenar. ¿Papá no ha llegado todavía?

- Debe estar llegando. ¿Por qué no invitas a Janete a venir también?

- Porque no estaré aquí mucho tiempo. Después de la cena, salgo con Milena.

- ¿Con Milena? ¿A dónde van?

- Visitar a uno de mis amigos.

- ¿Por qué es eso? ¿Qué están tratando de hacer?

- Milena necesita reaccionar, relacionarse. Es joven, no puede estar encerrada en casa.

- Ella no sale porque no quiere. De hecho, vivo diciendo eso. ¿Quiénes son estos amigos?

- Un abogado que tiene una hija de su edad.

- No tienes que hacer eso. Te vas a aburrir. Ella te hará pasar la vergüenza habitual y te sentirás mal. Sería mejor que no vayan.

- Estás prejuzgándola. No hagas eso.

- Si hubieras soportado lo que ya soporté con ella, no dirías eso. Sé que es impredecible –. Milena estaba en la puerta y dijo nerviosa:

- Será mejor que no vayamos. No quiero avergonzarte.

André le dio a Andréia una mirada irritada y abrazó a Milena, cuyos ojos estaban llenos de lágrimas.

- Nada de eso. Vamos. Haremos lo mejor. ¿Estás lista? – Ella asintió.

- En ese caso, vámonos. Cenaremos en un restaurante. Conozco un lugar muy bueno. Te gustará.

Antes que Andréia saliera de la sorpresa, se llevó de la mano a Milena y la llevó lejos. En el auto, comentó:

- No te puedes dejar impresionar con lo que dice mamá. Ella no entiende nada de lo que pasa contigo.

- Resulta que realmente yo le he creado muchos problemas. Sabes como es. A mamá le gusta que todo sea perfecto. Nunca podré hacer las cosas como ella quiere. A veces incluso lo intento, pero de repente, hago todo al revés.

- Cambiemos de tema, cenemos en un lugar agradable y luego visitaremos a Marta. Todo saldrá bien.

Tan pronto como André se fue, Andréia llamó a Janete para contarle la noticia.

- Salió con ella y fue a un restaurante. ¿Crees eso?

- Yo digo que André está diferente. ¿Qué será lo que le dio? Nunca estuvo interesado en los problemas de su hermana.

- Es realmente extraño. ¿No te dijo nada al respecto?

- Nada. De hecho, últimamente, casi no conversa conmigo. Llegué a pensar que había otra mujer. Pero luego de lo que dijiste, comienzo a creer que está con un problema nervioso. Ha cambiado mucho. No tiene el mismo aspecto que antes. Quizás sea bueno hablar con el Dr. Romeo y sugerirle a André que busque atención médica para tratarse.

– ¿De verdad crees que lo necesita?

– No tengo otra explicación. Está muy nervioso, cambió de actitud conmigo, no se queda en casa, cuando está encerrado en su habitación y no habla. Le está pasando algo muy grave.

– Hablaré con Romeo. Veamos.

– Hazlo.

André y Milena, sentados en el restaurante, estaban hablando. Excitada por el interés de su hermano, que escuchaba con atención, ella habló de sus sentimientos, los pensamientos que se arremolinaban a su mente, las emociones inexplicables que a menudo no podía controlar.

A medida que ella estaba hablando, André parecía estar viéndola por primera vez. De la sorpresa que ella sentía cuando una frase que dijera sin pensar terminaba sucediendo, el miedo, la inseguridad que estos hechos le provocaban.

– Es la primera vez que le digo eso a alguien. Debes estar pensando que soy una desequilibrada. Incluso creo que lo soy. Pero a pesar de eso, hay momentos en los que siento una claridad, una lucidez dentro de mí, una certeza muy grande que todo esto tiene una función y algún día descubriré cuál. En ese momento siento mucha paz y la sensación que todo está bien.

– Es sorprendente. El Dr. Dantas me dijo que Marta nos puede ayudar a entender este proceso.

– No veo la hora que vayamos hasta allí –. André miró su reloj y respondió:

– Es hora de irse. Pidamos la factura.

Media hora después llegaron a la casa de Dantas, quien los recibió con alegría. Poco antes, Antônio había hablado con Mercedes sobre la visita de André y concluyó:

– Me pregunto por qué la vida nos acercó a André.

– Nosotros nos conocemos hace tantos años y nunca pasamos de los saludos formales.

– ¿Qué te sorprende? La vida tiene su propio mecanismo. Si nos acercó a ellos, debe querer algo de nosotros. Estemos atentos, hagamos nuestro mejor esfuerzo. Siento que esta chica necesita ayuda espiritual.

– Pero ¿qué dirá Nina cuando lo sepa? Ella está todavía muy herida por André.

– Hagamos nuestra parte y Dios hará lo mejor.

Al verlos entrar, Mercedes se levantó para saludarlos, invitándolos a sentarse. Marta la siguió. Saludó a André, abrazó a Milena con cariño.

– Me alegro que hayas venido – dijo sonriendo –. Es más que necesario que cuidemos de tu sensibilidad.

Luego Marta describió con naturalidad todo lo que sentía Milena, repitiendo, casi con las mismas palabras, lo que le había dicho a su hermano en el restaurante hacía media hora.

André miró con sorpresa, y Milena, con la mirada emocionada, sintió que su cuerpo temblaba. Marta tomó su mano y dijo:

– Siéntate. No te preocupes. Nada va a suceder. Cierra los ojos y relájate.

Milena obedeció y empezó a llorar. Un llanto sincero, reprimido durante mucho tiempo. André quiso interferir, pero Antônio le indicó que no lo hiciera.

Marta levantó las manos y preguntó:

– Vamos a orar en nuestro corazón, en silencio.

Luego colocó sus manos sobre la cabeza de Milena, sin tocarla por unos momentos, rezando en silencio. Luego comenzó a pasarlos por su cuerpo, como si estuviera sacando algo y tirándolo. Finalmente, volvió a levantar las manos, pasándolas de la frente a los pies, repitiéndolo varias veces.

Milena había dejado de llorar, solo su cuerpo se estremecía de vez en cuando. Marta la miró y preguntó:

– ¿Cómo te sientes?

– Aliviada. Parece que me has quitado un gran peso.

André, que había sido incapaz de rezar, preocupado sobre los acontecimientos, no sabía qué decir. Sintió que algo serio había sucedido allí, pero no se atrevió a preguntar. Milena continuó:

– Estoy avergonzada. No logré contener las lágrimas. Es la primera vez que vengo aquí. Por favor, discúlpenme.

Mercedes se acercó:

– No te sientas avergonzada. Fue bueno haber llorado. Debes haber estado viviendo bajo estrés por largo tiempo y era necesario desechar esa energía reprimida. Por eso sentiste alivio.

– Fue una limpieza energética – dijo Marta sonriendo –. Mis amigos espirituales han limpiado tu aura y te han revitalizado. Te sentirás muy bien.

– Me siento bien. Hay momentos en los que me pongo así, pero luego todo vuelve. ¿Pueden tus amigos curarme?

– No estás enferma – respondió Marta sonriendo –. Te acaban de echar una mano para que aprendas a lidiar mejor con tu sensibilidad.

– ¿Quieres decir que mi vida siempre será así, con altibajos?

– Quiere decir que tienes mediumnidad y necesitas aprender a lidiar con ella.

– ¿Qué es la mediumnidad?

– Y una facultad natural que todo el mundo tiene, en mayor o menor grado, y que te permite ver, sentir lo que pasa más allá de los cinco sentidos físicos, penetrar otras dimensiones del universo, registrando lo que les pasa a quienes viven en estos mundos, especialmente los que han vivido aquí.

– ¿Es por esto que siento y veo cosas y personas que nadie ve?

– Sí. Tienes más desarrollado el sexto sentido. Significa que tú, además de no estar enferma, estás más dotada que la mayoría de la gente. Tú puedes percibir lo que ellos no pueden.

– Pero no quiero. He sufrido mucho por eso.

– Has sufrido debido a que no sabes cómo a lidiar con lo que sientes. Pero en la medida que estudies, conozcas las leyes que rigen la vida, sabrás cuidar mejor tu sensibilidad. Desarrollarás la intuición, sabrás elegir mejor tu camino y podrás esclarecer a quienes están despertando a la espiritualidad.

– Pero seguiré viendo cosas desagradables con la gente.

– Ciertamente. Pero sabrás que cada uno vive su propio proceso de madurez y con el tiempo descubrirán que la vida hace todo bien.

– Muchas veces tuve ganas de advertir a la gente sobre los peligros que los rodean, pero no tuve el valor de hacerlo. Después pasan cosas malas con ellos y yo misma me arrepiento.

– En estos casos es necesario usar el sentido común. No les puedes contar a las personas todo lo que vemos en ellos. Pueden impresionarse y ser más vulnerables. El arte de ayudar es muy difícil.

– Entonces, ¿por qué nos muestran que pasará algo malo?

– Son raros los casos en los que podemos intervenir directamente. Casi siempre, nos son mostrados para que podamos ayudar orando y envío sobre los involucrados con energía positiva. Cuando se acerca un momento de dolor, en la mayoría de los casos, es en circunstancias que la tornan inevitable. Pero nuestras energías fortalecerán a los involucrados a que soporten con más valor esos momentos y no se desmoronen en la depresión, aumentando el sufrimiento.

– He visto cosas muy tristes con ciertas personas. Algunos están rodeados de figuras espantosas y eso me enferma mucho.

– Lo sé. Es bueno saber que no existen las víctimas. Cada uno atrae en su vida las personas con las que sintoniza con su manera de ser. Es así en nuestra sociedad. En la escuela me pude dar cuenta de eso. Entre los estudiantes, los grupos están formados entre los que tenían las mismas preferencias.

Milena sonrió:

– Es cierto. Pero nunca me uní a ningún grupo. Mis amistades eran simplemente sociales. Nunca tuve un amigo cercano. No creo que hubiera nadie como yo.

– ¿Cómo puedes saberlo? En estos asuntos, la gente tiene miedo de hablar. El prejuicio sigue siendo grande. Estoy segura que nunca le dijiste a nadie cómo te sentías.

– Es cierto. Yo tenía miedo de ser ridiculizada. Hice el mayor esfuerzo para que nadie se diera cuenta de lo que estaba sintiendo. Yo tenía terror de ir a la escuela por lo mismo.

Marta pasó una mano por el cabello de Milena diciendo seriamente:

– Es hora que te deshagas de esos miedos y descubras cómo puedes usar este conocimiento para mejorar tu vida y ser más feliz.

– ¿Crees que algún día aprenderé? – Marta sonrió y consideró:

– Hay un joven alto, moreno, ojos de color de miel, que llevaba una camisa de color verde brillante y pantalones marrones, que me está diciendo que depende totalmente de ti. Ha tratado de decirte muchas cosas, pero no le crees.

Milena se puso de pie asombrada:

– Es verdad, él se ha aparecido, tratado de hablar, pero yo no le doy una oportunidad. Entonces no es algo en mi cabeza, ¡es verdad que existe!

– ¡Por supuesto que existe! Dice que quiere ayudarte. Tu vida cambiará mucho a partir de ahora. Tu mayor fortaleza radica en ser verdadera.

Marta se acercó a André, lo miró fijamente, aunque sus ojos estaban sin expresión, y continuó:

– Ten paciencia. Tu arrepentimiento no traerá el pasado de vuelta. No entres en la rebeldía, no dejes que el orgullo dicte tus acciones. Para lograr lo que deseas, tendrás que actuar con el corazón. Solo lo bueno atrae lo bueno. Recuerda esto.

Marta se sentó y dijo con naturalidad:

– Mamá, ¿me puedes traer un café?

Mercedes salió de la habitación y se hizo el silencio. André, sorprendido, no supo qué decir. Las palabras de Marta, pronunciadas con una voz firme y más gruesa que de costumbre, su conversación con Milena, lo impresionaron mucho. Miró a Marta y preguntó:

– ¿Qué fue lo que dijiste? – Ella lo miró sonriendo:

– ¿Dije algo?

– Sí, lo dijiste...

– No lo recuerdo –. Antônio intervino:

– Cuando alguien habla a través de ella, como ahora, casi siempre, poco después ella se olvida.

Mercedes regresó con una taza de café y se la entregó a Milena. La criada más atrás sirvió a los demás colocando una bandeja de galletas en la mesa al alcance de la mano.

Marta tomó el café, mientras que Milena no quiso. Tenía muchas ganas de seguir conversando, quería saber más.

– Siento que hay muchas preguntas en tu cabeza. Vayamos a la biblioteca. Quiero mostrarte un libro.

Después de salir de la habitación, André consideró:

— No es solo ella quien tiene preguntas que hacer. Lo que pasó aquí hoy me desconcertó. Cuando estábamos llegando a aquí, Milena me dijo de sus dudas, los problemas que toda la vida ha enfrentado. Marta repitió todo, en algunos momentos incluso con las mismas palabras, dio algunas respuestas. Parece que escuchó nuestra conversación.

— Ella no, pero ciertamente el espíritu que los acompañaba escuchó e inspiró sus palabras.

— Es increíble...

— Pero todo es natural. Para comenzar el estudio de estos hechos, es necesario que sepas sobre la supervivencia del espíritu después de la muerte del cuerpo, el hecho que el espíritu vaya a vivir en otro mundo donde tiene una vida social, la reencarnación, la comunicación de los espíritus son fenómenos de la naturaleza. Nada es sobrenatural. El hecho que muchos no se den cuenta de esta realidad no significa que no exista. Solo aquellos que desarrollan más sensibilidad registran estos hechos. Nuestros amigos espirituales dicen que con el tiempo todos tendremos esta sensibilidad. El sexto sentido es un regalo del ser humano que se manifiesta de acuerdo con el momento de la evolución de cada uno.

— Si todo esto es parte de la vida, ¿por qué la ciencia todavía no lo admite?

— La ciencia quiere registrar elementos sutiles a través de dispositivos inapropiados. Sin embargo, cuando consigas mejorar estos equipos, obtendrás todas las pruebas. Luego, crearán una nomenclatura sofisticada para ello y lucharán por la paternidad del descubrimiento. Pero eso no importa. La vida puede eliminar los abusos. Sabes que hoy la ciencia humana se ha desarrollado rápidamente. Ya hay quienes han recibido mensajes de personas asesinadas en grabadoras, y en Italia hay un investigador que busca tomar contacto con quienes han dejado el mundo a través de un dispositivo de televisión. Tuvo la apariencia de su hija muerta, y tengo esta investigación. Puedo mostrártela.

– No sabía nada de eso. Este es un estudio serio.

– En serio. Cuando estos hechos se prueben definitivamente, nuestra sociedad se transformará.

– Ciertamente. La muerte perderá su trágico significado.

– La violencia desaparecerá. El crimen mostrará sus inconvenientes.

– ¿Cómo es eso?

– Sabiendo que, a pesar de matar el cuerpo, la persona sigue viviendo en otro lugar y que incluso puede querer vengarse, perseguir a su asesino, interferir en su vida, el hombre pensará mejor y buscará una solución menos drástica para resolver sus diferencias.

– Estoy perplejo. ¿Quién murió puede incluso interferir en la vida de las personas?

– Tanto para proteger como para molestar. Depende de las actitudes de cada uno.

– ¿Incluso cuando esa persona no es muy sensible?

– Aun así. Claro que los médiums registran con más facilidad estas presencias. Como otros que son juzgados inmunes a estas influencias, o incluso que no creen en ellos, registran cada uno a su manera la energía de los espíritus a los rodean. Hay aquellos que sienten los síntomas de la enfermedad, el dolor, las enfermedades, viven en consultorios médicos sin que ellos sean capaces de diagnosticar la causa, se convierten en hipocondríacos. Hay quienes tienen pesadillas, insomnio, malestar, pensamientos negativos, se encierran en el miedo, terminan deprimidos e insatisfechos.

– ¿Pueden intervenir en la vida de las personas a ese nivel?

– Invaden el aura, que es la energía que irradia cada persona, y sobre ella proyectan sus pensamientos. Por supuesto, cada pensamiento emitido tiene la energía equivalente. Si el receptor piensa que este pensamiento es suyo, estás aceptando esa influencia.

– ¿Eso es suficiente?

– Sí. Hay momentos en los que pasan por nuestra cabeza los pensamientos más extraños. Sugerencias desagradables, miedos, que provocan inseguridad, depresión. En esos momentos, es necesario reaccionar, no alimentarlos. Esta es la forma de evitar que los espíritus desequilibrados interfieran en nuestra vida.

– ¿Es por eso que Milena tiene tanta inestabilidad emocional?

– Por supuesto. Además de sentir, ve a la gente, escucha lo que dicen. Para aquellos que no conocen la espiritualidad, puede ser aterrador. Pero a medida que aprenda las leyes de la influencia, sin duda podrá manejar bien su sensibilidad.

– Es lo que más quiero. Ella no disfrutó de su adolescencia o juventud. Quiero estudiar todo esto y ayudarla a superarlo.

André vaciló un poco, luego continuó:

– Hay otra cuestión personal que me gustaría escuchar su opinión. Mercedes se puso de pie diciendo:

– Disculpe, hablaré un rato con las chicas.

Salió de la sala y André se quedó en silencio unos segundos pensativo. Entonces dijo:

– Lo que pasó aquí esta noche me conmovió mucho. Confieso que el deseo de ayudar a Milena llegó en el momento en que me di cuenta que había estado ausente en relación a ella. Nunca traté de entender lo que ella sentía, o darle el afecto que se merece. Estoy arrepentido.

– El apoyo que le estás dando es muy importante. No sabías lo que estaba pasando. Estoy seguro que tus padres tampoco tienen idea.

– No creen nada de esto. Voy a hablar con ellos, pero no sé si podré convencerlos.

– No te preocupes de ellos por ahora. La vida tiene medios para cuidar de ella mejor que nosotros. Intenta apoyarla y estudiar mejor el tema. Nosotros confiamos en la vida. Todo tiene su momento.

– Sí. De hecho. Apoyar a Milena, escucharla, tratando de hacer alguna cosa ha me hecho muy bien. Sin embargo, hay otro caso que me preocupa. Es sobre esto que me gustaría escuchar tu opinión.

– Dime.

– Es sobre Nina. ¿Te dijo que nos conocemos desde hace muchos años?

– Sí. Después que viniste en nuestra oficina de ella me contó todo. Hasta entonces, yo no sabía nada.

André se pasó la mano por el pelo y suspiró con tristeza:

– Este es el peor remordimiento que me atormenta. Siento mucho lo que hice. En primer lugar, porque Nina fue el gran amor de mi vida, además, porque me dejé llevar por la ambición de mi madre y tuve un matrimonio por conveniencia. Mi matrimonio fue un error. Mi esposa es muy diferente a mí, nunca fui feliz a su lado. Además, tiene horror a los niños y, aunque no dice abiertamente que no quiere hijos, hace todo lo posible para evitarlos.

André hizo una pausa y, al ver que Antônio lo escuchaba con atención, prosiguió:

– Me casé con Janete pensando que Nina me quería tanto que, a pesar del matrimonio, nuestra relación continuaría. No tenía la intención de dejarla. Cuando regresé de la luna de miel, descubrí lo equivocado que estaba. Hoy me avergüenzo de esa actitud. Nina desapareció de mi vida sin dejar rastro. Desde ese día nunca dejé de buscarla. Imaginaba que ella, viéndose abandonada, se habría librado del embarazo. Hace apenas unos días, cuando ganó el caso, descubrí su paradero y la existencia de Marcos.

– Es un chico muy inteligente y guapo.

– Fui a verlo a escondidas a la salida de la escuela, Nina no me perdona de ninguna manera. Ella ahora es muy diferente a la Nina que conocí. Ella era una chica dulce, alegre y cariñosa. Se convirtió en una mujer fría, vengativa y dura.

– El miedo al sufrimiento crea un escudo de defensa. Nina es una mujer muy valiente, sabe lo que quiere. Educa muy bien a su hijo.

– Ella no quiere que me acerque a él. A pesar de lo que hice, Marcos es mi hijo, no puede evitar que esté con él. Nunca lo aceptaré. Estoy arrepentido. ¿Por qué me niega el derecho a corregir mi error y aliviar la conciencia?

André guardó silencio tratando de evitar que las lágrimas corrieran por su rostro. No lo consiguió.

– ¿Qué quieres hacer?

– Reconocer la paternidad. Darle mi apellido y ser un buen padre. Es lo que puedo hacer ahora.

– ¿Has pensado en las implicaciones legales para tu familia?

– Sí. Pero no me importa. Estoy dispuesto a afrontar todos los obstáculos. Me conmueve cuando pienso en mi hijo. Es un sentimiento fuerte que llora dentro de mí. Nina no tiene el derecho de impedir que yo esté con él, lo ayude a crecer y ser feliz.

– Estás herido por Nina. Pero trata de comprender. Ella fue herida en sus sentimientos. Fue traicionada, abandonada en un momento en que más necesitaba tu apoyo. No te estoy juzgando. No tengo esa competencia. Entiendo que cuando somos jóvenes no sabemos cómo lidiar bien con nuestros sentimientos. Solo quiero que entiendas sus razones.

- Yo sé que la herí mucho, pero estoy arrepentido y dispuesto a corregir mi error.

- Pero no tienes como. Para reconocer a su hijo tendrás que pelear con tu familia. Quizás Nina no quiera pasar por esta situación.

- Ella me odia. Quiere vengarse. Está usando a Marcos para eso.

- No seas injusto. Nina es una mujer valiente, admirable, crio a su hijo sola, trabajó, estudió, es una ganadora. La admiro y la respeto mucho.

- Estoy desesperado. Desde que la encontré, no puedo dormir, trabajar, no tengo paz.

- Recuerda las palabras de Marta. No entres en la rebeldía. "No dejes que el orgullo dicte tus acciones." Cálmate. Si quieres acercarte a Marcos, debes tener paciencia, saber esperar. A pesar de lo que dices acerca de Nina, yo digo que ella continúa siendo dulce y bondadosa.

- ¿Cómo puede estar tan seguro? Cuando me habla, noto el brillo de odio en sus ojos.

- También estás sorprendido con el descubrimiento. Trata de calmarte. No hagas nada de lo que puedas arrepentirte más tarde. Marcos es tu hijo y este hecho es muy fuerte. Si deseas corregir tu error el primer paso es comprender. Las mujeres son más sensibles que nosotros, les dan mucha importancia a los sentimientos. Ella te amaba mucho, se entregó a ti con toda la fuerza de su afecto. Tu actitud la hirió profundamente. Conozco a Nina, tiene un sentido ético muy activo. Tu error fue pensar que ella podría aceptar ser tu amante después que te casaste.

- Lo reconozco. Estoy arrepentido. Pero ella me niega el derecho a corregir mi error.

— Durante años luchó por criar a su hijo sin un padre. ¿Te imaginas el esfuerzo que tuvo que hacer? ¿Los tiempos difíciles que tuvo que soportar?

— Si me hubiera buscado, yo la habría ayudado. No tendría que sufrir nada de eso.

— Ella misma me dijo que aceptó la separación y trató de dejar el camino libre. Creo que, dadas las circunstancias, fue lo mejor que pudo hacer. De hecho, la admiro por eso. Eres un hombre rico. Otras te habrían molestado, reclamado, buscado para tomar ventaja. Fue noble de su parte.

— Eso aumenta mi remordimiento y me hace sentirme más sinvergüenza.

— De hecho, debo decir que Nina, después que se separó de ti, nunca tuvo a nadie más. Ya sabes cómo es, una mujer joven, guapa, culta como ella es muy acosada. Conozco algunos que daría todo para que los acepte. Pero Nina ha cerrado su corazón y piensa solo en su hijo y en el trabajo.

André suspiró inquieto y respondió:

— Pero lo peor es que todavía la quiero mucho. En todos estos años nunca he dejado de amarla. Si ella me quisiera, dejaría todo. Una palabra de ella sería suficiente.

Antônio lo miró con seriedad y se arriesgó:

— ¿Será que no estás diciendo esto simplemente porque ella se ha convertido en una conquista difícil o porque tu matrimonio no está siendo satisfactorio?

André negó con la cabeza vigorosamente:

— No. Claro que no, después de perderla, pude evaluar cuánto la amaba. Pero la he estado buscando desde entonces. ¿Cuántas veces me pareció verla en otras mujeres y cuando me acerqué me di cuenta que estaba equivocado? Si ella sufrió, yo también sufrí. Pagué caro mi error. Pero un matrimonio insatisfactorio ¿no es suficiente un castigo?

— Podría ser. Pero fue tu elección.

– No sé qué hacer. Estoy inquieto, triste, sin rumbo.

– En este caso no hagas nada. Es arriesgado tomar cualquier decisión en este estado. Cálmate. Deja que el polvo se asiente. Mientras tanto, Nina pensará mejor.

– Perdón por el arrebato. Y que esta noche todo me parece diferente. Yo no podría explicarlo.

– Cuando la espiritualidad toca nuestra alma, todo cambia. Y debemos recordar que no estamos solos. A nuestro alrededor hay espíritus amigos, dispuestos a ayudarnos a encontrar un camino mejor. Yo acostumbro conversar con ellos, agradecer su apoyo y pedir ayuda. Sé que nunca señalan lo que debo hacer porque no interfieren con mi libre albedrío, pero me inspiran buenos pensamientos, aclaran mis ideas y así puedo decidir mejor.

– A pesar de mis errores, ¿me escucharán?

– Nunca juzgan ni critican a nadie. Solo aclaran. Prueba y verás.

– Es lo que haré.

Mercedes entró en la habitación con las dos chicas y André se puso de pie diciendo:

– Hora de irse.

– ¿Ya? – Preguntó Milena.

– Es tarde. No debemos abusar.

– Pónganse a gusto – intervino Mercedes sonriendo.

– Disculpe – dijo Milena –. André tiene razón, y nunca me sentí tan bien en un lugar –. Marta tomó la mano de Milena diciendo:

– ¿Por qué estás con tanta prisa? Ahora que encontré una amiga, no quiero que se vaya.

– Me alegro por ustedes – dijo Mercedes. Y volviéndose hacia André concluyó:

– De hecho, Marta nunca tuvo una amiga cercana. Estoy feliz que ellas se hayan encontrado.

– Gracias por decirme eso – dijo Milena.

– Volveremos otro día – dijo André –. Ahora tenemos que irnos.

Se despidieron cariñosamente y después que los dos se fueron Marta comentó:

– Milena no recuerda, pero fuimos amigas hace mucho tiempo. ¡Cómo es bueno tenerla a mi lado! – Cuando se encontró sola con su esposo, Mercedes dijo:

– Marta está feliz. ¿André habló de Nina?

– Sí. Te lo contaré todo.

Después de escuchar la narrativa de su esposo, Mercedes concluyó:

– A pesar de lo que nos contó Nina, André no parece ser malo. De hecho, muestra buenos sentimientos. Cuando se involucró por primera vez con Nina, era muy joven. Después, estuvo bajo la influencia de Andréia, y ya sabes cómo es ella.

– Por otro lado, Nina nunca pudo aceptar lo que le propuso.

– Estoy de acuerdo. Pero creo que si hubiera sabido la verdad habría asumidos a su hijo –. Mercedes estuvo pensativa por unos momentos, luego dijo:

– Nina se entregó a él por amor. Este hijo representó un premio para ella. El hecho que André sugiriera el aborto la lastimó mucho y significaba que no la amaba como pensaba. Por eso no cree en su arrepentimiento.

– En cierto modo tiene razón. Pero André es el padre de Marcos. Esta verdad no se puede negar. Tiene derecho al niño.

– Derecho legal, quieres decir. No podemos olvidar que hay leyes. Garantiza que reconocerá al niño y está protegido por la ley.

- ¿Realmente hará eso?

- Garantiza que lo hará. Le aconsejé que tuviera paciencia, que intentara resolverlo de manera amistosa. Janete hará un escándalo cuando se entere.

- Andréia también. Las dos se unirán contra Nina.

- Tenemos que depender de la ayuda espiritual. Después de tantos años se volvieron a encontrar y me sigo preguntando, ¿qué será lo que la vida pretende con eso?

- Solo Dios lo sabe. Vamos a orar por ellos y confiar en la sabiduría de la vida.

* * *

A partir de esa noche, Milena y André comenzaron a asistir a las reuniones espíritas en la casa del Dr. Dantas todos los miércoles. En esos días, a última hora de la tarde, André pasó por la casa de sus padres y se fue con Milena, solo para regresar después de la medianoche.

No habían dicho nada a sus padres, y Andréia, desconcertada, apenas se fueron, llamó a Janete:

- ¿Qué está pasando? ¿André te dijo a dónde va?

- Ni una palabra. Cuando le pregunto, él dice que Milena es joven y que tiene que pasear un poco.

- ¡Hay algo! Nunca se preocupó por las depresiones de Milena. Lo extraño es que solo salen los miércoles a las siete y media.

- De hecho, es extraño.

- Él viene, sube al cuarto de Milena y se quedan horas conversando. Cuando yo entro, ellos se detienen.

- Si no fuera por ella, estaría celosa, André ha cambiado mucho. Ha salido casi todas las noches. Las noches en las que está en casa, se encierra en la oficina, leyendo hasta tarde.

- Verás que estás trabajando en algún caso difícil.

– No lo sé. No comenta nada. Parecemos dos extraños viviendo en la misma casa. ¿Has intentado hablar con Milena y preguntarle a dónde van?

– Sí. Pero no dice nada. Sabes cómo es ella. Lo que me intriga es que Milena también está diferente: está mejor, va al salón de belleza, compra discos y está escuchando música. Ayer la sorprendí cantando. ¡Imagínate!

– ¡Estoy asombrada! André, en cambio, está serio, triste, no ha ido a ningún lado, no acepta invitaciones ni invita a nadie, a nuestra casa. Nuestros amigos preguntan si él está enfermo, si discutimos, si nuestro matrimonio va mal. ¡Estoy avergonzada! No sé qué más decir.

– Le he pedido a Romeo que hable con él, trate de investigar lo que está sucediendo. Él lo intentó dos veces, pero André no le cuenta nada. Dice que está todo bien y que no debe preocuparse. Romeo es indulgente, ya sabes, asegura que Milena está mejor, más alegre. Está satisfecho que André la lleve a pasear.

– Puedo pedirle ayuda a papá, pero no sé si será bueno. Como están las cosas, André puede enojarse. Él anda muy nervioso, se pone furioso cuando papá lo busca a hablar acerca de nuestra relación.

– En ese caso es mejor no involucrar a tu padre. Intentemos averiguarlo.

– ¿Cómo?

– Podemos contratar a un buen profesional.

– ¿Un detective privado? Creo que es peligroso.

– Mi amiga Dalva conoce uno de confianza. Él se hizo cargo de su caso, en poco tiempo descubrió todo. Ella estaba muy complacida con su trabajo.

– En ese caso, podemos probar.

– Déjamelo a mí. Hoy la iré a visitarla y conseguiré la dirección.

- Estoy muy agradecida. Siento como mi matrimonio está colgando de un hilo. A pesar de lo que me dice, puede haber otra mujer.

- No lo creo. Estás exagerando. Si hubiese otra mujer, él no saldría con Milena.

- Resulta que André apenas me habla. No me ha buscado.

- Él debe estar preocupado sobre el trabajo. ¿Por qué no intentas una aproximación? ¡Estoy segura que sabes cómo hacer eso!

- ¿Crees que no lo intenté? Compré ropa, hice un tratamiento de belleza, cambié el perfume, pero él ni siquiera se da cuenta. Es como si yo no existiera.

Andréia suspiró preocupada.

- El caso es peor de lo que pensaba. ¿No crees que es hora de tener un hijo? Estoy segura que cambiaría contigo. La rutina del matrimonio acaba con el romanticismo, pero un niño puede reavivar el interés.

Janete no estaba de acuerdo, pero no quería irritar a su suegra.

- Sí, lo he estado pensando. Yo quiero tener un hijo, pero no vienen, no sé por qué.

- Es posible que deba consultar a otros especialistas. Puedo ayudarte con eso si lo deseas.

- No sé cómo agradecerle su interés. Antes de tomar alguna medida al respecto, necesito saber qué está sucediendo.

- Eso es verdad. Hoy te daré la dirección.

Janete colgó pensativa. Necesitaba hacer algo. No podía seguir saliendo sola ni quedarse en casa encerrada mientras André salía con Milena.

La sonsa de su cuñada bien podría estar encubriendo a una amiga. Lo intrigante era saber que Milena no tenía amigas.

No servía de nada intentar averiguarlo. Contratar a un detective había sido una buena idea.

Esa misma tarde, Nina llevó unos documentos para que los firmara el Dr. Dantas. Después de leerlos y firmarlos, los devolvió. Ella se iba a ir, pero él la miró a los ojos diciendo:

– Nina, ¿sucedió algo en mi casa que te haya disgustado? Atrapada de sorpresa, ella se ruborizó y se apresuró a contestar:

– No. ¿Por qué preguntas eso?

– No sueles visitarnos como antes. Mercedes cree que ha sucedido algo que te molestó.

– No pasó nada.

– Marta cree que te quedaste asustada porque dijo que Marcos tiene mediumnidad.

– De hecho, me asusta un poco. Todavía no sé qué es eso. Creo que es demasiado pronto para que se preocupe por la vida después de la muerte.

– En ese caso, nos podrías haber dicho. Marta dijo lo que pensaba, pero ella sabe cómo respetar tu voluntad. No necesitabas haberte alejado. Ustedes nos agradan mucho y sentimos su ausencia.

– Lo siento, doctor. Estaba muy asustada por lo que pasó aquí. Además, la pesadilla con Antônia fue horrible. Me quedé con miedo.

– Huir no servirá de nada. Ella quiere comunicarse. Necesita ayuda.

– Yo no tengo que hacer eso. No sé lo que haré si sueño de nuevo con ella.

– Si pasa, recuerda preguntarle qué quiere.

– Rezaré para que ella me deje en paz.

– Hay algo más que quiero decirte. Es sobre Milena.

– ¿La hermana de André?

- Sí. Siempre fue una chica con problemas. Se sometió a tratamiento psiquiátrico.

- Lo sé. André me comentó que estaba enferma.

- Ese día cuando Mendes y yo almorzamos con André, le pedí que llevara a Milena a mi casa y, de hecho, fue un caso de mediumnidad,

- ¿Ella también?

- Lo interesante es que las dos se llevaron bien, porque Marta describió el espíritu que también ve Milena y se sintió aliviada al descubrir que no estaba enferma. Se volvió vivaz, alegre, habladora, lo que despertó el interés de André por la espiritualidad. Asisten a nuestras sesiones los miércoles.

- Me alegro de haberme alejado. Sería vergonzoso encontrarnos en tu casa.

- Si usted no quiere verlo, simplemente no vayas el día en el que tenemos las sesiones. No es necesario alejarte completamente.

- Será mejor. Puede aparecer por sorpresa.

- No tienes nada que temer. Ustedes ya conversaron.

- Sí. Pero, aun así, no quiero que se acerque a Marcos.

- Él habló conmigo sobre ustedes.

- Vas a ver que él fue a tu casa solo para eso, para tratar de convencerte a interceder.

- No seas injusta, Nina. Tú me conoces, sabes que ni yo ni nadie de mi familia haría eso.

- Lo siento, doctor. Es que este tema me saca de quicio.

- En ese caso, no hablaremos más de eso.

- Eso es aun mejor.

Nina fue a su oficina, se sentó, recogió algunos papeles, pero no pudo trabajar. Se sentía nerviosa, irritada, le preocupaba el hecho que André se hubiera acercado a sus amigos más queridos.

Ciertamente iba a jugar a ser la víctima, ya que él era el único culpable de su alejamiento. Después de todo lo que ella había sufrido soportando las consecuencias de esa relación sola, él parecía quererle robar a su hijo. Era demasiado. A última hora de la tarde, cuando volvió a entrar en la oficina del Dr. Dantas, tomó los papeles que ella le entregó para que los firmara, los colocó sobre la mesa y fijando la mirada dijo:

– Nuestra conversación te puso nerviosa.

– Fue solo ese momento, ya pasó.

– No es verdad. Estás agitada, abatida. Siéntate, hablemos.

– Estás equivocado. No volveremos al tema.

– Es necesario, Nina. Siéntate, por favor.

Ella obedeció tratando de contener las lágrimas que estaban a punto de caer.

– Cálmate. Veamos los hechos. Tanto mi familia como yo nunca nos acercamos a André, aunque frecuentamos el mismo círculo de personas y tenemos amigos en común. De repente, nos conocimos en ese restaurante, a través de Mendes, me contó del problema de Milena. Sabes que trabajamos con nuestros amigos espirituales y tenemos la costumbre de iluminar a las personas sobre la espiritualidad. Siempre con el propósito de ayudar.

– Lo sé, doctor.

– Inmediatamente sentí que necesitaba ayuda y le ofrecí los recursos que tengo para eso. Todo estaba claro cuando se llegaron a mi casa. Nosotros habríamos hecho eso con cualquier persona que nos busque en las mismas condiciones.

– Lo sé, doctor. No es que te esté criticando. Al contrario. Me alegro que Milena se haya recuperado.

– Estoy seguro, sé que tienes buenos sentimientos. Pero quiero llamar tu atención sobre las señales que te está mostrando la vida, que ha llegado el momento de afrontar la situación y resolverla.

— Todo se resolvió cuando André decidió casarse con otra.

— Estás equivocada. Él era ingenuo y tú también. La situación de entre ustedes nunca fue resuelta.

— Es un mal sin remedio. Nunca olvidaré el abandono, el descuido de mis sentimientos más puros. Ahora él aparece y dice que se arrepiente. Pero no hay nada que se puede hacer.

— Nunca lo buscaste para decirle que tenían un hijo.

— Sabía que estaba embarazada y que nunca abortaría.

— No quiero entrar en el mérito de ninguno. Lo que estoy observando, y esto quiero aclarar por tu propio bien, es que se casó mal cuando se dejó persuadir por su familia para casarse por conveniencia y hoy está sufriendo las consecuencias de eso.

— ¿Fue él quien te lo dijo?

— No. Hay algunos comentarios en la sociedad y Mercedes se enteró. Parece que André tiene muchas ganas de tener hijos, pero ella no quiere.

— Bien hecho. Ni siquiera merece ser padre.

— No seas mala, Nina. Tú no eres así.

— Lo siento, doctor. Cuando se trata de André, pierdo el control.

— La herida que está en tu corazón todavía está abierta. Continúas sufriendo por el amor que sentías por él.

— Ese amor murió hace mucho tiempo. Solo quedó la indignación.

— Es hora de perdonar, Nina. Olvidar. Eres joven, tienes toda una vida por delante. Mientras mantenga ese dolor en su corazón, no podrás ser feliz.

— No puedo, doctor. Es esta rabia la que ha me permitido ir hacia adelante, es el deseo de demostrarle que soy inteligente, capaz, fuerte. Que puedo llevar mi vida y la de mi hijo dándole todo lo que André le negó.

– Eso es orgullo herido, Nina. Te duele y te quita el verdadero placer de los logros. Te hace querer más y es lo que te impide comprender mejor el pasado. Para señalar que André es solamente un hombre, con el lado positivo y puntos débiles.

– Yo me entregué a ese amor de cuerpo y alma. Pensé que él había hecho lo mismo. Pero me equivoqué.

– Estabas enamorada. No estoy tratando de defender sus actitudes. A pesar de todo, él te amaba.

– No lo creo. El amor no es eso.

– Quizás no. Pero era joven, era débil, se dejaba guiar por las ambiciones de su madre. La conozco, sé cuánto valora su posición social.

– Bueno, que se quede con la familia que tiene.

– Lo que intento decir es que la vida los está acercando a nosotros. Algo bueno pretende con eso.

Nina suspiró:

– ¿Qué te hace pensar eso? Nada bueno puede salir de ello.

– Tal vez sea para que limpies tu corazón y pases a vivir plenamente tu vida, lo que no ha hecho desde que se separaron. Piensa en ello, Nina. No voy a decir nada más. Solo recuerda que nos agradas mucho, tú y Marcos, y no nos conformaremos con tu alejamiento de nuestra casa. No puedes castigarnos solo porque estamos ayudando a Milena.

Nina se puso de pie y sonrió. Su inquietud había pasado. Ella se sintió más tranquila.

– Yo también los extraño.

– Ven el sábado a casa. André solo va los miércoles.

– Está bien, iré.

Después que ella salió de la oficina, Antônio llamó a Mercedes:

– Hablé con Nina y accedió a ir a nuestra casa el próximo sábado.

– Bueno. ¿Cómo está ella?

– Herida, triste. Parece que el tiempo no pasó. Ella continúa sufriendo como en el primer día. Pobre Nina. Nos esforzaremos por animarla.

– El círculo se está cerrando, pero es necesario darle tiempo. Todo va a suceder en el debido momento.

– Lo sé. Solo podemos orar y esperar.

Nina regresó a su oficina pensativa. Las palabras del Dr. Dantas regresaron a su mente: "La vida te está acercando a nosotros, algo bueno pretende."

No podía estar de acuerdo con eso. La familia de André era snob, nunca verían con buenos ojos a un hijo de André fuera del matrimonio, aunque ella ahora disfrutaba de una mejor posición. Aunque André dijo que estaba arrepentido, era como ellos, se había casado por ambición.

Su influencia sería perjudicial para Marcos. Además, pensaba que su padre había muerto. Se había conformado con eso. No parecía extrañarlo. Saber que ella había mentido, que su padre lo había despreciado, ¿no sería despertar la rebeldía en su corazón?

No. El Dr. Dantas estaba equivocado. Nada bueno podría salir de la proximidad de esa familia. Lo odiarían. Harían un escándalo. Marcos sufriría. Ella no podía permitirlo. Quizás incluso debería evitar la casa del Dr. Dantas. Ella iría allí el sábado a exponer su punto de vista, ellos tendrán que entender.

Habiendo decidido esto, intentó trabajar, pero no prestó atención al contrato que estaba leyendo. Ella insistió. Lo leyó varias veces, pero parecía confuso.

Ella lo dejó de lado, se pasó la mano por el cabello, suspiró triste. ¿Por qué tenía que ser de esa manera? ¿Por qué la vida quería quitarle los únicos amigos que tenía? Esa erea la verdad. Si la vida había acercado a André y Milena de sus amigos, era para alejarla de ellos, una vez que ella no aceptaba esa convivencia con Marcos. La presencia frecuente de André en el hogar del Dr. Dantas la estaba privando de la alegría de convivir con estos amigos.

Eso no era justo. André había elegido su propio camino. Tenía una intensa vida social. Muchos amigos. Nunca se había acercado al Dr. Dantas. ¿El problema de Milena no había sido una excusa para llegar a Marcos?

Una oleada de rebeldía la envolvió. André no tenía ese derecho. El Dr. Dantas se había interesado por ella, la ayudó profesionalmente, le abrió las puertas de su casa, donde ella y Marcos fueron recibidos con cariño. A Marcos le encantaba visitarlos. Él le había quitado todo. ¿No le bastó dejarla abandonada en los momentos más difíciles de su vida? ¿No era bastante haberle negado a Marcos el derecho a vivir?

La cabeza le dolía y Nina decidió salir, dar una vuelta. Cogió su bolso, le dijo a la secretaria que no se encontraba bien y que no volvería hasta el día siguiente.

Una vez en la calle, no recogió el carro en el estacionamiento. Decidió dar un paseo por la ciudad. Entró en una farmacia, compró pastillas para el dolor de cabeza, pidió un vaso de agua e ingirió una.

Luego caminó por las calles, mirando los escaparates tratando de distraerse. Vio un vestido hermoso y elegante y pensó:

– ¿Hace cuánto tiempo que no voy a una fiesta?

Pensó en comprarlo, pero desistió. No tendría dónde usarlo. Este pensamiento la dejó enojada. En un punto, el Dr. Dantas tenía razón. Desde que André la dejó, había perdido el placer de vivir, solo había pensado en estudiar, ascender en la vida, ganarse un nombre y un puesto. ¿Dónde estaba la joven feliz y soñadora de otros tiempos, a la que le encantaba cantar, bailar, ir de fiesta? Las palabras del Dr. Dantas volvieron a ella:

"Tal vez sea para ti volver a vivir plenamente, algo que no has hecho desde que se separaron." Él tenía razón sobre eso. Reconoció que la falta de dinero la había limitado, pero ahora ganaba bien, podía hacer amigos, tener una vida social, comprarse buena ropa, divertirse. Ella decidió regresar y entrar en la tienda para probarse el vestido. A la espera de la vendedora para conseguir su talla para probárselo, vio una señora salir del probador. La reconoció de inmediato. Era Olivia, la tía de Antônia.

Olivia miró hacia atrás y, al no ver a la vendedora, se acercó a Nina y le dijo:

– ¿Trabajas aquí también?

– No. Me voy a comprar un vestido.

– Lo siento. Como no vi a la vendedora...

La chica apareció con el vestido para Nina, que la recogió para ir al probador. Olivia la miró seriamente y preguntó:

– ¿No eras colega de Antônia?

Nina se dio cuenta por el tono de su voz que ella se extrañaba del hecho que estaba en una tienda de ropa fina para comprar un vestido caro. Estaba feliz de poder responder de la misma manera:

– Sí. Además de colega, era su amiga. Lamento no haber podido evitar que hiciera lo que hizo. Permítame presentarme.

Tomó una tarjeta y se la entregó, que decía: Dra. Nina Braga – Abogada.

– Es un placer. No conocía tu profesión.

– Me disculpará. Voy a probarme el vestido. Si necesita algo, estamos a su disposición en nuestra oficina.

Nina entró en el probador y Olivia estaba mirando la tarjeta cuidadosamente. Incluso es posible que deba consultar a un abogado. No podía hablar con los amigos de su esposo. Después de todo, una mujer sería conveniente.

– ¿Te gustó la blusa? – Preguntó solícitamente la vendedora.

– El color no me quedaba bien.

– Tenemos otros colores, otros modelos.

– Tengo que irme. Llego tarde a un compromiso. La próxima semana regreso. Gracias.

Se había ido y la vendedora esperó a que Nina saliera del probador. Luego apareció, con el rostro sonrojado y sonriente:

– Se ve genial. Me quedo con este.

Nina pagó, tomó el bolso con el vestido y decidió comprarle complementos. Pasando por las tiendas, compró un bolso y zapatos a juego. Cuando regresó al estacionamiento para recoger el auto, su dolor de cabeza había desaparecido. Satisfecha, se fue a casa. Al verla entrar, Marcos corrió a abrazarla:

– Llegas temprano, qué bueno. Tal vez puedas ayudarme a entender un texto que necesito analizar.

– Lo haremos más tarde. Tengo otras cosas que hacer ahora.

Con las bolsas de la compra en la mano, entró en el dormitorio. Dejó todo sobre la cama, mirando con satisfacción. Luego abrió el armario e hizo espacio para guardarlo. Después de guardar todo, se sentó pensativa.

Quizás se había apresurado a comprar un vestido de fiesta. Era cierto que había dejado todo después de separarse de André. Incluso después del nacimiento de Marcos, había poco dinero y poco tiempo. Su situación como madre soltera la había vuelto retraída, no queriendo tener amigos que pudieran intervenir en su vida personal.

Tenía planes y no podía distraerse de sus objetivos. Pero incluso ahora, después de haber logrado una situación financiera estable, no quería asistir a fiestas, para mantener la vida social.

No pensaba en encontrar un nuevo amor, casarse. La desilusión fue suficiente para saber que no podía confiar en nadie. Ir a ciertos lugares era atraer admiradores, lo que encontraba desagradable. Notó el interés masculino por donde pasaba, y varias veces fue difícil alejar a los insistentes y convencerlos que no estaba interesada en tener una relación. Ella miró el vestido con algo de tristeza y pensó:

- Va a quedarse guardado. Cualquiera de estos días puede aparecer una ocasión para utilizarlo.

Cerró el armario y decidió no pensar más en eso. Bajó y fue a ver qué estaba haciendo Marcos, dispuesta a ayudarlo en los deberes de la escuela.

A la mañana siguiente, llegó temprano a la oficina. Se sentía mejor y estaba dispuesta a recuperar el tiempo perdido el día anterior. Se lanzó al trabajo. Una hora después, Lucía entró a la habitación diciendo:

- Hay una señora en el teléfono que insiste en hablar contigo en persona. Traté de conocer el tema, pero ella dice que es privado.

- ¿Preguntaste el nombre?

- Es doña Olivia Fontoura, ha dicho que la conoces -. Nina se sorprendió.

- Puedes pasar la llamada. Yo la atenderé.

Cuando sonó el teléfono, Nina respondió rápidamente:

- ¿Hola, doña Olivia?

- ¿Cómo está, doctora?

– Bien, gracias. ¿En qué puedo ayudarle?

– Quiero concertar una cita contigo para una consulta profesional. Si es posible hoy mismo.

– Necesito ver la agenda, espere un momento, por favor.

Apretó el intercomunicador, Lucía respondió. No había nada importante programado para esa tarde.

– Está bien, doña Olivia, podré recibirla a las cuatro, ¿está bien?

– De acuerdo. Estaré allí.

Nina colgó y fue inmediatamente a la oficina del Dr. Dantas. Tocó ligeramente y entró. Levantó la cabeza y sonrió:

– Hoy te ves bien. El descanso te hizo bien.

– Me siento mejor, gracias. ¿Te acuerdas de la tía de Antônia, Olivia Fontoura?

– ¿Esa mujer desagradable?

– Ella misma. Ayer cuando salí de aquí tenía mucho dolor de cabeza y salí a caminar, me tomé una pastilla y fui a mirar las tiendas. Entré en una tienda para ver un vestido y encontré a doña Olivia. La tienda era de diseñador, ropa fina, y ella pensó que yo trabajaba allí. Deshice el error y me presenté, ofreciéndole una tarjeta.

– Lo hiciste muy bien.

– Olvidé el encuentro, pero hace poco llamó queriendo una consulta con urgencia. Como no había nada para esta tarde, la he programado para las cuatro. ¿Qué será lo que quiere?

– Alguna orientación. Con esa forma de mirar a los demás sobre el hombro, es posible que se haya metido en algún problema en la corte.

– ¿Quieres atenderla?

– Para nada. Ahórrame ese trabajo. Después de todo, ella vino a ti.

– Tienes razón. Vamos a ver lo que quiere. ¿Crees que podría tener algo que ver con Antônia? – Sacudió la cabeza pensativamente durante unos momentos. Luego dijo:

– Quizás no. Vivían separadas y no se llevaban bien.

– Tienes razón. Pronto sabremos más.

A las cuatro en punto, Olivia fue conducida a la oficina de Nina, quien la recibió cortésmente. Después de los saludos, Nina le pidió que se sentara en la silla en frente a su escritorio, sentándose a su vez. Esperó a que ella hablara.

– Fue bueno haberte encontrado ayer. Necesitaba un profesional y prefería que fuera mujer.

– Adelante, por favor.

– Hay ciertas cosas que solo la sensibilidad femenina puede entender. Lo que le voy a contar es un secreto y espero que se quede entre nosotras.

– La confidencialidad es parte de nuestro trabajo. Puede hablar.

– Bernardete, única hermana de mi marido, dio un mal paso en su juventud. Se escapó de casa con un joven estudiante de ingeniería. Los padres le prohibieron que se vieran porque era un chico sin futuro, que trabajaba para pagar sus estudios, lo que hacía con dificultad. Descubrieron que le ayudó a pagar la universidad.

– ¿Bernardete? ¿No era la madre de Antônia?

– Sí, Bernardete es la madre de Antônia. Fue un escándalo sofocado con un precio. Nunca se casaron. Ernesto murió en un accidente dejando a Bernardete embarazada. Ella buscó a sus padres, quería volver a casa, pero cuando se enteraron del embarazo, no la dejaron volver.

Nina recordó su propio caso y suspiró con tristeza. Trató de controlar sus emociones.

– Continúe, por favor.

– Sus padres la instaron a que se hiciera un aborto como condición para regresar a casa, pero ella se negó rotundamente. Como la familia no dio marcha atrás, ella se fue. Durante catorce años no escuchamos más hablar de ella. Una noche, Arthur llegó a casa demacrado, nervioso.

– ¿Qué pasó? – Le pregunté.

– Es sobre Bernardete. Acaba de fallecer.

– ¿Cómo lo supiste?

– Ella había estado enferma durante algún tiempo. Yo hice lo que pude, pero fueron incapaces de salvarla.

– Estaba molesto. Me di cuenta pronto que Arthur la había ayudado todos estos años a escondidas de todo de nosotros, la familia, así que dije:

– ¿Sabías dónde estaba y nunca me dijiste nada? ¿Qué más haces a escondidas, como un ladrón?

Nina controlándose para no decir lo que estaba pensando de la actitud de ella. En la profesión sabía que no se podía conmover, fuera lo que fuera lo que dijera el cliente.

– Continúe.

– Discutimos. Fue terrible. Pero eso no es de lo que vine a hablar. Lo peor pasó después. Insistió en que fuera al funeral, y allí me presentó:

– Esta es mi sobrina Antônia.

– Ella lloraba mucho y él la abrazó diciéndole palabras cariñosas. Pronto me di cuenta que ellos tenían intimidad. Estaba claro que Arthur solía visitarlas. Después del funeral, la envió a hacer las maletas y la llevó a nuestra casa. Tenía la sensación que no iba a funcionar. Pero no me permitió interferir.

Nina intervino:

– Es una triste historia.

– Como predije, desde que llegué, Antônia solo me dio problemas. Tenía hábitos distintos a los nuestros. No me gustaba que apareciera cuando recibíamos a nuestros amigos. ¿Cómo explicar su origen? ¿Cómo decir que era la hija bastarda de Bernardete? Pero Arthur siempre fue demasiado condescendiente. La trataba como a una princesa, eso no podía tolerar. Ella fue la causa de todos los desacuerdos que tuve con Arthur, se quedó en nuestra casa durante cuatro años. Hasta que un día consiguió un trabajo y decidió salir de casa. Consiguió un lugar en una pensión. Estaba aliviada. Pero una noche, tres años después, Arthur llegó a casa con un recién nacido en brazos. Estaba asustada.

Nuestro único hijo ya era pequeño.

– ¿A dónde vas con ese niño? ¿Por qué lo trajiste a nuestra casa?

– Es un niño que necesita la ayuda. Le prometí a su madre que me ocuparía de él. Tengo la intención de adoptarlo.

– Me quedé estupefacta de sorpresa. ¿Adoptar un niño desconocido? Aunque estaba acostumbrado a su exagerado deseo de ayudar a la gente, no estaba de acuerdo. Eso fue demasiado. Respondí nerviosamente:

– Eso no. Estás yendo demasiado lejos. Debe ser algún hijo bastardo de una madre desequilibrada.

– Entonces me miró muy seriamente y respondió:

– Se quedará aquí, en nuestra casa, y tendrá todas las comodidades y todas las oportunidades que yo pueda ofrecerle.

– Me hice de todo para hacerlo cambiar de idea. Pero fue inútil. Como me negué a cuidar al niño, encontró una institutriz, transformó una de las suites y la adaptó. Allí puso la institutriz ocupándose de todo. Fue un horror. Casi nos separados por causa de ello. A la vista de tanta insistencia, empecé a sospechar que Eriberto, que es el nombre del niño, era su hijo con alguna descarada. Puse a un detective detrás de él, pero no encontró nada. Arthur no tenía otra mujer, estaba muy dedicado a su trabajo. Te dije todo esto para que puedas entender mi situación.

– Entiendo. Continúe.

– Ahora voy a llegar al punto que trajo mi aquí. Arthur perdió a su padre hace diez años y hace un año que su madre también murió. Yo supe que él recibió la herencia, pero él se negó a decirme cuánto. Sus padres eran ricos, poseían propiedades, acciones, joyas. Por supuesto, tenía derecho a saberlo. Entonces fui a su oficina, encontré la llave del escritorio y fui a revisar los documentos. Descubrí que en ellos Eriberto estaba con el mismo apellido que el nuestro. Y hay más: él le había pasado la mitad de los bienes heredados de los padres al hijo. Yo estaba alarmada. No puedo permitir que perjudique a nuestro hijo. Antero está casado, formando una familia. No puedo permitir que un bastardo le robe sus derechos.

– ¿Qué edad tiene el niño?

– Seis, pero eso no cambia nada. Quiero saber qué debo hacer para ir a la corte y anular estos documentos.

– ¿No firmó ninguno de esos documentos?

– No. Pero yo los leí. Eriberto fue registrado como nuestro hijo legítimo, usa nuestro nombre.

– ¿Vio su certificado de nacimiento?

– No, pero, en los documentos que leí, Eriberto aparece como mi hijo legítimo y de Arthur. Lo que no es cierto. Quiero entrar en la justicia y reclamar los derechos de mi hijo.

– Antes de hacer esto, sería bueno que usted hablara con su esposo. Pídale explicaciones sobre estos documentos.

– No me lo dirá. Ni siquiera el monto de la herencia quiso decirme.

– Es difícil dar una opinión sin ver los documentos. Entonces, para hacer un reclamo ante un tribunal es necesario documentarlo debidamente, sin esto no será posible.

- ¡Él registró a este chico como si fuese mi hijo sin que yo lo supiera! ¿Dónde está nuestra justicia? Entonces, ¿un hombre puede hacer lo que quiera sin que haya consecuencias?

- No dije eso. Pero la justicia funciona a través de la evidencia.

- Puedo presentar cargos diciendo que el registro es falso y que Eriberto no es mi hijo. Consigo algunos testigos. Tengo amigos que me conozco allí años y que siempre estuvieron cerca. Puede restaurar la verdad demostrando que nunca tuve ese hijo.

A pesar del control al que estaba acostumbrada, con mucho esfuerzo Nina pudo controlar su indignación. Buscando mantener la calma le ofreció:

- ¿Le gustaría tomar un poco de agua, café?

- Café, por favor.

Nina le pidió a Lucía que lo sirviera. Mientras esperaba, Nina consideró:

- Aun así, creo que lo mejor sería que usted hable con su marido, tratando de entender mejor por qué lo hizo. Debe tener fuertes razones por las que usted desconoce para asumir la responsabilidad de este niño con tanta firmeza.

- La única explicación sería que él sea el padre. Lo pensé al principio, pero él lo niega, y luego de lo que dijo el detective, puede que esté diciendo la verdad. Usted no conoce a Arthur. Él es muy condescendiente con la gente. Sigue dando dinero a sus empleados, protegiendo a unos y otros. No sé de quién heredó esto. Ni siquiera parece familia. Los Fontouras son gente elegante y muy exigente con sus relaciones. Saben mantenerse alejados como deben hacerlo de las personas que no pertenecen a su clase social.

Lucía llamó a la puerta y la criada pidió permiso, entró, sirvió café, colocó un plato con delicadas galletas y se fue.

Nina bebió café lentamente mientras pensaba en lo que diría a Olivia. Era un tema desagradable y ella no tenía la intención de aceptar esa causa. Olivia colocó la taza en la bandeja y continuó:

– Me gustaría recurrir a la justicia cuanto antes. Necesito saber cuáles son las primeras medidas y sus honorarios.

Nina puso la taza en la bandeja a su vez y dijo seriamente:

– ¿Ha pensado en las consecuencias de tal actitud? ¿Cómo cree que reaccionará su esposo?

– Peleará, seguro. Es blando con la gente, pero cuando toma una decisión, no retrocede.

– En ese caso, puede haber un serio desacuerdo entre ustedes.

– Estoy dispuesta a hacer cualquier cosa. No puedo permitir que despilfarre la herencia de mi hijo.

– Esta actitud puede provocar una separación. Es difícil para un hombre aceptar que su esposa cobre sus acciones en la justicia.

– Si quiere la separación, peor para él. Todos nuestros amigos están en mi lado. Usted sabe que en estos veintiocho años de matrimonio he sido una esposa dedicada.

– Piense bien. Después de vivir tanto tiempo juntos, es difícil aceptar una separación. Puede arrepentirse.

– Eso no. Cuando nos casamos, era un hombre dedicado. Pero después de un tiempo se volvió indiferente. Vive de la profesión, y en los últimos tiempos nos hemos visto muy poco. Siempre está en un congreso, en conferencias, en simposios. Valora el trabajo más que la familia.

Nina la miró pensativa. Ella continuó:

– Entonces, ¿qué necesita para hacer lo que pretendo?

Nina estaba en silencio durante unos segundos, y luego dijo:

- Primero deberá elegir quién será su abogado, darle un poder, que le aclarará los primeros pasos.

- No lo entiendo. Vine a buscarte porque quiero que seas mi abogada.

- Estoy agradecida por su preferencia, pero por desgracia yo no seré capaz de aceptar su causa.

- ¿Por qué?

- Actualmente estoy muy involucrada en varios procesos y sin tiempo para dedicarme a un nuevo trabajo como sería necesario.

Ella se puso de pie diciendo:

- En este caso, debería habérmelo dicho justo antes que yo le diga los secretos de nuestra familia.

- Usted me pidió una consulta. Fue lo que hice. En cuanto a los secretos de su familia, puede permanecer tranquila. Ninguna palabra de lo que hablamos saldrá de esta oficina. Como le dije, en nuestra profesión mantenemos el más absoluto secreto.

Olivia suspiró inquieta.

- Hice mal en venir a buscarla. Debería haber buscado un abogado de mayor reputación. Soy amiga de grandes abogados que aceptarían con gusto esta causa. Te elegí porque no eres una persona de nuestras relaciones.

- Desafortunadamente, no podré aceptarlo.

- ¿En cuanto al precio de la consulta?

- Converse con mi secretaria.

Inclinó la cabeza y se fue sin decir adiós. Nina se dejó caer en el sillón aliviada. Esta mujer era definitivamente intolerable. El rostro triste de Antônia volvió a ella. Una vez más, lamentó no haber vuelto a acercarse a ella. Pobre chica, siempre triste, ¿Qué pasó en tu vida para hacer lo que hiciste? Nina sintió una oleada de tristeza al recordar a Antônia. Lo que no supo y no pudo ver, fue que el espíritu de Antônia, con el rostro lavado en lágrimas, estaba a su lado, conmovido, suplicando ayuda.

Después que Olivia se fue, Nina permaneció algún tiempo pensando en que se le dijo. La situación de este chico la conmovió mucho. ¿Qué le habría pasado a su madre? Pensó en Marcos y se preguntó: ¿qué habría sido de él si ella hubiera muerto? Ante ese pensamiento, sintió que la angustia aumentaba. Trató de reaccionar. Ella estaba bien, había logrado criar a Marcos con amor y darle todo lo que necesitaba.

Decidió olvidar lo sucedido y trabajar. Tomó algunos documentos que necesitaba para revisión, pero la insatisfacción, la angustia no la dejaban. Se levantó, tomó un vaso de agua y fue a buscar al Dr. Dantas.

Llamó a la puerta, pero no obtuvo respuesta. Lucía se acercó diciendo:

– El Dr. Dantas tuvo que irse. Dijo que no volverá hoy. ¿Hay algo en qué pueda ayudar?

– No, gracias. Hablaré con él mañana.

El resto de la tarde, Nina intentó olvidar esa desagradable conversación. Era claro que ella había sido tocada por ser un caso que le hacía recordar de su propia experiencia.

En su profesión necesitaba ser impersonal, hacer cumplir la ley y cuidar de los intereses de sus clientes sin involucrarse. No aceptó la causa y no debería pensar más en el tema.

Dispuesta a hacerlo, se lanzó a trabajar, borrando cualquier pensamiento que no fuera el asunto que necesitaba resolver. Así que logró trabajar, pero el esfuerzo constante terminó provocando un fuerte dolor de cabeza. Se sintió aliviada cuando terminaron las horas y se preparó para irse. Al salir, se encontró con Lucía. Bajaron juntas.

– ¿Estás bien? – Preguntó ella.

– Me duele la cabeza.

– Me di cuenta que no quedaste bien después de la visita de esa señora. Cuando pediste café, estabas pálida.

– De hecho. Esta señora me recordó a Antônia y este tema siempre es muy doloroso.

– ¿Quieres una pastilla?

– Ya la tomé. Solo estoy un poco cansada. Ya pasará.

– ¿Quieres que te acompañe a tu casa?

– No es necesario. Estoy bien. Mira ahí, Breno te está esperando. Hasta mañana.

Saludó a Breno con un asentimiento y se fue. Lucía se acercó a Breno, quien la besó en la mejilla con cariño. Después de los saludos, Lucía preguntó:

– ¿Cómo van las cosas con André respecto a Nina?

– Mejoró. Está más tranquilo. No ha hablado de acudir a los tribunales para reclamar la paternidad de su hijo. ¿Por qué lo preguntas?

– Nina no está bien, pensé que era por él.

– No que yo sepa. De hecho, después que empezó a ir a la casa del Dr. Dantas todas las semanas, ha estado más tranquilo.

– El Dr. Dantas es una buena persona. A Nina le gusta mucho. Me parece extraño que de repente André llegue a ir allí. ¿Es por Nina?

– Al principio también lo pensé, pero llevó a su hermana, que siempre tuvo problemas. ¿Sabías que el Dr. Dantas se ocupa del Espiritismo?

– Escuché algo.

– André está convencido que el problema de su hermana tiene relación con eso. Él va allí con Milena, asisten a las sesiones espíritas. Dice que ha mejorado mucho. Pero, para ser honesto, me he dado cuenta que también él ha mejorado mucho. Ha estado más tranquilo. Incluso me aconsejó que buscara un Centro Espírita para ir.

– ¿Por qué?

– Para ayudar a Anabel a mejorar su genio. Pero creo que su caso no tiene nada que ver con los espíritus. El mal genio es de ella. No hay oración de sanación.

Lucía estaba pensativa y no respondió. Le entristecía cada vez que recordaba que Breno tenía esposa, a la que debía ser fiel y la engañaban.

– ¿Qué pasó? Te pusiste triste de repente –. Ella suspiró y respondió:

– No me gusta pensar que estoy entre tú y ella. Es una situación muy desagradable. Si no fuera por Mirela...

La abrazó con cariño:

– ¡No digas una cosa de esas! ¡Mi matrimonio fue un error! Yo te amo. Mirela es todo para mí. También me gustaría hacer pública nuestra relación. Pero hay otras cosas en juego. Por ahora no es posible.

– No estoy exigiendo nada, entiende. Pero a veces estoy triste por estar involucrado en una situación como la que estamos, pues siempre la condené en otros.

– A mí tampoco me gusta. Lo que sí sé es que las amo a las dos y ya no sabría cómo vivir sin ustedes. Mi relación con Anabel es solo formal. Un día aun seremos libres de vivir nuestra vida juntos. Ya lo verás.

– Tampoco sabría vivir sin ti. Vamos a casa –. Abrazados, se encaminaron al carro esperando el placer de ver a la pequeña Mirela.

* * *

Nina llegó a casa sintiendo que la cabeza le latía. La tableta no hizo ningún efecto. No quería cenar. Trató de asegurarse que Marcos había cenado bien y, como ya había hecho los deberes de la escuela, fue a su habitación a ver la televisión.

Fue al dormitorio, se acostó sin encender la luz e intentó relajarse para liberar la tensión y mejorar. Poco a poco lo logró y se quedó dormida.

Soñó que estaba en un lugar oscuro, se sintió angustiada y ansiosamente buscó la salida. Entró en un pasillo tenuemente iluminado al final del cual se abrió una puerta y apareció Antônia. Estaba con las mismas ropas con la que había sido enterrada, rostro contraído, la cara pálida, las manos extendidas hacia ella. Nina quería gritar, pero no pudo emitir ningún sonido. Aterrorizada, quería a escapar, pero sus pies parecían de plomo y ella no salió del lugar.

Antônia se acercó con la cara lavada por las lágrimas y dijo:

– Nina, no huyas de mí. ¡Por favor, ayúdame!

– "No puedo hacer nada" – pensó Nina angustiada.

– Sí puedes. Estoy arrepentida, sufriendo mucho. La muerte no es el fin. Ahora lo sé. Ella va a perseguir a mi hijo como lo hizo conmigo. ¡Solo tú podrás ayudarlo! No me dejes, te lo ruego. Ten piedad de mí.

– Puso su mano fría sobre el brazo de Nina, sintió aumentar su miedo. Finalmente logró gritar y despertó con un sudor frío, respirando con dificultad.

Se sentó en la cama tratando de coordinar sus ideas. Ofelia entró en la habitación, asustada:

– ¿Qué pasó? – Te escuché gritar.

– Ella estaba aquí, Ofelia, nuevamente, pidiéndome ayuda.

– ¿Ella quién, Nina?

– Antônia, mi colega que se suicidó.

– ¡Santo Dios nos libre y guarde! Es bueno rezar. ¡Tengo miedo de alma del otro mundo!

– Fue solo una pesadilla. Su tía estuvo en mi oficina esta tarde. Es una mujer poco comprensiva, me puso nerviosa, con dolor de cabeza. Asocié esta visita con Antônia y causé esta pesadilla.

Ofelia negó con la cabeza:

– Creo que es mejor buscar hacer algo para alejar a esta alma de aquí. Dicen que los suicidas no encuentran la paz.

– No te asustes. Ya pasó.

– Voy a hacerle un té de toronjil. Sería bueno también comer algo. Usted qué no comió nada.

– Solo el té está bien. No tengo hambre –. Marcos entró a la habitación diciendo seriamente:

– ¿Por qué no vas a hablar con Marta? Ella comprende estas cosas –. Nina hizo un gesto de molestia.

– Tuve una pesadilla. No es lo que estás pensando.

– Te escuché decir que fue Antônia, tu colega que se suicidó, estaba aquí pidiendo ayuda.

– Ese no es un tema para ti.

– ¿Por qué? ¿A qué le tienes miedo? Si ella era tu amiga, no está queriendo hacerte ningún daño.

– No le tengo miedo a nada. Antônia era una buena chica.

Mirando a Ofelia, continuó:

– ¿No me vas a hacer té? – Se apresuró a salir y Marcos se sentó a su lado en la cama.

– Mamá, todavía creo que deberías hablar con Marta.

– No es necesario. Estoy bien

– ¿Sabe lo que es? Si el espíritu de Antônia está necesitando ayuda, queriendo algo, no va a renunciar. Si vas a hablar con Marta, ella sabrá lo que quiere Antônia, la ayudará y podrá seguir su camino en paz.

Nina miró a su hijo con asombro. Él había hablado lo mismo que el Dr. Dantas. Recordó la figura de Antônia en el sueño y se dijo a sí misma:

– No quiero volver a tener esa pesadilla nunca más.

– En ese caso, intenta hacer algo para ayudarla.

Nina recordó las palabras de ella: "La muerte no es el fin. Ahora lo sé. Ella va a perseguir a mi hijo como lo hizo conmigo." Esas palabras fueron extrañas. Antônia no tuvo hijos, si hubiera sido su espíritu, nunca lo habría dicho. Lo mejor era olvidar. Fue solo un mal sueño.

– Olvidémoslo, hijo. Está todo bien. Vamos a bajar. Ofelia ya debe haber hecho el té, así que me harás compañía.

Marcos sonrió y estuvo de acuerdo. Bajaron abrazados. Se sentaron, Ofelia y sirvió el té, mientras que lo tomaba, Nina le preguntó acerca de sus lecciones en la escuela, sobre su relación con sus compañeros. Quería olvidar la pesadilla. Marcos mostró interés en hablar sobre la comunicación de los espíritus, lo que la preocupaba. Un muchacho como él era muy joven para llenar su cabeza con un tema que, además de ser serio, podría ser peligroso.

Cuando terminaron, mientras Marcos regresaba a ver el televisor de su habitación, Nina tomó una revista y se acomodó en un sillón para leer. Los temas eran interesantes y ella se sumergió en la lectura, pero, aun así, de vez en cuando, el hecho que él quisiera acercarse a su hijo la ponía nerviosa y era probable que tuviera gastritis.

Fue a la cocina y le pidió a Ofelia que calentara la sopa que había preparado para la cena. Se sentía cansada, su cuerpo pesado, pero lo peor era la inquietud. No pudo quedarse quieta por mucho tiempo, subió al dormitorio y abrió un cajón y decidió cambiar el arreglo, pero terminó dejándolo para otro día.

Volvió a bajar, tomó un poco de sopa, imaginando que quedarse sin comida sería peor. Cuando terminó, Nina volvió a coger la revista y se sentó en la sala de estar.

Sonó el teléfono y Ofelia respondió y dijo que era para ella. Nina no estaba de humor para responder. Hizo una señal para que dijera que no, pero ya era demasiado tarde, ella ya había dicho que Nina estaba en casa.

– Es Marta. Dije que estabas.

Nina respondió, tratando de disimular su irritación.

– ¿Cómo estás, Marta?

– Bueno, llamé para preguntar: ¿qué está pasando contigo?

– Nada. Un ligero malestar estomacal. Creo que comí algo que me cayó mal. Estaré bien pronto.

– Te vi muy ansiosa, inquieta, caminando de un lado a otro. ¿Pasó algo que te disgustó?

– De hecho. Atendí a una cliente muy desagradable, me dolía la cabeza. Tomé medicamentos, mejoró un poco, pero todavía estoy angustiada.

– La angustia no es tuya sino del espíritu de Antônia. Ella está de tu lado –. Nina sintió que aumentaba su mareo.

– No puede ser.

– La persona a la que atendiste tiene que ver con ella.

– Sí. Es su tía.

– No sirve de nada huir, Nina. Antônia confía en ti y te pide ayuda. Es mejor hablar con ella.

– No quiero hacer eso. Si es ella, no puedo hacer nada.

– De acuerdo. Sé cómo ayudarte a mejorar. Voy a pasar por allí.

– No es necesario. No quiero molestarte.

– Mamá y yo te extrañamos. No has estado aquí en mucho tiempo. En quince minutos estaremos allí.

Nina no tenía forma de negarse. Colgó el teléfono sintiendo que su inquietud aumentaba. Tomó un vaso de agua y no pudo leer. Estaba caminando de un lado a otro.

Media hora después, Marta y sus padres entraron en la sala y Nina se apresuró a abrazarlos. Le temblaban las piernas, tenía mareos, dolores de estómago, a veces en la nuca.

- Disculpen. No me siento bien. Después que hablé contigo, mi malestar aumentó -. Marta le alisó el cabello con cariño.

- Estarás bien.

Ella la tomó de las manos y le pidió que se sentara junto a ella en el sofá. Sin soltarle las manos dijo:

- Vamos a visualizar la luz y rezar para que nuestros amigos espirituales nos protejan. Marta cerró sus ojos y murmuró una sentida oración de ayuda. Y concluyó:

- Estamos aquí a disposición de los espíritus para colaborar en lo que sea necesario. Al mismo tiempo, el cuerpo de Marta temblaba y ella dijo con voz ahogada:

- ¡Nina! ¡Soy yo, Antônia! ¡Por fin puedo hablar contigo!

Marta soltó las manos de Nina mientras ella, tomando la emoción, no podía contener las lágrimas. Marta prosiguió con voz ahogada:

- Disculpa. ¡No deseo molestarte! Pero... no tengo a nadie en este mundo. He sufrido mucho. Yo fui débil. No supe afrontar las consecuencias de mis actos. Siempre fuiste muy buena conmigo. Estoy muy agradecida por todo lo que has hecho por mí, ¡pero no puedo tener la tranquilidad al pensar en mi hijo! Estoy desesperada. Tú eres madre, pasaste lo mismo que yo, me vas a entender.

Nina se estremeció y preguntó con asombro:

- ¡Entonces no fue una pesadilla! ¡Realmente tienes un hijo!

– Sí. Mi desgracia comenzó el día en que murió mi madre y mi tío me llevó a vivir con él. La tía Olivia nunca me soportó. Estaba celosa de mí, tal vez porque era joven, no lo sé. Juro que nunca di ninguna razón para que fuera así. Traté de complacerla en todos los sentidos, pero nunca lo logré.

Marta se quedó callada unos segundos y Nina preguntó:

– Continúa.

– Bueno, desde el primer día me atrajo mi primo. Antero era cinco años mayor que yo y estaba fascinada. Era hermoso, coqueto. Cerca de mi madre demostraba ser indiferente, pero cuando ella me daba la espalda, me rodeada de atención. Me enamoré locamente. Pero estaba saliendo con alguien y traté de olvidarlo. Cuando tenía diecinueve años, finalmente se fijó la fecha de su boda y yo estaba desesperada. Una noche, él me vio llorando, me abrazó y confesó su amor por mí. Dijo que se casaba para cumplir la voluntad de sus padres, pero que era a mí a quien él amaba. Yo le creí. Empezamos a vernos a escondidas. Ocurrió lo inevitable. A partir de esa noche, empezó a frecuentar mi habitación. Había fijado el matrimonio para dentro de poco tiempo, él que quería romper con ella para quedarse conmigo. Lo rechacé. No podía dar esta pena a mi tío. Dejó de ir a mi habitación. Menos de una semana antes de su boda, sospeché que estaba embarazada. Asustada, con miedo a mi tía, no le dije nada a nadie. Decidí irme de allí. Empaqué mis cosas y me fui. No quería interrumpir la boda de Antero. Yo lo amaba mucho y quería que él fuese feliz.

– ¿Tu tío estuvo de acuerdo con tu partida? – Preguntó Nina.

– Él viaja mucho, estuvo fuera. Me fui de allí sin ningún lugar a donde ir, tenía un poco de dinero ahorrado, porque el tío Arthur siempre fue generoso conmigo. Busqué una pensión modesta y corrí tras un trabajo. No lo conseguí. Cuando se acabó el dinero, llamé al tío Arthur y él fue a la pensión, pagó lo que debía y me quiso llevar de vuelta. Quería saber quién era el padre, le dije la verdad. Insistió en que volviera, pero yo no quería. Olivia le había dicho que me fui porque estaba cansada de ellos y quería vivir mi vida a mi manera. Trató de encontrarme, pero no tenía la dirección.

Marta suspiró mientras las lágrimas volvían a correr por sus mejillas. Respiró hondo y continuó:

– Mi tío hizo todo por mí y, cuando nació mi hijo, me convenció para que se lo entregara a él. Afirmó que iba a registrar su nieto como su hijo, de manera que él sería respetado por todo el mundo, tendría un nombre y todavía heredaría todos los activos a que tuviera derecho. Lloré mucho, pero al final estuve de acuerdo. Él se lo llevó y yo, incluso desde la distancia, seguí su desarrollo. Tenía un mes cuando fui a trabajar a esa oficina. Poco después te conocí.

– Ahora entiendo por qué siempre estabas triste.

– Creo que era mi destino. Me deshice de Olivia y encontré a doña Neide. La vida para mí se volvió muy triste. Extrañaba a Antero y más a mi hijo. Angustiada, a menudo después de dejar la oficina en el final de la tarde, yo estaba en la parte delantera de la casa de mis tíos con la esperanza de ver a mi hijo. Una tarde, mi tía me sorprendió en la frente al jardín y estaba muy enojada. Se me acercó antes que pudiera esconderme y me expulsó de allí:

– ¿Qué haces aquí? Vete, no quiero que nadie te vea por ahí. Eres la vergüenza de nuestra familia. ¿Qué pretendes? Si piensas en volver a vivir aquí, estás equivocada, nunca lo permitiré. Vuelve a la vida rebelde que has elegido.

Nerviosa, traté de explicar:

– No quiero nada. Estaba pasando por aquí.

– No lo creo. ¿Qué estás planeando? ¿Crees que conmoverás a Arthur con tu cara falsa? Que sepas que no obtendrás nada más de él.

Un carro se detuvo frente a la puerta y reconocí a Antero con su esposa. Me miró sorprendido mientras ella, al ver su llegada, gritaba enojada:

– ¡Fuera de aquí! Nunca vuelvas a aparecer.

Antero salió del auto y se me acercó con una mirada inquisitiva:

– ¡Antônia! ¿Qué está pasando contigo?

Antes que pudiera responder, Olivia abrió la puerta. Se acercó a nosotros diciendo:

– Si quieres saber, yo te diré. Ella se prostituyó, camina arrastrando el nombre de nuestra familia por el barro. Por eso no la quiero aquí.

La esposa de Antero se había acercado y yo, cubierta de vergüenza, no tuve fuerzas para responder. Salí corriendo desesperadamente sin mirar atrás. Esa noche no pude dormir. Todos los momentos de mi vida habían pasado por mi cabeza desde la muerte de mi madre. Pensamientos tristes llenaron mi mente. Entonces pensé en acabar con mi vida. Pero el recuerdo de mi hijo me angustió. Hubo momentos en los que quise morir y otros en los que tuve miedo. Esa mañana, sin dormir en toda la noche, tomé el veneno para ratas que había comprado y lo puse en mi bolso. En la oficina no pude trabajar. Mi cabeza estaba confusa, me dolía mucho. Fui a hablar con doña Neide a decirle que no estaba bien y pedir permiso.

– Usted está con ojeras. Seguro que pasó la noche de juerga y ahora quiere irse a descansar.

A pesar de estar herida, traté de hablar, de decir que me sentía mal, pero ella no estuvo de acuerdo:

– Usted va a trabajar como todos los demás, de lo contrario puede pedir su liquidación.

Salí corriendo de la oficina, tomé el veneno y fui al baño. El resto ya lo sabes.

Marta hizo una pausa mientras las lágrimas corrían por su rostro y los otros dos intentaban controlar sus emociones. Después de una breve pausa, continuó:

– Fue lo peor que pude haber hecho. Si mi vida ya era mala, a partir de ese día se puso mucho peor. La muerte es una ilusión y la vida continúa, los problemas continúan agravándose por los males físicos que yo había causado. Sufrí mucho y no quiero hablar de eso ahora. La bondad divina es infinita y, a pesar de lo que he hecho, he recibido mucha ayuda. Pero lo peor es saber qué pasa con Eriberto. Olivia lo odia, quiere hacerle daño a toda costa.

– Tu tío es un buen hombre y no lo permitirá.

– Ella encontrará la manera.

– ¿Sabe Antero que tienes un hijo?

– No. Si lo sabe, se lo dirá a Olivia. Su vida correrá peligro. He estado sintiendo sus pensamientos.

– En ese caso, ¿qué esperas que haga?

– Que busques a mi tío. Habla con él. Dile que Eriberto está en peligro. Necesita que lo saquen de esa casa.

Nina se movió inquieta en su silla.

– Yo no sé si él me escucharía. No me conoce. Va a pensar que estoy loca o algo peor.

– Por favor. No tengo mucho tiempo. Quieren llevarme a un lugar de tratamiento. He sufrido mucho dolor. Pero antes de irme quiero dejar este asunto resuelto. Solo entonces tendré paz.

– Veremos qué se puede hacer. Oremos y pidamos inspiración divina, intervino Mercedes –. Tu historia nos conmueve mucho. Haremos lo que esté a nuestro alcance para ayudarte. Sin embargo, también debes ayudarnos. Tu hijo tiene protección. Tenemos que confiar en que nada malo le va a pasar. Tu confianza es importante para que nuestros amigos espirituales estén en condiciones de ayudarte. Ora y confía. El bien siempre será más poderoso que el mal.

– Tenía confianza, pero aun así el mal se apoderó de mí.

– Eras ingenua, lo que es diferente. Confiaste en la gente; si hubieras confiado en la sabiduría de la vida, no habrías abierto la puerta para que entrara el mal. Medita en ello y aprende de tu triste experiencia para no cometer el mismo error. Ahora ve, que Dios te bendiga.

Marta suspiró y poco después abrió los ojos diciendo:

– Mamá, ¿puedes darme un vaso de agua?

Nina se apresuró a buscar y regresó después de ofrecerle a Marta el vaso, quien lentamente lo tomó, Nina volvió a sentarse. Se sintió emocionada, conmovida, sin encontrar palabras para expresarse. Mercedes rompió el silencio:

– También pediré agua para ti.

Se levantó, fue a el comedor y le pidió a Ofelia que le proporcionara agua. Después que Nina tomó el agua, preguntó:

– ¿Te sientes mejor, Nina?

– Sí. El malestar pasó como por encanto. Pero lo que sucedió aquí me impresionó mucho –. Marta sonrió y consideró:

– La vida continúa. Antônia estaba a tu lado angustiada. Yo la sentí. Así que decidimos venir aquí para que pudiera decir lo que quisiera. Debes comprender que estos hechos son naturales. Son parte de la vida, que continúa en otras dimensiones del universo. Ya hablamos de eso.

– Pero tenía dudas. Hoy descubrí que dijiste la verdad. Soñé con Antônia pidiéndome ayuda para su hijo. Lo dudaba porque no sabía de su existencia. Tú no sabías nada de eso, viniste aquí, Antônia se comunicó a través tuyo y dijo exactamente lo mismo. Contó su triste historia. Aun así, creo que, si hubiese tratado de hablar con ella ese día, ella no se habría suicidado.

– No te culpes, Nina. Ella se deprimió, no supo cómo a lidiar con sus propios problemas. No sé si se podrías haberlo evitado. Además, tú no te imaginaste que ella iba a hacer lo que hizo.

– Así es – dijo Marta –. Vaciló y recibió una dura lección. Quizás esa sea la forma que Antônia aprenda a apreciar más las oportunidades que le brinda la vida.

– Me pide que interfiera en la vida de personas que no conozco. No me siento en condiciones de hacer eso.

– Ella confía en ti – dijo Mercedes pensativa –. Piénsalo. Pídele inspiración a Dios. Estoy segura que encontrarás la manera de ayudarla.

Nina les contó sobre la visita de Olivia, queriendo contratarla como abogada para cancelar el registro de Eriberto y concluyó:

– Me negué. Su visita me dolió. Me dejó angustiada.

– Estos significa que la vida te está poniendo dentro de esta historia – dijo Mercedes.

– Incluso sin saber de qué se trataba, no lo acepté. Mucho menos ahora.

– Eso no es a lo que se refiere mamá. Pero el hecho que se llega a conocer todos los lados de la cuestión es con el fin de actuar. Es una señal que la vida está cooperando para que puedas hacer esto.

– No tengo forma. No puedo llamar a estas personas y decirles lo que sucedió aquí. Ellos dirían que estoy loca. Si alguien me hiciera eso, nunca lo creería.

– No creo que debas hacer nada de eso – dijo Mercedes.

– Pero creo que, después de lo sucedido, es mejor prepararse, estar atenta porque no tengo ninguna duda que vendrán otros eventos involucrando a estas personas que te darán la oportunidad de hacer algo por ellos.

– Así es – dijo Marta –. Así pasan las cosas. Te sientes culpable por no prestar la debida atención a Antônia cuando estaba en crisis. Sensibilizada por el sufrimiento, el espíritu de Antônia sintió tu amistad, sabe que estás siendo sincera. Por eso te acosa, en busca de ayuda.

– Una vez dijiste que los espíritus de luz están siempre dispuestos a ayudar a los que sufren en el astral. Ellos sin duda pueden hacer por ella mucho más de lo que hago. ¿Por qué le permiten seguir sufriendo?

– Porque respetan el libre albedrío del otro. Saben que toda ayuda funciona solo si los necesitados cooperan. Antônia todavía está muy perturbada por sus ilusiones. En su sufrimiento aun hay mucha angustia, desamparo, frustración por no haber logrado terminar con la vida. En este estado es incapaz de percibir la verdad, además que la preocupación por su hijo es ahora mucho mayor. Ella sabe cuánto Olivia lo odia. Puedes leer sus pensamientos al respecto y estarás aun más angustiada.

– Puedo entender. Si estuviera en sus zapatos, creo que me volvería loca – dijo Nina pensativa.

– Antônia necesitaba tomar contacto con la realidad. Nada mejor para ello que estar alrededor de gente con la cual está relacionada, sentir sus pensamientos y evaluar mejor los hechos. Así que por eso le fue permitido a permanecer más tiempo por aquí – explicó Marta.

– Todo esto me conmueve y al mismo tiempo me hace sentirme insegura. Me gustaría ayudar, pero no sé cómo.

– No te preocupes con el problema de Antônia. Ella ya está bajo la protección de los espíritus de luz. Ellos trabajan a favor de todos los involucrados, incluyéndote a ti – dijo Marta sonriendo.

– De hecho. La vida ha demostrado que es hora que te intereses por la espiritualidad. Al decir eso, entiende que no estoy hablando de religión – dijo Mercedes.

- ¿Cómo es eso? – Mercedes continuó:

- Hablo del Creador, quien estableció leyes perfectas que funcionan según el nivel de cada uno, organizando y disciplinando todo en el universo. Las religiones reflejan las interpretaciones que los hombres han hecho de las revelaciones que la inteligencia de la vida otorga a la humanidad para acelerar el progreso y permitir que la evolución avance con menos fricciones, menos dolor. Llega un momento en que la madurez del espíritu no le permite aceptar las medias verdades que los hombres han establecido en sus interpretaciones y quiere más. Entonces comienza la búsqueda de los verdaderos valores del alma.

- Esto te está pasando – dijo Marta.

- ¿Cómo lo sabes?

- Debido a que la vida te está enviando señales como para decir que es tiempo para profundizar la búsqueda espiritual – continuó Marta.

- ¿Cómo hacer eso?

- Conectándote con Dios y pedirle que te muestre el camino. Prestando atención a las señales que te mostrará la inteligencia universal – dijo Mercedes.

- ¿Será suficiente?

- Y lo más importante. La lectura, la meditación también pueden ayudar –. Marcos entró a la habitación diciendo:

- Mamá, ¿por qué no me avisaste que estaban aquí? Las dos lo abrazaron con afecto, mientras que Nina decía:

- Pensé que estabas durmiendo.

- Bajé a tomar un vaso de leche. Yo estaba viendo una película, pero si yo sabía que vendrían habría bajado.

- Vayamos al comedor. Yo también tengo hambre.

- Tenemos que irnos – dijo Mercedes.

– ¡Oh, no! Quédense un poco más. Quiero hablar con Marta. Nina se puso de pie diciendo:

– Nos harás compañía.

Ellas aceptaron. Nina sirvió un refrigerio y la conversación fluyó agradablemente. Media hora después se despidieron. Nina acompañó a Marcos, lo puso en la cama y luego se fue a su habitación. Ella se sintió tranquila. Toda la ansiedad había desaparecido. Se acostó y poco después se quedó dormida.

* * *

A la mañana siguiente Nina se despertó de buen humor, pero la historia de Antônia nunca abandonó su mente. Tan pronto como llegó a la oficina, buscó al Dr. Dantas.

– ¿Te contó doña Mercedes lo que nos pasó ayer?

– Sí. Antônia se comunicó para pedir ayuda.

– La noche anterior había soñado con ella pidiéndome que ayudara a su hijo, estaba intrigada. No creí que pudiera ser verdad, pero me puse muy mal. Marta lo sintió y fue a mi casa con doña Mercedes. Entonces se comunicó Antônia, dijo el respeto de sus preocupaciones con su hijo e informó toda su vida. Confieso que no puedo olvidar este encuentro.

– Ahora estás segura que la vida continúa.

– Sí. Aunque no me gusta este tema, no hay duda. Después que hablamos, mi malestar desapareció como por arte de magia. ¡Es extraordinario!

– Es natural, Nina. Todo esto es parte de la vida y es natural. Cuando comprendas esto, tu miedo desaparecerá. Saber que la muerte no es el fin de todo, que seguimos existiendo en otro lugar y somos los mismos, es motivo de alegría, no de tristeza. A pesar de lo que hizo, Antônia sigue viva, sufriendo al ver derrumbarse sus ilusiones, pero teniendo que reconocer sus propios límites, pagando el precio de sus decisiones. Ahora sabe que, si hubiera optado por afrontar sus problemas con valentía, sufriría menos.

– Pero ella no tuvo suerte. Perdió a su madre muy temprano, tuvo que vivir con una tía malvada, vio al hombre que amaba y al padre de su hijo casarse con otra sin cuidar de ella, separada de su hijo. Me estremezco solo de pensarlo. Después, ella era una niña sin experiencia. Puedo entender por qué se llegó a suicidar.

– Tú estás haciendo lo mismo que ella, al ver los hechos desde el peor lado. Ustedes no han observado los otros lados. Perdió a su madre temprano porque necesitaba aprender a cuidarse, pero estaba protegida por su tío que la amaba y le daba todo el cariño. En cuanto al tema de la tía, fue una oportunidad para aprender a relacionarse con la gente y trabajar por la tolerancia. En cuanto al chico, no sabemos cómo sucedieron los hechos. Él puede haberse enamorado de ella de verdad o simplemente sucumbido a un momento de tentación. De todos modos, ella aceptó.

– Estoy de acuerdo con todo esto, pero menos con la indiferencia de él por el niño. No tomó ninguna acción. El abuelo tuvo que asumir la paternidad.

– ¿Sabía que tenía un hijo? De hecho, en esta historia se habló mucho de la participación del abuelo, de la tía Olivia, pero nadie mencionó al niño. Tú tampoco le contaste a André que él era padre. Ella pudo haber hecho lo mismo.

Nina inclinó su cabeza confundida, vaciló un poco y respondió:

– Sí. Pudo haber pasado.

– Nina, es difícil de juzgar. Como he dicho, en este caso hubo muchos positivos factores, pero Antônia optó por mirar los hechos de una manera negativa. Es un hábito que muchos tienen. Pero pagan un alto precio por ello. Todos queremos ayudar a Antônia. Hagamos esto orando por ella, para que vea la verdad y obtenga la paz.

– Sí. Lo haré yo misma.

– Visítanos en casa, Nina. Extrañamos esas reuniones. Marcos también nos extraña.

– El sábado por la tarde iremos allí. A Marcos le encanta estar contigo.

En los días que siguieron, Nina se sentía bien y se dedicó a trabajar. El sábado llevó a Marcos a la casa de Mercedes y pasaron una tarde muy agradable. Aunque el recuerdo de Antônia estaba en la memoria de todos, hablaron poco sobre el tema. La conversación que Nina tuvo con el Dr. Dantas la había hecho analizar mejor la situación en Antônia, y Nina terminó sintiendo que él tenía razón. Antônia había pasado por delicados problemas, pero siempre la había apoyado su tío cariñoso, quien le había dado todo, educándola, brindándole la oportunidad de tener una buena vida.

¿Por qué la gente siempre piensa en lo peor? ¿Por qué no afronta sus desafíos, ignora su propia fuerza y prefiere huir?

Ese pensamiento la llevó a su propio caso. Había enfrentado todo, pero no porque entendiera el lado positivo, sino por su enfado al admitir su propia impotencia y el orgullo de demostrarle a André que era mejor que la mujer que había elegido para esposa. Estos pensamientos turbaron la cabeza de Nina, quien se lanzó a trabajar tratando de olvidarlo todo. Pero por la noche, cuando se retiraba a dormir, volvían y le recordaban todo lo que le había pasado.

Si ella le hubiese dicho que tenía un hijo, ¿habría cambiado? Ciertamente le hubiese ofrecido una pensión para satisfacer su conciencia y eso habría sido infinitamente peor.

Tenía la intención de continuar su relación con ella después de la boda, lo que la rebeló aun más. Era una prueba que la consideraba indigna de ser su esposa. Ese pensamiento la molestó mucho. Había hecho lo correcto y continuaría haciéndolo. Él no tenía el derecho a intervenir en la vida de Marcos. En los últimos días no los había acosado.

Quizás se había rendido. Mejor así. Podrían vivir en paz. Pero a pesar de eso, no se sintió en paz. ¿Por qué? Había conquistado el éxito profesional, era capaz de demostrarle que era tan inteligente y capaz como la mujer por la que la había cambiado, pero ese pensamiento no le proporcionaba el sentimiento de realización profesional que imaginaba.

Al contrario. Aun sentía ese vacío en el pecho, ese desagradable sentimiento de pérdida, ese dolor que había comenzado el día que André la dejó. De hecho, había logrado darle a su hijo una vida cómoda, eso era bueno, pero no lo suficiente para hacerla olvidar el pasado y hacerla feliz.

En esos momentos sintió que necesitaba olvidar, pasar esa página de su vida. Trató de buscar otros intereses además del trabajo, pero fue inútil. El pasado reapareció más fuerte que nunca y Nina sintió aumentar su amargura por André, como si él fuera el responsable de sus pensamientos.

***

En la oficina sonó el teléfono. Nina respondió. Era Marta:

– Hola. ¿Cómo estás, Marta?

– Bien, te estoy llamando a invitarte a venir a mi casa el sábado.

– ¿Recibiste alguna noticia especial sobre Antônia?

– No. Quiero reunir a unos queridos amigos para celebrar mi cumpleaños.

– Gracias por la invitación.

– Cuento contigo. ¡Dile a Marcos que vendrá Renato!

– Le gustará.

– Yo más. Los espero.

Nina colgó el teléfono imaginando un regalo para ella. Miró a su reloj: era un poco más de las cuatro. Podría salir algo más temprano para escoger alguna cosa bonita para ella.

Pasaba de las cinco cuando Nina dejó la oficina y fue caminando por el centro buscando en los escaparates en busca de una sugerencia. Entró en una tienda y se dirigió a la sección de perfumería. Marta amaba los perfumes. Fue difícil elegir, pero al final se decidió. Compró, pagó, lo envolvió como regalo y estaba apoyada en el mostrador esperando.

De repente la puerta de la tienda se abrió con algo de violencia y un hombre entró corriendo, fue al mostrador, saltó y se inclinó diciendo al dependiente:

– Me están persiguiendo. Si dices dónde estoy, te arrepentirás.

Antes que la chica tuviera tiempo de contestar, entraron dos policías, miraron a su alrededor y se acercaron al mostrador preguntando al dependiente:

– ¿Dónde está él? Lo vimos entrar aquí.

La chica sintió la punta de una fina cuchilla contra su pierna y no pudo responder.

– Está aquí. Lo encontraremos.

Nina esperó nerviosa y permaneció en silencio. En ese momento, entró un joven muy elegante, se acercó. Uno de los policías se acercó a él.

– Mi colega le dijo al gerente que cerrara las puertas. Nadie puede entrar o salir de aquí hasta que lo encontremos. Es un ladrón peligroso. Manténgase tranquilo. Vamos a revisar su cartera.

Uno de los guardias le hizo una leve señal al otro, señalando el mostrador, le guiñó un ojo a Nina y le dijo al empleado:

– Ve a buscarle un vaso de agua a esta chica. Ella está muy asustada.

Con el corazón latiendo con fuerza, ella obedeció y tan pronto como los dos se fueron saltaron al mostrador y dominaron al ladrón. Encontraron el reloj de oro y la billetera que había robado y se la entregaron al joven, quien respondió con alivio:

— Bueno. El reloj es un recuerdo familiar. También están los documentos.

Esposaron al hombre y mientras uno lo conducía hacia el vehículo el otro consideró:

— Necesitas acompañarme para formalizar la denuncia.

— Puede que no sea necesario.

— Si no, pronto será liberado y robará a otra persona. Tenía un cuchillo. Puede hacer algo peor.

— Voy a tomar mi carro en el estacionamiento y los seguiré en este momento. Solo deme la dirección.

— En ese caso anotaré tus datos. ¿Cuál es tu nombre?

— Antero Fontoura.

Nina se asustó. ¿Había oído bien?

El policía dio la dirección y se alejó. El muchacho miró a Nina diciendo:

— Imagino que debes estar nerviosa. Lo siento.

— De hecho. Fue desagradable, pero ya pasó. Afortunadamente, no hubo daños importantes. Tu nombre me recordó a una persona que conozco.

— ¿Quién?

— Doña Olivia Fontoura.

— Es mi madre. ¡Qué coincidencia! ¿Es su amiga?

Nina abrió su bolso, tomó una tarjeta y se la entregó diciendo:

— No exactamente. Soy abogada. Antônia, una sobrina suya, trabajaba en nuestra oficina —. Nina notó que sus ojos estaban tristes cuando respondió:

— ¿Era allí donde trabajaba cuando sucedió?

— Sí.

La vendedora le entregó el paquete a Nina diciendo:

– Perdón por la tardanza. No fue culpa nuestra.

– Lo sé. Gracias.

Nina le tendió la mano a Antero:

– Tuviste suerte. Hasta otro día.

– Yo también saldré.

La acompañó a la calle y continuó:

– ¿Aceptaría tomar un café, un refrigerio conmigo? Me gustaría que me hablaras un poco de Antônia. Nunca supe muy bien cómo fueron las cosas.

Nina estaba emocionada. Sintió que no podía negarse:

– Tomaré un café.

Entraron en una cafetería, se sentaron y Antero pidió café y bocadillos. Después que la camarera les sirvió, Nina preguntó:

– ¿Qué quieres saber?

– Todo.

– Conocí a Antônia cuando entré a trabajar al bufete de abogados del Dr. Dantas. Todavía no tenía mi licenciatura. Nos hicimos amigas. Ella era una chica muy dulce, pero muy triste. Nunca habló de sus sentimientos.

Nina habló sobre el suicidio y cómo conoció a Olivia. No tuvo el valor de mencionar la comunicación que su espíritu había hecho a través de Marta o su hijo.

Antero escuchó en silencio, con el rostro triste. Cuando terminó, consideró:

– Cuando llegó a nuestra casa era una niña alegre, llena de vida. Siempre estaba cantando. No se parecía ni un poco con esta mujer que describes. Un día, sin dar ninguna explicación, ella se fue. No conseguí entender por qué. Mi madre dijo que se había ido porque quería ser libres para llevar una vida disoluta, pero no le creí.

– Tienes razón. Antônia era una chica seria e impecable.

– Mi madre es una mujer de ideas muy rígidas. Juzgó mal su alegría y exuberancia.

– ¿Te llevabas bien con ella?

– Me agradaba smucho. Si ella no se hubiera ido, tal vez... –. hizo una pausa, los ojos perdidos en un punto indefinido durante unos segundos.

– ¿Quizás?

– Todo había sido diferente. Nuestra casa estaba muy triste sin ella. Una tarde, cuando fui a la casa de mis padres, ella estaba en la puerta discutiendo con mi madre. Traté de hablar, pero ella salió corriendo. Fue la última vez que la vi.

Nina suspiró pensativa. Estaba claro que Olivia había manipulado a su hijo para evitar su relación con Antônia. Es probable que ni siquiera supiera que habían tenido un hijo y que el niño era Eriberto.

Pero era demasiado pronto para hablar de ello. No podía precipitar eventos. El muchacho se veía muy diferente a su madre. Hablaba de Antônia con cariño. Quizás la amaba.

Hablaron un poco más, él recordando detalles de la personalidad de Antônia, hasta que Nina se puso de pie diciendo:

– Es tarde, tengo que irme. Encantada de conocerte.

– Alguien ya dijo que Dios escribe bien con líneas torcidas. El agresor me dio la oportunidad de conocerla y podemos hablar de un hecho que me preocupa desde hace tiempo. El suicidio de Antônia me cayó como un balde de agua fría.

– Sobre todo a nosotros. Cuando pienso en ella, no me perdono por no ir tras ella cuando se encerró en ese baño.

– Me quedo preguntándome qué habría pasado para tomar una decisión tan drástica.

- Algo me dice que algún día lo sabremos.

Antero sacó su billetera, sacó una tarjeta y se la entregó a Nina diciendo:

- Aprecio tu bondad para decirme todo esto. Aquí está mi tarjeta. Si descubre algo más, búscame. Todavía tengo algunas preguntas sin respuesta.

- De acuerdo.

Nina le tendió la mano a modo de despedida. En el camino de regreso a su casa, recordó ese encuentro inusual. La forma en que sucedieron los hechos la hizo sospechar que una fuerza mayor la estaba ayudando para que pudiera hacer algo a favor de Antônia.

Mercedes había dicho que, si fuese para que ella ayudase a este muchacho, la vida se encargaría de crear las oportunidades para ello. Ante ese pensamiento, Nina se conmovió.

Estaba ansiosa a decirle todo a ella y a Martha, pero decidió esperar al día siguiente, cuando iban a saludarla por su cumpleaños.

Marta había dicho que el té se serviría a las cinco, pero tendría que ir más temprano. A pesar de estar ansiosa por contar la noticia, Nina no quiso abusar. Pasaba de las cuatro cuando llegó a la casa del Dr. Dantas con Marcos. Fueron recibidos por Mercedes, quien los abrazó, y pronto apareció Marta con Renato. Y una niña. Después de los saludos a la cumpleañera Marta, la presentó:

- Milena, esta es mi amiga Nina.

Nina se estremeció, no había pensado en esa posibilidad. Ella miró a la joven, que le tendió la mano mirándola a los ojos, y tratando de controlar la emoción.

- Encantada de conocerte - dijo ella, estrechándole la mano y mirando con curiosidad su rostro, buscando involuntariamente rastros de su parecido con André.

Excepto por el color de su piel y cabello, ella no se parecía a él. Rostro delicado, rasgos finos, ojos profundos. Tratando de controlar la vergüenza, Nina dijo:

– Vine temprano porque pasó algo. Me gustaría hablar contigo antes que lleguen las demás personas.

Marta les pidió a los dos niños que jugaran en el jardín, lo que hicieron de buena gana.

– Vayamos a la oficina de papá. Allí estaremos más cómodas. Mamá estará aquí para recibir a algunos amigos más que vendrán.

– Observando que Milena no se había ido del lugar, prosiguió:

– Vamos, Milena –. Ella respondió vacilante:

– No sé si debería. Debe ser privado.

– Es sobre un caso que estamos tratando. Tú puedes ayudarnos.

Una vez instaladas en la oficina, Nina le contó lo que le pasó el día anterior, terminando:

– Antero parecía muy diferente a su madre. Quizás realmente no sepa nada sobre el chico. Mostró un gran afecto por Antônia.

Milena, que había estado callada hasta entonces, dijo:

– Él estaba enamorado ella. Pero la madre se dio cuenta e hizo todo lo posible para separarlos. Él no sabía que ella quedó embarazada, y mucho menos que él tiene este niño.

Nina no contuvo un gesto de sorpresa. Milena ahora mantenía una postura erguida, había hablado con voz firme, haciéndola muy diferente a la chica que había conocido momentos antes. Preguntó:

– ¿Cómo lo sabes?

– Mi amigo espiritual me lo está diciendo.

– ¿Qué más dice? – Preguntó Marta.

- Que él se arrepintió mucho por haberse casado por conveniencia, para cumplir la voluntad de su madre. Amaba a Antônia. Solo sentía amistad por su esposa. Cuando se enteró del suicidio, quedó muy conmocionado. No se ha sentido bien últimamente.

- Lo sé - continuó Marta -. Antônia lo acosa, preocupada por su hijo. Quiere que sepa sobre el chico y pueda protegerlo.

- Eso mismo - dijo Milena -. Él ha soñado mucho con ella, está angustiado, triste, y no sabe por qué. Ahí es donde entras tú - concluyó, dirigiéndose a Nina.

- ¿Crees que debería contarle todo? Dirá que estoy loca.

- No necesitas hacer eso - dijo Marta -. Continúa orando a favor de ellos y en el momento adecuado sucederán los eventos.

- La fe que tienes es impresionante...

- Si hubieras pasado por las experiencias que ambas tuvimos, también la tendrías - dijo Marta con una sonrisa.

- Así es - agregó Milena -. También pide por la paz de tu atormentado corazón. Olvídate del pasado e intenta ser feliz. ¡Te lo mereces!

Nina se asustó. Miró a Milena, que había abierto los ojos y había cambiado por completo tanto la actitud como la expresión de su rostro.

- ¿Qué dijiste? - Preguntó Nina.

- ¿Dije algo? - Murmuró Milena, admirada.

- Claro. ¿Puedes repetirlo, por favor? - Intervino Marta:

- Ella no recuerda. Milena es como yo, tiene el mismo tipo de sensibilidad. A veces tomo conciencia y sé lo que estoy diciendo, a pesar que estoy sirviendo como un medio para un amigo espiritual. Otras veces, me mantengo ausente y no recuerdo haber dicho nada. Fue lo que ocurrió ahora con Milena.

– No recuerdo lo que dije, pero vi a una chica alta, delgada, morena y cabello castaño que te estaba pidiendo ayuda.

– ¡Es Antônia! – dijo Nina, admirada –. ¿Ves los espíritus?

– Desde que era pequeña. Yo pensaba que todos los estaban viendo y hablando. Mi familia no lo creyó y dijo que eran alucinaciones. Ya no les contaba que veía, pero yo seguía viendo, sintiendo, dándome cuenta de lo que estaba sucediendo con las personas y no ser capaz de decir cualquier cosa. Sufrí mucho. No iba a fiestas, no tenía amigos, vivía al margen de todo. Me encontré con Marta través de mi hermano, que se ha empeñado en ayudarme. Desde ese día, mi vida ha cambiado mucho. Recuperé el placer de vivir.

– Tan pronto como nos conocimos, nos hicimos amigas. Tenemos la impresión que nos conocemos desde hace mucho tiempo – dijo Marta.

– Es genial tener amigos. Esta casa es un lugar privilegiado.

– También me sentí muy sola antes de conocerlos. Creo que ya le tomé mucho tiempo a la cumpleañera. Tus invitados deben estar llegando.

– Fue bueno que habláramos – dijo Marta –. Me estoy sintiendo muy bien

– Yo también – aseguró Milena,

Hablando amablemente, se dirigieron a la habitación donde estaban los padres de Renato, conversando animadamente con los dueños de la casa. Marcos y Renato entraron y fueron a abrazar a Marta.

– Ahora te vas a quedar con nosotros – dijo Marcos.

– Eso es correcto. Tenemos mucho que hablar.

– ¿Vamos a tu habitación? – Preguntó Renato.

– Ahora no puedo. Lo haremos más tarde – respondió ella sonriendo y abrazándolo. A Nina le presentaron a dos mujeres que no conocía, y la conversación fluyó agradablemente. Altamira se acercó a Nina y le dijo:

– ¿Viste lo bien que le va a mi hijo?

– Sí. Se ve genial.

– Te diré algo: al principio tenía miedo de ir con él a las sesiones. Estaba nerviosa. Pero contrario a lo que me temía, él se fue calmando, se hizo más alegre, duerme bien, y, lo que es mejor, ha mejorado mucho en los estudios. Yo confieso que mi marido y yo hemos también mejorado. Viendo bien a Renato, estamos más felices.

– Se puede ver eso.

– Tu hijo también está muy bien. Interesante su afinidad. Renato estaba muy feliz de saber que Marcos estaría aquí hoy.

– Marcos también, cuando supo que aquí lo encontraría.

Altamira se alejó y Nina miró a los dos niños hablando con Milena y Marta. Sintió cierta tristeza. Milena no sabía que Marcos era su sobrino, y era muy probable que Marcos, por su parte, nunca descubriese este vínculo de parentesco. ¿Por qué la vida tenía que ser así? ¿Por qué su hijo tenía que vivir lejos de su propia familia? Mercedes se acercó, pasó el brazo por los hombros de Nina y dijo en voz baja:

– Disfruta el buen rato que estamos viviendo. Deja ir la tristeza.

– Tienes razón. Hay cosas inesperadas que están fuera de nuestro control.

– No te preocupes. La vida hace todo bien. Créeme.

Marta se había alejado un poco y Milena se había sentado en el sofá, los chicos sentados a ambos lados de ella, quien, sosteniendo un libro en sus manos, les mostró unas imágenes haciendo una narrativa que ambos seguían con entusiasmo.

Nina notó que los ojos de Milena eran muy similares a los de Marcos. Mercedes, al notar su tristeza, la llamó para que se uniera al grupo de mujeres que hablaban de actualidad.

La gente era inteligente, amable y Nina se dio el gusto de una buena conversación, de tal manera que el tiempo pasó rápido. El té se sirvió con muchas golosinas. El ambiente era agradable y nadie pensó en irse. Marta y Milena llevaron a los niños al jardín, hablando en una banca.

Estaba oscuro y ya estaban apareciendo las primeras estrellas y la ligera brisa reflejaba el delicado aroma de las flores en el ambiente. Nina pensó que era hora de irse. Se levantó y fue al jardín en busca de Marcos.

Una vez allí, su corazón se aceleró. André estaba sentado entre Marcos y Renato, mientras las dos chicas se entretenían hablando animadamente.

Nina palideció y luchó por controlar su nerviosismo y mantener la calma. Miró a Marcos con ansiedad y notó que estaba relajado, prestando atención a lo que decía André, mirándolo con naturalidad. Ciertamente no le había dicho nada.

Cuando logró controlar su nerviosismo, llamó:

– Marcos, nos vamos. Entra a despedirte.

– ¿Ya mamá? La conversación está tan buena... ¿No podemos quedarnos un poco más?

– No. Es hora de irse. Vamos.

Todos se pusieron de pie y André se acercó a Nina diciendo:

– Podrías quedarte un poco más. Nina estaba irritada, pero trató de controlarse.

– Tenemos que irnos. No insistas.

– Necesitamos hablar.

– Todo lo que teníamos que decir ya está dicho. Espero que no insistas. Estamos en una fiesta. Este no es el momento para esto.

– Lo sé. Pero me gustaría buscarte en otra parte.

Al ver que Marcos se había acercado y mirándolos con cierta curiosidad dijo:

– Entremos, Marcos. Necesitamos despedirnos –. Y dirigiéndose a André continuó:

– Si quieres tratar el caso, no hay nada que yo pueda hacer. Necesitas conformarte. No sirve de nada buscarme. Dejemos las cosas como están.

– No voy a insistir. Pero no acepto esa decisión. Volveremos al tema en otro momento.

Nina no respondió. Tomó a Marcos del brazo y lo condujo adentro. Se despidieron de todos rápidamente y se fueron.

Durante el viaje, Marcos preguntó:

– ¿De dónde conociste al hermano de Milena?

– Él es un abogado como yo, tenía una causa que perdió y nuestra oficina la ganó.

– ¿No es un buen abogado?

– Sí, pero en ese caso estábamos mejor. Ahora basta del tema.

– Es que me gustaron mucho Milena y él.

– ¿Cuánto tiempo lleva ahí?

– Solo un poquito. Él estaba buscando a Milena y nos le pedimos que se quedara un poco más. Él nos contó una muy buena historia acerca de cuando estaba en la escuela secundaria.

– Entiendo. Hablando de la escuela, ¿has hecho tu tarea para mañana?

– Yo preferiría hablar más sobre la fiesta. Cuando yo tenga mi cumpleaños, ¿podrías hacer una fiesta como esta? Podría invitar a todas estas personas.

– Veremos – dijo.

Quizás era mejor no volver a la casa de Marta. Ahora que Milena frecuentaba allí, estaba segura que André la utilizaría para acercarse a Marcos. No podía permitir eso. Un sentimiento de amargura la golpeó. ¿Por qué tendría que infiltrarse en la casa de sus mejores y únicos amigos? André había hecho infeliz su juventud y continuaba perturbando su vida. ¿No era suficiente el pasado para que ella quisiera olvidar?

Una vez en casa, después que Marcos se fue a su habitación, Nina tomó un libro en un intento por olvidar la preocupación. Pero la escena de André sentado al lado de Marcos reapareció en su mente, dejándola angustiada. En la casa de Marta, después que Nina se fue, Renato fue a buscar a sus padres, dejando a André con las dos niñas. Se sentó en el banco, acariciando el pelo así que tratar de romper la cabeza los pensamientos que la molestaban.

* * *

– Es necesario tener paciencia – dijo Marta –. El tiempo disuelve todos los dolores y la madurez renueva las ideas.

– Ella está siendo dura conmigo. Yo me equivoqué, pero quiero de alguna manera reparar el error. Nina no puede ser tan vengativa.

– Ella no es vengativa – dijo Milena –. Resulta que la herida que lleva en el pecho aun no ha sanado.

– ¿No es eso vengativo?

– Es una manifestación de dolor – aclaró Marta.

– No sabía que le podría provocar tanto sufrimiento. No fue intencional.

– Tú sabías que ella te amaba y pensaste en aprovecharte de ese sentimiento. Tenías la intención de quedarte con las dos. Hiciste lo que pensaste que era mejor para ti en ese momento. Los hechos demostraron cuán equivocado estabas. Nina te echa toda la culpa, pero ella es la responsable por el sufrimiento que hasta hoy la hace infeliz.

– ¿Por qué dices eso? – Yo fui la causa de todo.

– No. Fuiste frívolo, usaste su afecto confiando en que aceptaría una relación extramarital. No te diste cuenta que, por el temperamento sincero de Nina, nunca aceptaría esa situación. Por supuesto que te portaste mal. Sin embargo, si Nina hubiera entendido que no eras como ella imaginaba, que tenía debilidades, ella también se engañaba, estaba equivocada, habría reconocido su parte de responsabilidad en los hechos. Te habría dejado de lado, dado vuelta esta página de su vida. Si no hace esto, sin duda hubiera encontrado otro amor, hoy ni se acordaría del pasado.

La voz de Marta se modificó levemente y Milena la miraba con emoción. André respondió:

– A pesar de todo, no me gustaría verla casada con otro.

– Rompiste el compromiso que hiciste con ella, tomaste tu decisión, y así la liberaste para seguir otro camino.

– Me equivoqué. Estoy pagando el precio de mi error. Me gustaría que Nina al menos lo entendiera.

– Ella preferiría que hubiera sido diferente. Sufrió, pero se vio obligada a aceptarlo y reaccionó con valentía, esforzándose por darle a su hijo una vida digna. Tuvo la dignidad de no perturbar tu vida personal y asumir las consecuencias de una relación frustrada.

– Yo preferiría que ella no hubiese hecho eso. Cuando regresamos de la luna de miel, la busqué por todas partes. No pude encontrarla. Durante años sufrí preguntándome qué le habría pasado a ella y al niño.

- No te lastimes con lo que pasó. Ten paciencia.

- Hoy, cuando vine aquí y lo vi, tuve que hacer un esfuerzo enorme para controlarme, para actuar con naturalidad. ¡Pero algo dentro de mí gritaba con ganas de abrazarlo y decirle que él era mi hijo! Me contuve pensando que tal actitud lo molestaría. No quiero que sea así. Quiero que esté preparado para llegar a la verdad.

- Hiciste bien - intervino Milena -. Él me dijo que su padre murió durante el embarazo de Nina.

- Otra injusticia. ¿Cómo pudo decirle esa mentira?

- Era la forma en que encontró para explicar tu ausencia - consideró Marta -. Ella decidió que nunca te buscaría o permitiría que supieses la verdad. Para ella, moriste el día que la dejaste para casarte con otra.

- ¡Pero estoy vivo! Necesita saber la verdad.

Mercedes se acercó a ellos, lo saludó y luego le dijo a Marta:

- ¿Por qué no invitaste al Dr. André a venir y tomar algo?

- Él llegó, estábamos conversando. Vamos a entrar - justificó Marta.

- Aquí afuera está muy agradable. Si no les importa, me gustaría quedarme un poco más aquí.

- Pónganse cómodos - respondió Mercedes. Entró y André consideró:

- Todavía estoy muy emocionado. Vamos a esperar un poco más para entrar -. Milena abrazó a su hermano diciéndole con cariño:

- Tómatelo con calma, algo me dice que un día todo cambiará. El tiempo lo cambia todo. Confiemos en la vida.

André suspiró y respondió:

– Es difícil para mí pasar por esto y no hacer nada. Encontrar a Nina, conocer a Marcos cambió mi vida. No voy a soportar el compromiso con Janete. Ella está cada día más desagradable –. Marta respondió con voz firme:

– Tú asumiste ese compromiso libremente. Si no deseas mantenerlo más, es un derecho tuyo, pero tendrás que hacer frente a las consecuencias. Ella no va a aceptarlo con facilidad.

– Estoy segura de eso – coincidió Milena –. Piensa bien si es esto lo que realmente quieres.

– Por ahora no estoy seguro de nada. Solo sé que no somos felices juntos. Nunca lo fuimos, incluso antes que volviera a ver a Nina y Marcos.

– El futuro pertenece a Dios y Él siempre hace lo mejor – comentó Marta sonriendo –. Entremos, Dr. André. Allí dentro tiene una deliciosa tarta de chocolate. Es hora de endulzar un poco tu vida.

Sonrió, estuvo de acuerdo y, abrazando a su hermana, entró en la habitación para saludar a los demás invitados.

En un sillón en su lujosa sala de estar, tomando en sus manos un libro que fingía leer, Olivia observaba en silencio al marido, quien, sentado en su silla favorita, se entretenía en la lectura de una revista.

Necesitaba encontrar una manera de mantener alejado a Eriberto. Pensándolo bien, tal vez sería mejor no enfrentarse cara a cara usando la justicia. Arthur era un hombre bueno, tolerante, pero muy terco. Cuando se decidía por algo, no daba marcha atrás.

La conversación con Nina la hiciera pensar y concluir que no quería pelear con él. Su relación no era buena. Hacía mucho tiempo que él no tenía un gesto de cariño. Pero ella lo amaba y no quería una separación. Josefa pidió permiso y entró con Eriberto de la mano:

– Vino a decir buenas noches.

Arthur colocó la revista sobre la mesa y abrió los brazos diciendo:

– Ven y dame un abrazo.

El chico sonrió feliz y con ojos brillantes se arrojó a los brazos de Arthur, quien lo besó en la frente con cariño. Olivia luchó por ocultar su disgusto. Por ese chico insignificante, Arthur se desdoblaba en atenciones. Cuando lo veía, sus ojos brillaban de emoción.

Había puesto a Eriberto de rodillas y le había dicho a Josefa:

– Déjalo aquí. Yo mismo lo llevaré a dormir.

– ¿Me cuentas de nuevo la historia del hombre que quería hablar con los animales?

– Sí, lo haré. Pero tengo otro que te gustará más.

– Cuéntame el de los animales primero y luego los otros.

Arthur se rio divertido. A continuación le preguntó cómo había sido su día, lo que había hecho en la escuela, etc. Olivia fingió leer, luchando por contenerse y no decir lo que estaba pensando. No era posible que el chico fuera cualquiera. Quizás se equivocó al creer que su marido le era fiel. Había pasado más de diez años Arthur, en vista de las llamadas de emergencia en el hospital, que no le permitía tener un horario fijo para dormir, tuvo que instalarse en una habitación separada. Desde entonces, rara vez la buscaba para tener una relación íntima.

Mirándolo de cerca, Arthur era un hombre apuesto, lleno de salud. Sin duda, tenía otra mujer. Por eso se había alejado de ella. Ese chico bien podría ser su hijo. Entonces todo estaría explicado. El registro a su nombre, el amor que sentía por él, la alegría que mostraba claramente.

– Dile buenas noches a tu tía y subamos arriba. Eriberto se acercó a ella con miedo.

– Buenas noches, tía.

– Buenas noches – respondió secamente.

Arthur necesitaba entender que la presencia de ese chico la contrariaba mucho, subieron las escaleras hablando y Olivia sintió una oleada de resentimiento. Arthur estaba abusando de su confianza. Si pensaba que ella iba a aceptar esa situación, estaba equivocado. Se las arreglaría para deshacerse de ese mocoso de una forma u otra.

Nunca permitiría que él, además de disfrutar de la calidez de Arthur, heredara parte de sus bienes. Si no pudiera ir por medios legales, buscaría otros medios. Lo que no podría hacer era cruzarse de brazos y aceptar la humillación.

En el dormitorio, Arthur esperó a que Eriberto se pusiera el pijama, lo acomodó en la cama y se reclinó a su lado.

– ¿Me vas a contar esa historia?

Arthur asintió y comenzó a contar y mientras hablaba observaba a ese hermoso chico, de rostro expresivo, ojos redondos, negros como los de Antônia, pero su nariz recta, su mentón prominente, su cabello ondulado eran muy similares a los de Antero.

Mientras contaba la historia, Eriberto reaccionó, corrigiendo algún pequeño cambio que Arthur hizo inadvertidamente, exigiendo cada detalle. Arthur sonrió con orgullo, reconociendo lo observador e inteligente que era. Al final, Eriberto se durmió y Arthur alisó las mantas, colocando un beso en su frente.

Se quedó allí un poco más, pensando. Fue desagradable notar la intolerancia de Olivia, su implicación con él, sus celos.

A veces se preguntaba si habría hecho bien en cumplir con el pedido de Antônia, ocultando la verdad. Quería pedir cuentas a Antero.

– Él tiene que saber que tiene un hijo que sus acciones tenían consecuencias.

— No, tío. Él no fue culpable de nada. Nunca me obligó. Resulta que me enamoré de él y lo involucré.

— Pero es un hombre. Le enseñé a afrontar las consecuencias de sus actos. No puedo mentirle.

— Él es casado. Un niño puede obstaculizar su felicidad. Yo lo amo mucho y deseo que sea feliz.

— Piensa con cuidado, Antônia. Ocurrió antes de la boda. Gloria puede comprender, perdonar y todo se arregla.

— Ninguna mujer acepta una traición. Estaban comprometidos.

— Podemos hablar con ella, explicarle.

— No, tío. Si se insistes en eso, me iré con mi hijo y que no nos verás más.

— Eso no. No puedo permitirlo. ¿Cómo sobrevivirían?

— Puedo trabajar.

— ¿Con un bebé en tu regazo?

— Encontraré una forma.

— No. En ese caso, déjalo conmigo. Lo registraré como mi hijo legítimo y lo criaré con todo el amor y el consuelo.

— ¿Qué dirá la tía Olivia? Ella nunca lo aceptará.

— Si no puedo decírselo a Antero, será mejor que nunca lo sepa. Diré que es hijo de un paciente cuyos padres fallecieron y que decidí adoptarlo. Ella tendrá que aceptarlo. A pesar de su carácter intolerante, no se atreverá a enfrentarse a mí.

— No lo sé, tío... No me gustaría separarme de él.

— Eres joven, hermosa. Un día encontrarás un buen hombre que te valore, te amará, y te casarás. Tendrás otros hijos. Si se queda contigo, tarde o temprano Antero se enterará. Estoy seguro de eso.

Las lágrimas corrían por las mejillas de Antônia cuando dijo:

— Será difícil para mí...

- Nos veremos con frecuencia y podrás verlo cuando quieras.

- Necesito pensar. Dame unos días.

- De acuerdo. Regresaré el sábado para averiguar qué has decidido. Piensa que conmigo tu hijo estará protegido, tendrá un nombre, una familia.

El sábado, como prometió, volvió a buscar a Antônia. Ella dijo entre lágrimas que había pensado mucho y se dio cuenta que por el bien del niño y asegurar su futuro, aceptaba su propuesta si juraba nunca decirle a nadie la verdad. Creía que así estaría protegido. Tenía miedo que Olivia la persiguiera para descubrir que era su hijo y de Antero.

Unos días después ella consiguió un trabajo y él creyó que este caso estaba resuelto. Cumplió su palabra, visitándola siempre.

En los primeros días había llevado al chico varias veces para que lo viera, pero notó que, en lugar de consolarla, su presencia la deprimía más, sufría por tener que separarse de él.

Por esa razón, espaciaba estas reuniones, prefiriendo tomar fotografías para que ella pudiera ver lo bien que estaba.

A pesar de su tristeza, se sorprendió cuando, en uno de sus viajes al extranjero, Olivia lo llamó para informarle que Antônia se había suicidado. Se apresuró a regresar tan pronto como pudo, ansioso por conocer los detalles del evento.

Olivia en pocas palabras le dijo lo que sabía y desde este día Arthur se preguntó si separar a su hijo habría ayudado a tomar esa decisión.

Si él se hubiera ido con ella, dándole las condiciones financieras para criarlo, tal vez ella no lo hubiera hecho. Tal vez él había sido egoísta en tratar de educar a su nieto, como él había hecho con su hijo.

Al mirar el rostro dormido de Eriberto, ese sentimiento volvió muy fuerte. Le pareció ver a Antônia, la cara lavada por las lágrimas, las manos extendidas diciendo:

- ¡Prometiste protegerlo! Haz eso. Estoy vigilando.

Arthur negó con la cabeza como para expulsar ese pensamiento. Acarició la frente de Eriberto y pensó:

- ¡Qué pensamiento más tonto! Era como si Antônia estuviera aquí acusándome. Qué ilusión. Quien muere no vuelve. Además, hice todo lo que prometí.

Decidido, se levantó y besó a su nieto en la frente y se fue, cerrando la puerta suavemente. Bajó a la sala de estar, volvió a coger la revista, dispuesto a seguir leyendo. Olivia no pudo evitarlo.

- Es sorprendente cómo me tratas y eres capaz de hacer todo por ese niño que no se sabe de dónde viene, mientras que, a tu esposa, me relegas a un segundo plano. ¿Por eso me estás haciendo esto?

- No seas mala, Olivia. Intenta ver las cosas como son al menos una vez. Eriberto es un niño al que considero un hijo, mientras que tú eres lo suficientemente adulta para entender que necesita mucho nuestro cariño.

- No sé por qué. Para mí es un intruso que apareció no sé de dónde para meterse en nuestras vidas. Lo registraste como hijo, lo pusiste a mi nombre sin pedirme permiso, lo que nadie hace. A veces pienso que realmente es tu hijo y me pregunto quién será su madre.

- Estás totalmente equivocada. Él pasó a ser mi hijo desde el día en el que decidí adoptarlo. Es un niño inteligente y hermoso, que trajo alegría a nuestro hogar.

- Solo si es para ti. Desde que vino aquí, no he tenido paz.

- Me entristece oírte decir eso. Vi inmediatamente que a ti no te gustó que yo lo haya traído aquí, pero esperaba que con el tiempo te sensibilizaras. Un niño, con su espontaneidad, inspira alegría, conquista el cariño. Pero veo que permaneces insensible, manteniendo tu corazón cerrado.

- Quien cerró su corazón fuiste tú. Hemos cambiado mucho después que nos casamos. No hay ningún gesto cariñoso para mí. Al contrario. Me doy cuenta que me evitas, no hablas, no hablas de tu trabajo ni de tus preocupaciones. Sigues teniendo excusas para no tener la cena en casa o salir conmigo.

- Últimamente he venido a cenar todas las noches.

- Sí, pero creo que es para mimar al niño, contarle cuentos, llevarlo a dormir. Hoy estuviste allí con él durante casi una hora.

Regresó y tomó la revista, como si ni siquiera estuviera aquí.

- Siento que te sientas así. Llevamos muchos años casados y en ese tiempo ya nos hemos dicho todo lo que teníamos que decirnos, ya sabes, en mi profesión necesito actualizarme. Hay mucho que aprender. Cuando llego a casa, estoy cansado, quiero descansar y dormir.

- Pero tienes tiempo para Eriberto.

- Así es. Me complace con sus alegres travesuras, su sonrisa traviesa, su forma amorosa de abrazarme. Su presencia me hace bien.

- Gustas más de él que de mí.

- ¡No seas ridícula! No quieras competir con un niño. No puedo tomarte en serio. Por eso a menudo no tengo ganas de hablar. Siempre me aburro con tus palabras.

- Si estoy de mal humor, es tu culpa.

- Me voy a dormir. No puedo hablar contigo. Buenas noches.

Él fue arriba sin darle tiempo a responder y Olivia, irritada, se paró allí, pensando una manera de conseguir que

Eriberto se fuera lejos de su casa. Necesitaba encontrar una manera de hacer esto sin que Arthur sospechara de ella.

Olivia fue al dormitorio, se acostó y le costó conciliar el sueño. Se dio la vuelta en su cama inquieta, y cuando logró conciliar el sueño, soñó que caminaba por un sendero oscuro y una figura la perseguía.

De repente la figura se detuvo frente a ella, impidiéndole seguir y reconoció a Antônia. Estaba pálida, su rostro estaba tenso, la tomó de los hombros y dijo:

– Si haces cualquier cosa contra Eriberto, acabaré contigo. Estás conspirando contra él, pero yo lo estoy protegiendo. Si intentas algo, te las verás conmigo.

Olivia se estremeció aterrorizada, un sudor frío provocó escalofríos en su cuerpo. Angustiada, quiso huir y se despertó con el corazón palpitante, todavía sintiendo los desagradables escalofríos, teniendo dificultad para respirar.

Se levantó de un salto, buscó la jarra de agua, llenó un vaso y bebió tratando de calmarse:

– Fue una pesadilla. Solo eso – pensó –. Estaba tan nerviosa que fui a soñar con esa infeliz niña.

Se calmó un poco, pero la pálida figura de Antônia, tal como la había visto en su sueño, no abandonó su mente. Trató de calmarse razonando que era absurdo que Antônia la amenazara por el niño. Ella ni siquiera lo conocía.

Era una tontería estar así por una pesadilla. Pero a pesar de intentar convencerse a sí misma de esto, tenía miedo de dormir. Abrió el cajón de la cómoda, tomó el frasco de tranquilizantes y tomó una pastilla. Se volvió a acostar y esta vez se durmió sin soñar.

Se despertó tarde a la mañana siguiente, y cuando bajó a desayunar, Arthur ya se había ido y Eriberto estaba en el jardín con la institutriz.

Josefa había sido contratada por Arthur al día siguiente de haberlo llevado a casa. Ella había venido del interior de Minas Gerais a petición de un colega de Arthur, quien nació en la misma ciudad y conocía a su familia. Tenía ocho hermanos menores y era difícil para su padre mantenerlos. A los dieciséis años estaba decidida a trabajar y ayudar a los suyos.

Sabiendo esto, el colega de Arthur la había recomendado porque eran personas sencillas pero muy buenas. Arthur se compadeció de ella desde el primer día y dejó al bebé a su cuidado. Ella mostró buena experiencia, ya que había ayudado a su madre a cuidar a sus hermanos desde una edad temprana.

Sin embargo, pronto se dio cuenta que Olivia era diferente de su marido y que a ella no le agradaba el chico en absoluto. Amorosa, dedicada, sabiendo que él había sido adoptado, se compadeció de él por no tener una madre. Fue con gran amor que se dedicó a él y Arthur se sintió aliviado, confiado en tenerla cerca.

Ante la implicación de Olivia con Eriberto, le dijo a Josefa que el niño estaba bajo su responsabilidad porque su esposa no tenía paciencia para asumir esta tarea.

Durante esos años, Josefa trató siempre que pudo de mantener a Eriberto alejado de la proximidad de Olivia. Entonces, cuando el día estaba hermoso, justo después del desayuno, lo llevaba al jardín, donde se quedaban hasta el almuerzo. Luego lo llevaba a la escuela y lo recogía a última hora de la tarde. Mientras tanto, se ocupaba de su ropa y de sus habitaciones.

Arthur había colocado a Eriberto en la habitación de Antero y adaptado el vestidor para Josefa. Eran habitaciones espaciosas y ventiladas, con un baño refinado.

Olivia estaba molesta, ya que tenía la intención de ponerlos a los dos en una pequeña habitación en la parte trasera de la casa. Colocar a ese niño que no sabía bien de dónde venía y una chica campesina en aquellos aposentos de lujo que Antero había reformado con todas las sutilezas modernas era demasiado para ella.

Protestó, pero no logró mover a Arthur y tuvo que ceder. Él sabía lo que estaba haciendo. Eriberto era su nieto, hijo de Antero, era natural que ocupara el espacio que había sido de su padre y disfrutara de todo lo que era suyo.

Sin escuchar a Olivia, hizo la adaptación, despejando las paredes, colocando muebles para niños y los instaló allí.

- Si quieres meter al chico en la habitación de Antero, creo que es un desperdicio, pero como insistes, no puedo hacer nada, pero esa campesina es demasiado. Ella va a la habitación de los empleados.

- Nada de eso. Un niño necesita el cuidado la totalidad del tiempo. Tú no te vas a levantar durante la noche cuando llora o esté enfermo.

- Por supuesto que no. Crie a mi hijo y eso es todo.

- Criaste es una forma de decirlo, porque nunca te levantaba durante la noche para atenderlo.

- No lo hice porque no tenía que hacerlo. Había una buena enfermera y luego una niñera. Pero fui yo quien le proporcionó todo.

- De acuerdo. No discutiremos. Pero Josefa se quedará ahí, con él.

Sentada en la sala, Olivia podía ver a través de la ventana a Josefa y Eriberto jugando en el jardín. Eriberto se reía a carcajadas y Olivia, irritada, se levantó, cerró la cortina. La risa alegre del chico la molestaba.

Debido a que este niño no deseado estaba sano, se reía feliz y Antero aun no había logrado tener un hijo sano, Gloria había hecho dos intentos y ambos habían abortado espontáneamente entre el cuarto y quinto mes.

Si fuera el hijo de Antero, estaría feliz. Llegaría a perpetuar el apellido y heredar sus bienes. No podía admitir que la mitad de este patrimonio estuviera en manos de ese indigente que en mala hora Arthur había recogido.

Josefa entró y fue a preparar a Eriberto para ir a la escuela, luego bajaron y fueron a el comedor para que almorzara. Olivia no le permitió comer con ellos en la sala.

Arthur no almorzó en casa y por la noche, a la hora de la cena, ella dijo que había cenado antes porque era mejor para él.

Arthur nunca supo que ella le había prohibido a Josefa que lo pusiera a la mesa con ellos, aunque sabía que a los seis años Eriberto ya había aprendido a comportarse cortésmente.

Olivia oyó el ruido de un carro, se levantó y se acercó a la ventana. Su rostro se iluminó. Había llegado Antero. Fue al vestíbulo para abrazarlo.

– ¡Me alegro que hayas llegado!

– Vine a almorzar contigo. ¿Cómo estás?

– Mal. He estado viviendo sola últimamente. Tu padre no me invita a salir.

– Está muy ocupado. ¿Por qué no sales con tus amigas?

– No me gusta. Tengo marido. Antes él salía conmigo. Ahora, desde que recogió a ese chico, le presta más atención a él que a mí.

Antero la abrazó sonriendo:

– ¡Estás celosa de un niño!

– Que no sabemos de dónde viene. Sus antecedentes, etc. Creo que es un peligro –. Josefa apareció en la puerta con Eriberto, diciendo:

– Saluda al Dr. Antero.

El niño miró a Antero:

– ¿Cómo está, Dr. Antero?

Antero estrechó la mano que le tendía y respondió:

— Estoy bien, ¿y tú?

— También. Ahora, tengo que irme. Es hora de ir a la escuela.

— ¿Te gusta la escuela?

— Me gusta. Allí tengo muchos amigos y ya he aprendido a leer.

— ¿Ya? – Dije Antero fingiendo admiración –. Cualquier día de estos te traigo un libro para ver si esto es cierto.

El rostro de Eriberto se iluminó y sus labios se abrieron en una sonrisa.

— ¡Bien! Me encanta leer. Verás que leo todo.

— Vas a llegar tarde – intervino Olivia –. Deja la conversación para otro día.

— Sí, señora. Hasta otro día, Dr. Antero, no olvide lo que me prometió.

— Hasta otro día. No lo olvidaré – Ellos salieron y Olivia no se contuvo:

— Es mejor que no le des cuerda a ese mocoso. Es muy confianzudo. ¿Viste cómo te cobró? – Antero la miró y respondió:

— Sigues quejándote de Eriberto. No creo que sea confianzudo. Al contrario. Parece ser muy educado para un chico de su edad.

— No deberías preocuparte por él. Basta tu padre, que lo mima con tanto cariño. Lo que creo que sería bueno que hicieras es ayudarme a que Arthur se lo lleve de aquí.

— ¿A dónde? Papá dijo que no tiene familia.

— Si quiere protegerlo, podría ponerlo en la escuela y, en mi opinión, estaría haciendo mucho. Hijo, Arthur lo registró como nuestro hijo legítimo. Nunca podría haber hecho eso. ¿Ya tomaste en cuenta que un día tendrá que compartir nuestra herencia con él?

– Eso nunca me preocupó. Si papá encontró bien tomar esta actitud, debe tener una buena razón. Respeto mucho sus decisiones, que siempre han sido sensatas. Además, la riqueza a la que te refiere es el resultado de su trabajo, tiene todo el derecho a disponer de sus bienes como mejor le parezca. Tengo una profesión, una empresa que va bien, no necesito nada. No deberías preocuparte por eso. Estoy seguro que papá no hará nada que nos perjudicase.

– No estoy de acuerdo con eso. Tú eres nuestro hijo legítimo. No puedes ser expoliado de esa manera.

– No estás viendo los hechos como son. Vamos a cambiar el tema. Vine aquí para hacerte compañía y no para hablar de asuntos desagradables.

– Algún día Gloria tendrá el niño que tanto desea. Él es dueño de todo nuestro patrimonio y está siendo perjudicado.

Antero puso las manos en los brazos de Olivia, la miró a los ojos y respondió:

– Es mejor no contar con eso por ahora. La última vez su vida estuvo en peligro. No quiero sentirme responsable por lo que le pueda pasar.

– ¡No te rendirás!

– Ya me di por vencido. Gloria solo piensa en eso, solo habla de eso, pero la doctora nos aconsejó que hiciéramos un tratamiento, incluso sugirió que adoptáramos un niño.

– ¡Dios no lo quiera! ¡Uno más!

– Encontré una buena solución. Pero Gloria ni siquiera quiere oír hablar de eso.

– Menos mal.

– Dejemos este asunto y hablemos de cosas felices. Vine a almorzar contigo y no a molestarte.

Una hora después Antero se despidió. Una vez en el carro, pensó en la relación de sus padres. Reconoció que Olivia tenía un temperamento difícil, a menudo le irritaban sus opiniones sobre la gente, sus actitudes mezquinas, su mal humor.

Si él, que era el hijo, no se sintió bien al lado de ella, se imaginaba como esta interacción sería difícil para su padre. Él era lo opuesto a ella. Generoso, cariñoso, desinteresado, siempre dispuesto a ayudar a los demás. Gente así nunca debería haberse casado.

Él sentía que, a pesar de estar viviendo juntos, Arthur puso una distancia entre ellos, durmiendo en una habitación separada, pasando la mayor parte del tiempo fuera de casa.

Trabajaba duro, pero Antero sabía que pasaba la mayor parte de su tiempo libre en el Colegio de Médicos, donde trabajaba como voluntario. Perspicaz, notó que a su padre no le gustaba volver a casa y se preguntó: ¿cuánto tiempo soportaría su padre esa situación?

La adopción de Eriberto, su dedicación a él, había sido una forma de satisfacer su afecto. Recordó lo mucho que le agrada Antônia a Arthur, le prestaba atención, hablando durante horas, lo que nunca le había visto hacer con Olivia.

Quizás, de no haber adoptado a Eriberto, ya se habría separado de ella. Por eso Antero lo apoyó. Comprendió que el chico era la salida para la sequedad de esa relación.

Él incluso se sentía cansado de la compañía de Gloria. Ella era una joven alegre, llena de proyectos profesionales cuando salió de la escuela de arquitectura. Pero todo esto se derrumbó después del matrimonio, principalmente debido a los dos intentos fallidos de ser madre.

En vano Antero había tratado de conseguir que se reanuden sus viejos proyectos, pero incluso no quería hablar sobre ello. Estaba obsesionada con la idea de quedar embarazada, compró libros sobre fertilidad, embarazo, y había logrado un embarazo psicológico en el mes anterior del que aun no había logrado salir del todo, alegando que el médico estaba equivocado y buscando a otros profesionales afirmando que efectivamente estaba embarazada.

Para calmarla, el médico había sugerido la adopción de un bebé, diciendo que sería volver a la normalidad. Pero ella no lo quería en absoluto.

Se conocían desde que eran niños. Las familias eran amigas y desde muy jóvenes los animaban a que salieran juntos. Gloria era hermosa, educada, alegre. Le gustaba a Antero. Pero, después que Antônia se mudó con ellos, algo cambió en su corazón.

Antônia era radiante, llena de vida. A pesar que Olivia la trataba con dureza, no le importaba. Dijo que su tío y su cariño la dejaron bien con la vida y con las quejas de Olivia.

El amor floreció entre ellos, y cuando ocurrió lo inevitable Antero deseaba a romper con Gloria, pero Antônia no lo permitió. No quería causarles angustia a sus tíos, quienes estaban muy felices con este matrimonio.

Empezó a pensar que tal vez Antônia no lo amaba lo suficiente como para tener un compromiso mayor. Sabía que sus padres no estarían de acuerdo con su matrimonio, especialmente su madre, pero estaba dispuesto a enfrentar todos los obstáculos.

Cuando su madre le dijo que su prima se había ido lejos de casa y dio a entender que ella estaba en una relación con otro, él se sorprendió. Pensó en buscarla y saber lo que estaba pasando. Pero, si no creía que ella había caído en una vida salvaje como Olivia insinuaba, se imaginaba que podría haberse enamorado de otro.

En pesar de la decepción, Antero decidió olvidar y dedicarse a Gloria, que lo amaba de verdad. Sufrió el suicidio de Antônia y no asistió al funeral porque estaba fuera del país y su madre solo se lo dijo cuando regresó.

Desde entonces se arrepentía de no haberla buscado. Los celos le impidieron a ir a verla, y muchas veces se preguntó si no lo habría hecho si la hubiera apoyado, intentado ayudarla de alguna manera de resolver sus problemas. Había sido egoísta, pensando solo en sí mismo, sin preocuparse por ella.

En los últimos meses, el recuerdo de Antônia se había vuelto más vívido. Había soñado con ella, muy triste, abatida, pidiendo ayuda. Se despertó angustiado, nervioso. Su conversación con Nina afirmando que había llevado una vida ejemplar lo desconcertó. Principalmente diciendo que no tenía a nadie y que en su velorio solo estaban las compañeras de trabajo. Era posible que se hubiera ido con otro y que este amor no hubiera funcionado. Quizás esa fue la causa de su suicidio. Necesitaba saber la verdad. Tan pronto llegó a la oficina, Antero buscó en su billetera la tarjeta que Nina le había dado. Era posible que tuviera las respuestas que estaba buscando.

Llamó y poco después la secretaria se lo pasó a Nina. Luego de los saludos Antero dijo:

– He estado pensando mucho en la conversación que tuvimos sobre Antônia. Ella no me sale del pensamiento. Hay algunos puntos que me gustaría a aclarar a ser capaz de entender por qué ella se mató.

– Ya te dije lo que sabía.

– Yo mismo sentí culpable por no haberla buscado y tratado de ayudarla. Hay cosas que yo no te conté y me gustaría hablar de ello. No tengo a donde acudir. Sé que eres una persona ocupada y no tienes nada que hacer con lo que me está sucediendo, pero por la amistad que tenías con Antônia, ¿aceptarías tomar un café conmigo al final de la tarde para poder conversar? Yo voy a estar muy agradecido.

– Sí. Puedes recogerme a las cuatro y media en la puerta de nuestro edificio –. Ella dio la dirección y tan pronto colgó el teléfono fue a la sala del doctor Dantas a contarle la noticia. Escuchó con atención y luego dijo:

- Aquí tienes la oportunidad que estabas esperando.

- Estoy nerviosa. No sé si decirle toda la verdad, ¿qué me aconsejas?

- Cálmate. Tendrá sin duda la inspiración de nuestros amigos espirituales. En el momento adecuado sabrás qué decir.

- Pero yo no tengo mediumnidad. Sería mejor que tú o Marta hablaran con él.

- Fuiste elegida para esto y debes seguir tu intuición. Más tarde, si necesitamos hablar con él, lo haremos. No vamos a apresurarnos.

- No estoy segura.

- Recuerda que no estarás sola. Voy a llamar a Mercedes y pedirle a ella y a Marta que hagan vibraciones por ti. Estoy seguro que todo saldrá bien.

Nina regresó a su oficina, se sentó, pero no pudo concentrarse en su trabajo. El rostro de Antônia no le dejaba el pensamiento.

- Dios permite que yo pueda ayudarla en verdad. Me gustaría mucho que ella pudiera quedarse en paz.

A las cuatro y media, Nina recogió su bolso y bajó. Antero ya la estaba esperando –. Extendió la mano y dijo:

- Gracias por haber aceptado a hablar conmigo. Vamos a un lugar tranquilo donde podamos conversar.

- Mi auto está en el estacionamiento.

Nina lo siguió, tratando de controlar su ansiedad. Inmediatamente notó que Antero estaba angustiado, abatido. Ciertamente se había sentido atormentado por el drama que estaba empezando a imaginar. Necesitaba mantener la calma para poder actuar con serenidad y sentido común. Sabía que era muy grave e importante lo que tenía que revelar.

Sentada en un lugar discreto en una casa de té, Nina esperaba que Antero entrara en el tema El té acompañado por algunas golosinas fue servido y luego de haber tomado algunos sorbos, Antero dijo:

— Aunque me dijiste que me habías contado todo sobre Antônia, siento que hay algo más que no tuviste el valor o no quisiste contarme.

Nina iba a responder, pero él no le dio tiempo y continuó:

— Antes de decir cualquier cosa, quiero hacer una confesión. Yo mismo me enamoré de mi prima y me habría casado con ella si hubiera aceptado. Pero ella se negó. Me di cuenta que no me amaba como pensaba.

Había tanta tristeza en su voz que Nina no pudo evitarlo:

— Fuiste su único y gran amor de su vida —. Antero tomó con fuerza la mano de Nina:

— ¿Qué estás diciendo? ¿Como sabes eso? ¿Ella te habló de mí?

— Sí. Pero continúa. Al final te lo contaré todo.

— Sufrí mucho creyendo que ella no me quería. Estaba comprometido, conocía a Gloria desde que era niña, nuestras familias apoyaron nuestro noviazgo desde temprana edad. Cuando se fue, traté de reaccionar, me dediqué a Gloria y me casé con ella.

Antero hizo una pequeña pausa y notando que Nina escuchaba con atención, continuó:

— Mi madre dijo que decidió dejar nuestra casa porque quería ser libre para llevar una vida salvaje. Por supuesto que no lo creí. A pesar de lo que pasó entre nosotros, sabía que era una chica correcta. Me imaginaba que ella tenía al amor de otro y se había ido lejos con él. Confieso que era difícil para mí imaginarla en los brazos de otro. Pero luché por olvidar.

— ¿No la volviste a ver?

– Una tarde, cuando fui con Gloria a visitar a mi madre, ella estaba en la puerta. Pero tan pronto como me vio, se escapó. Quería ir tras ella, averiguar si estaba bien, pero mi madre me detuvo. Ya no la vi.

– Entonces ocurrió el suicidio. No fuiste al velorio.

– Estaba viajando. Mi mamá no me avisó. Me enteré unos días después, cuando regresé. Hasta hoy no me perdono por no haber ido detrás de ella esa tarde.

– Sé cómo es eso. Tengo el mismo sentimiento. No sé cómo vas a reaccionar ante lo que te voy a decir. Antes necesito decir que la muerte de Antônia me ha llevado por un camino que nunca imaginé.

– ¿Cómo es eso?

– Intentaré explicarlo. Un camino del que traté de escapar, pero ahora, después de lo ocurrido, siento que a partir de ahora tendré que afrontarlo.

– No entiendo a qué te refieres.

– Antes debo aclarar que, aunque intuitivamente imagino que el alma de quien muere debería ir a algún lugar, nunca pensé que podría estar comunicándose con nosotros.

– Hay quienes creen que los espíritus de los que murieron pueden volver a hablar. Por casualidad... Antônia...

– Sí. Ella ha aparecido a mí en sueños, pidiendo ayuda. Te cuento como fue.

Nina habló sobre el Dr. Dantas, su familia, especialmente sobre Marta, y narró todo lo que Antônia le había dicho a través de la Marta. No escondió nada. Cuando mencionó a su hijo, Antero no contuvo la emoción. Las lágrimas caían por su rostro sin que él pudiera evitarlo.

Nina habló en voz baja, conmovida por el momento, eligiendo sus palabras con cuidado. Antero escuchó atentamente lo que decía y en un momento tomó un pañuelo tratando de enjugar las lágrimas que persistían en caer.

Nina hizo una pequeña pausa, luego dijo:

– No sé si estoy haciendo bien en contarte todo esto, pero Antônia me pidió ayuda por Eriberto. No puedo evitarlo, pero tú, que eres su padre, puedes hacerlo. Desafortunadamente, tu madre no acepta a este niño. Ella me buscó para hacer una demanda en la justicia y demostrar que él no tiene el derecho a nada.

– Mi padre debería haberme dicho todo. Mi madre tiene un fuerte temperamento, ella está siempre quejándose. Mi padre es muy diferente. Yo pensaba que la adopción del niño había sido una manera de compensar su afecto.

– Hasta donde yo sé, le prometió a Antônia, juró que nunca te diría nada. No quería perturbar tu felicidad.

– Ella no quería, pero se interpuso. Realmente la amaba. Si se hubieras casado conmigo, nada de esto habría sucedido. Hoy estaríamos juntos, felices, criando a nuestro hijo.

– Antônia no estaba segura, era inexperta, amaba a su tío, sabía que su madre no aceptaría el matrimonio contigo, no deseaba ser instrumento de desacuerdo de la familia.

– Tienes razón. Ella era muy tímida. Vivió en nuestra casa contra los deseos de mi madre, que no la perdonó. Por el contrario, no perdió la oportunidad de disminuirla incluso frente a la gente. Yo también era débil. Yo acepté su decisión como falta de amor, sin recordar las muchas pruebas de afecto que me había dado.

– Ahora todo esto ha terminado. Tienes una vida con tu esposa y necesitas darle vuelta a esta página.

– Ahí está Eriberto. Él es mi hijo. A veces noté su parecido con Antônia, los mismos ojos negros y brillantes, la misma sonrisa. Pero en esos momentos yo pensaba que estaba fantaseando.

– ¿Qué planeas hacer?

– Asumir la paternidad. Puedo, debo y quiero cuidar de él.

– Cuando supe la verdad, no pensé en buscarte. Tenía miedo porque quería cumplir con el pedido de Antônia, pero no sabía cómo. El tema es delicado. No quería buscarte y contarte esta historia. No sabía cómo reaccionarías. Tanto Mercedes como Marta me tranquilizaron diciendo que no tendría que hacer nada. Que, si la espiritualidad nos había mostrado la verdad, nos proporcionarían las condiciones de ayuda. Confieso que no lo creí mucho. Pero cuando nos encontramos en la tienda de la forma tan inesperada, me di cuenta que eras tú con quien ellos querían que hable.

– Es cierto, sin mencionar que no suelo caminar por la ciudad a esa hora. Pensé que nuestro encuentro había sido una cuestión de azar, pero ahora me doy cuenta que nos unía una fuerza mayor.

Antero se calló y Nina se sintió conmovida también.

– Estoy descubriendo que la vida tiene recursos que nunca había imaginado y que, a nuestro lado, siempre hay un amigo espiritual que nos inspira. Es lo que Marta siempre dice. Nos consuela.

– Lo que me consuela es saber que Antônia, a pesar de su acto de locura, sigue existiendo en otra parte, sintiendo el mismo amor que sentía por mí y por nuestro hijo.

– ¿Has pensado en cómo vas a asumir la paternidad de Eriberto? Crearás un problema con tu esposa y con tu madre.

– Pase lo que pase, tendré que afrontarlo. Cometí muchos errores con Antônia, estoy pagando un alto precio por eso. No puedo quedarme callado y errar con Eriberto. Estoy decidido, pero necesito pensar en cómo hacerlo, qué pasos tomar. Necesito iniciar un proceso de reconocimiento de paternidad.

Como abogada, ¿qué aconsejas?

- Primero, habla con tu familia. Necesitan saber la verdad.

- Podría hablar con papá. Pero estoy bastante seguro que no estará de acuerdo, para no herir a Gloria y mamá. Odia las discusiones, a diferencia de mamá, que siempre parece estar peleando con todos y con todo.

- ¿Puedo hacer una sugerencia?

- Por supuesto.

- Me gustaría presentarles al Dr. Dantas y su familia. Están siguiendo el caso y, además de su experiencia de vida, Marta puede pedir orientación espiritual.

- Me encantaría. ¿Cuándo podemos ir?

- Hablaré con ellos hoy más tarde.

- Me gustaría ir a verlos esta noche. Tengo ganas de ir a la casa de mis padres, abrazar a mi hijo, llevarlo a mi casa. Sé que no debo hacer eso. Él tiene seis años solamente, no quiero perturbarlo.

- Necesitas controlar esa ansiedad. Su bienestar debe estar en primer lugar.

- Lo sé. Resulta que siempre quise tener hijos. En estos siete años de matrimonio, mi esposa tuvo dos abortos espontáneos. En el último, Gloria corrió grave riesgo de vida y, a pesar que ella quiere mucho tener un hijo, he tratado de evitarlo. Pensé que nunca podría ser padre. Pero hoy descubrí que tengo un hijo, un niño hermoso, sano e inteligente. Controlar el entusiasmo es difícil.

- Esperar un poco más no va a perjudicarte. Lo importante es saber cómo conseguir lo que quieres sin crear mayores problemas. Voy a hablar con mis amigos y voy a llamarte tan pronto tenga toda la información. Ahora necesito irme. Mi hijo me espera.

- Está bien. Te puedo dejar en casa.

— No es necesario. Mi auto está en el estacionamiento cerca de la oficina.

— Yo me quedaré ahí.

Pagó los gastos y se fueron. La dejó en el estacionamiento poco después. Cuando se despidió, le tomó la mano con cariño diciéndole:

— Gracias por todo lo que has hecho por mí y por Antônia. Que Dios te bendiga.

Había lágrimas en sus ojos. Nina sintió un leve calor en su pecho, sonrió y respondió:

— No me agradezcas. Con todo esto, he aprendido más que tú.

Él se fue y Nina, una vez en el carro, camino a casa, no podía olvidar aquella reunión. ¿Por qué la vida la colocara frente a ese caso? ¿Para qué la hizo testigo de la emoción de un padre que no sabía de la existencia del niño, su alegría, su disposición a cuidar de él?

Suspiró pensativa. André había pasado por lo mismo y reaccionó de la misma manera. El caso había sido diferente. Ella había sido abandonada, mientras que Antônia se había negado a casarse con Antero. Pero, salvo por ese detalle, ambos estaban experimentando el mismo problema.

André tampoco tuvo hijos con Janete. Dijeron que era ella la que no quería. En cierto modo, este hecho la hizo feliz, ya que la había despreciado por ser una mujer aparentemente estéril.

Pensándolo bien, tal vez era mejor que tuviera hijos, para no estar tan atrás de Marcos. Pero cuando lo pensó, sintió una opresión en el pecho. Le complació ver su interés en su hijo.

Sintió un toque de remordimiento. ¿Le estaba yendo bien al impedir que Marcos conociera a su padre? ¿No estaría actuando solo por un deseo de venganza? Si alguna vez se enterara que su padre estaba vivo y que ella le había impedido verlo, ¿lo aprobaría?

Ante ese pensamiento, Nina se estremeció. Nunca podría saber la verdad. Ella le había enseñado a ser sincero en cualquier circunstancia. Sería terrible saber que había ocultado un tema tan grave que afectaba a su vida.

¿Por qué se involucró en este caso de Antônia? Lo mejor sería presentar a Antero a sus amigos y dejar que lo guíen. Era lo máximo que pudo hacer. Los pasos que iba a dar Antero eran su problema con su familia. Después de las presentaciones, terminaría con su parte. Decidida, nada más llegar a casa llamó a Mercedes y le informó de todo, terminando:

– Antero quiere hablar contigo, pedir orientación espiritual. ¿Qué le digo?

– Tráelo a nuestra casa mañana a las siete y media.

Pero mañana es el día de la sesión. ¿No sería mejor otro día?

– No. Marta me dice que vengas mañana por la noche.

– ¿Yo también?

– Los dos.

Nina vaciló un poco, luego dijo:

– De acuerdo. Hablaré con él. Si acepta, iremos.

– Estaremos esperando. Es importante que asistan ambos.

Después de colgar el teléfono, Nina no estaba segura. Sabía que André solía asistir a esta reunión. No quería encontrarlo. No importa lo lejos que hayan ido, los hechos parecieron ponerlos cara a cara.

La forma incisiva con la que hablaba Mercedes le había hecho comprender que necesitaba acompañar a Antero. Por otro lado, sería mejor enfrentarse a André, mostrándose indiferente.

Sabía que tendría que suceder tarde o temprano. No tenía sentido huir. Ella había elegido la misma profesión que él quería mostrarle su habilidad, su valor. Ahora que lo estaba haciendo, no podía volver atrás. Si Antero accedía a ir a la sesión al día siguiente, ella iría con él.

Por el otro lado, estaba curiosa a escuchar la orientación que recibiría. Si Antônia se comunicara, a ella le gustaría estar presente. Decidió llamar a Antero a la mañana siguiente. No le gustaba llamar a su residencia. Pero Antero no podía esperar a que ella llamara. Llamó después de la cena. Estaba ansioso de saber cuándo podría conocer a la familia del Dr. Dantas. Nina explicó:

– Bueno, hablé con Mercedes y ella nos pidió que fuéramos mañana por la noche. Debo aclarar que hacen una sesión de Espiritismo, no sé si quieres ir.

– Por supuesto que lo haré. Después de la nuestra conversación es lo que más deseo.

– En ese caso, iremos.

Estuvieron de acuerdo en que la recogería a las siete de la noche siguiente. Aunque sabía que Renato iba, decidió no llevar a Marcos. Él era demasiado niño para preocuparse con la comunicación de espíritus. Luego estaba la presencia de André. Antero fue a buscarla a la hora acordada, y cuando llegaron, Mercedes los esperaba en el vestíbulo, junto a su marido. Después de las presentaciones, dijo:

– Es hora, acomodémonos.

Cuando ingresaron al espacioso salón donde se llevaría a cabo la sesión, la gente ya estaba sentada, algunos alrededor de la mesa, otros sentados al fondo. Sobre la mesa, unos libros, flores, una bandeja con vasos y una jarra de agua. Nina se dio cuenta que André y Milena estaban sentados en el lado de Marta a alrededor de la mesa. Mercedes las acomodó a los dos en las sillas más atrás y fue a sentarse junto a su esposo.

Nina notó que André la miraba con seriedad y curiosidad. Quería reír. Antero era un hombre guapo. Tal vez se había imaginado que existía una relación afectiva entre ellos. Él había nunca la había visto en compañía de otro. Sintió placer en pensar en eso, a pesar que nunca más se había involucrado con nadie.

Las luces se apagaron, la habitación se quedó en la penumbra, iluminada solo por una lámpara azul. Mercedes hizo una breve oración, pidiendo la protección de Dios y la ayuda de los espíritus iluminados. Después que se encendieron las luces, el Dr. Dantas tomó uno de los libros, le pidió a una señora presente que lo abriera al azar, lo que hizo y se lo devolvió, el Dr. Dantas leyó: "El amor cubre a la multitud de pecados."

Fue un mensaje de un amigo espiritual que estudiaba el amor, con delicadeza, profundidad, hablando del placer que siente el espíritu al llegar a ese sentimiento en toda su plenitud. Terminó diciendo que el amor es luz. Que quien ama así disfruta de la alegría, está motivado para vivir. Desea que el ser amado sea feliz, pero no se perturba cuando eso no sucede, y aun si su amor no es correspondido, sabe esperar tiempos mejores, porque tiene la certeza que un día aquel va a madurar y encontrar la felicidad.

Quizás para muchos aun sea difícil de entender este sentimiento, por la incapacidad de percibir que aun carga deficiencias y puntos débiles que se mezclan enturbiando su lucidez. Pero un día todos se amarán unos a otros verdaderamente y la humanidad encontrará armonía y paz.

Entonces las luces se apagaron nuevamente y el silencio cayó, solo roto por el sonido de una música suave. De repente, Milena suspiró profundamente y luego dijo:

– Estoy feliz de estar hoy aquí, trayendo conmigo a una persona que ha sufrido mucho, quiere comunicarse, pero es muy emotiva. Ruego a todos los que nos ayudan, que recen para que ella lo consiga –. El silencio se prolongó durante unos minutos, pero de repente Marta gritó:

– ¡Perdón! ¡Quiero pedir perdón! Cometí un error... pequé contra la vida, pero pensé que terminaría con mi sufrimiento, pero no... todo se puso mucho peor. Por favor, ayúdenme...

Sollozaba desesperada y Milena acariciando la cabeza de Marta dijo:

– Cálmate, Antônia. Todo pasará y mejorarás.

– Yo estaba equivocada. Perdón. Ayuden a mi hijo, él no tiene la culpa de nada –. Marta se estremeció y dejó de llorar, mientras Milena continuaba:

– Por el momento ella no podrá continuar. Estaba medicada y ahora está descansando. Quiero agradecer a todos por la ayuda que nos han brindado. También tengo mi parte de culpa por todo esto. Cuando murió mi esposo, no me conformé. Estaba embarazada de Antônia y lo amaba mucho. Sin entender lo que la vida pretendía enseñarme con este hecho, cedí a la depresión. Incluso después que mi hija nació, muchas veces lloraba su ausencia, sin comprender que las relaciones obedecen a nuestras necesidades de progreso. Yo todavía no sabía que un día nos veríamos de nuevo. Cultivando tristeza, falta de motivación, terminé desarrollando la enfermedad que me victimizó. Vine aquí como una suicida, aunque hice eso indirectamente. Aun no encontré a Ernesto, como esperaba, pero pronto descubrí cuán equivocada estaba dejando a mi hija en plena adolescencia. Mi hermano la cuidó con cariño, pero mi cuñada la odió desde el primer día. Hoy sé que han vivido situaciones no resueltas en otras vidas. Y yo, que antes del nacimiento, había prometido ayudarlos a resolver estos asuntos en esta vida, no hice mi parte y terminé dejándolos entregados ellas mismas.

Las lágrimas corrían por las mejillas de Milena, quien se detuvo un poco y luego continuó:

– Yo sabía que Antônia y su primo iban a caer en el amor, encontrar barreras, pero también que había posibilidad que se entendieran y todo con el tiempo se regularizaría. Pero no. Mi hija se engañó, se consideró menos, el embarazo llegó y prefirió alejarse. Después que nació su hijo, pensé que este niño la motivaría a enfrentar la situación, y que algún día todavía serían felices. Pero entonces mi hermano, queriendo ocupar el papel que el padre del niño no había podido desempeñar, se hizo cargo de todo y se llevó al niño. Ella cedió, pero murió un poco ese día, nunca volvió a ser feliz y terminó haciendo lo que hizo. Era necesario para mí contarles todos, porque hay algunas personas presentes que necesitaban saber, y esta vez espero que lo que estamos haciendo no sea en vano. Gracias por todo. Tenemos un largo camino hacia la regeneración por delante. Rueguen por nosotros. A pesar de todo, hoy fue un día feliz, ya que pudimos ayudar a mi hija. Necesita un largo tratamiento, pero estoy seguro que algún día todo irá bien. Antônia quería quedarse. Nosotros le prometimos que cuando se sienta mejor, la traeremos de nuevo a tener noticias del niño. Debo aclarar que, con esta promesa y la presencia de alguien a quien ama mucho y confía que ayudará al chico finalmente aceptó alejarse para ser tratada. Un abrazo de agradecimiento de Bernardete.

Milena guardó silencio y hubo un silencio emocionado. Nina miraba de vez en cuando a Antero, cuya cara lavada en lágrimas, tanto como ella, le colocó la mano sobre el brazo de él, como para darle fuerza.

A través de una señora presente, una amiga espiritual dio una conferencia sobre el amor, la alegría, la armonía y el perdón. Cuando terminó, el Dr. Dantas dijo una oración de agradecimiento y terminó la sesión.

Se encendieron las luces y la gente bebió un poco del agua de la mesa y se fue discretamente. André, visiblemente conmovido, no sacaba los ojos de Nina y Antero, que, con timidez, mantuvo sus ojos hacia abajo. Milena se acercó a André diciendo:

– Vámonos, ellos necesitan conversar.

– ¿Quién es este chico? ¿Por qué está con Nina?

– Se trata de un caso que estamos tratando de ayudar. Por el camino te lo contaré todo.

– Quiero hablar con Nina. Noto que ella está emocionada. Las palabras que escuchamos nos conmovieron mucho. Quizás sea más accesible.

– Este no es el momento. Dejemos que reflexione. Tienes que confiar y dejar que las cosas sucedan.

– Es difícil esperar. Necesito actuar, hacer algo.

– Contén tu ansiedad. Mentaliza la luz, pide ayuda espiritual y permanece atento. La sabiduría de la vida tiene sus propios caminos. Es bueno espera a que ella nos dé señales, entonces sabremos qué y cómo hacerlo.

Milena tomó a André de la mano y se fueron. Aunque molesto, se fue. Solo Nina y Antero permanecieron en la sala. Marta se acercó:

– Mis padres se están despidiendo de sus amigos y ya vendrán. ¿Cómo te sientes? – Antero respiró hondo y consideró:

– Es difícil de decir. Todavía no me he recuperado del susto. Esta noche tuve la prueba definitiva que la vida continúa después de la muerte. Creo que, si todos tuvieran esa certeza, la vida en el mundo sería diferente.

– Algún día sucederá. Por el momento, no todo el mundo está preparado para recibir este conocimiento. Por eso la revelación es relativa e individual.

Los dueños de la casa regresaron y se sentaron a su lado.

– Esta noche fuimos bendecidos con una obra maravillosa, que nos conmovió a todos – dijo Mercedes.

– Frente a lo que Nina me había dicho, llegué a creer en la vida después de la muerte, pero lo que pasó aquí me impresionó demasiado. El sufrimiento de Antônia, el amor de mi tía Bernardete, cuyo sufrimiento preocupó a la familia cuando murió mi tío Ernesto. Ella nunca aceptó la separación. Mi padre estaba muy preocupado por su tristeza, era su única hermana. Nunca olvidaré esta noche.

– Yo también – murmuró Nina –. Hablaste de hechos que ocurrieron durante las sesiones, pero nunca pensé que fuera así.

– Esta noche fuimos muy felices. Conseguimos un entorno propicio para que los espíritus de luz pudieran trabajar. No siempre sucede.

– Hay gente malintencionada que no hace un buen uso de la mediumnidad – dijo Nina.

– Eso es cierto. Pero incluso cuando la gente es sincera, de buena fe, desean el bien, hay otras variables que pueden dificultar que las manifestaciones sucedan con la claridad de esta noche – explicó Antônio.

– ¿Cómo es eso? Preguntó Nina.

– Las energías de un entorno sufren varias influencias. Además de las personas que residen en el lugar, de los que viven en las cercanías y el entorno social de la ciudad o del planeta – dijo Antônio.

– ¿Personas vivas? – Preguntó Antero.

– Quieres decir reencarnadas. Los que murieron todavía están vivos. Pero los pensamientos, hábitos, actitudes, creencias de las personas, encarnadas o no, crean energías que circulan a nuestro alrededor. Si prestas atención, notarás que hay ocasiones en las que el ambiente se electrifica, provocando inquietud. Pensamientos negativos nos invaden contrario a lo que queremos, como si se apareciesen de la nada. Cuando el ambiente es pesado, es más difícil que los espíritus iluminados se acerquen a nosotros – explicó Antônio.

– Cultivando el pensamiento positivo, la oración, hemos logrado mejorar el entorno en el que estamos, abriendo un espacio para que se manifiesten, pero no siempre es suficiente para que las comunicaciones de los espíritus sean tan lúcidas como los de hoy día – intervino Mercedes.

– Aparte de eso – recordó Antônio – la mayoría de médiums son conscientes. Mientras que los espíritus que se comunican están hablando a través de ellos, están con miedo a equivocarse. Por eso, muchas veces, omiten nombres, fechas, cosas que podrían llevarlos a equivocarse.

– Yo pensaba que los médiums no tenían consciencia de nada – dijo Antero.

– Hay médiums inconscientes, pero son menos numerosos. La gran mayoría está consciente, pero entre ellos hay varios niveles de consciencia – dijo Antônio.

– En ese caso, sería mejor si todos estuvieran inconscientes – dijo Nina.

– Eso no es cierto. El médium inconsciente, incluso si tiene fe, confía en los espíritus, es inseguro porque teme ser utilizado por entidades perturbadoras. Cuando estás consciente, puedes bloquear si sientes que es algo malo. A veces, según el momento, estoy inconsciente, pero me permito trabajar así mientras estoy con mis padres – dijo Marta.

– ¿Quiere decir que puedes controlar la mediumnidad? – Preguntó Nina.

– Con el tiempo se va aprendiendo cuando controlar o dejarla libre. Es un proceso que no es posible explicar. Lo siento, lo sé – respondió Marta.

– Con respecto a los fenómenos espirituales, aun tenemos mucho que aprender. Cada persona tiene su propio proceso de evolución, aprendizaje, sensibilidad y conciencia. Lo que puedo decir es que cuando nos despertamos a la necesidad de estudiar la vida, la espiritualidad y sobre todo cuando nos adquirimos la certeza que somos eternos, pasamos a ver el mundo a nuestro alrededor de manera diferente. Nos volvemos más comprensivos, más valientes y confiados en la fuente de la vida – explicó Antônio, cuyo tono de sinceridad tocó a Antero.

– De hecho – estuvo de acuerdo –. Después de lo que pasó aquí, ya no seré el mismo. Espero asumir la paternidad de Eriberto, pero no sé cómo hacerlo sin lastimar a mi esposa, a mi padre y sobre todo confundir la cabeza de mi hijo. Pero siento que no puedo evitar hacer lo que es mi responsabilidad. La tía Bernardete recalcó que Antônia confía en mí.

– El tema es delicado. Es necesario reflexionar antes de tomar cualquier iniciativa. No te apresures. Piensa en el amor que sientes por este niño y las ganas que tienes de protegerlo, amarlo, ayudarlo a lograr su propia felicidad – sugirió Mercedes.

– Si haces eso, vas a notar que los primeros pasos que debe tomar aparecerán en tu mente – dijo Marta.

– Quizás ellos puedan decirte lo que debo hacer.

– Nunca harán eso, porque la tarea es tuya. Eres tú quien debe decidir qué hacer. Te inspirarán, te propondrán algunas alternativas.

– Pero no tengo tu sensibilidad.

– Es verdad, pero tienes la tuya propia. Todas las personas tienen la posibilidad de ser inspiradas por los espíritus. Nadie está solo. Todos los que nos rodean tienen muchos amigos espirituales dispuestos a inspirar buenos pensamientos.

– ¿Corro el riesgo de ser engañado por espíritus menos evolucionados?

– Ahí es donde entra tu sentido común, tu discernimiento, tu actitud ética. Quien está en el bien, nunca aceptará una mala idea que pueda dañar a alguien. Cree que cualquier actitud que vengas a asumir, en este u otros casos, la responsabilidad frente a la vida será solo tuya. Es por eso que los buenos espíritus nunca interfieren directamente en nuestras decisiones. Sugieren buenos pensamientos y esperan que hagamos nuestras elecciones – finalizó Marta.

– Lo que no es nada fácil – dijo Nina pensando en sus propios problemas.

– Te equivocas – dijo Marta –. Por mucho que se pierda en las ilusiones del mundo, nuestro espíritu siente cuando hace algo bueno o cuando prefiere lo malo. Las energías son muy diferentes, como si respondieran a nuestra actitud. Resulta que quien está muy involucrado en lo negativo siente, pero no quiere ver y termina pagando un precio muy alto por la mala elección.

– Eso es lo que le pasó a Antônia – dijo Nina pensativa.

– Sí, intervino Antônio –. Se puso en situación de víctima, se alimentó de un complejo de inferioridad, pensó que era débil y terminó destruyendo no solo su oportunidad de ser feliz, sino también socavando el sagrado derecho a vivir. Es triste reconocer esto.

– Ella no era débil, una vez que no tuvo miedo de suicidarse – recordó Nina –. Además, que fue correspondida en el amor. Mi caso fue mucho peor, pero si ella hubiera hecho lo que yo hice, hubiera sido mejor.

– Ciertamente – agregó Marta – pero la fuerza de la venganza puede hacer que alguien reaccione, pero no conduce a la felicidad. Siempre deja un vacío en el pecho, una tristeza que indica que es necesario perdonar. Solo el perdón alivia y libera el espíritu.

Nina inclinó la cabeza y no respondió. Antero notó su vergüenza e intervino:

– Significa que necesito reflexionar sobre todo esto, pedir ayuda espiritual y esperar inspiración.

– Así es – dijo Antônio. Antero se puso de pie diciendo:

– Lo intentaré. Ahora, creo que hemos abusado demasiado de la bondad de todos ustedes. Tenemos que despedirnos.

– Fue un placer conocerte – dijo Mercedes –, ven cuando quieras.

– ¿Puedo venir a la próxima sesión?

Esta vez fue Antônio quien respondió:

– No solo a la sesión, sino siempre que quieras charlar un rato. Tendremos el mayor placer de darte la bienvenida.

Se despidieron y, una vez en el carro, Antero recordó:

– Estoy tan metido en mi drama personal y no pensé que también podrías estar en necesidad de un amigo. Tus palabras ahora reflejan eso.

– De hecho. También estoy experimentando un dilema doloroso.

– Después de lo que hiciste por mí, sabes que tienes un amigo de por vida. Si puedo ayudar de alguna manera, por favor dímelo.

– Gracias. Quizás algún día te lo cuente todo. Lo que pasó esta noche me conmovió mucho. No puedo hablar de eso.

– Ya veo. Estaré a tu disposición cuando lo desees. Planeo venir a la próxima sesión. Si quieres, podemos unirnos.

– Aun no sé si iré. Pero te agradezco la invitación de corazón.

El auto se detuvo en la puerta de Nina, se despidieron con un apretón de manos. Entró y fue directamente al dormitorio. Se preparó para dormir.

Una vez acostada, recordó todo lo que había sucedido y se preguntó de nuevo por qué la vida la había colocado al lado de Antero, que estaba viviendo un problema casi igual al de ella. Dados todos los antecedentes de este caso, claramente se dio cuenta que había una fuerza mayor impulsando todo. Su conocimiento con Antônia, la presencia inesperada de Antero en esa tienda, ella fue la elegida para decirle la verdad, y ahora su decisión de asumir la paternidad del niño.

Ella sentía que todo lo que le fue mostrado era para que reconsidere su propio caso. Pero Nina no quería ceder. No ante André, quien la había cambiado por otra cuando más necesitaba su apoyo. Atormentada por estos pensamientos, le costaba conciliar el sueño. Solo muy tarde, cansada, finalmente se durmió, un sueño pesado y sin sueños.

André abandonó a regañadientes la casa del Dr. Dantas. Tan pronto como subieron al auto, no pudo evitarlo:

– ¿Por qué me sacaste de allí de esa manera? En algún momento tendré que hablar con Nina sobre nuestro hijo. La hora y el lugar serían ideales. Además, no me gustó el sujeto que estaba con ella.

– Cálmate, André. El Dr. Antero es un buen tipo y está experimentando un problema difícil. De hecho, muy similar al tuyo.

– ¿Cómo es eso?

Es una larga historia que te contaré cuando estés en condiciones de escucharme.

– ¿Viste la intimidad de Nina con él?

– No vi nada de más, se conmovió y trató de consolar al muchacho. Entonces, no me gustó el tono de tu voz. Hablas como si ella te debiera explicaciones sobre su amistad. Nina es una mujer libre, mientras que tú eres un hombre casado. Noto que estás celoso.

André se mordió el labio con irritación.

– ¿Qué es eso? ¿También estás en mi contra?

– Por supuesto que no, y lo sabes. Me di cuenta de cómo te veías cuando los viste entrando.

– ¿Te diste cuenta? No esperaba verla con otra persona.

– Te aseguro que Nina no tiene nada que ver con Antero. Pero esta es una realidad que tendrás que aceptar. Nina es una mujer hermosa, fina y respetada. Algún día encontrará a alguien y rehacerá su vida.

– Lo que me preocupa es mi hijo. La idea de lo que podría llegar a tener un padrastro para mí es incorrecta.

– Ten cuidado. Siento que en tu corazón hay todavía una llama de amor que nutriste por ella.

– Es tu impresión. El que me interesa que es mi hijo. Solo eso.

– En ese caso, no necesito contarte el caso de Antero.

– Lo prometiste. Tengo curiosidad –. Milena sonrió y dijo:

– De acuerdo. Te lo diré. Cuando Nina empezó a trabajar en la oficina del Dr. Dantas, tuvo una compañera llamada Antônia, que un día se encerró en el baño y se suicidó. Nina era amiga suya y estaba muy molesta, principalmente porque nadie sabía de su familia.

El auto se detuvo frente a la casa y Milena preguntó:

– Entremos, luego le contaré el resto.

Ellos entraron y se dirigieron directamente a sus habitaciones, pero los padres estaban en la sala y al verlos fueron a abrazarlos. Después de los saludos, Andréia preguntó:

– Después de todo, ¿a dónde fueron?

– A visitar a unos amigos – respondió Milena con prontitud.

– ¿Qué amigos, puedo saber?

Esta vez André respondió:

– Un amigo mío, abogado. Tienen una hija de la misma edad que Milena y son muy amables.

— ¿Milena tiene amigos? – sorprendió Andréia. Romeo intervino:

— ¿Por qué no puede tenerlos, Andréia? Pídele a la criada que nos traiga un café. Cuando Andréia salió de la sala un poco molesta, Romeo continuó:

— Sabes lo curiosa que es tu madre. En cuanto a mí, me alegro cuando los veo juntos. He notado que Milena está más tranquila, más feliz.

— Es verdad, papá. André me ha ayudado mucho. Le estoy muy agradecida – respondió Milena abrazando a su hermano.

— He descubierto que tengo una maravillosa hermana. Lamento no haberme dado cuenta hace más tiempo –. Y, volviéndose hacia ella, le preguntó:

— ¿No me vas a mostrar ese libro en tu habitación? Deja el café para después.

— Es cierto. Subamos.

Cuando Andréia regresó, miró a su alrededor con decepción:

— ¿Dónde están?

— En la habitación de Milena. Ella fue a mostrarle un libro.

— No conozco la causa de tantos misterios. Todas las semanas, el mismo día y hora, André sale con Milena. Nunca dicen a dónde van. Hablé con Janete, tampoco sabe nada. Cuando están en casa, hablan en la oficina a puerta cerrada o en su habitación. Les está pasando algo y necesito averiguar qué es.

— Nada está sucediendo. Milena ha estado muy bien últimamente, y yo creo que es gracias a André, que la ha llevado a pasear, a conocer a sus amigos.

— ¿Por qué no invita a Janete a estas visitas?

- Porque se interpondría en el camino.

- Qué horror, Romeo. Ella es su esposa.

- Pero Milena nunca se llevó muy bien con ella. De hecho, yo no sé si te diste cuenta, pero ella ignora a nuestra hija. Para Janete, es como si ella no existiera. Apenas la saluda.

- Puede ser. Después de unos pocos intentos, se cansó. ¿Ya olvidaste cómo nuestra hija es desagradable cuando quiere? Subiré y los llamaré para tomar un café.

- Esperemos. Pronto bajarán.

Olivia cogió una revista y volvió a sentarse, disgustada. Romeo, a su vez, recogió el libro que había dejado sobre la mesa y se lanzó a la lectura. Milena entró al cuarto con André, cerró la puerta y comentó:

- Mamá no puede soportar más la curiosidad. Pero todavía no quiero que ella sepa nada. Cuando descubra a dónde vamos, vas a hacer una escena como esa y no estoy dispuesta a perder la paz. ¡Me siento tan bien!

- Algún día tendremos que contarles. Creo que papá, al menos, podría saberlo.

- Sí. Él es diferente a ella. Pero aun es temprano. Vamos a esperar un poco más.

- Como desees. Pero estoy deseando escuchar el resto de la historia.

Se calmaron y Milena le contó todo lo que sabía. Mientras hablaba, André se emocionó más. Cuando terminó, no pudo evitarlo:

- Quieres decir que a él le pasó lo mismo que a mí. La situación es la misma.

- Eso es lo que le dijimos a Nina. Pero ella afirma que no.

- ¿Cómo que no?

- Dijo que Antero le propuso matrimonio a Antônia. Fue ella quien se negó. Pero que tú los engañaste, traicionaste y despreciaste.

- Ella no puede decir eso. No sabía que ella había tenido este hijo.

- Pero sabías que estaba embarazada. Pronto...

- Pensé que después de todo lo que había logrado...

- Ni siquiera digas tal cosa, se pone peor. Nina es una chica valiente que asumió las consecuencias de esta relación sola.

- Eso es correcto. Me equivoqué, pero quiero corregir el error. Ella no puede evitar que asuma a mi hijo. A veces creo que estás de su lado, en mi contra.

- No es verdad. Deseo de todo corazón que puedas conseguir el perdón de Nina y el amor de tu hijo. Pero hay que reconocer que actuaste mal, ella sufrió, luchó, y lo que más me preocupa es que le dijo a su hijo que su padre murió.

- Ella nunca debería haber dicho eso.

- ¿Hubieras preferido que ella le dijese que los habías abandonado para casarte con otra? - André se pasó la mano por el cabello como para alejar los pensamientos desagradables.

- De hecho, reconozco que el caso es delicado. Por esta razón es que aun no lo busqué para decirle la verdad.

- Tienes que pensar en su bienestar.

- Lo sé. Pero Nina ni siquiera quiere oír hablar de eso. Entonces se vuelve difícil. ¿Alguna vez ha pensado si me tengo que ir a los tribunales para reclamar la paternidad?

- No harás eso. Somos gente de fe. La vida tiene sabiduría y amor para ayudarnos a resolver este caso de una mejor manera para todos.

- No sé si puedo esperar por eso. Cuanto más pienso en el pasado, más noto cuánto me perdí, lo siento, pero no sé si merezco ayuda espiritual.

- Estás siendo sincero. Vamos a confiar.

- Si pudiera volver al pasado, me habría casado con Nina. Yo la amé mucho. No sé cómo pude actuar de esa manera.

- Quizás ya hayas aprendido la lección que necesitabas, porque creo que los espíritus ya te están ayudando.

- ¿De verdad lo crees?

- Por supuesto. ¿Por qué Nina estuvo involucrada en el caso de Antero? ¿No notaste la forma de hacerla ver lo sucedido con ella en una manera diferente? Ella estaba muy conmovida. Estoy segura que debería estar pensando mucho en el tema. Por lo tanto, vamos a rezar, confiar y esperar.

- Tienes el don de calmarme, me siento mejor.

- Recuerda que no estamos solos. A nuestro lado siempre hay un espíritu de luz que nos inspira.

André la besó en la frente sonriendo:

- Me alegra que me estés ayudando. Ahora bajemos y tomemos ese café con mamá. Debe estar inquieta esperándonos.

Milena se rio divertida. Los dos bajaron las escaleras tomados de la mano y Andréia los miró con asombro.

- ¿Todavía es hora de tomar ese café? - Preguntó André sonriendo.

- Por supuesto. Lo hice servir en el comedor. Quiero que pruebes un delicioso pastel que hizo María.

Ellos la acompañaron y después que se acomodaron, Andréia les sirvió con alegría y se sentó a su vez a conversar.

André y Milena intercambiaron una mirada maliciosa. Sabían lo que quería, pero no le dieron la oportunidad de preguntar nada.

Se embarcaron en asuntos triviales, siempre tan al gusto de Andréia, sin darle tiempo a hacer preguntas. Tomaron café, comieron una rebanada de pastel y André se despidió mientras Milena, diciendo que tenía sueño, se dirigió a su habitación.

Romeo se había retirado y, en cuanto se encontró sola, Andréia cogió el teléfono y llamó a Janete.

- Te llamo porque volvió a pasar esta noche. André se fue con Milena y regresaron al mismo tiempo. ¿No te dijo a dónde fueron?

- No. En los últimos tiempos apenas habla conmigo. ¿Qué será lo que está pasando? Ya no soporto más esta situación. Estoy pensando en hablar con papá para que intervenga. André está cruzando la línea.

- No creo que sea una buena opción. Tú sabes cómo es él. Cuando se pone enojado puede ser peor.

- No puedo fingir que todo está bien. Uno de estos días puede que tenga algunas sorpresas desagradables. Entonces puede que sea demasiado tarde para actuar.

- ¡Me estás asustando! Ellos pueden no estar haciendo nada malo. Después de todo, él está saliendo con su propia hermana. No hay razón para estar tan nerviosa.

- Si fuera solo eso, no estaría como estoy. Lo que me preocupa es que cambió conmigo. Él no habla, no salimos juntos, está siempre triste, con aire de preocupación.

- ¿Tendrá algún problema en el trabajo?

- Mi padre me garantiza que no, pero en la oficina notaron que está diferente, preocupado, nervioso. Yo sé que está sucediendo algo. Nadie cambia así de la nada.

- Quizás sea bueno poner a un detective privado detrás de él para averiguarlo.

- Yo ya hice eso durante tres días, pero no apareció nada. Pensé que era una pérdida de tiempo.

– Entonces no sé qué decir. Noto que Milena debería saber de todo, pero no cuenta nada.

– Podrías hacer que te diga lo que sabe.

– Ella es una persona difícil. Y en los últimos tiempos se ha vuelto más evasiva. No consigo arrancarle nada.

– Inténtalo, Andréia. Después de todo, es tu hija, debes sabe alguna manera de hacer que se abra.

– Me resulta difícil. En todo caso, voy a tratar y si sé de algo te llamo.

– Estaré esperando. Estoy escuchando el ruido del carro. André debe estar llegando. Voy a colgar. Gracias por el aviso.

Colgó, se sentó en la sala de estar y hojeó una revista. André entró, saludó e iba a subir, pero Janete lo detuvo:

– André, necesito hablar contigo.

– Es tarde. Estoy cansado. Tengo que levantarme temprano mañana.

– He estado esperando hasta ahora y espero que me escuches.

– ¿Pasó algo?

– Eres tú quien tiene que decírmelo. No estoy soportando más esta situación. Has cambiado mucho. Te aislaste de nuestros amigos, no vamos a ninguna parte. Cuando está en casa no hablas, parece enojado, nervioso. ¿Qué está pasando?

– Nada.

– No puede ser. Nadie cambia así de un momento a otro. Pareces otra persona.

– Yo siempre fui así, no me gustan las visitas formales, conversaciones frívolas, poco interesante.

– Nunca me dijiste eso y me acompañabas a todas partes.

– Pero me cansé. Descubrí que no me gusta ir a ciertos lugares ni de la compañía de ciertas personas.

– En la sociedad no podemos actuar así. Tienes una carrera que cuidar. Necesitas mantener buenas relaciones. No puedes vivir como un animal salvaje. Si continúas así, pronto serás olvidado y pobre.

– No te preocupes. Tenemos una buena herencia. Si eso sucede, voy a dejarte todo a ti.

– Ni siquiera digas eso, ni bromeando.

– Voy a subir, estoy cansado, quiero dormir. Buenas noches.

– Aun no he terminado. ¿Por qué me tratas así?

– No te estoy tratando mal. Da la casualidad que estoy cansado, es tarde y quiero dormir.

André se dio la vuelta y antes que tuviera tiempo de responder, se apresuró a subir las escaleras. Desolada, Janete se sentó en un sillón, pensativa. Recordó los tiempos del noviazgo, cuando ella, muy enamorada y con la connivencia de Andréia, lo involucraba en todos los sentidos, arreglando fiestas, citas, situaciones para tenerlo a su lado. Esto ya no funcionaba. André parecía haber vuelto a ser como era al comienzo del noviazgo, cuando Andréia hizo todo lo posible para unirlo a los dos y siempre encontraba la forma de escapar.

Hubo un momento en que imaginó que nunca sería capaz de conquistarlo, pero finalmente lo hizo. A veces se irritaba al notar que André no era ambicioso.

No quería obtener fama, poder. Janete pensaba de otra manera. Le gustaba ser importante, gastar sin preocuparse por la cantidad, a ser mimada por los joyeros, columnistas sociales, para aparecer en revistas de moda y en la televisión.

Varias veces su padre había comentado sobre la falta de interés de André en cultivar amistades con personas importantes. Creían que era fundamental para la vida. En ese momento, Janete empezó a pensar en cuánto la había herido su amor por André. Si no hubiera estado tan enamorada que olvidó sus prioridades, se habría dado cuenta que él estaba satisfecho con una vida mediocre.

Pero ella era no estaba dispuesta a aceptar tal situación. Haría cualquier cosa para hacer que él reaccionase, pero si continuaba haciéndolo, la separación sería preferible. Pensando en ello, se estremeció. Ella lo amaba. Ella no quería separarse de él. Tenía que encontrar una manera de hacerlo repensar y volver atrás. Siempre había sido una mujer afortunada. Iba a conseguir lo que quería. Necesitaba dormir, descansar.

Pensando así, se fue a la cama y pronto logró conciliar el sueño.

***

Al día siguiente Antero se levantó y, cuando bajó a desayunar, Gloria lo estaba esperando. La saludó, se sentó, se sirvió café con leche, pan y mantequilla, comenzó a comer y se dio cuenta que ella, sentada frente a él, no se sirvió.

– ¿No tienes hambre?

– Estoy enferma. Necesito esperar a que pase. Ahora no me puedo ir sin comer –. Antero la miró preocupado.

– Creo que es mejor ir al médico para una cita. Todas las mañanas estás enferma. Esto no puede continuar.

– No necesito un médico. Durante el embarazo es común sentir náuseas por la mañana. Pasará –. Antero puso el vaso en el platillo, puso una mano sobre la de ella diciendo:

– Te hiciste una prueba la semana pasada y dio negativo. No estás embarazada.

– El doctor se equivoca. Este examen no se hizo bien y es posible que incluso se haya cambiado en el laboratorio. Yo sé que estoy embarazada. Tengo todos los síntomas. ¿Te olvidas que he estado embarazada dos veces?

– No. Pero debes recordar que el médico dijo que no te preocuparas demasiado por el embarazo. En nuestro caso, sería conveniente hacer una pausa, para olvidar la idea de tener hijos, porque la ansiedad dificulta el proceso.

– ¡No lo entiendes! Sé que soy capaz de tener un hijo, tanto que ya estoy embarazada y esta vez todo saldrá bien.

Antero la miró apenado y decidió ceder.

– Aun así. Si estás segura, una razón más para relajarse, no simplemente pensar en ello. Intenta distraerte, piensa en otras cosas.

– No puedo. Nueve meses pasan rápidamente y necesito estar preparada para cuando llegue.

– Te has comprado ajuar, preparado el cuarto, falta muy poco. En un mes lo compraremos todo.

– Lo que me deja nerviosa es a darme cuenta que tú no crees que nuestro hijo va a llegar. ¿Crees que estoy mintiendo?

– No. Sé que estás sintiendo los síntomas. Creo que debemos esperar y, mientras tanto, debes distraerte.

Antero se levantó, se despidió de su esposa, se dirigió a la oficina de su empresa. Necesitaba pensar en Eriberto. El tiempo resolvería el problema de la esposa. Algún día, tendría que rendirse a la verdad. Sufriría, pero tendría que conformarse. Una vez en su oficina recomendó a su secretaria que solo lo interrumpiera en caso de emergencia. Se sentó en un sillón y recordó todos los acontecimientos.

Mantuvo una buena relación con su padre, que siempre había sido un compañero y cuya generosidad conocía muy bien. Decidió que el primer paso sería hablar con él y decirle lo que quería hacer.

Llamó a la oficina y la secretaria dijo que no estaría libre hasta las cuatro de la tarde.

– Dile que pasaré por su oficina a esa hora. Tengo un asunto importante que discutir con él.

– Le daré el mensaje.

Antero colgó, llamó a su secretaria y dijo:

– Voy a estar aquí hasta las tres y media. Puedes pasarme todo lo que tenga que resolver hoy.

– Hay una reunión con algunos proveedores programada para esa hora.

– Transfiérela para la semana que viene. No hay nada urgente. Eso puede esperar.

Faltaban cinco minutos para las cuatro cuando Antero entró en el despacho de su padre. Arthur estaba sentado detrás del escritorio escribiendo. Al verlo entrar, se puso de pie sonriendo:

– ¡Qué bueno verte! ¿Estás bien?

– Sí. Necesitamos hablar sobre un tema muy importante.

– ¿Pasó algo?

– Quiero hablar contigo sobre Eriberto. Yo sé que él es mi hijo y de Antônia.

Arthur abrió la boca, la volvió a cerrar, se derrumbó en la silla, mirándolo asustado:

– ¿Quién te dijo eso?

– Yo te contaré toda la historia, pero es realmente ¿no? ¡Eriberto es mi hijo! – Arthur levantó la cabeza, miró a Antero a los ojos y respondió:

– Sí. Él es tu hijo con Antônia. Pero ¿cómo lo supiste? Este era un secreto mío y de ella. Nunca se lo dije a nadie. Lo registré a mi nombre.

– Papá, lo que te voy a contar me sorprendió mucho. Cambió la forma en que veo la vida. ¿Recuerdas que me asaltaron hace unos días?

– Tu madre me lo dijo.

– Bueno, en la tienda donde arrestaron al ladrón, había una joven comprando un regalo de cumpleaños para una amiga. Ella estaba atrapada entre el asaltante que estaba armado y la policía que lo detuvo. Me presenté a ella, le agradecí su interés. Ella era una abogada, ella me dio su tarjeta, preguntó si yo era un pariente de Olivia Fontoura. Le dije que era mi madre y ella me dijo que fuera amiga de Antônia, trabajó en la misma oficina, que era donde ella se mató.

– ¡Qué casualidad!

– Verás que fue más que una coincidencia. La invité a tomar un café y aceptó. Yo estaba viajando cuando Antônia se mató y no sabía por qué pasó.

Arthur escuchó con interés y Antero narró todo lo que sabía y, mientras hablaba, Arthur no contuvo su emoción, luchando por evitar las lágrimas que insistían en caer. Antero finalizó:

– Lo que hiciste por mi hijo no tiene precio, nunca lo olvidaré. Pero al mismo tiempo lamento no haber dicho la verdad.

– Antônia te amaba mucho. Ella pensaba que tú y Gloria se amaban mucho. Salieron juntos desde la infancia y ella era una intrusa que estaba arruinando tu felicidad. Renunció a ti, como renunció a su hijo cuando pensó que yo era más capaz que ella de hacerlo feliz.

– Solo que no pudo soportarlo y terminó haciendo lo que hizo. Ya es tarde, no hay nada que pueda hacer al respecto, pero debo decirte que amo a Antônia mucho más que a Gloria. Y hoy sería más feliz si estuviéramos casados, criando a nuestro hijo. Desde que supimos de su suicidio, soy culpable de no haber buscado saber qué estaba pasando, por qué se había ido de nuestra casa. Pero no hice nada. Pensé que a ella no me amase lo suficiente para enfrentarse a mamá y asumir nuestra vida.

– Yo fui testigo de lo mucho que sufrió. Nunca se quejó, pero me di cuenta el brillo de sus ojos cuando hablaba de ti, el hijo que estaba esperando. Qué pena. Si hubiese sabido que la amabas tanto, todo habría sido diferente. Ella se fue de casa para no verte al lado de Gloria.

Antero no respondió de inmediato. Las palabras del padre confirmando todo lo que ya sabía lo dejaron sintiendo, era una mezcla de alegría y tristeza. Finalmente dijo:

– Quiero asumir la paternidad de Eriberto.

Arthur lo miró en silencio durante unos momentos. Luego respondió:

– Es tu derecho y el suyo. ¿Ya pensaste en los problemas que encontrarás? Gloria puede no aceptarlo. Tu mamá definitivamente lo odiará, pero puedo evitarlo.

– Estoy dispuesto a afrontar todas las consecuencias. La responsabilidad es mía y debo asumirla.

– Tenemos que pensar en la mejor manera de hacer esto. Eriberto sabe que yo lo adopté, pero piensa que su padre murió. Solo tiene seis años. Debemos tener cuidado.

– Lo sé. Necesito hablar con Gloria, contarle todo y no sé si es el momento adecuado. Tiene un problema psicológico. Ella siente todos los síntomas del embarazo, pero lo hicimos pruebas última semana y arrojó no está embarazada. El médico dijo que es un embarazo psicológico. Incluso hoy estaba enferma. Traté de crear conciencia, pero fue inútil. Ella no escucha.

– Tal vez contándole la verdad saldrá de esta ilusión.

– Sí, puede ser. Lo pensaré un poco más. Mis nuevos amigos me aconsejaron que pidiera inspiración espiritual.

– Para eso necesitas un don especial.

– Garantizan que todo aquel que desee hacer el bien, que pida sinceramente ayuda espiritual, será ayudado. Las ideas surgen en su mente, frases inspiradoras serán leídas o escuchadas, por último, en una forma o la otra, que va a encontrar la que necesita. Solo hay que estar atentos.

– Es una manera original, pero que puede funcionar. Yo mismo, cuando estoy enfrentado con un caso complicado en el que no estoy seguro qué hacer, trato de relajarme, mantener la calma, esperar y, de repente, las alternativas comienzan a aparecer fuera de ninguna parte, lo curioso es que en este momento yo sé exactamente lo que puede funcionar y lo que no.

– Eso significa que ha llegado la ayuda para el caso. Y por lo que escuché decir a mis amigos, un espíritu de luz, interesado en ayudar al paciente, lo inspiró.

– Sin embargo, hay algunos casos graves en los que no obtengo nada. Tengo que rendirme a la enfermedad. Es un sentimiento de derrota muy triste, viendo el sufrimiento de una persona y no poder aliviarlo. La ceguera es triste; cuando se acompaña de dolor, es difícil vivir.

– Todo esto es nuevo para mí. No sabría explicar por qué la ayuda funciona en algunos casos y no en otros. Mis amigos afirman que la ayuda espiritual está presente en cualquier caso. Incluso para criminales.

– Antônia era una chica muy buena. Pero se suicidó. La iglesia dice que este crimen no tiene perdón, pero ella, a pesar de estar sufriendo, recibió ayuda. Logró proteger a su hijo incluso después de su muerte.

– Se arrepintió, oró, pidió ayuda, fue sincera y la consiguió. Es lo que voy a hacer. Orar y esperar para no tomar una decisión apresurada.

– Me gustaría conocer a estos amigos tuyos.

– Iré a su casa la semana que viene para la sesión.

– Después de lo que me dijiste, me gustaría ir contigo.

– Las reuniones están reservadas. Solo algunos familiares y amigos. Llamaré preguntando si puedes ir.

– He oído hablar mucho de la vida después de la muerte. Varios clientes lograron una mejora significativa al recibir ayuda en un Centro Espírita. Hubo algunos casos que de ninguna manera pudieron explicarse médicamente y me impresionaron. Pero ya sabes, somos muy racionales, lo que dificulta aceptar lo subjetivo.

– Yo también en la universidad tuve un amigo que veía los espíritus, hizo predicciones muchas de las cuales se cumplieron, pero nunca lo tomé en serio. Tenía razón y perdí mucho tiempo. Marta me dijo que hay libros científicos interesantes y que voy a estudiar. La idea que la vida continúa después de la muerte cambia nuestra forma de ver, abre nuevos horizontes para el pensamiento humano.

– Frente al sufrimiento que asisto en el hospital, todos los días y de nuestra impotencia, fui perdiendo la alegría que tenía en la juventud. Incluso el ideal de luchar contra el dolor humano ha perdido su significado. Me hice amargado, deprimido, más frío a los pacientes para protegerme del dolor. Parece una lucha sin remedio, en la cual todos perdemos siempre.

– No sabía que te sentías así.

– Me he estado preguntando exhaustivamente por qué tantas desigualdades sociales y físicas. No encontré respuesta. Hoy en día, teniendo en cuenta lo que me has dicho, siento que la vida debe ser mucho más de lo que imaginamos y que tal vez un día pueda encontrar las respuestas que estoy buscando.

– Otras dimensiones donde la vida continúa..., donde las personas que murieron se fueron dejando la tristeza de la pérdida en nuestras vidas. Pero si ellas continúan viviendo en algún lugar, un día nos volveremos a encontrar. Terminó el dolor del "nunca más." La separación es temporal.

– Pensando así, todo cambia. Quizás la muerte no sea una derrota, como pensaba, sino un cambio, una transformación. ¿Has pensado en el alcance de esto en nuestra sociedad?

– Sí, lo hice, y mucho. Hoy en día, incluso voy a llamar al Dr. Dantas y pedir que te reciba.

Los dos continuaron hablando animadamente durante algún tiempo. Luego, como Arthur ya había terminado su trabajo, ambos se fueron. Habiendo acordado que ante cualquier noticia llamaría Antero, se despidieron y cada uno se fue a su casa.

* * *

El teléfono sonó varias veces. Olivia buscó a la criada, pero no la vio por ahí. ¿A dónde habría ido? No le gustaba atender sin saber quién estaba en el otro extremo de la línea. Además de eso, no era de buena educación que la dueña de casa atendiera. Como el teléfono continuó sonando, ella respondió irritada.

– ¡Aló!

– Soy Janete Cerqueira César, ¿cómo estás?

– Más o menos. Me alegro que me hayas llamado. No me va bien. Pero cada uno debe llevar su cruz – se lamentó.

– Es cierto. Aquí en casa las cosas están cada día peor. He estado hablando con la María Helena, ¿te acuerdas de ella?

– Esposa del Dr. Lacerda, ¿la que se está separando?

– Sí. Somos amigas desde que éramos niñas, ¿sabes? Ella me dijo que él volvió a casa, pidió perdón y ella, por supuesto, lo perdonó.

– ¿Después de encontrarlo con otra?

– Así es. Tenía la cabeza vuelta, lo dejó todo por culpa de esta mujer –. Janete hizo una pequeña pausa, luego prosiguió en tono de misterio:

– Lo que me interesó es que acudió a una adivina, de las que usan esa baraja llena de figuras.

– ¿Tarot?

– Esas. Hizo uno oración especial y la pasión se enfrió, él se arrepintió y volvió a casa. Ellos viajarán a la Europa en segunda luna de miel luna de miel. Ella está más feliz que nunca.

– ¡Siempre estuvo loca por él! Veamos si no lo vuelve a hacer.

– Las cosas aquí en casa están empeorando cada día. Pensé en ir allí para concertar una cita. La semana pasada, cuando nos reunimos en el té de Elisa, me hablaste de tu problema y pensé que tal vez querrías ir conmigo. De esa manera podrías descubrir esta historia mal explicada de este niño que adoptó el Dr. Arthur y te obligaron a tragar.

– Me gustaría. Pero ¿será que ella es realmente buena?

– María Helena dice maravillas. Ella habló todo sobre su vida.

– ¿Cuándo vas?

– Lo programé para mañana. Sus horarios estaban todos ocupados, pero no quería esperar, así que insistí y finalmente lo logré. Ella abrió una excepción y me atenderá fuera de hora.

– Me gustaría ir.

– Yo sabía que te podría interesar. He marcado para nosotras dos, pero debo llamar a confirmar. Deberíamos estar allí a las seis. Pasaré por tu casa a las cinco y media.

– Estaré esperando.

En la tarde del día siguiente, Janete se presentó puntual en la casa de Olivia, que la esperaba, y se dirigieron al lugar de consulta. El carro se detuvo en frente de un edificio de lujo en Jardins. Janete dio su nombre en la portería y a continuación, se les invitó a subir. Una vez en el piso indicado, encontró el número y tocó el timbre. La puerta se abrió y un chico elegante las invitó a entrar.

Era una habitación muy bien decorada, y dijo:

– Siéntese, por favor. ¿Quieren tomar un agua, un café?

– No, gracias – dijo Janete.

– Madame Olga se está preparando para recibirlas. ¿Quién irá primero? – Se miraron y Olivia decidió:

– Ve tú, Janete.

Ella estuvo de acuerdo, él se inclinó levemente y salió de la habitación. Susurraron comentando el buen gusto de la decoración. Poco después el chico volvió y le pidió a Janete que lo acompañara. Ella lo hizo. Cuando se abrió la puerta y Janete entró, la habitación estaba en penumbra, iluminado solamente por una luz violeta. Sobre un aparador, unas pocas velas encendidas le daban al lugar un toque de misterio. Flores en una mesa y en las paredes algunos cuadros con dioses chinos y egipcios.

Detrás de una mesa cubierta por un mantel de terciopelo rojo, con flecos de vidrio, sobre la que había dos grandes piedras, una de cristal y la otra de amatista, un candelabro también de cristal con una vela encendida cuya llama parpadeaba, estaba una mujer de, de mediana edad, ojos vivos, ropa elegante, que indicaban la silla frente a ella para que Janete se sentase.

Un fuerte olor a incienso y un perfume que Janete conocía, pero que no supo identificar de inmediato le daban al ambiente un toque oriental.

Madame Olga miró fijamente a Janete durante unos segundos, luego abrió una bolsa de terciopelo rojo y sacó una baraja de cartas.

Sus manos bien cuidadas y con anillos que brillaban con los reflejos de las velas impresionaron a Janete, que esperaba sus palabras para contener la respiración.

Colocó la baraja de cartas frente a ella y pidió:

– Corta tres veces con la mano izquierda.

Luego volvió a juntar las cartas y empezó a ponerlas sobre la mesa lentamente. Cuando lo consideró oportuno, se detuvo, dejó el mazo de cartas a un lado y dijo:

– Usted no está satisfecha con su vida, las cosas no están más funcionando como lo desea. Su relación afectiva está comprometida.

– Es cierto. Mi esposo ha cambiado mucho recientemente.

– Su pensamiento está en otra mujer.

– ¡Entonces es verdad! Bueno, lo sospeché. ¿Quién es ella?

– Él está atascado en el pasado. Tiene serios compromisos con ella en otras vidas.

– Me ayudarás a sacar a esta mujer del camino. Por eso vine.

– Veamos qué podemos hacer.

Revolvió las cartas, pidió a Janete que las cortara y las volviera a poner sobre la mesa. Los miró de cerca. Luego, mirando a Janete, dijo:

– No se puede arreglar lo que empezó mal. Sus caminos son diferentes. El destino de él no está contigo.

– No puede ser. Estamos casados. Él tiene que quedarse conmigo –. Madame Olga la miró fijamente y respondió:

– Fue destinado para alguien más. Usted cortó su camino. Eso nunca funciona, porque la vida comanda el destino y por más de una persona quiere diferente, ella pone todo donde tiene que ser.

– Soy una amiga de Maria Helena, vine aquí porque ella me informó que le hizo magia para ella y su marido regresó a la casa. Quiero que hagas lo mismo por mí. Yo pagaré lo que sea necesario.

Los ojos de Madame Olga brillaron emocionados y permaneció en silencio durante unos segundos. Luego respondió:

– El caso al que se refiere era muy diferente al suyo. Estaba hechizado por una mujer egoísta, pero su destino era quedarse con su esposa. Solo lo ayudé a darse cuenta de la verdad.

Tengo que aclarar que estudié el ocultismo, leo el tarot, hago de eso un medio de vida, pero yo trabajo con la luz y dentro de la ética de la espiritualidad.

– Entonces fue una pérdida de tiempo venir aquí. Usted no es tan fuerte como yo pensaba.

– Solo soy una mujer que desarrolló el sexto sentido, conozco las leyes cósmicas, trato de ayudar a las personas que pasan por aquí, pero toda la fuerza viene de Dios. Esto es en lo que debemos confiar. Es lo que solamente funciona si nos encontramos al lado de las metas de la vida.

– Si lo hubiera sabido antes, no habría venido.

– Sin embargo, desde que vino, y pagó una cita, usted va a escuchar lo que tengo que decir. Usted nunca amó a su marido. Vio en él un buen partido, un hombre guapo, rico, educado, le gusta desfilar con él en sociedad. A pesar que sus familias querían este matrimonio, él estaba destinado para otra que él amaba y todavía la ama, a pesar de todo. No has ganado, buscaste la ayuda de entidades maliciosas para desviarlo del camino. Pero, como he dicho, la vida es más poderosa que todo y un día esta influencia acaba y las cosas vuelven a estar donde deberían estar.

– No creo en nada de eso. Usted es una mentirosa. Un caso para la policía – dijo Janete, levantándose indignada.

Sin alterarse, Madame Olga respondió:

– Ustedes se van a separar. Acepte lo inevitable y se ahorrará mayores decepciones. Es el consejo que le doy. Algún día descubrirá cuanto tenía razón y que, a pesar de tu actitud desagradable, solo quiero ayudarla. En cuanto a la policía, debo aclarar que ejerzo estas actividades debidamente licenciada y estoy al día con todos los requisitos legales. Piense en lo que le dije. Puede irse.

Janete salió de la habitación trastornada, se acercó a Olivia, quien la miró con asombro:

– Vamos, Olivia. No deberíamos haber venido.

– ¿Por qué? Quiero concertar la cita.

– Ella no es como pensaba. No puede ayudarnos. Vámonos, en el camino te cuento todo. Siento haberte traído conmigo. Me apresuré. Vamos.

Antes que Olivia tuviera tiempo de decir algo más, Janete tiró de ella del brazo haciendo que se levantara y salieron al pasillo.

El muchacho las miró de cerca, cerró la puerta y se acercó a Madame Olga, quien sonrió diciendo:

– Ella me buscó tratando de compartir conmigo una responsabilidad que no acostumbro asumir.

– Se fue indignada y se llevó a la otra, que ya había pagado la consulta.

– No te preocupes. Tenemos la dirección, mañana le devolveremos ese dinero. Me alegro que se fueran. De los dos, no sé quién es peor. No llegaron a conocer la verdad, sino a usarme. Olvidémoslo.

Una vez en el carro, Janete dio rienda suelta a su enfado.

– No tiene la fuerza que pensé. Dijo que André tiene otra mujer y, en lugar de ponerse del lado mío, ayudarme a deshacerme de ella, se le ocurrió una conversación extraña, garantizó que su destino no estaba conmigo y que ella no podía hacer nada.

– Pero ¿ella no hizo que el marido de María Helena dejara a la amante y regresara a casa?

– Eso es lo que le dije en ese momento. Así que se le ocurrió la excusa que su amante era interesada, le había hecho brujería, pero su destino era estar al lado de su mujer.

– Si eso es cierto, entonces ella no hizo nada.

– Eso es lo que pensé. ¿Sabes lo que vino a decirme? Que André me dejará y, si no lo acepto, será peor. Y para pensar que yo pagué esta estafa para que me diga estas cosas.

– Mi abuela decía que nadie supera la fuerza del destino.

– ¿Tú también? Pensé que eras mi amiga, estabas de mi lado.

– Y lo estoy. Yo dije esto porque yo sé que el destino está de tu lado. Tu eres la esposa.

– Tienes razón. Ella es falsa. Pero dijo que André tiene otra. Puede que esto sea cierto. En ese caso, necesito tomar medidas.

– ¿Qué planeas hacer?

– Buscamos a la persona equivocada. Conozco a alguien que me ayudó una vez y no se va a negar a hacerlo de nuevo.

– ¿Quién es?

– Es un hombre que tiene mucho poder. Te garantizo que me ayudará.

– En ese caso yo también quiero ir. No puedo permitir que este impostor continúe robando nuestros activos –. Janete pensó un momento y luego dijo:

– Este es un secreto que nadie puede conocer.

– Puedes confiar. Me interesa que nadie sepa nada. Si Arthur se entera, no sé de qué es capaz.

– De acuerdo. Haré una cita y luego te llamaré.

– ¿Vas a ir mañana a la fiesta de Eunice?

– No lo sé. André no salió conmigo nunca más. No me gusta salir sola. Después de todo, tengo marido.

– Si yo tuviera que pensar de esa manera, nunca saldría de casa. Arthur no sale del hospital, cuando llega solo piensa en dormir. Si él quiere vivir su vida así, no puedo hacer nada, pero decidí que eso no es lo que quiero para mí. Me encanta la vida social, después de todo, ¿de qué nos serviría tener tantas joyas, ropa elegante, ir a salones de belleza, si no pudiéramos lucirlas?

– Me encantaría ir, pero la gente empezará a hablar.

– Hablarán de él, no de ti. ¿Y qué hay de mí? Cuando encuentran el reproche Arthur, dicen que no saben tomar una vida, etc. La fiesta de Eunice será un éxito. Si quieres, podemos ir juntas.

Los ojos de Janete brillaron. Quizás entonces André se daría cuenta de lo que se estaba perdiendo.

– De acuerdo. Voy a ir. ¿Alguien más va contigo?

– Solo el conductor. De acuerdo, te recojo a las nueve –. Janete detuvo el carro en la parte delantera de la casa de Olivia.

– ¿Quieres entrar?

– No gracias. Me voy a casa a ver si ha llegado André.

Se despidieron y entró Olivia. Eriberto estaba en el comedor con la institutriz y al verla entrar la saludó cortésmente. Ella respondió, ordenó que le sirvieran la cena a las ocho como de costumbre y se dirigió a la sala de estar. Cogió una revista y se sentó a leer.

Pero sus pensamientos estaban en Janete. Su madre era una amiga de la escuela, casada después de asistir al mismo club, Janete era un par de años mayor que Antero y estrechó amistad cuando los dos niños eran pequeños.

Pero esta amistad era solo social, ya que Olivia no aprobaba sus actitudes hacia los empleados que consideraba demasiado liberales. Se llevaba mejor con Janete, cuyas ideas eran similares a las suyas.

Consideró que Janete tenía toda la razón al querer preservar el matrimonio. El marido es una figura importante en la vida social.

Nadie respeta a una mujer separada, pensó. Cuando hay un problema, es necesario comprometerse, fingir aceptar, pero buscar la forma de cambiar los hechos.

Olivia suspiró resignada. Solo ella conocía la fuerza que necesitaba para convivir con ese huérfano y fingir aceptar esa injusta situación impuesta por su marido. Seis años era demasiado. Había llegado el momento de encontrar una manera de deshacerse de él para siempre.

Pensamientos rencorosos pasaron por su mente y ella los alimentaba tratando de encontrar la solución que buscaba. Olivia no vio que dos sombras oscuras susurraban palabras en su oído mientras densas y pesadas energías circulaban a su alrededor. Pero sintió aumentar su rebelión. Pensó en Antônia con rabia. Ella había soportado su presencia durante mucho tiempo y, si no hubiera sido inteligente, habría involucrado a Antero. No pasara desapercibido el brillo de sus ojos cuando lo miraba, su euforia cuando estaba cerca.

No era justo pasar dos veces por la misma situación. Al menos Antônia pertenecía a la familia de su marido, pero ese chico nadie sabía de dónde venía.

No estaba celosa de Arthur. Era demasiado anticuado para traicionar y estaba muy interesado en la profesión. Lo más probable es que alguna desdichada, incapaz de mantener a su hijo, se lo hubiera entregado, quien con su hábito de salvar a todos había aceptado esta responsabilidad. Arthur no tenía ningún interés en asuntos financieros. Fue ella la que se preocupó por aumentar la riqueza de su familia y sin duda la persona indicada para evitar que su hijo fuera perjudicado.

No creía en las ocultas fuerzas o que alguien tuviese algún poder para intervenir en los asuntos de las personas. Janete era ingenua en busca de adivinos y un *pai de santo*.

Preferiría pagarle a alguien para que desapareciera con el chico y terminar con esta preocupación para siempre.

Pero necesitaba pensar muy bien, no dejar ninguna evidencia de su implicación. Sería genial que muriera, pero no pensaba matarlo, porque sería muy peligroso, además de tener un chantajista en el asesino por el resto de su vida.

Tal vez sería interesante buscar un par de nordestinos que quería volver a la noreste y pagarles muy bien para llevarse al niño. Si no quisieron criarlo, dárselo a otras personas.

Lo importante sería dejarlo muy lejos, donde no hubiera forma de volver. Sería bueno también proporcionar documentos de identidad falsos, para que nadie supiera a dónde se había ido. Este plan parecía el mejor de todos; sin embargo, lo difícil sería encontrar la pareja adecuada. Conocía a alguien que tenía como cuidar de eso sin que fuese necesario que ella apareciese.

Arthur estaba apegado al chico, pero con el tiempo lo olvidaría. Entonces podrían vivir en paz. Todos los activos irían a parar a Antero y los hijos que tendría.

Ella no dudaba que Gloria sería ser capaz de ser madre. Había quedado embarazada dos veces. Con una buena atención médica, todo se resolvería.

La criada anunció que la cena estaba servida y Olivia miró su reloj, pensando:

– "Voy a comer sola una vez más. Arthur ni siquiera viene a cenar" –. Josefa llevó a Eriberto a Olivia diciendo:

– Dile buenas noches a Olivia.

El niño la miró con seriedad y dijo:

– Buenas noches, doña Olivia. Duerma bien.

– Buenas noches.

Josefa se fue con él a su habitación y, mientras lo esperaba a ponerse los pijamas, cepillarse los dientes para acostarse, ella pensó:

– "¿Por qué será que a doña Olivia no le gusta él? Un chico tan hermoso, tan dulce."

No conseguía entender. Sabía que él había sido adoptado en contra de la voluntad de ella. Ella había notado su mala voluntad hacia él desde el principio. Pero creía que con el tiempo se ganaría su cariño. Lo había amado desde el primer día. Fue con cariño que lo cuidó, tratando de protegerlo de los males de Olivia. Hubo momentos en los que lo miraba de tal manera que a Josefa se le puso la piel de gallina en todo el cuerpo.

Notaba que el niño tenía mucho miedo. Cuando estaba frente a ella, se comportaba de manera diferente a lo habitual. Se mantuvo tranquilo, habló en voz baja, y tan pronto como él pudo, se mantenía a distancia. Ya el solo con el Dr. Arthur era muy diferente, cariñoso, alegre, comunicativo. Eriberto se acostó y Josefa lo acurrucó con las mantas. De repente se sentó en la cama diciendo:

– ¡Nos olvidamos de rezar!

– Es cierto. Estaba distraída. Vamos.

Se arrodilló junto a la cama, juntó las manos, rezó a un padre nuestro, al final preguntó:

– Jesús, protege a mi padre Arthur, doña Olivia, Josefa y a todos en esta casa. Amén –. Volvió a acostarse, Josefa enderezó las mantas. Se preguntó de una repentina:

– Me dijiste que mis padres murieron cuando yo era pequeño.

– Sí. Así que el Dr. Arthur gustó mucho de ti y te trajo a casa, te puso en mis brazos y dijo: "De ahora en adelante yo soy su padre. Cuida bien de este chico." Tú eras lindo y yo te amé desde el primer día.

– Ya me lo dijiste, pero nunca dijiste nada de mi madre. Yo no la conocía. ¿Ni siquiera tienes una foto de ella? Tenía muchas ganas de ver cómo se veía...

– No tengo una foto. Pero sé que era una chica muy guapa y muy buena, que te amaba mucho.

– Siento falta de ella. Quería tanto que ella estuviera aquí conmigo. Yo sé que incluso ella debe ser muy bonita. Siento que ella me amaba mucho. ¿Por qué será que Dios se la llevó?

– Tal vez porque necesitaba de ella en el cielo. Pero me dejó a mí para cuidarte. Yo no soy tu madre, pero es como si lo fuera. Me gustas mucho.

Josefa besó al niño en la frente, conmovida, con el brillo de una lágrima en los ojos. La abrazó con fuerza y le preguntó:

– ¿Cuenta la historia de ese chico que se escapó de casa por culpa de la madrastra?

– Yo lo haré. Pero ¿por qué esa? Sé de otras más lindas.

– Me gusta esa, al final el hada lleva al niño con su madre y él se queda con ella.

Josefa luchó por contener las lágrimas, se sentó en el borde de la cama, acariciando suavemente la frente del niño:

– De acuerdo. Voy a contarlo. Érase una vez...

Mientras ella lo hacía, él iba cerrando los ojos, pero luchó por no dormir hasta el final. Entonces sus labios se separaron en una sonrisa feliz y se durmió.

Josefa lo besó en la frente y salió de la habitación tratando de no hacer ruido. Bajó y fue a la lavandería a planchar la ropa de Eriberto.

Arthur había llegado y fue a buscarla:

– Pasé por la habitación de Eriberto para verlo, pero está dormido. ¿Está bien?

– Sí.

– Yo quería venir más temprano para estar con él, pero no pude. Mañana no me iré sin verlo.

– Está bien, doctor. Él echa de menos a su madre mucho. Hoy me preguntó por ella, quería al menos un retrato. Me hizo repetir esa historia del niño que se escapó de su casa por culpa de su madrastra. Sabe como es.

Un destello de tristeza apareció en los ojos de Arthur.

– Lo sé. Es muy pequeño y es triste que un niño se críe sin una madre. Desafortunadamente, Olivia no es muy buena con los niños.

– Yo he tratado de darle afecto, pero no es lo mismo. Perdone en preguntar, usted nunca dijo nada, pero ¿realmente ella murió?

– Sí, lamentablemente. Veré si puedo sacarle una foto.

– Él sería muy feliz. Quiere saber cómo era ella, pensar en ella, rezar por su alma.

– Veamos. Él es demasiado pequeño, esto pasará. Yo siento que un día Eriberto será muy feliz. Tú eres una buena chica, Josefa. Estoy muy agradecido por el amor que le das.

– Lo amo, doctor. ¡Es como mi hijo!

– Lo sé. Esta casa no es un lugar feliz para que viva un niño.

– Él tiene amigos en la escuela. El tiempo pasa, pronto se hará mayor –. Arthur estuvo pensativo por unos momentos, luego dijo:

– La vida está llena de sorpresas. De repente todo puede cambiar. Vamos a ser optimistas y esperanza de días mejores.

Josefa sonrió de acuerdo. Arthur salió de la lavandería y encontró a Olivia, que lo buscaba:

– Llegaste y ni me buscaste. ¿Qué estabas haciendo detrás de Josefa en la lavandería?

– Llegué, no te vi, fui a ver Eriberto, pero él estaba dormido. Fui a hablar con ella.

– Estás más interesado en este chico que en mí. Cuando llegas a casa, los buscas primero a él.

- No seas mala, Olivia. No te puedes comparar con un niño.

- Creo que me merezco un poco más de atención. Estoy cansada de estar sola. Tengo marido, pero es como si no lo tuviera. Incluso hoy estaba con una amiga que está experimentando el mismo problema. Solo que ella no tiene a mi paciencia y hasta piensa en separarse de él.

- Tú sabes mi trabajo. Aceptaste ser la esposa de un médico, ahora no puedes quejarte.

- Sí, acepté. Pero esperaba que al menos te quedaras conmigo cuando no estés trabajando. Ni siquiera haces eso.

- Siempre estoy trabajando. Fuera del hospital, necesito estudiar. Hay mucha investigación, están ocurriendo nuevos descubrimientos, necesito actualizarme –. Hizo una pequeña pausa, sonrió y dijo:

- Eres una mujer inteligente. Creo que necesitas encontrar algo que hacer. Ocúpate de algo que te dé placer. Varias esposas de mis compañeros participan en cursos, hacen trabajo voluntario, se dedican a algo. ¿Por qué no haces lo mismo?

- Creo que quieres deshacerte de mí, eso es. Imagíname, a mi edad, estudiando de nuevo como colegiala. Estas mujeres a las que se refieren están perdiendo la cabeza al comportarse como adolescentes. Conozco a algunas de ellas que viven pregonando su conocimiento, queriendo enseñar a todos como si fueran dueñas de la verdad. Soy una mujer de mediana edad, he estudiado bastante y no me volveré ridícula como ellos.

Arthur la miró con seriedad y respondió:

- Porque nunca dejé de estudiar y lo hago con mucho gusto. Creo que siempre es hora de aprender. La sabiduría es la riqueza del espíritu. Pero, si no quieres hacer eso, ve al club, toma el té con tus amigas, pero por favor deja de quejarte.

- Me siento muy sola, ¿no entiendes que quiero tu compañía?

- Estoy en casa siempre que puedo. Considero desagradable quedarse aquí al lado de una persona que vive quejándose. Piensa en eso. Tengo derecho a vivir en paz.

- Ahora me estás ofendiendo. Me di cuenta que ni siquiera te gusta estar a mi lado. Cuando estás en la casa está ocupado en otras cosas y no me prestas atención.

- Hago lo que puedo. Voy a tomar un baño y luego me gustaría pedir que sirvan la cena.

Sin esperar respuesta, Arthur se levantó y Olivia lo siguió con la mirada hasta que desapareció. Arthur siempre fuera distraído, le daba demasiada importancia a su carrera, pero empeoró después que Eriberto se mudó con ellos.

No tenía ninguna duda que la culpa era del chico desagradable. Su matrimonio estaba en peligro. Necesitamos tomar medidas y resolver el asunto de una vez por todas.

Arthur, mientras se duchaba y se vestía, pensaba en la conversación que había tenido con Antero. Tenía ganas de hablar con Olivia, decirle la verdad sobre el origen de Eriberto.

Se involucró con el chico, pero seguro que cuando supiera que era su nieto, el hijo de Antero, a quien ella amaba tanto, también lo amaría.

Pero, por otro lado, estaba Gloria. No sabía cómo reaccionaría. Su caso era delicado. Quizás sería mejor para él y Antero recibir un consejo de Nelo. Era su amigo y un excelente psiquiatra.

Su compulsión por quedar embarazada mostraba desequilibrio emocional, dificultad para aceptar la pérdida de dos bebés ¿Cómo reaccionaría al enterarse que Antero ya tenía un hijo con otra?

Arthur decidió que era demasiado pronto para decirle a Olivia la verdad. No debían hacer nada antes de consultar a

Nelo. Era necesario esperar. Conversaría con Antero y lo convencería de no tomar ninguna acción antes de haber planeado todo muy bien. Estaba seguro que era lo mejor que podía hacer.

Se sintió más tranquilo y dispuesto a evitar discutir con Olivia, bajó a cenar.

Olivia, por su parte, habiendo ideado un plan que empezaría a ejecutar al día siguiente, decidió ser más amable con su marido y evitar cualquier queja.

Así que la cena de esa noche transcurrió sin problemas, con los dos luchando por hablar de banalidades.

Después de la cena, se fue a la oficina a leer y Olivia, tratando de controlar su enfado, se sentó en el salón a hojear una revista de moda sin mucho interés.

Sonó el teléfono y la criada dijo que Janete quería hablar con ella. Respondido puntualmente:

– ¿Cómo estás?

– Bien. Te llamo para informarte que encontré la dirección de la persona de la que te hablé y que tenía previsto ir mañana. ¿Quieres ir también?

Olivia pensó por un momento, luego dijo:

– No lo sé. Había planeado algo más para mañana.

– No creo que debas perder la oportunidad. Te garantizo que no te arrepentirás. Ya me ha ayudado mucho.

Olivia vaciló un poco, luego dijo:

– No, Janete. No creo en ese tipo de cosas. Decidí resolverlo por otros medios.

– Tú eres la que sabe. Me iré mañana. En todo caso, si cambias de idea puedo llevarte en cualquier momento.

– Gracias. Eres una gran amiga.

Ellas se dijeron adiós y Olivia se sentó pensativa. Ella quería tomar acciones efectivas y no esperar a que cualquier *pai de santo* para lograr cualquier cosa.

No creía en nada de eso y no iba a gastar su dinero en eso. Lo mejor era resolverlo, para siempre.

De repente, sintió una leve náusea y su cabeza quedó atónita. Ciertamente, la cena no le había ido bien. Fue al baño a buscar un medicamento para tomar. Tomó una sal de frutas, le puso agua y la tomó.

Las dos figuras oscuras que la abrazaban se alejaron un poco y se dijeron una a la otra:

– Mejor nos vamos, ella ya aceptó. Regresaremos mañana.

– No, vamos a esperar a hablar con ella fuera del cuerpo. Tenemos que reforzar. Algo puede pasar y ella puede darse por vencida.

– De acuerdo. Pero no haremos contacto mientras ella esté despierta, por lo que no se siente mal. Los dos se alejaron, quedando en un rincón de la habitación.

Olivia se sintió aliviada y pensó:

– Este medicamento es realmente bueno. Estoy bien.

Satisfecha, se dispuso a dormir. Arthur todavía estaba en la oficina. Cuando él llegaba tarde en la noche, acostumbraba a irse a dormir en el cuarto de huéspedes para no molestarla.

Sin esperarlo, Olivia se acostó y pronto se quedó dormida.

* * *

Nina terminó las actividades del día, guardó algunos documentos y se preparó para irse. Se encontró con Lucía esperando el ascensor.

– Menos mal que hoy te estás yendo más temprano – consideró ella.

– Estoy un poco cansada.

– He notado que has estado pensativa, triste. Siento que no estás bien. ¿Hay algo que pueda hacer para ayudar?

– No. Me pidieron que ayudara a alguien y no está siendo fácil. Lo que podía hacer, ya lo hice. Ahora solo queda esperar y ver qué pasa.

El ascensor llegó, entró en silencio. Cuando se detuvo, se bajaron y se detuvieron en la puerta del edificio.

– Si necesitas algo, no seas tímida. Sabes que puedes contar conmigo. Has sido más una amiga que una jefa, me has ayudado mucho. Estaré encantada de poder retribuir de alguna manera.

Nina sonrió y respondió:

– Hay ciertas cosas que nadie puede hacer nada. Pero tu amistad, tu apoyo son muy importantes para mí. Gracias.

Se mantuvo en la conversación, no vio que Breno y André se acercaban. Lucía, al verlos, miró a Nina con preocupación. Breno se acercó a Lucía y la besó en la mejilla:

– Buenas tardes – dijo, extendiendo su mano a Nina, quien se la estrechó.

– ¿Cómo estás, Nina? – dijo André extendiendo la mano. Fingiendo no ver la mano extendida, Nina respondió:

– Bien, gracias. Yo me estaba despidiendo, tengo que irme. Hasta otro día –. André la tomó del brazo:

– Hoy no te irás. Tenemos que hablar.

– No hay nada más que decir. Nuestro asunto está cerrado.

– De ninguna manera. Solo está comenzando. Teniendo en cuenta algunos aspectos delicados, he sido paciente, dándote tiempo para pensar mejor. Pero si permaneces inflexible, me veré obligado a tomar algunas acciones que no te gustarán.

Nina miró a Lucia y Breno, que se avergonzaban un poco de escuchar en voz baja, y decidió ceder. Los ojos de André tenían un brillo decidido que la hizo evitar una discusión. Estaban en la calle y en un lugar donde ella era muy conocida, no quiso dar ningún motivo para chismes.

– De acuerdo. Vayamos a un lugar discreto. Breno y Lucía se despidieron de inmediato.

– Mi auto está en el estacionamiento. Vamos a hasta allí – propuso André. Ellos caminaron en silencio. Una vez en el auto, André preguntó:

– ¿Quieres ir a algún lugar, tomar una copa, cenar?

– Gracias, no quiero nada. De todas formas podemos quedarnos en el carro. Habla pronto lo que quieres, porque no me puedo demorar.

– Conozco un lugar discreto, donde podemos hablar sin que nos interrumpan.

Ella estuvo de acuerdo. Se sentía inquieta, nerviosa, cansada. André notó que ella estaba tensa y reconoció que él estaba nervioso. Para aliviar la tensión, trató de actuar con naturalidad hablando de otros asuntos:

– Nunca te había visto que en las sesiones en la casa del Dr. Dantas. ¿Va a continuar asistiendo?

– No. Solo fui a acompañar a un amigo.

– ¿Por qué no? Milena mejoró mucho después que empezó a ir. Te hablé de ella. ¿Recuerdas?

– No mucho. El pasado para mí murió. Hago cuestión de no recordar nada.

– Bueno, yo nunca lo olvido. En los últimos tiempos, a continuación, ha estado presente en todos los minutos –. Ella no respondió. No quería que él supiera que ella también se recordaba de todo en los mínimos detalles.

– Cuando te vi el miércoles con ese chico, pensé que era tu novio.

— Es un chico guapo, culto, bueno, y lo encuentro muy atractivo, pero está casado. Para mí, un hombre casado es como si estuviera muerto.

Se mordió el labio y no respondió. Habían llegado a un pequeño restaurante. Detuvo el auto en el estacionamiento y entraron. André eligió un rincón discreto, protegido por una mampara, y se sentaron.

Como ella dijo que ella tenía no quería cenar, él ordenó un vino y algunos aperitivos. El camarero lo trajo a continuación. Después de probar el vino y este ser servido, se quedaron a solas.

— Nina, no puedo creer que estemos aquí juntos.

— Acepté venir porque me di cuenta que estabas determinado y tenía miedo que hicieras un escándalo frente a mi oficina. Además de eso, Lucía y el Dr. Breno estaban avergonzados.

— Son mis amigos. Se deshicieron de los prejuicios y resolvieron muy bien sus problemas. Están muy felices juntos.

— Las personas tienen el derecho a decidir cómo quieren vivir. Yo no podría vivir con eso. Pero creo que no fue por hablar de ellos lo que me trajiste aquí. De hecho, me amenazaste y no me gustó.

— Tu intransigencia me saca de quicio. Prefiero el diálogo, pero cuando hablo no escuchas. Se te ha metido una idea en la cabeza y no aceptas cambiar.

— Cuando nos abandonaste, tuve que lidiar con esa situación como me fue posible. Y resolví todo perfectamente. Estoy llevando bien mi vida. Marcos es un niño educado, sano y feliz.

De repente apareces y quieres ser parte de su vida. Tendré que decirle que mentí, que su padre no murió. ¿Cómo crees que reaccionará?

– Se alegrará al descubrir que tiene un padre que lo ama y hará todo lo posible para ganarse su estima y apoyarlo en la vida.

– ¿Un padre que a pesar de saber de su existencia nos abandonó y olvidó durante diez años?

André puso su mano sobre la de ella y la apretó con fuerza:

– ¡Esto no es cierto! Desde el día que regresé del viaje te busqué. Yo siempre te amé, Nina. Ella retiró la mano diciendo indignada:

– ¡Es mentira! ¿Cómo te atreves a decir una cosa así? – Ella se levantó nerviosa:

– Me voy.

Él la tomó del brazo:

– Siéntate, por favor. No quise ofenderte. Quédate. Vamos a hablar.

Ella se sentó de nuevo. Estaba pálida y André le dio la copa de vino y le preguntó:

– Bebe, Nina, para calmarte. Ambos estamos nerviosos.

Sostuvo el vaso y tomó unos sorbos. Él hizo lo mismo. Entonces dijo:

– No quiero hacer nada que pueda hacerte daño. Soy consciente de mi error y de los momentos de felicidad que me perdí cuando nos separamos. Es difícil, Nina, cargar con la culpa, saber que yo soy el único responsable de la lamentable situación de ahora.

– En ese caso, déjalo todo como está. No quieras castigarnos más creando problemas en nuestras vidas.

– A pesar de todo, Nina, es injusto negar a uno de los padres el derecho a conocer al niño y al niño de conocer a su padre. ¿Alguna vez ha pensado que él tiene el derecho a elegir cómo quiere tratar con eso?

- Marcos es un niño, no tienen discernimiento para saber lo que es mejor.

- Los niños tienen un sentido profundo de sus necesidades básicas. Yo siempre había querido tener un hijo y ahora yo sé que él existe y no tienes la intención de compartir su amor. Es una fuerza muy fuerte dentro de mí que me obliga a luchar para conquistarlo. ¿No habría extrañado a su padre dentro de él también?

- Él nunca sintió eso, estoy segura. Yo fui padre y madre todo el tiempo.

- Estás prejuzgando. ¿Cómo puedes saber qué está pasando dentro de él? ¿Cómo puedes asumir esta responsabilidad y asegurar que nunca te pedirá cuentas por esto?

Ella no respondió de inmediato. Ella bajó la cabeza y estuvo pensativa por unos momentos. Se sentía frágil, quería irse, olvidarlo. André estaba allí, frente a ella, exigiéndole, tratando de compartir una culpa que era exclusivamente suya. No podía aceptar eso.

Levantó la cabeza con altivez y respondió:

- Es cobarde de tu parte querer hacerme sentir culpable cuando decidiste dejar nuestras vidas.

- Es cierto, era demasiado joven, tomé una actitud equivocada de la que inmediatamente me arrepentí. Pero fuiste tú quien quiso castigarme al ocultar el nacimiento de Marcos y no diciéndole la verdad a él, haciéndole creer que estaba muerto. Me hiciste esto a mí y a él todos estos años y ahora, cuando los encontré, reclamo nuestros derechos, todavía pretendes seguir ignorando nuestros sentimientos. Si te analizas mejor te darás cuenta que eres tanto o más culpable que yo misma.

Nina sintió que las lágrimas estaban a punto de caer y bajó la cara una vez más para que él no la viese y se quedó en silencio. Él continuó:

– ¿Me odias tanto así? ¿Tienes la intención de seguir castigándome, usando a un niño que no sabe que existo y que siento por él un amor de padre?

Había tanta tristeza en la voz de André que Nina no logró contener las lágrimas que caían por su rostro. Era un grito doloroso que había contenido durante tantos años y que emergió sin poder contenerlo.

Los sollozos estallaron en su pecho y lloró compulsivamente durante unos minutos. André, conmovido, no dijo nada y esperó a que se calmara. Cuando Nina finalmente se calló, él tomó su mano y dijo con cariño:

– Tu mano está fría.

– Quiero irme.

– Vamos a calmarnos, esperar un poco más para poder salir. Yo tenía que decirte lo que pasaba en mi corazón. Para mí tampoco ha sido fácil. Me gustaría abrirme, hablar de mi vida, de mis sentimientos, pero de momento no hay condiciones y temo ser mal interpretado. Quiero que cambies tus conceptos sobre mí y entiendas que yo, a pesar de todo, puedo ser un buen padre para Marcos.

– No estoy en condiciones de pensar en casi cualquier cosa –. Lo miró con seriedad, suspiró y respondió:

– Tienes razón. Vamos.

Recompuso su rostro mientras Nina retocaba su maquillaje. Luego pagó la cuenta y se fueron. Ya estaba oscuro y mirando al cielo lleno de estrellas André comentó:

– La noche está hermosa.

Ella no dijo nada. En el camino ella le pidió que la dejara en el estacionamiento para recoger su auto. André intentó hablar de otras cosas. Habló de Milena, de sus experiencias en la sesión de Espiritismo en la casa del Dr. Dantas. Al escucharlo, Nina recordó cuánto le gustaba escucharlo hablar. André era un brillante narrador y cualquier evento gana brillo cuando él realizaba el recuento.

André se detuvo frente al estacionamiento y tomó su mano diciendo:

– Nina, hoy finalmente te encontré. Prométeme que pensarás acerca de todo lo que hemos hablado. Estoy seguro que juntos vamos a encontrar una buena manera de resolver esta situación.

– No lo sé. Estoy aturdida con solo pensarlo.

– Perdóname, Nina. Nadie puede ser feliz con ira en su corazón.

– Tengo que irme. Buenas noches.

Ella abrió la puerta del carro, se bajó y entró en su carro sin mirar atrás. Él la siguió con la mirada hasta que desapareció. Luego puso en marcha el carro y se marchó.

Durante el viaje, recordó con emoción lo que habían hablado. Había ignorado su actitud, había hablado con sinceridad y había logrado romper el hielo.

Esa era su Nina, sensible, cariñosa, humana, muy diferente de la dura e inflexible abogada en la que se había convertido.

Al verla llorar tan frágil, sintió ganas de tomarla en sus brazos, besarle la boca, decirle cuánto extrañaba los momentos de amor que habían disfrutado.

Se había contenido con mucho esfuerzo. No quería aprovechar un momento difícil para ella y, al mismo tiempo, temía perder el espacio que tanto le costó recuperar.

Ella lo consideraba un canalla, frívolo y egoísta. Tenía la intención de demostrarle que no era nada de eso. Que sabía respetar los valores fundamentales de la vida.

Eran más de las diez cuando entró en la casa. La criada lo recibió diciendo:

– Doña Janete se fue por la tarde, fue a visitar a una amiga y aun no ha regresado. ¿Usted quiere cenar ahora?

– No. Puedes retirarte.

– Puedo preparar un bocadillo para más tarde.

– No es necesario. Gracias.

Ella se fue y André miró a su alrededor pensativo. Su casa era hermosa, impecablemente ordenada, pero triste, fría, sin calor humano. Instintivamente, sus pensamientos se dirigieron a la casita donde había vivido con Nina. Era pequeña, pero bonita. Allá había alegría, flores frescas en los floreros, un delicioso olor de la comida en la cocina, y especialmente los brazos de Nina, su hermosa sonrisa, los ojos brillantes de amor.

Se pasó una mano por el cabello con nerviosismo. ¿Por qué fue tan ciego al punto de dejarse envolver por Janete y su madre, que lo arrojaba a los brazos de ella como si se tratara de la única oportunidad de felicidad posible?

Ahora vio claramente que lo habían involucrado por vanidad. Fue agradable desfilar socialmente al lado de Janete, siempre tan *chic*, cuya compañía fue disputada por personajes importantes, que la pusieron como un trofeo difícil de ganar.

Luego estaba la reputación profesional que alcanzaría al unirse a la fortuna y la clase de su familia, siempre en evidencia en las revistas de moda, participando activamente de eventos benéficos, apareciendo en los medios de comunicación con regularidad.

Al convivir íntimamente con Janete, André comenzó a darse cuenta de lo mezquina, calumniosa y prejuiciosa que era. Excesiva vanidad con el cuerpo, lo que no le permitió aceptar la maternidad, la conversación inútil, formal, falsa, que se hizo distante y André observó claramente que ella siempre estaba representando un papel, de acuerdo a las circunstancias.

Ella estaba vacía y hacía tiempo que él no encontraba placer en hablar con ella, estar a su lado.

Desfilar a su lado dejó de ser placentero para convertirse en doloroso. Él se dio cuenta que, para estar con ella en los círculos sociales, también necesitaba adoptar el papel de esposo cariñoso, educado, enamorado.

Fue esto lo que a ella le gustaba mostrar a los amigos y que él odiaba. Cuando salían juntos, todo el tiempo notaba sus puntos débiles, como era pretenciosa, arrogante, y era cada vez más difícil hacer lo que ella esperaba de él.

Nunca se había arrepentido tanto de haberse casado como en aquella noche. Había perdido a Nina, no tenía esperanzas de reanudar su romance con ella, que nunca olvidaría el pasado. Sin embargo, sentía que ya no podía vivir junto a Janete.

Ella tendría que entender y aceptar la separación, lo que no sería nada fácil, pero él estaba determinado. Se iría a vivir solo y así tendría la libertad para convivir con su hijo y ganar su afecto. Dadas las circunstancias, era todo lo que podía esperar.

✶ ✶ ✶

Nina entró en la casa desesperada. Ofelia, al verla, dijo:

– Usted no suele demorarse, estaba preocupada. ¿Se siente bien?

– Tuve un día difícil y estoy cansada. Quiero tomar un baño e irme a mi cama. ¿Marcos ya está durmiendo?

– Estás viendo la televisión en su habitación. Mientras que toma el baño voy a calentar su cena.

– No es necesario, no tengo hambre.

– Hice una deliciosa sopa. Si no quiere bajar, la calentaré y la llevaré a su habitación. No puede quedarse sin comer.

– De acuerdo. Gracias.

Subió las escaleras, fue a ver a Marcos, habló con él y le pidió que apagara la televisión, porque tenía que levantarse temprano al día siguiente para ir a la escuela.

– La película está terminando, mamá. Tan pronto como termine, apago. Lo prometo.

Ella se fue a la habitación, llenó la bañera, se quitó la ropa y se instaló en ella. El calor del agua y el aroma delicado de las sales que habían colocado hizo que cerrara los ojos con placer.

Fue bueno estar allí, sin pensar, sintiendo la agradable sensación del roce del agua tibia en su cuerpo. Sin embargo, a pesar del deseo de relajarse, de no pensar en nada, el rostro emocionado de André volvió a aparecer en su memoria obligándola a pensar.

Él la culpaba por no decirle nada sobre Marcos, no era así como ella veía los hechos. Pensó que esa actitud era la correcta, ya que los había dejado. Buscarlo, hablar de su hijo le parecía una debilidad, una incapacidad para ocuparse de todo sola.

La había considerado indigna de usar su nombre, porque era de origen humilde, había despreciado su inteligencia, sus valores morales, su dignidad. Tenía derecho a demostrar lo equivocado que estaba.

El reconocimiento tardío de este hecho hacía más grande su error y era eso lo que la incomodaba. Si ella lo hubiese buscado, haciéndose su dependiente, su vanidad hubiera sido satisfecha.

Pero ella no le daría ese placer. Haría cualquier cosa para que André renunciara a su hijo. Reconoció que tenía el derecho legal de asumir la paternidad. Si reclamaba este derecho en la corte, tendría que aceptarlo.

Ese pensamiento la estremeció. ¿Cómo reaccionaría Marcos cuando supiera que mintió? Si eso sucediera, trataría de hacerle entender sus razones. Su relación con él siempre había sido amorosa, amistosa. Sabía lo mucho que lo amaban y terminaría aceptándolo.

Lo que la preocupaba era que tendría que compartir su cariño con André. Tendría que aceptar callada su reacción, porque no le diría al niño como lo consideraba egoísta e interesado. Esa fue una de las razones para decirle que su padre había muerto. Hablar de un muerto, ensalzar sus cualidades, era más fácil que decir la verdad.

Lucía le había dicho que Breno estaba preocupado por André. Que no estaba feliz y lamentaba haberse casado con Janete.

No creía mucho en esta versión, que podría ser una forma que Lucía y Breno intentaran convencerla que aceptara su cercanía. Fuera lo que fuera, era culpa suya que no estuviera contento.

No había pasado desapercibido el brillo de admiración en los ojos de André cuando la miró. Era exactamente lo que ella quería conseguir. Para ello se empeñó en trabajar, buscando notoriedad profesional. Desde que no tenía dinero, ni nombre, ni posición social, entonces tendría éxito en la profesión.

A pesar de esto, no estaba feliz. Al contrario de lo que imaginaba, esta victoria no había logrado arrancar la tristeza de su corazón.

Cerró sus ojos y se imaginó cómo sería bueno olvidar, liberarse de ese horrible sentimiento de no ser lo suficientemente buena que se sentía cada vez que pensaba en el pasado.

Necesitaba olvidar. A partir de entonces, haría cualquier cosa para sacar a André de su mente. Siempre había sido acosada por admiradores, pero nunca los había tomado en serio. No confiaba en nadie.

Los recuerdos de su romance con André reaparecieron con intensidad y Nina recordó los momentos felices. De repente, se dio cuenta que después de tantos años esos recuerdos hicieron que su corazón latiera más rápido, que el amor seguía ahí, en una mezcla de placer y dolor, que nada podía borrar.

Esto no podía ser verdad. Ese encuentro con André la estaba perturbando. Ella lo despreciaba, esa era la verdad. Decidida a reaccionar, Nina salió de la bañera, se secó y se dispuso a dormir.

Ofelia había dejado la bandeja con la sopa sobre la mesa y Nina decidió comer. Ella necesitaba alimentarse para estar fuerte y ganar esta batalla contra André.

Después que tomó la sopa, Nina oró pidiendo a Dios para apartar a André de su camino y ayudarla a olvidar. Luego se acostó lista para dejar de pensar en él.

Sin embargo, mientras se movía en la cama tratando de dormir, de vez en cuando un momento de ese encuentro reaparecía en su mente, reavivando recuerdos.

Cuando se daba cuenta, reaccionaba. Entonces, le costó mucho conciliar el sueño.

A la mañana siguiente, cuando Nina llegó a la oficina y encontró a Lucía, notó que algo había sucedido.

– No estás bien. ¿Qué pasó?

Se estremeció y luchó por contener las lágrimas. Al notar su nerviosismo, Nina la hizo sentarse y comentó:

– Estás muy nerviosa. ¿Pasó algo con Mirela?

– No. Ella está bien... pero sucedió algo horrible...

– Cálmate y cuéntalo todo.

– Ayer Breno fue conmigo hasta la casa. Extrañaba a Mirela. Tú sabes que él nunca se queda en mi casa hasta tarde. Respeta a Anabel y no quiere lastimarla. Ayer dijo que se iba a quedar hasta tarde porque Anabel se había ido a pasar unos días a la casa de su madre en Minas. Compramos algunas cosas, Rosa hizo una buena cena y nos alegramos. Fue después de las diez cuando el timbre sonó, Rosa fue a abrir, y cuando vimos, Anabel y su padre estaban en nuestra sala.

– ¡Qué horror!

– Nosotros estábamos jugando con Mirela, que debido a que su papá estaba en casa no quiso dormir en el horario de siempre. Anabel no hizo ninguna escena o nada. Solo miró a su padre y dijo:

– No lo creíste. ¡Mira esa poca vergüenza con tus propios ojos!

El hombre estaba pálido de rabia. Pensé que nos iba a agredir. Estaba temblando, me temblaban las piernas y no podía decir nada. Breno, a pesar de la palidez, tuvo más presencia de ánimo y me pidió que llevara a Mirela a la habitación. Ella estaba llorando asustada, la tomé de la mano y nos fuimos. Rosa estaba de mi lado infeliz.

– Si yo hubiese sabido quienes eran no los dejaba entrar – dijo con nerviosismo.

– No tenías la culpa de nada. Ella debe haber preparado todo.

– Estás temblando. Traeré un vaso de agua azucarada.

Ella se fue y yo estaba tratando de calmar a Mirela. Cuando regresó Rosa, le pedí que se quedara con ella y me fui al pasillo para tratar de escuchar de qué estaban hablando.

– Me cuesta creer que tú, que yo consideraba un hombre de bien, podría engañar a mi hija esta manera e incluso tienes una hija. Que no sé si es tu hija o no.

– Sí, es mi hija – respondió Breno con voz firme.

– ¿Estás seguro?

– Sí, lo estoy. Mirela es mi hija.

– Nunca te perdonaré. Ya no te quiero en mi casa – dijo Anabel –. Vámonos papá.

– No te apresures, hija. Esto es solo una aventura. Breno ya debe estar arrepentido. Vamos, Breno, este no es lugar para hablar. Vayamos a mi casa.

– De acuerdo. Voy a ir. Puedes irte, yo iré después.

Escuché cuando salieron cerrando la puerta y Breno vino hacia mí. No pude contener las lágrimas. Él me dijo:

– Tengo que irme. Pero quiero decir que las amo a ustedes dos. No tengas miedo.

Él se fue y me quedé muy preocupada. Después de lo que pasó, creo que todo terminó. Perdí a Breno. No sé cómo vivir sin él. Las lágrimas corrían por su rostro y Nina trató de calmarla.

– Dijo que las ama a las dos. Pronto vendrá a buscarlas. Ya verás.

– Acepté la situación porque lo amo mucho. Sé que me ama, pero es muy considerado con su esposa. Desde el principio aclaró que, a pesar del amor que siente por mí, nunca me abandonaría.

Nina la miró asombrada. ¿Cómo es que Lucía había aceptado una situación así? Pero no dijo nada para no lastimarla más.

– Es una situación difícil, intenta calmarte.

– Sé que exigirán que nos deje. Estoy desesperada. Tengo miedo de hacer una locura.

– No digas tal cosa. Lo que sucedió era de esperarse. Cuando un hombre está interesado en otra mujer, cambia su comportamiento y la esposa se da cuenta de ello. Tienes que esperar y ver qué deciden. Pero, pase lo que pase, recuerda que Mirela te necesita.

– Lo sé. Mi familia peleó conmigo cuando se enteraron que esperaba un hijo de un hombre casado. Ella solo me tiene a mí.

Nina trató de ocultar su preocupación. Probablemente Lucía tenía razón: bajo la presión de su esposa, Breno las dejaría. ¿Y si hacía lo mismo que Antônia?

Nina sintió su pecho apretado y pensó que ella tenía que ayudarla de alguna manera. Si habría ido detrás de Antônia, tal vez no hubiese cometido suicidio. No quería que se repitiera esa situación.

– Sabes lo que le pasó a Antônia.

– Lo sé.

– Ella estaba triste, sufriendo mucho. Si pudiese volver atrás, no se habría suicidado.

– ¿Cómo lo sabes?

– Siéntate que te lo voy a contar todo.

Lucía se calmó y Nina contó lo que sabía sobre el caso y concluyó:

– Como madre, puedes evaluar su angustia por no poder proteger a su hijo. Ella pensó que, al morir, todo se borraría, no tendría más sufrimiento. Sin embargo, la vida continúa después de la muerte. Este gesto de desafío, además de no solucionar los problemas, aumenta mucho el sufrimiento.

– Creo que me volvería loca.

– Entonces reacciona. Aun no sabes qué va a pasar.

– Es seguro que nos abandonará.

– ¿Nunca pensaste en esa posibilidad?

– Lo pensé un par de veces, pero era tan cariñoso...

– En realidad, Lucía, nadie se enamora de la noche a la mañana. Cuando estaba interesado, ¿sabías que estaba casado?

– Lo sabía. Nunca me engañó.

– En ese caso, no puedes quejarte de nada. Principalmente porque dejó claro, desde el principio, que no tenía la intención de dejar a su esposa. ¿Tiene hijos con ella?

– Dos chicos, uno de dieciséis, el otro de dieciocho.

- En este caso, lo mejor que tienes que hacer es estar preparada para aceptar los eventos.

- Como lo dices, Nina, siento que en gran parte es mi culpa. Tienes razón: cuando é comenzó a buscarme, no debería haberlo animado. Pero ya sabes cómo es, él es un hombre atractivo, bonito, de bien con la vida, que yo me sentí halagada. Nunca había tenido un novio así. Además, era gentil, fino, cariñoso, me enamoré.

- No busques culpables. Solo empeora la situación. Eras ingenua, te involucraste, estabas fascinada. Pero ahora es el momento del sentido común. Adoptar una actitud más lúcida. Tienes una hija y ella necesita crecer en un hogar feliz y armonioso.

- ¿Cómo puedo tener alegría después de todo?

- Sí puedes. Si reconoces que elegiste un mal camino, pero harás lo mejor posible para no repetir el mismo error. Sabes todo lo que pasé, pero logré darle a mi hijo un hogar feliz, un ambiente armonioso, como todo niño merece tener. Si yo lo hice, tú también.

Las lágrimas corrían por el rostro de Lucía y Nina se puso de pie, le puso las manos en los hombros y dijo:

- Esta tarde, si quieres, iremos a la casa de Marta.

- ¿La hija del Dr. Dantas?

- Sí. Estoy segura que ella nos ayudará. Yo también necesito hablar con ella. Voy a llamar e iremos juntas.

- No sé si debería...

- Sí, deberías. Ella sabrá cómo consolarte. Ahora límpiate los ojos y vamos a trabajar. Lucía se puso de pie y la abrazó y dijo:

- Gracias, Nina. Me siento más tranquila.

Nina pidió unos documentos y salió a buscarlos. Nina se sentó satisfecha. Lucía parecía más tranquila. A pesar de esto, no dejaría de llevarla a Marta. Estaba segura que tendría una forma más eficaz de ayudar.

* * *

La criada avisó que Janete estaba al teléfono y Andréia respondió:

- ¿Cómo estás, Janete?

- No muy bien. André está empeorando cada día. Pero llamo porque tengo noticias. Pensé que te gustaría saberlo.

- ¿Tiene que ver con André?

- Con él y Milena. Descubrí a dónde van todos los miércoles.

- ¿De verdad? Habla pronto, porque estoy ansiosa.

- Como sospeché, contraté a un detective para que los siguiera ese día.

- ¿Y qué averiguaste?

- No lo vas a creer. ¡Es una auténtica bomba!

- Bueno, sospechaba que no era nada bueno. Pero habla pronto.

- Van a la casa del Dr. Antônio Dantas.

- Es un abogado compitiendo con el despacho de André. Pero, ¿qué van a hacer allí? ¿Tendrán un proceso complicado? ¿Milena está involucrada en algún caso grave?

- No es nada de eso. El detective logró averiguar que hacen sesiones de Espiritismo todos los miércoles. Y van todas las semanas. ¿Podrías imaginar una cosa de esas?

La sorpresa de Andréia fue tan grande que no respondió de inmediato. Cuando logró recuperarse, dijo:

- ¡No puede ser! En cuanto a Milena, nada me sorprende. ¡Lo que me sorprende es que André se preste a algo así! Él es un hombre culto de clase, bien educado. ¿Cómo puede acompañar a su hermana a tal locura?

- Ahora entiendo por qué cambió conmigo. Pensé que había otra mujer, pero el detective nunca descubrió nada. Frecuentando estos lugares, puede estar siendo envuelto por el diablo.

- Qué absurdo. Deberías estar contenta de saber que no te está engañando.

- Pero ha cambiado. Apenas me habla. Ya no salimos juntos. Está claro que está bajo la influencia del mal.

- No puedo creer que tu creas en eso, el diablo es una figura simbólica para explicar el mal. Hoy en día ni siquiera los sacerdotes creen eso.

- No juegues con tal cosa. El diablo existe, y debe estar alejando a André de mí. Pero estoy decidida a buscar ayuda espiritual.

- ¿Hablarás con el padre Humberto?

Ella vaciló un poco y respondió:

- No lo sé. Voy a pensar.

- Te quedaste impresionada con esta historia. Ve a hablar con el padre Humberto, manda a rezar una misa y listo. Entonces todo está resuelto. En cuanto a mí, voy a tomar medidas para poner fin a esto.

- ¿Qué planeas hacer?

- Hablar con Romeo y prohibirle a Milena salir con André.

- Ella es rebelde y no obedece.

- Si se niega, puedo hospitalizarla, siempre quise que se sometiera a un tratamiento psiquiátrico intensivo. Quizás ahora sea el momento. No te preocupes más por eso. Cortaré el mal de raíz.

- De acuerdo. Pero, por favor, no le digas a André que lo descubrí. No quiero que sepa sobre el detective. Va a pelear conmigo.

– Puedes estar tranquila. Voy a pensar e inventar alguna historia. Déjamelo a mí. No quiero que mi hija se meta con esos charlatanes.

– De acuerdo. Cuando tengas alguna noticia llámame.

Andréia lo prometió y colgó. Se sentó en la habitación pensando cómo debía hacerlo. Decidió que no le diría nada a Milena antes de hablar con su marido. Quizás era mejor para ella no darse cuenta que lo sabían. Por lo tanto, tomarían las medidas adecuadas, sin darles tiempo para reaccionar.

Janete colgó feliz el teléfono. Estaba segura que Andréia terminaría con esta historia. Pero sintió que no podía quedarse allí. Su matrimonio se estaba desmoronando y necesitaba hacer otros arreglos.

Recordó al *pai* Otero. Fue él quien años atrás, cuando ella estaba perdiendo la esperanza de ganarse a André, había hecho el trabajo. Le consiguió una camisa usada, se la llevó y unos días después todo empezó a cambiar.

De repente, sintió un escalofrío de miedo. André iba a las sesiones. ¿Había averiguado lo que había hecho ella? Esto explicaría su cambio de actitud hacia ella.

No, eso no podría ser cierto. Si él había descubierto que se había casado con ella por medio de un "trabajo", sin duda no se habría quedado en silencio.

Se dirigió al escritorio, cogió una agenda de teléfonos y buscó el número y lo llamó. Se le informó que el teléfono había sido cambiado y anotó el nuevo número. Luego marcó y descubrió con satisfacción que Otero seguía en la misma dirección. Su agenda estaba ocupada. Solo quedaba una hora dentro de un mes. Ella insistió tanto, dijo que era una antigua cliente y consiguió una cita días más tarde.

Colgó el teléfono felizmente. Estaba segura que Otero resolvería todos sus problemas. Solo era cuestión de tiempo. No le diría nada a nadie, como la otra vez. Que Olivia y Andréia resolvieran sus problemas. Ella no tuvo nada que ver con eso.

André llegó a casa después de las diez. Janete vio una película en la televisión. Al verlo entrar, se puso de pie sonriendo:

– ¿Cómo estás, André?

– Bien, gracias.

– Si no has cenado, puedo pedir que te calienten la cena.

– No es necesario. Comí un bocadillo.

– Esta película es muy buena, siéntate aquí, ven a verla conmigo.

– Estoy cansado. Subo, me ducho y me voy a la cama.

Janete no pudo evitarlo:

– Esto no puede continuar. Me estoy esforzando para fingir que no percibo tu falta de interés, pero es difícil.

Se detuvo, la miró a los ojos y respondió:

– Mejor quédate así. No lo soportaré más. Nuestro matrimonio ha terminado, Janete. O, mejor dicho, nunca deberíamos habernos casado. Somos muy diferentes.

Ella palideció y respondió:

– No sé por qué estás diciendo esto. Siempre he tratado de ser una esposa buena, sincera y dedicada. Me ocupo de todo en nuestra casa. Hago lo mejor que puedo. Siempre hemos sido tan felices

– Eso no es cierto. Tú vives quejándote que no te doy la atención que esperas.

– De hecho, has cambiado mucho en los últimos tiempos.

– Es que me cansé de hacer las cosas a tu manera, de mantener una vida social falsa, de hacer el papel de marido feliz. Hace muchos años que no sé lo que es la felicidad.

Ella lo miró sobresaltada. Había algo en su tono que la hizo temer lo peor. Trató de hacer tiempo:

- Tal vez sea porque nunca me dices cómo te sientes, vives encerrado en tu mundo. Para mí, el matrimonio significa comunión de ideas, compañerismo, dedicación. No has hecho nada de eso.

- Puede ser, pero nunca hubo esta comunión entre nosotros porque pensamos diferente. Quiero separarme de ti. Necesito de un tiempo para retomar mi vida, volver a ser yo mismo.

- No puedes abandonarme después de todos estos años de dedicación y cariño que te di. Está siendo ingrato.

- Llega un momento en que ya no puedes ignorar la verdad. Lamento lo que nos está pasando. Pero yo soy incapaz de soportar la vida que estamos llevando. Voy a hacer las maletas e irme a un hotel.

Janete se le acercó y le puso la mano en el brazo:

- Por favor, André. No hagas eso. Pensemos mejor.

- Lo he estado pensando demasiado. Tanto que me siento sofocado. Necesito estar solo. ¿Entiendes?

Las lágrimas corrían por su rostro y ella tomó sus dos brazos diciendo:

- No te dejaré ir. Eres mi marido. Te casaste conmigo y juraste quedarte hasta que la muerte nos separe. No te dejaré salir.

La tomó por las muñecas y la apartó y gritó:

- No me detendrás. Entiende, me voy porque estoy al límite de mis fuerzas. Yo no quiero ser grosero o luchar contigo. Pero se acabó. Nuestro matrimonio se acabó.

Antes que ella tuviera tiempo de responder, André subió las escaleras, fuel al armario, recogió una maleta y comenzó a poner sus ropas.

Janete se derrumbó en una silla, asustada. Esto no le podía estar pasando a ella. Era una pesadilla. Pronto se despertaría y todo volvería a la normalidad. Unos minutos después, André bajó con una carpeta y la encaró. Se detuvo ante ella diciendo:

– Me voy. Luego llamo para informarte dónde estoy y enviaré a alguien por el resto de mis cosas.

Ella no pudo decir nada. Escuchó el golpe de la puerta, el sonido del automóvil, y solo entonces se dio cuenta que él realmente se había ido.

Desesperada, subió al dormitorio. La ira la ahogó. La despreciaba, la abandonaba como si fuera una cualquiera. Esto no iba a ser así. Necesitaba vengarse.

El siguiente día hablaría con Otero, incluso sin una cita. Él tendría que atenderla. Hacer todo lo necesario para que André vuelva y cuando lo hiciera, ella le haría pagaría por todo lo que estaba haciendo.

André se hospedó en un hotel, y cuando se vio a solas en la habitación, se sentó en una silla. Su cabeza le dolía y que se recordó que no había comido nada. Llamó al servicio de un cuarto y pidió un refrigerio, y como se esperaba, fue al cuarto de baño, se lavó las manos, la cara, se quitó los zapatos, abrió la maleta, se puso las sandalias y se puso un pijama.

El mozo trajo el refrigerio y se sentó a comer. A pesar de su nerviosismo y dolor de cabeza, se sintió aliviado. La presión de los últimos días se había ido.

Mientras comía, reconsideró su vida. Le había dicho a Janete que quería un descanso, pero sabía que nunca volvería con ella. Era un caso cerrado. Estaba seguro que sus padres, especialmente su madre, lo presionarían para que lo reconsiderara.

Pero nada lo movería. Por primera vez pensó que no tener hijos con ella había sido providencial. No le gustaría separarse de Janete dejando a sus hijos fuera de su convivencia. Cuando una pareja se separa; sin embargo, aunque sea de forma amigable, los hijos siempre sufren. Algunos de sus amigos estaban teniendo muchos problemas con sus hijos debido a esto. Ya bastaba con el problema mal resuelto de Marcos.

André pretendía reprogramar su vida. Después que comenzó a ir a la casa del Dr. Dantas, cambió radicalmente su forma de ver la vida. El conocimiento de la espiritualidad le hizo reflexionar sobre los verdaderos valores, que conducen al logro de la felicidad y que harán muy bien los conceptos tímidos mundanos.

Fue así que él pudo darse cuenta que estaba llevando una vida basada en las apariencias, ignorando las verdaderas necesidades de su espíritu. En ese momento estaba muy claro en su mente, como fue monopolizado primero por su madre, luego por Janete, a través de la vanidad.

Ellas la incentivaban en todo momento, destacando lo guapo, inteligente, encantador, indispensable que era dondequiera que iba. André se pasó la mano por la frente como si ese gesto pudiera disipar el recuerdo de su ingenuidad. ¿Cómo no se había dado cuenta que estaba siendo manipulado? ¿Por qué se había dejado tomar como un idiota por dos mujeres interesadas en que él hiciera lo que les convenía?

Ante esta observación, André ni siquiera pensó en culparlas. Reconoció que era culpa suya que no estuviese contento. Estaban jugando su juego. Andréia creía que su hijo estaría feliz de casarse con una mujer de clase, rica, cuyo padre, hombre de exitoso profesional, ayudaría a su hijo a salir adelante, a hacer una brillante carrera como abogado. Vanidad, pura vanidad. Pero ella pensó que eso era amor. Que ella se estaba ocupando de su futuro. ¡Qué ilusión!

Janete, criada con lujo por un padre que brillaba profesional y socialmente, también creía que la felicidad estaba en la apariencias. A ella le gustaba porque era buena figura en todas partes, especialmente entre las mujeres, y pensó que casarse con él la haría feliz. Nada la dejaba más alegre que desfilar en lugares exquisitos, en las fiestas más animadas, exhibiéndolo como trofeo. Nunca le importó lo que sentía o pensaba.

También vanidad, solo vanidad. ¿Cuánto tiempo vivirían cultivando tantas ilusiones?

Viendo las sesiones donde los espíritus desencarnados se manifestaban indicando que estaban sufriendo las consecuencias de sus errores, se había dado cuenta que la vanidad era siempre el punto débil que los había hecho fracasar y pagar un precio demasiado alto por ello.

La certeza de la continuidad de la vida después de la muerte penetraba profundamente en su espíritu. La transformación de Milena, su mediumnidad, los libros que había leído sobre los fenómenos espirituales, la reencarnación, el propósito de la vida enfocada en la evolución de la consciencia despertaron en su corazón el deseo de mejorar su mundo interior.

Fue una emoción nueva, pero profunda que le dio tal satisfacción que le hizo sentir que estaba en el camino correcto. Quería ser sincero, mantener ese sentimiento de íntima realización dentro de él que le daba paz.

A partir de ese momento, se aseguraría que nada ni nadie pudiera inducirlo a hacer lo que no estaba de acuerdo con lo que sentía. Al decidir esto, se sintió fuerte y lúcido como nunca recordaba haber estado.

Una deliciosa sensación de madurez, de crecimiento lo envolvió y sintió sueño. Se acostó y pronto se quedó dormido.

A la mañana siguiente, se despertó temprano y fue a la oficina. Se imaginaba que a esta altura Janete ya había ido a llorar sus penas en los brazos de su padre, que le cumplía todos sus caprichos. Era probable que, si insistiese en no volver a casa, perdiera su lugar en aquella firma, la cual, en el pesar de ser su tío, tenía la supervisión y el asesoramiento del padre de Janete.

Durante el viaje, pensó en hablar con Breno. Eran socios y no quería que su culpa lo perjudicara. Pero estaba dispuesto a afrontar todas las consecuencias.

Cuando llegó a la oficina, Breno no había llegado. Siempre fue el primero en llegar. Al parecer todo estaba en paz, pero no pasó mucho tiempo y la secretaria lo buscó:

– Le llaman por teléfono. Es el Dr. Romeo.

Su padre nunca lo llamaba por la mañana y tenía la certeza que Janete había ido contarles las noticias. Luego respondió.

– ¿Cómo estás, papá?

– ¿Todavía lo preguntas? Desde el amanecer esta casa ha estado alborotada. ¿Qué has estado haciendo?

– Nada, papá. Todo está bien.

– ¿Cómo que está todo bien? Tu madre se está sintiendo mal, devastada, angustiada, dice que has perdido el juicio. Quiere que vengas aquí de inmediato.

– Desafortunadamente no podré ir. Estoy trabajando. Pero dile que nunca en mi vida había tenido tanto juicio. Tú sabes cómo calmarla. Haz eto y luego dile que pensé mucho antes de tomar esta actitud y no voy a dar marcha atrás. Mi matrimonio fue un error y no puedo continuar. Se acabó.

– ¡No puedes hacer eso! Una chica tan fina como Janete. Espero que no estés involucrado con ninguna aventurera.

– No, papá. Quédate tranquilo. No tengo otra mujer.

– ¿Dónde estás?

– En un hotel. Por ahora quiero estar solo.

– Tienes que venir aquí, explicarle a tu madre, hablar con ella.

– Lo siento, papá, pero no tengo ganas de hacer eso. Cuando esté más tranquila y lo considere necesario, iré.

– ¡Ella te está llamando! ¿No aceptarás su pedido? ¡Ella es tu madre!

– Lo sé, papá. La respeto y la aprecio, pero no quiero hablar con ella sobre mi vida. Es mi derecho.

– Ella te ama. No puedes hacerle eso.

– Si realmente me ama, lo entenderá y esperará. Hoy tengo muchas cosas que hacer. Les aseguro que no estoy haciendo nada malo.

– No le gustará tu actitud.

– Lo siento, papá. Pero no soy más un niño. Puedo cuidar de mi vida.

– Estás siendo ingrato. Nunca esperamos eso de ti, a quien criamos con tanto cariño.

– No estoy siendo ingrato. Pero decidí que asumiré toda la responsabilidad de mi vida. Cuando las cosas no van bien, soy yo quien arca con las consecuencias. Por lo tanto, tengo todo el derecho a elegir cómo quiero vivir. Esto no tiene nada que ver con la estima que siento por ti. Entiende esto –. Romeo guardó silencio durante unos segundos. Luego dijo:

– Voy a ver lo que puedo hacer. Deja al menos el teléfono del hotel o la dirección.

– Vendré a trabajar todos los días. Si quieres hablar conmigo, puedes llamar aquí, por ahora no quiero que nadie me busque en el hotel.

– Tienes razón. Pero piénsalo, hijo mío. Te puedes arrepentir. Janete es una buena esposa. Debes pensar en su sufrimiento, en quién te ama y en el de tu madre.

– Eso hago, papá. Pero también pienso en mí, mi paz y mi felicidad.

Él se despidió y colgó. André se sentó pensativo. La guerra había comenzado, pero él se sentía preparado. Sabía lo que quería y eso lo dejaba en paz. Breno entró, saludó y dijo:

– Necesito hablar contigo. André lo vio y respondió:

– ¿Qué pasó? Tienes una cara...

– Anoche estuve en la casa de Lucía jugando con Mirela y de repente Anabel y su padre se aparecieron ahí, dentro de nuestra sala.

André se levantó sobresaltado:

– ¡No digas! ¿Y entonces?

– Fue un horror. Anabel sospechó y preparó todo. Dijo que se iba a ir por unos días y caí como un pato.

– Debe haber hecho una escena.

– Ella me repudió, controló su voz tratando de hablar con frialdad, pero sus ojos brillaban con rabia.

– ¿Y tu suegro?

– Bueno, Mirela se asustó y lloró. Le pedí a Lucía que la sacara de allí. Nos quedamos los tres. Entre otras cosas, Anabel dijo que ya no quería saber de mí. El Sr. Dionísio dijo que me estaba involucrando una aventurera y sugirió que fuéramos a hablar a su casa. Anabel se mostró reacia, pero estuvo de acuerdo.

– Esa conversación debe haber sido muy desagradable.

– Lo fue. Cuando llegué me llevó a su oficina y, aunque noté que estaba muy enojado, trató de suavizar las cosas. Dijo que tener una relación extramatrimonial, una aventura, era un evento natural en nuestros días. Que la mayoría de sus amigos tenían una amante. Pero lo que empeoró nuestro caso fue que tenía una hija. Habló sobre nuestra responsabilidad de poner un niño en el mundo y sobre la herencia. Escuché todo en silencio. Quería ver a qué se refería. Finalmente me aconsejó que fuera a un hotel por unos días, dejara que Anabel se calmara, luego volviera a pedir perdón. Estaba seguro que me perdonaría, pero tendría que dejar a Lucía y Mirela para siempre.

André negó con la cabeza pensativamente, luego dijo:

– Yo sabía que un día iba a suceder. Lo hicieron mucho más fácil. ¿Vas hacer lo que él te pidió? – Los ojos de Breno se iluminaron y trató de controlar su emoción:

– No puedo hacer eso. Está más allá de mis fuerzas.

– Ayer yo mismo me separé de Janete –. Breno lo miró sorprendido:

– ¿Qué pasó?

– Llegué a la conclusión que nuestro matrimonio fue un error. Nunca fuimos felices.

– Eso fue más evidente después que redescubriste a Nina y a tu hijo. Todavía la amas.

– Podría ser. Pero no me hago ilusiones, ella no me quiere, nunca me perdonará. No fue por Nina que dejé a Janete.

– ¿No?

– No. Maduré. He aprendido mucho sobre la vida desde que comencé a estudiar espiritualidad. Al analizar nuestra relación, quedó muy claro que nunca nos amamos realmente. Nuestra vida solo se ha tratado de apariencia. Yo no quiero mentirme más, a fingir una alegría que no siento.

– Me sorprende. Nunca pensé que te escucharía decir eso. Siempre pensé que te sentías feliz brillando en la sociedad, en ostentar tu situación privilegiada. No es una crítica. Al contrario, te admiro por eso. Tú naciste rico y, para mí, era natural que disfrutaras de las ventajas que te ha dado la vida; yo, en cambio, siempre tuve que luchar mucho para poder estudiar, para progresar. Me acostumbré a una vida más modesta. Quizás por eso hoy, cuando tengo los medios para hacerlo, no encuentro ningún placer. Estoy siempre impuesto por Anabel, que ama los lugares de moda.

– Claro que es lindo que estés en un lugar hermoso, lujoso, vestirte bien, disfrutar de los placeres que la vida puede ofrecer a quien tiene condiciones, eso me gusta. Aprecio los objetos de arte, la comodidad que puede ofrecer el progreso.

Estoy feliz de poder tenerlo todo. Lo que me molesta es la forma en que lo estaba haciendo. Primero mi madre, luego Janete, hacen de la relación social una permanente competencia por el poder, valorando las apariencias, reduciendo a quienes no han tenido las mismas oportunidades.

– Sé lo que quieres decir. Me di cuenta de esto yo mismo varias veces cuando acompaño a Anabel. Ahora que lo estás diciendo, creo que es por esto también que no me gusta ir a ciertos lugares.

– Cambié, Breno. Tengo ganas de ser verdadero, hacer las cosas con placer, seguir lo que siento. No tener que hacer las cosas por obligación. Por eso quise ser abogado y no asumir la empresa de mi padre. Abracé esta profesión, porque la ley me fascina.

– A mí también. Lástima que no siempre podamos hacer ganar a quién tiene la razón. Pero, aun así, todavía vale la pena. Estoy imaginando lo que tu madre está pensando acerca de ello.

– Como siempre, están queriendo convencerme de hacer lo que ella cree que es correcto. Es increíble cómo Janete se parece a ella. Mi padre me llamó recientemente para pedirme que fuera a verlos. Pero prefiero tomarme un descanso. Estoy tratando de rehacer mis ideas, de encontrar la paz interior. Cuando crea que estoy listo iré a hablar con ellos.

– ¿Y Janete? ¿Qué vas a hacer con ella?

– Le dije todo lo que necesitaba. Tengo la intención de separarme legalmente.

– El divorcio está a punto de salir.

– Espero que esta vez la Iglesia no pueda estorbar. Sea como fuere, no quiero vivir más con Janete. Nuestra separación es definitiva. Para mí es más fácil, no tenemos hijos. Lo mismo no es cierto para ti. ¿Qué planeas hacer?

– Pensé en llevar el matrimonio hasta el final por los chicos. Ellos están en la edad en que necesitan un pulso. Lucía lo sabe. Nunca la engañé. Pero Anabel es intransigente. Temo lo que ella pueda hacer para castigarme.

– ¿Te vas a separar de Lucía?

– Para ser honesto, si no tuviera a los chicos, ya me habría separado de Anabel. Realmente amo a Lucía. Cuando conocí a Anabel me emocioné, conquistarla fue lo mejor para mí. Hermosa, rica, siempre le gustó la pompa. Me emocioné cuando apareció en la puerta de la universidad para verme, muy *chic*, en ese auto negro con un conductor en uniforme. Siempre pensé que era menos que ella, e hice todo lo que ella quería. Nunca pude decir que no a su solicitud. Nuestros hijos nacieron y yo estaba muy emocionado. Pero después de unos pocos años de matrimonio empecé a notar algunos puntos débiles que tiene y mi amor se ha enfriado. Lucía es lo opuesto a ella. Dulce, suave, delicada, romántica. Me volví loco por ella. Sea lo que pase con Anabel, no dejaré a Lucía ni a Mirela. No podría vivir sin ellas.

– No quisiera estar en tu lugar. ¿Y los chicos?

Los ojos de Breno se llenaron de lágrimas que intentó contener.

– Yo no sé qué hacer. No quiero que sufran por mi culpa, no pretendo dejarlos –. André corrió su mano a través de su cabello como si a eliminar algunos desagradables pensamientos.

– ¿Fuiste a dormir en casa esta noche?

– No. Busqué un hotel. Después de hablar conmigo, diciendo todo lo que debía hacer para recuperar mi matrimonio, el Sr. Dionisio llamó a Anabel. Ella llegó a la oficina, pálida, pero sus ojos me miraban con rencor. Mi suegro dijo lo que quería, ni siquiera recuerdo lo que dijo, pero, en fin, que tuve una aventura, lo lamenté y me comprometí a abandonar todo y volver a casa. Quería que ella me perdonara.

– ¿Pediste perdón?

– No. Él hizo todo. Entonces ella dijo que no era digno de volver a casa y vivir con nuestros hijos. Que ella estaba equivocada habiéndose sometido a casarse con un hombre de clase inferior a la suya y que yo me fuese lejos, recogiera todas mis cosas, que nuestro matrimonio estaba terminado. Pensé en intentar contemporizar, pero vi en sus ojos lo determinada que estaba. Entonces, decidí no discutir. Dije que en los días siguientes pasaría por casa a recoger mis cosas. Eso fue todo.

– ¿Y los chicos? ¿Qué es lo que ella les va a decir?

– Eso es lo que me preocupa. Estaba con tanta rabia que no se va a contener y les contará todo a su manera.

– Eso es lo que pensé.

– Quería ahorrarles esa amargura. No tenía ninguna intención de causarles este disgusto.

– Lo sé. Pero sucedió. Ahora hay que remediarlo.

– Sí. Veamos cómo se desarrollan los hechos. Y tú, ¿qué planeas hacer?

– Voy a rezar.

– ¿Ella te permitió que asumas al niño?

– Todavía no. Pero creo que di el primer paso.

– Ahora que te has separado, ¿esperas volver a estar con ella?

– No. Nina todavía está muy herida. No creo que nunca me perdone. A pesar de todo, le doy la razón. Me comporté como un canalla. Estoy pagando el precio. Sin embargo, en relación a Marcos, creo que va a tener que rendirse a la evidencia. Yo soy el padre. Tarde o temprano va a tener que aceptar.

– Tienes razón. Lucía siempre dice que Nina es una persona justa.

– Y odia que lo presionen. Por eso estoy siendo paciente. Me gustaría también mostrarle que no soy más el canalla que ella cree y que coloco en primer lugar el bienestar de Marcos. Creo que cuando se entere que estoy vivo, que lo amo, será feliz. Nina inventó esta mentira para no tener que hablarle de mi traición.

– Anabel no tendrá la misma delicadeza. Está con tanta rabia que no se va a aguantar.

– Reconoce que ella tiene sus razones.

– Este asunto es entre ella y yo. No tendría que poner a nuestros hijos en el medio.

– No sabes si ella hará eso. Es una mujer educada e ilustrada.

– Pero rencorosa. Ella cree que posee la verdad y le gusta tener la última palabra. Janete es igual. ¿Alguna vez ha pensado cómo será cuando sepa que tienes un hijo con otra?

– Sí. Tomé esa decisión para evitar que se involucrara en este asunto. Estamos separados y haré oficial esta separación.

– Anabel quiere la separación, pero no creo que Janete lo quiera. Ella siempre te amó –. André sonrió y negó con la cabeza.

– No creo que me ame. Pero, sea como fuere, tendrá que aceptar. Cada hora que pasa yo mismo me siento más libre, mejor, con esta ruptura. Terminó. Nunca volveré a vivir con ella.

La secretaria advirtió que Milena estaba al teléfono. André respondió.

– André, ¿qué pasó? Mamá está alborotada, papá ni siquiera fue a trabajar. He estado pensando mucho en ti.

– Estoy bien. Después hablaremos.

– ¿Es cierto que te separaste de Janete?

– Sí. No iré allí hoy porque no quiero ver a mamá.

– Lo sé. Estaba esperando que eso sucediera. Marta me advirtió. Dijo que tu ciclo junto a ella terminó.

– Sentí que era hora de hacer eso. Aunque fue un momento desagradable, me siento aliviado. ¿Te dijo algo más?

– No. Mañana es el día de nuestra sesión. ¿Vendrás a buscarme?

– Sí. Pero estate atenta, porque no voy a entrar. Sal cuando detenga el carro en la puerta.

– De acuerdo.

Después que André colgó, le dijo a Breno:

– Milena dijo que Marta predijo mi separación. Ella tiene una sensibilidad maravillosa.

– Siempre quise ir a una sesión, especialmente después que me hablaste de Milena.

– En esta etapa en la que te encuentras, sería bueno incluso buscar ayuda espiritual. Hablaré con el Dr. Dantas para ver si te permite ir una noche con nosotros.

– Me encantaría.

Continuaron hablando, cada uno tratando de encontrar soluciones a sus problemas, pero ninguno notó la presencia de un espíritu de mujer que los abrazó sonriendo de satisfacción.

***

Antes de golpear la puerta del terreiro, Janete miró a los lados. A pesar de vestir una ropa modesta, haberse colocado una peluca y gafas oscuras, no quería a correr el riesgo, nadie podía verla entrar.

Una mujer de mediana edad le abrió y entró.

– El *pai* Otero la está esperando – dijo.

Y la condujo a la parte de atrás, donde había una construcción sencilla y casi sin acabado. Janete sintió el olor fuerte de las velas y el incienso que la hicieron recordar la otra visita que hizo al lugar hace varios años.

Fue llevada a una habitación, ella esperó unos minutos, más tarde la misma mujer la hizo entrar en otra habitación. Otero la esperaba detrás de una tosca mesa, donde había un candelabro grande con una vela encendida y un tercio adherido a él.

Era un hombre delgado, de piel fina, muy clara, ojos pequeños y vivaces, que la miraba fijamente. Llevaba una bata blanca con un dibujo colorido bordado en el pecho y collares de cuentas el cuello. A pesar de ser de mediana edad, por ser pequeño, a primera vista tenía la apariencia de un niño.

– ¿Te acuerdas de mí? Estuve aquí hace unos años.

– Sí. Por cierto, obtuviste lo que querías.

– Sí. Pero volví porque creo que el encanto se ha ido. Ayer mi esposo se fue de casa –. Él encendió un cigarrillo, sopló el humo en el aire y se paró por unos pocos momentos viendo sus movimientos. Luego dijo:

– Siéntate y cuéntame lo que pasó.

Janete obedeció y terminó:

– Como no tiene otra mujer, pensé que el encanto que hiciste se había terminado. Creo que hay que renovarlo. Escuché que la magia tiene su momento.

– Sí, pero depende de las circunstancias. Lo que hice por ti estuvo muy bien hecho. Fue para siempre. Debe haber sucedido algo que se interpuso en el camino. Dame tu mano, veamos qué pasó.

Se llevó la mano de Janete sobre la mesa, cerró los ojos durante unos minutos. Janete comenzó a sentir escalofríos y se movió hacia la silla con inquietud. Por fin la dejó ir, él abrió los ojos y dijo:

– Él está yendo a un lugar peligroso.

– ¿Cómo es eso?

- Una sesión espírita en casa de unos amigos. Los vi alrededor de la mesa. Deshicieron el trabajo, yo sabía que lo había hecho todo bien.

- De hecho, escuché que va a una sesión con su hermana. Pero no pensé que se interpusiera en el camino. No está en un centro, está en una casa familiar.

- Lo sé. Pero ellos tienen la fuerza. Trabajan con los Misioneros de la Luz.

- Vine a ti para hacer todo de nuevo. Quiero que vuelva a casa y esta vez para siempre. Te traje aquí una camisa que usa, como pediste la otra vez.

Ella puso un paquete sobre la mesa, pero él respondió:

- Quédese con esto, por favor. No puedo hacer lo que me pides.

- ¿Cómo no puedes? Puedo pagar lo que me pidas.

- Ahorre su dinero. No voy a meterme con ellos.

- ¿Por qué? Eres poderoso.

- Lo soy, pero no tanto. Yo no quiero involucrarme en sus asuntos. Si lo hago, pronto estaré acabado. Te aconsejo aceptar esta situación. Tu esposo está bien protegido y también su mujer.

- ¿Mujer? No hay mujer.

- Si la hay. La misma de antes. No me voy a involucrar con ellos. Vete a casa, acepta la separación, exige todo el dinero que puedas. Es lo que mejor puedes hacer.

- Estás rechazando a atenderme. Nunca pensé que me ibas a dejar en el aire.

- Pues me gustaría a ayudarla, pero esta vez no puedo. Esta vez no da para hacer nada -. Janete quiso pagar la consulta, pero él se negó:

- No te cobraré nada. Piense en lo que dije.

Janete se fue irritada. No era tan poderoso como había pensado. Además, tenía miedo. ¡Aceptar la separación! Eso equivalía a rendirse y dejar libre a la otra persona.

Recordó a la adivina. Dijo que había otra mujer. Y el *pai* Otero había dicho lo mismo, necesitaba encontrar a alguien que no tuviera miedo e hiciera lo que quería. No conocía a nadie. Decidió irse a casa para pensar en una solución.

Esa misma tarde, Olivia se subió al auto y salió. No le gustaba conducir, pero no quería testigos en la reunión que iba a tener. Cuando lo consideró oportuno, entró en un estacionamiento y dejó el auto. Salió y tomó un taxi. Dio la dirección.

Veinte minutos después, en un barrio suburbano, el taxi se detuvo.

– ¿Quieres que espere?

– No. Puedes irte.

Miró a su alrededor y consideró:

– Si no va a demorar es mejor que espere. Este lugar puede ser peligroso para una señora sola. Olivia vaciló un poco, luego respondió:

– De acuerdo. No pretendo demorarme.

Miró el número y tocó el timbre. Una mujer de mediana edad la abrió y, al verla, sonrió diciendo:

– ¿Cuánto tiempo, doña Olivia? ¿Cómo estás?

– Bien, gracias. Quiero hablar con Antonino. ¿Está?

– Sí. Siéntate, lo llamaré.

La habitación estaba mal amueblada, mal ventilada y olía a moho.

– No puedo tardar. Vaya rápido.

Poco después apareció un hombre moreno, delgado y calvo, y al verla sonrió mostrando sus dientes amarillos.

– Doña Olivia, ¡qué honor que vengas a mi casa! Hace tiempo que no me buscas.

– Así es. Pero algunas cosas sucedieron y necesito que me ayudes.

– Después de lo que hizo por nosotros, siempre puede contar conmigo para lo que necesite.

– Sabes que no suelo regatear y pago muy bien. Pero primero quiero que me prometas absoluto secreto.

Hizo un gesto amplio y respondió:

– Usted sabe que puede confiar. ¿Alguna vez no cumplí lo que le prometí?

– Por eso estoy aquí. Quiero hablar en un lugar donde nadie pueda interrumpirnos o escuchar nuestra conversación. Vayamos a mi oficina.

Cruzaron la casa, se dirigieron al patio trasero, lo que él llamaba oficina era una pequeña habitación en la parte de atrás donde había un escritorio viejo, unas sillas.

Olivia se sentó a la mesa, él se sentó del otro lado después de cerrar la puerta.

– Usted puede hablar.

Mi esposo trajo un huérfano a nuestra casa. No sabemos quiénes son sus padres. Ya sabes cómo es Arthur, se enamoró del chico y lo registró como nuestro hijo.

– ¡Qué absurdo!

– Así es. Hice de todo para que desistiera, pero no obtuve nada. El chico está ahí, mimado, y heredará la mitad de la fortuna de Antero.

– Por supuesto, no puede permitir eso.

– Bueno, quiero desaparecer con el chico.

– ¿Desaparecerlo?

– No. No dije eso. Pero quiero llevarlo bien lejos, donde nadie pueda encontrarlo. ¿Puedes arreglar eso?

– ¿Qué edad tiene?

– Seis.

El secuestro es peligroso. Si la policía se entera, nos arrestarán y la sentencia será alta.

– Eso si la policía se entera. Si lo haces todo bien, ellos nunca lo descubrirán –. Antonino negó con la cabeza, pensativo y luego respondió:

– Pero hay mucho riesgo y se vuelve caro.

– No importa, estoy dispuesta a pagar lo que sea para verme libre de ese mocoso.

– En ese caso, voy a ver lo que puedo hacer. Voy a estudiar el caso y me que comunicaré con usted.

– Cuidado, nadie puede saberlo.

– El secreto es el alma del negocio – respondió sonriendo –. Mantenga la calma, esto me interesa.

Olivia se despidió y salió de la casa respirando aliviada. Ya no podía soportar el olor del lugar. El taxi estaba esperando. Ella entró, se acomodó:

– Me dejarás en el mismo lugar donde me recogiste.

– Está bien. Lamento decirlo, pero usted, tan distinguida, no debería arriesgarse a venir aquí sola. Sé lo que digo.

– Gracias por tu interés. Es que mi esposo y yo hemos estado ayudando a esta familia durante años. El propietario de la casa está muy enfermo, sufre de una enfermedad incurable. Tuvo una recaída, no creo que pase de hoy. Me apenan. Vine sin pensar en nada.

– Es muy buena, pero debe tener cuidado.

Una vez de regreso en el estacionamiento, Olivia se subió al auto y condujo a casa. Estaba satisfecha. Antonino nació en la hacienda de su abuelo en Paraná. A los veinte años fue sorprendió desviando parte de la leche que se vendía al mercado y lo despidió.

Olivia lo perdió de vista por un tiempo. Lo conocía desde que era niño. La ayudó a jugar, encubriendo sus travesuras. Cuando ella lo conoció, él tenía esposa, dos hijos y no tenía trabajo permanente.

Antonino contó una historia triste y se ofreció a trabajar en su casa, cuidando los jardines. Permaneció allí durante dos años, pero Arthur nunca confió en él. Un día lo sorprendió robando dinero de su billetera. Él lo despidió y Olivia no tuvo cómo impedirlo. Arthur no puso la denuncia en la policía porque Olivia se lo pidió evocando sus tiempos de infancia e imploró pidiendo que no lo mandase a arrestar, comprometiéndose a enmendarse.

Desde ese momento, todo lo que ella quería hacer sin que su esposo lo supiera, él lo hacía. Ella confiaba en él. Por eso fue a buscarlo para que se llevara lejos a Eriberto. Sabía que él tenía conocimiento. Quería que consiguiera una identidad falsa para que nunca viniera a reclamar la herencia que en mala hora Arthur le había dado registrándolo a su nombre.

Cuando se llevaran al niño, Arthur sufriría, pero a ella no le importaba. Lo que estaba haciendo era por el bien de su hijo e incluso por su matrimonio. Desde que trajo al niño, se había alejado más de ella.

Cuando llegó a casa, Eriberto había regresado de la escuela, se había duchado y estaba en el comedor para cenar. Al verlo, Olivia pensó con satisfacción:

– Pronto no estarás aquí para molestarme más. Estaré sola y estaré libre de ti. De ahora en adelante, tengo que tratarte muy bien para que nadie sospeche de mí cuando desaparezcas.

Se le acercó sonriendo, lo besó levemente en la mejilla diciendo:

– Cómo hueles, delicioso. ¿Llevas ropa nueva?

– No, señora – dijo Eriberto.

Volviéndose hacia Josefa, quien la miraba con sorpresa, Olivia continuó:

– Asegúrese que coma bien para mantenerse fuerte.

Cuando se dio la vuelta para irse, se sintió mareada y casi se cae. Se apoyó en la mesa, asustada.

– ¿Qué pasa, doña Olivia, se puso pálida, se siente mal?

– Estoy mareada, parece que me voy a desmayar.

– Siéntese, traeré un vaso de agua –. Volvió en continuación y la hizo tomar unos sorbos.

– Me falta el aliento, no puedo respirar.

– Será mejor que llame al Dr. Arthur.

– Estoy mejorando. Creo que fue una caída de presión. Me acostaré. Por favor, ayúdame –. Con el apoyo de Josefa, Olivia fue al dormitorio, se quitó los zapatos y se acostó. Se sentía inquieta, irritada, una sensación de miedo la molestaba.

– Mejor llama a Arthur. Ni siquiera me siento bien –. Media hora después, Arthur entró en la habitación, preocupado.

– ¿Qué pasa, Olivia? ¿Qué estás sintiendo?

– Malestar. Fue el pensamiento repentino lo que se desvaneció. Mareos, parece que va a pasar algo malo.

– Veamos.

La examinó, midió la presión y dijo:

– Aparentemente todo está bien. ¿Tuviste algún problema, estabas aborrecida?

– No. Al contrario. Todo está bien. ¿Qué crees que tengo?

– No encontré nada. ¿Estás segura que no hay problemas?

– Claro que no. ¿Por qué?

– Los síntomas son de desequilibrio nervioso. Pero si no pasó nada, fue un malestar pasajero.

– Debe ser eso. Estaba mejor después de tu llegada. De hecho, he estado sola durante años. Tú no estás en casa y cuando estás no hablas conmigo. Yo soy un ser humano, yo necesito compañía, afecto.

– De acuerdo. Cálmate. Voy a tratar a quedarme más en casa. Necesitas descansar. Toma esta pastilla y pronto te sentirás mejor.

Ella obedeció y se sentó de nuevo pensando que ella podría tomar ventaja que el evento. Ya que le gustaba sanar a las personas, si ella simulaba estar enferma, él no la dejaría tan sola.

Arthur, notando que el tranquilizante había comenzado a hacer efecto y Olivia estaba somnolienta, se alejó. Exactamente la noche había pensado decirle toda la verdad sobre Eriberto. Tendría que dejarlo para otra ocasión.

Antero le había dicho que necesitaba algo de tiempo para hablar con Gloria, para pedirle que lo perdonara y que aceptara a Eriberto como hijo. Como anhelaba ser madre, después del primer momento, quizás estaría de acuerdo con el reconocimiento de la paternidad.

Eso sería ideal una vez que él estaba decidido a regularizar la situación del niño y no quería separarse de él. Antônia estaba muerta y Gloria, a pesar de estar obsesionada por el deseo de ser madre, era una buena esposa. La respetaba y la amaba.

Por tanto, todo sería como tenía que ser. Al pensarlo, Arthur recordó a Antônia y las promesas que le había hecho, y pareció verla llorosa, agitada, dudando en separarse de su hijo.

Una ola de tristeza lo golpeó. Muchas veces, se preguntó si el hecho de haberla separado del niño habría contribuido a que ella se matase. Queriendo ayudar, tal vez él había causado un daño mayor.

Con el niño en sus brazos, podría haber encontrado la fuerza para reaccionar y seguir viviendo. Hubo momentos en los que se arrepintió de haber hecho eso.

Lo que no vio y no pudo saber es que el espíritu de Antônia estaba allí, queriendo que evitara que Olivia llevara a cabo su plan.

Ella había sido llevada a un hospital, en una dimensión cercana a la Tierra, donde recibió tratamiento y poco a poco mejoró.

Estaba más tranquila, se sentía más fuerte, pero su preocupación por Eriberto la molestaba. Como prometió, los asistentes ocasionalmente escuchaban de él. Pero ella pensaba en Olivia y temía que ella hiciera algo contra él.

Ese día, cuando estaba pensando en Olivia, sintió sus pensamientos y descubrió lo que pensaba hacer. Buscó a la enfermera que la asistía y le contó lo que había descubierto. Habló con su superior y él fue a verla diciéndole que tuviera confianza, que la situación estaba bajo control y que no le pasaría nada al chico.

Pero Antônia no se calmó. Decidió ir en persona para comprobar qué estaba pasando. Aprovechando un momento favorable, se escapó. Pensó en Eriberto con tanta fuerza que inmediatamente se encontró a su lado, cuando se preparaba para ir a la escuela.

Con los ojos llenos de lágrimas, besó su querido rostro diciéndole al oído:

– No dejaré que te pase nada malo. Dios me ayudará.

Eriberto se estremeció, pero no escuchó nada. Josefa la llevó a la escuela, mientras que Antônia estaba viendo Olivia. Ella leyó sus pensamientos y se horrorizó.

Cuando salió a buscar a Antonino, Antônia la acompañó. Cuando Olivia entró en la casa, ella estaba esperando por el lado de fuera. Se había dado cuenta que era una guarida de espíritus del mal, y tenía miedo que la viesen.

Sabía por experiencia propia lo que podían hacer estos espíritus, sometiendo a los más débiles a todas las humillaciones, utilizándolos para servir a sus intereses.

A pesar de estar afuera, Antônia sintonizó a Olivia y logró escuchar todo lo que le habló a Antonino. Cuando ella regresó a la casa, pensando en sus proyectos con satisfacción, Antônia estaba junto a ella. Una rabia sorda la envolvía y que en vano trataba de encontrar una forma de obstaculizar sus planes. Cuando la vio acercarse a Eriberto, fingiendo amarlo, no pudo controlarse, se arrojó sobre ella agarrándola del cuello, tratando de ahorcarla diciendo:

– So víbora. No le harás daño a mi hijo. Basta con lo que hiciste conmigo. Voy a acabar contigo. Deja a mi hijo en paz.

Olivia no la vio ni escuchó, pero se sintió muy mal. Antônia no la soltaba, acusándola y diciendo que ella estaba allí para proteger a su hijo. Cuando vio llegar a su tío Arthur, se alejó y se quedó en un rincón de la habitación mirándolos. Ella confiaba en él y deseaba que supiera lo que estaba planeando Olivia. Entonces, cuando fue a la oficina, ella fue con él para intentar alertarlo. Se acercó diciéndole la verdad al oído, pero no la escuchó. Simplemente la recordaba, se sentía culpable, triste.

Antônia decidió que necesitaba quedarse allí, seguir los hechos y hacer lo que pudiera para evitar lo peor.

* * *

Ya había caído la noche cuando Lucía entró en la casa. Breno no había dado noticias y ella, abatida, triste, temía que no la buscara más. Al verla, Mirela corrió hacia ella con un papel en la mano diciendo:

– Mamá, mira la casa que Rosa hizo para mí –. Lucía la abrazó, la besó y respondió:

– Déjame ver... ¡qué hermoso!

– La hice para colocar adentro a todos nosotros. Este es papá, esta eres tú y esta soy yo.

Lucía sintió un nudo en la garganta e intentó reaccionar. No quería que Mirela sufriera. Estaba muy apegada a su padre. Trató de disimularlo y le preguntó si ya había cenado. Entonces dijo:

– Voy a darme una ducha y ya vuelvo. El dibujo es muy bonito.

– Yo ayudé. Mira, hice ese sol. Esa margarita también.

– ¡Qué belleza! Sigue dibujando que volveré enseguida.

Lucía subió, se dio una ducha y, mientras se vestía, revivió toda su relación con Breno. Ella no podía exigirle nada. Nunca la había engañado. Siempre le decía que no quería separarse de Anabel.

Después de lo que pasó, no volvería a verla. Se acabó. Breno nunca dejaría a su esposa para estar con ella. Tenían dos hijos y él no los abandonaría, lágrimas corrían por su rostro sin que pensase en impedirles caer. Breno ayudaba con los gastos de la casa, pagaba a la criada, el alquiler y el colegio de Mirela. Pero no era lo que a Lucía le preocupaba. Sabía que él amaba a su hija, y sucediese lo que sucediese, nunca dejaría de cuidar de su bienestar.

Lo que la dejaba desesperada era la separación. Ella lo amaba mucho. Era ese amor que la hiciera aceptar lo que él podía ofrecerle, sintiéndose feliz con las sobras de tiempo que él conseguía darle. ¿Qué sería de ella si nunca la volvía a buscar? ¿Cómo olvidar los momentos de amor que habían vivido juntos?

Terminó de vestirse, pero no tenía ganas de bajar a cenar. Rosa llamó a la puerta:

– Doña Lucía, la cena está lista. ¿Puedo servir? – Lucía trató de controlarse y respondió:

– No, Rosa. No tengo hambre y estoy muy cansada. Quiero dormir Cuida de Mirela para mí.

– De acuerdo.

Lucía se estiró en la cama. Estaba claro que Breno nunca volvería. Él tuviera todo el día para darle noticias de lo que estaba sucediendo, pero no había llamado.

Lucía dio libre rienda a las lágrimas, lloraba mucho. Luego, exhausta, se durmió. Algún tiempo después se despertó sobresaltada. Abrió los ojos y Breno estaba sentado al lado de la cama mirándola.

Con el corazón latiendo con fuerza, se sentó y dijo:

– ¿Por qué no me despertaste? ¿Llevas mucho tiempo ahí?

– Unos minutos.

Breno se inclinó y la besó en la mejilla y continuó:

– Siento no haber venido antes. Tuve un día difícil.

– Me lo puedo imaginar. Siento mucho lo que sucedió. No quería dañar tu vida familiar.

– Tú no tienes la culpa de nada. Sucedió, nosotros fuimos ingenuos, un día eso tendría que pasar.

– Y viniste a decirme que necesitamos terminar nuestra relación.

La abrazó tiernamente, la besó en la mejilla, sus labios, apasionadamente. Luego consideró:

– Honestamente, yo no sé cómo actuar. Siento que no podría vivir lejos de ustedes dos.

– Pero su esposa exigirá nuestra separación.

– Mi suegro trató de acomodar las cosas proponiendo esto. Pero ella no lo aceptó en absoluto. Quiere la separación. Fui a un hotel por esta noche, pero no conseguí dormir por pensar.

– Quizás sea mejor que nos separemos. Con el tiempo, cuando sepa que ya no estamos juntos, acabará perdonándote y todo se resolverá.

Breno se llevó la mano a los labios y respondió:

– Eres una maravillosa mujer. Otra en tu lugar trataría de tomar ventaja de la situación.

– Yo deseo tu felicidad, no quiero ser la causa de la desunión de tu familia.

– No cargues con una culpa que no tienes. Si alguien aquí hizo mal, fui yo. Me gustaste desde que te conocí. Hice todo para seducirte, pasando por encima mi responsabilidad familiar. Lo que yo no me imaginaba era que, conociéndote íntimamente, descubriría las cualidades de alma, la cual hizo que mi atracción inicial se convierta en amor, amor verdadero, que no quiero abandonar.

Lucía escuchó con temblorosa emoción y no pudo contestar. Breno continuó:

– Ayer estuve hablando con André, que también está pasando por un momento difícil. Está separándose.

– ¿También? ¿Se enteró que tiene un hijo?

– Todavía no. Él tomó esta decisión porque él reconoce que su matrimonio había sido un error.

– ¿Quiere volver con Nina?

– No, porque él piensa que ella nunca lo va a perdonar. Reconoció que no amaba a Janete y se involucró con ella por vanidad. Decidió ser sincero, viviendo la vida de acuerdo con sus sentimientos. Quiere vivir solo, buscar encontrar la paz interior, tener tiempo para relacionarse con el niño.

– Está siendo valiente.

– Así es. Nuestra conversación me abrió los ojos. Yo también me casé con Anabel fascinado por el lujo en el que vivía. Vengo de una familia sencilla, me sentí halagado de haber despertado su interés. Me sentí valorado. Hasta esta noche no me di cuenta de eso. Pero te confieso que nunca sentí por Anabel lo que siento por ti. Cuando somos jóvenes nos impresionan mucho las apariencias.

- ¿Qué planeas hacer?

- Aceptar la separación. Ayer se hizo un punto de mencionar nuestras diferencias en sociales de clase. Ella tiene razón. No tengo ningún deseo de seguir viviendo una vida de mentiras. No la amo, si es que alguna vez la amé.

- ¿Y los chicos?

- Este es el punto más delicado y difícil. Siento que va a tratar de impedir que yo me relacione con ellos como que siempre lo hizo.

- Pero eres el padre. Ella no puede hacer eso.

- No legalmente. Pero va a tratar de destruir la admiración y el afecto que sienten por mí, haciendo de nuestro caso una razón por la cual ellos me desprecien. Esto no voy a ser capaz de evitar.

- El problema es entre ustedes dos. Sus hijos deben ser respetados tanto como sea posible. Es inevitable que sufran la separación, pero necesitan entender que, aunque ya no quieran vivir juntos, no tiene nada que ver con el amor que sienten por ellos. Anabel es una mujer educada, no involucrará a sus hijos en tu lucha.

- Es allí donde te equivocas. Estoy seguro que ella va a usarlos, tratando de alejarlos de mí. Quizás ese sea el precio que tendré que pagar por estar tan equivocado. En cuanto a nosotros, por ahora seguiremos como de costumbre. Me quedaré en el hotel. No me mudo aquí para no incitar aun más la cólera de Anabel. Hago esto pensando en no herir a los chicos.

Lucía lo abrazó con cariño:

- Pensé que te había perdido.

– Cuando llegué, a pesar que estabas dormida, me di cuenta inmediatamente que habías estado llorando. Comprende que nunca las dejaré. Pase lo que pase, estaremos juntos. Cuando todo haya terminado, planificaremos nuestras vidas.

Los dos permanecieron abrazados, sintiendo el poder del amor que los unía, con el corazón palpitante, una comunión de almas que nunca antes habían sentido.

✳ ✳ ✳

Esa misma noche, Antero llegó a casa pensando en conversación con Gloria. La encontró en la sala de estar hojeando una revista. Al verlo, se puso de pie alegremente diciendo:

– Mira, Antero, que hermoso este cuarto de bebé –. Miró, sonrió y respondió:

– Es hermoso, pero ya tenemos uno.

– Pero yo quiero reformarlo. Esa habitación no nos dio suerte. Esta vez estoy segura que va a funcionar, quiero volver a hacer una habitación.

Antero se tomó las manos diciendo en serio:

– Siéntate aquí, Gloria, a mi lado. Quiero hablar contigo –. Ella hizo. Él continuó:

– Yo sé que has tenido síntomas de embarazo, pero tenemos que ir con calma, ya que puedes estar equivocada. No es bueno esperar demasiado y saber de repente que estaba equivocada. Tu prueba fue negativa.

– Por ahora. Pero en unos pocos días voy a hacer otra y verás que tengo razón.

– Pero tuviste tu período la semana pasada.

– Eso no importa. Hay casos en los que la embarazada menstrúa, principalmente al inicio.

- El médico dijo que estos casos son raros. Es bueno no dejarse engañar.

- No estoy engañada. Estoy segura. Hasta parece que tú no quieres que yo tenga este niño.

- No se trata de eso. Es que quiero ahorrarte una decepción. Voy a buscar otro médico.

- De acuerdo. Pero estoy segura. Quiero ver tu cara cuando mi barriga empiece a crecer. Mi cintura ya ha aumentado.

Antero no dijo nada más. ¿Cómo contarle su relación con Antônia y la existencia de un hijo? Quizás sería mejor buscar un buen psiquiatra y recibir consejos, como quería su padre. No sabía cómo tratar con ella y no quería complicar más su condición.

Durante la cena, solo habló sobre el bebé, cómo sería, qué haría cuando naciera, qué preparativos realizaría.

Antero estaba aun más preocupado por su euforia. Intentó hablar de otros asuntos, pero no le dio atención. Él tenía la impresión que ella no entendía lo que él decía y siempre volvía al mismo tema.

Su caso parecía más serio de lo que pensaba. Recordó que la noche siguiente debería ir a la sesión de Espiritismo en la casa del Dr. Dantas. Hablaría con él para pedirle consejo al respecto.

✶ ✶ ✶

Nina llegó a la casa al final de la tarde, pensando en descansar. No había dormido bien la noche anterior y se sentía mal. Fue a ver a Marcos, habló con él un rato y luego fue a darse una ducha. Quería cenar y dormir.

Justo después de la cena, sonó el teléfono y Nina respondió. Reconoció la voz de Antero.

– Lo siento a molestarte en casa, pero mañana es el día de nuestra reunión en la casa del Dr. Dantas. ¿Tú irás?

– No. Quiero pasar un poco más de tiempo con mi hijo. Apenas he tenido tiempo de estar con él.

– Me sentiría más seguro si fueras. Resulta que, además de lo que sabes, estoy experimentando otro problema grave, no sé qué acción tomar. El Dr. Dantas parecía un hombre experimentado, me gustaría hablar con él, aconsejarme.

– Elegiste a la persona adecuada. Además de ser un buen hombre, es confiable.

– Me quedo avergonzado molestándote con mis problemas. Nuestra relación es muy reciente. Si fueras conmigo y hablaras con él, sería más fácil. Vamos, puedo recogerte en tu casa si quieres.

– No será necesario.

– Di que lo harás.

– Veamos. Quizás pueda hablar con el Dr. Dantas en la oficina mañana y decirle que quieres hablarle.

– Yo preferiría que fueras. Todavía no estoy seguro con respecto a esa reunión.

– ¿Aun tienes dudas?

– Al contrario. Estoy seguro que todo fue cierto. No estoy seguro porque no sé cómo comportarme. Tú me diste apoyo y me ayudaste mucho. Sé que estoy abusando de tu bondad, pero ven conmigo, aunque solo sea esta vez.

– De acuerdo. Voy a ir. Estaré allí poco antes de las ocho.

– De acuerdo. Gracias por acompañarme.

Nina colgó el teléfono, pensativa. No quería ir por André. Después del último encuentro, se sintió frágil. Luchó por recordar cómo la habían traicionado, lo que había sufrido al saber que él se había casado con otra.

Quería alimentar el enfado que sentía desde aquellos días, pero el recuerdo de su rostro triste, arrepentido, insistiendo, luchando por el derecho a reconocer a su hijo, a amarlo, la perturbaba, borrando el rencor que insistía en mantener en su corazón.

Después de esa reunión, parecía que se había vuelto vulnerable a sus rogativas. Ella no quería fallar. Se había jurado a sí misma que él pagaría por todo lo que les había hecho y no podría olvidarlo solo porque lo lamentara.

Esto no era justo para ella ni para Marcos; sin embargo, las palabras de André aun resonaban en sus oídos:

"¿Alguna vez has pensado que tiene derecho a elegir cómo quiere lidiar con esto?" o "¿Cómo puedes saber qué está pasando dentro de él?" o "¿Cómo puedes asumir esa responsabilidad y asegurarte que un día él no será responsable de ello?"

André estaba decidido. No se rendiría hasta conseguir lo que quería. ¿Sería prudente seguir negando la verdad? ¿Qué pasaría cuando Marcos se enterara que ella había impedido su relación con su padre?

Quizás sería mejor dejar de lado el orgullo y tratar de transigir. Seguir peleando con André podría empeorar las cosas. Él era persistente, especialmente cuando él pensaba que tenía razón, pero él se hizo accesible a través de un argumento razonable.

Pero para eso, tendría que hablar con él, intentar convencerlo. Nina temía esa proximidad. Pensó que los recuerdos del pasado todavía estaban muy vivos en su mente y podría terminar cediendo a lo que quería. Entonces, todo lo que había hecho hasta ahora se perdería.

Temía que, consiguiendo lo que él quería, la pisoteara, volviendo a considerarla una mujer insignificante, ingenua, que podía manejar como quería.

Marcos se le acercó y la invitó a cenar. Nina sintió que le dolía la cabeza, no tenía hambre, pero acompañó a su hijo. Quería pasar más tiempo con él, y durante la cena trató de mostrarse alegre, hablando de los temas que le gustaban, aprendiendo sobre sus actividades diarias. Luego fue a ver la televisión a su habitación y Nina se preparó para irse a la cama. Luchó por no pensar más en eso.

Quería dormir, descansar. Marta le había insistido que no se olvidara de rezar sus oraciones antes de irse a dormir. Se sentó en la cama, pensó en Dios y pidió protección y ayuda para ella y su familia. Luego se acostó y pronto se quedó dormida.

Soñó que estaba en un jardín muy hermoso, lleno de flores fragantes, junto a una chica que le parecía conocida, pero no recordaba de donde. Encantada con el jardín, Nina sintió una sensación de ligereza muy agradable y una alegría que hacía mucho no tenía.

Ella le dijo:

– Nina, tienes que ayudar a Antônia. Ella dejó el tratamiento y está desesperada. Las personas que la cuidaban no consiguieron sujetarla. Ella huyó y es probable que te busque.

– Tengo miedo. Lo que podía hacer por ella, lo hice. No tengo cómo ayudarla.

– Sí, sí tienes. Se acerca un momento difícil para ella. Cuando venga, trata de convencerla que regrese al tratamiento. Ella estaba yendo bien, pero frente a ciertos hechos, su estado puede empeorar.

– ¿Qué debo hacer?

– Habla con ella. Tranquilízala. Dile que tomarás medidas para evitar que le pase a Eriberto lo que ella teme.

– ¿Y no sucederá?

- Aun no lo sabemos. Va a depender de algunos hechos en los que no podemos intervenir. Pero haremos lo que podamos para proteger al niño.

- ¿A qué le teme? ¿Cuál es el peligro?

- Confía y ayúdanos rezando, y cultivando la fe.

En ese momento Nina se despertó preocupada. Ese sueño había sido diferente. Se sintió como si hubiera estado con una amiga que intentaba ayudar a Antônia. La inquietaba la sensación que iba a pasar algo malo.

Recordó a Olivia. Necesitaba contarle a Marta ese sueño y pedirle que la ayudara. Quizás Olivia estaba maltratando al niño, Antônia se enteró, se rebeló y se escapó. Miró su reloj, eran las cuatro de la mañana. Necesitaba confiar. Fuera lo que fuese, los espíritus de luz estaban vigilantes.

Se acomodó buscando dormir, lo logró, pero su sueño no fue tranquilo. Se despertó varias veces sobresaltada. Se levantó temprano, desayunó y fue a la oficina.

Recordaba el sueño todo el tiempo y quería que el día pasara rápido para ir a la reunión. Tan pronto como llegó a la oficina, Nina notó inmediatamente la euforia de Lucía. Un rostro distendido y sonriente irradiaba alegría.

- Por tu cara, creo que Breno volvió a buscarte.

- Sí. Dijo cosas tan bonitas que de vez en cuando me pellizco para saber que estoy despierta.

En pocas palabras Lucía le contó todo y terminó:

- A pesar de lo que dijo, todavía tengo miedo que Anabel dé marcha atrás y él termine conmigo.

- Debe haber sido sincero.

- Lo sentí. Pero los lazos de familia son muy fuertes. Si ella quisiera retomar la relación, yo no sé si él se va a resistir. Están los hijos de por medio. Pero no quiero pensar en el futuro. Prefiero quedarme en el presente, disfrutar de estos momentos en los que estamos juntos. Si un día se acaba, guardaré para siempre estos recuerdos.

– Tu forma de amar me sorprende. No sabría amar así.

– Amo a Breno, pero soy consciente que no me pertenece.

– Pero él también te ama. El amor correspondido es maravilloso.

– Sí. Me ama, ayer tuve la prueba. Pero desearía que fuera feliz. Por mucho que nuestro amor sea verdadero, yo sé que un día la vida nos va a separar de una forma o de otra. En este mundo, cada persona tiene su destino y no sé a dónde nos llevará la vida. Un día puede que prefiera otros caminos, tenga otras aspiraciones y no lo evitaré. Por eso prefiero vivir en el presente, ser feliz todo el tiempo que pueda.

– Mi madre decía que la gente se junta y se aleja según los ciclos naturales de la vida, que cuando se acabe el tiempo de estar juntos, nada ni nadie podrá impedir la separación. La causa no importa. Así que no importa si se es debido a la muerte o no.

– Estoy de acuerdo con ella. Por más que amemos a una persona, es necesario saber reconocer el momento de dejarla ir, de desapegarse.

– Eso es difícil.

– Pero es necesario. El amor verdadero deja a la persona libre para seguir su propio camino. Ayer sentí que tenía razón al no intentar mantener a Breno a mi lado. Sería terrible pensar que se quedó conmigo a regañadientes por causa de Mirela. Descubrí también que cuanto más libre dejas a la persona que amas, más feliz estará de estar contigo.

– Espero que consigas lo que quieres. La conexión de Breno con su esposa era de conveniencia, no de amor. Se dio cuenta de eso.

Después que Lucía salió de la oficina, Nina estaba pensando en su romance con André. En ese momento ella nunca dudó que él la amaba y que estarían juntos para siempre. No admitía que pudiera cambiar y buscar otro camino.

Sentía que necesitaba aprender a lidiar con el apego. Marcos llegaría un día a ser hombre, elegiría su propio camino, se casaría, tendría otros intereses, una familia.

Cuando pensó en ello, tuvo miedo. Ella se aferró a André; cuando se fue, se aferró a su hijo. ¿Qué haría cuando Marcos también la dejara?

Lucía aceptaba esta idea con naturalidad. Sabía que sería así. No se rebelaba; por el contrario, buscaba a tomar ventaja de los momentos de convivencia que la vida le proporcionaba, y seguía sin miedo al futuro.

Necesitaba empezar a pensar en ello e intentar transformar su apego a Marcos en afecto, amistad, preparándose para dejarlo ir cuando llegara el momento. No iba a ser fácil, pero esa era una verdad que debía aceptar.

Eran más de las diez cuando llegó el Dr. Dantas y Nina fue a buscarlo y le contó su sueño. Le aconsejó tener tranquilidad y esperar por la noche, cuando intentarían obtener ayuda y aclaración de los amigos espirituales.

Durante la tarde, Nina extrañaba a Marcos. Lucía tenía razón. En lugar de tener miedo al futuro, debería disfrutar del presente, pasar todo el tiempo libre que tenía a su lado, no queriendo que él hiciera las cosas a su manera, sino intentando descubrir lo que pensaba, sentía, deseaba y le gustaría lograr en la vida.

En ese momento pensó en las palabras de André, y sintió que, a pesar de haber hecho lo que hizo, él tenía razón en un punto: no podía decidir por Marcos. Ella había hecho esto cuando le dijo que su padre había muerto. Fue un error.

Hubiera sido mejor haber dicho la verdad. Por lo tanto, ahora, no sería sorprendido, con el agravante de descubrir que ella le había mentido. Ante ese pensamiento sintió una opresión en el pecho.

Necesitaba tener coraje y afrontar los acontecimientos. Si André seguía insistiendo, sería mejor que hablara con Marcos ella misma, explicándole sus motivos.

Reconocer el error y poner las cosas en el lugar correcto puede hacer que continúe creyendo en ella, manteniendo la confianza que siempre tuvo. Por la noche, en la reunión, pedía ayuda no solo para Antônia sino para ella misma.

Habiendo decidido eso, Nina se lanzó al trabajo. No podía permitir que sus problemas personales interfirieran. Necesitaba permanecer lúcida para encontrar las soluciones que sus clientes esperaban de ella.

* * *

Andréia, en su casa, sentada en el salón, esperaba con cierta impaciencia. Era miércoles y André debía ir a buscar Milena, a continuación, ella les diría que sabía todo y no les permitiría que ellos fueran.

No quería que sus hijos se involucraran con personas supersticiosas e ignorantes. Además, le debía explicaciones sobre su separación de Janete. Fue una falta de respeto e ingratitud haberle hecho esto, ella siempre había sido una madre extremada y dedicada.

¿Qué dirían sus amigos cuando supieran de todo esto? Ciertamente tendrían sus nombres en las bocas de los calumniadores, lo que se no podía tolerar. Siempre se habían destacado en ética, cumpliendo con todas las reglas sociales, así como con los principios de la religión católica.

Faltaban unos minutos para las siete cuando Milena bajó lista para irse. Andréia la miró y preguntó:

– ¿A dónde vas?

– Saldré con André.

– ¿A dónde van?

– A visitar a unos amigos.

Andréia la miró y no respondió. Quería esperar a que André dijera lo que quería. Al ver que su hija se acercó a la ventana y miró hacia afuera, preguntó:

– ¿Estás segura que vendrá?

– Sí. Nos pusimos de acuerdo.

– Antes que te vayas tenemos que hablar, aclarar algunas cosas.

– Si se trata de la ruptura, será mejor que esperes. André me dijo que solo vendrá a hablar contigo cuando crea que es el momento adecuado.

Andréia se levantó irritada:

– Actúa como si no fuera nuestro hijo. No lo permitiré. Hoy no viene aquí sin que antes me explique las razones que lo llevaron a tomar esta desquiciada decisión.

– Haz lo que quieras.

Milena sabía que sería inútil discutir. No quería aborrecerse. Miró hacia afuera y vio que el carro de André se detuvo en la puerta. Sin decir nada, se dirigió al comedor y rápidamente salió por la puerta de servicio. Rápidamente se subió al auto diciendo:

– Vámonos pronto, antes que mamá vea que llegaste.

Él arrancó el carro y obedeció. Él no tenía ni el tiempo ni el deseo de tener una discusión con su madre. Andréia esperó un poco y, al ver que Milena no regresaba, fue al comedor, preguntando a la criada:

– ¿Viste a Milena?

– Salió por la puerta trasera.

Andréia se sonrojó de ira. Esa chica necesitaba una lección. Cuando regresara, se arrepentiría. Regresó a la sala de estar. Romeo acababa de entrar y ella expresó toda su indignación:

– Me alegro que hayas llegado. ¡Tenemos que tomar en serio una acción antes que sea demasiado tarde!

– ¿Qué pasó? – preguntó asustado.

– Nuestros hijos. En primer lugar, André, quien se niega a darnos explicaciones sobre su ruptura con Janete. En segundo lugar, a dónde van ellos todos los miércoles. Tenemos que ponerle un alto a eso.

Se sentó pensativo y Andréia se sentó a su lado en el sofá.

Romeo tenía horror a las discusiones, especialmente con su esposa, cuya intransigencia le resultaba desagradable.

– En cuanto a André, tenemos que tener paciencia. Una ruptura después de diez años de matrimonio es difícil. Nuestro hijo siempre ha sido equilibrado. Nunca nos molestó. Siempre cumplió con sus responsabilidades. Vamos con calma. Si decidió separarse, debe tener sus razones.

– ¿Qué razones? Verás que has encontrado una amante, sí. Janete había sospechado durante mucho tiempo.

– Las mujeres siempre sospechan. ¿La encontró con otra?

– No... pero ¿qué podría ser, sino eso?

– Respetaremos su decisión y esperamos que venga a hablar de ello. Entonces, si pregunta, daremos nuestra opinión.

– ¡Cómo te conformas! ¡Es nuestro hijo! Necesitamos asesorarlo.

– Es un hombre, más grande, responsable, debe saber lo que hace.

– Tú lo estás protegiendo. ¿Y Janete? ¿Lo que ella está sufriendo no te conmueve?

– Andréia, hablas como si fuéramos culpables de su desacuerdo. Eso no es verdad. Ellos tienen todo el derecho a hacer el que el deseo de sus vidas. Nosotros no vamos a interferir.

– Ella me pidió ayuda. Quiere que conversemos con él y que lo hagamos dar marcha atrás.

– ¿Por qué no lo hace ella misma? El problema es de la pareja y no nos vamos a entrometer. Espero que no cumplas con tal solicitud. Esta actitud es muy suya. Ella quiere quedarse en la posición de mujer ofendida y lanzarnos a nosotros en el fuego. Janete quiere a utilizarnos y esta vez no nos vamos a prestar a eso.

– Qué horror, Romeo. ¿Cómo puedes pensar una cosa como esas? Y nuestra nuera, tenemos que defenderla.

– No veo por qué. Ella siempre supo defenderse muy bien. Así que cálmate y espera a que André nos visite. Estoy seguro que nos dirá sus razones. Pero incluso si no lo hace, nuestro hijo es un hombre digno. No estaré contra él.

– Yo tampoco estoy en contra de él, al contrario. Quiero ayudarlo.

– Él no necesita que lo ayudes. Déjalos en paz. Vamos a cambiar el tema. No hablemos más de eso.

– Entonces, vamos a hablar acerca de Milena. Yo descubrí que André la está llevando a una sesión espírita. Y ahí van todos los miércoles.

Romeo la miró sorprendido y respondió:

– ¡Así que eso es todo!

– Y eso, sí. Incluso hoy en día se vio que yo estaba esperando a André y ella salió como un ladrón a través de la puerta de servicio. Pero cuando vuelva, se las verá conmigo.

– Entonces van a un Centro Espírita.

– Que yo sepa, es una sesión en casa de amigos. Nosotros tenemos que prevenir que continúen –. Romeo estuvo pensativo por unos momentos, luego dijo:

– No lo sé, no estoy seguro de eso.

– ¿Cómo no? Esos lugares son peligrosos. Frecuentado por gente ignorante.

– Estás equivocada. Hay mucha gente educada que estudia el Espiritismo. Podría nombrar a algunos de nuestros mejores amigos. Además noté que Milena ha cambiado mucho. Ha estado alegre, tranquila, cariñosa y educada. Nunca volvió a tener esos arranques desagradables, me preguntaba por qué.

– No creo lo que estoy oyendo, parece que estás de acuerdo con lo que ellos están haciendo.

– Si André está llevando a Milena a algún lugar, solamente puede ser bueno. Él nunca haría nada que pudiera dañarla. Confío en él completamente. Cuando llegue, voy a pedirle que me cuente cómo es eso.

– Yo que quería que me ayudes a poner las cosas en orden, pero me estoy dando cuenta que prefieres contemporizar. Siempre has sido así. No sabes cómo enfrentar las cosas. No tienes coraje.

La miró con seriedad y dijo con voz firme:

– Querer manipular la vida de los demás no es un acto de valentía sino de pretensión En ese caso, la modestia sería más apropiada.

– ¿Me estás llamando pretensiosa?

– Quien habla mal de un tema que ignora pretende demostrar conocimientos que no tiene.

– ¿Estás diciendo que soy una ignorante?

– No. Estoy diciendo que, para emitir un juicio sobre algo, primero debes conocerlo en profundidad. Nosotros no tenemos ningún conocimiento sobre el Espiritismo.

– No es necesario. Todas las personas educadas saben que es una creencia de gente ignorante, muy peligrosa, que puede conducir a la locura.

– ¿Cómo puedes saber que la gente que cree eso dice la verdad? ¿Qué evidencia tienes que aquellos que creen en el Espiritismo están equivocados y que lo que dicen es mentira? Nunca has investigando este tema. La verdad puede estar del otro lado o incluso dividida entre los dos.

– Me estás irritando aun más con esta conversación. ¿Por qué estás en mi contra? Yo esperaba tu apoyo.

– Yo te apoyo en todo lo que es justo. Voy a hablar con André, saber lo que está sucediendo y solo después de eso volveremos al tema. Por ahora no quiero que le digas nada a Milena. Ella ha estado bien y no quiero que sea como era antes.

– ¿Quieres decir que nos quedaremos callados? ¿Pueden nuestros hijos ignorarnos, ocultarnos cosas, sin tomar ninguna acción?

– Andréia, ya no son niños. André tiene treinta y dos años y Milena veintisiete. Hablemos con ellos, averigüemos la verdad. Si noto que algo anda mal, intentaré mostrárselo, pero como amigo, sin imposición.

– No puedo conformarme con eso.

– Pues vas a tener que conformarte. Ellos son adultos. Es todo lo que podemos hacer.

– Bueno, yo no haré eso. Tan pronto como lleguen tendrán que darnos explicaciones.

– Si lo haces, André desaparecerá de aquí y Milena considerará hacer lo mismo. ¿Es eso lo que quieres?

– ¿Crees que podrían hacerlo?

– Lo creo. Cuando muestras tu lado intransigente, yo tampoco tengo ganas de llegar a casa –. Andréia lo miró sorprendida. Romeo nunca le había hablado con tanta firmeza. Por su tono, se dio cuenta que estaba poniendo en peligro su propio matrimonio. André había dejado a Janete. ¿Fue por eso? Ellos pensaban de la misma manera. Decidió ceder.

– De acuerdo. No diré nada. Pero serás el responsable de cualquier cosa mala que suceda.

– Puedes dejármelo a mí. Tengo hambre. Que sirvan la cena.

Andréia fue a el comedor para arreglarlo y Romeo fue a lavarse las manos. Estaba satisfecho. Esa conversación le había hecho bien. Durante mucho tiempo se había sentido incómodo con la forma en que Andréia se expresaba. Era un optimista, siempre estaba bien con la vida. En cualquier circunstancia, siempre buscó el lado mejor.

Andréia, en cambio, veía problemas en todo, imaginaba lo peor, pretendía arreglar el mundo, tenía prejuicios, valoraba a las personas por su clase social. No sabía si había empeorado en los últimos años o si él es que estaba cansado de escuchar que por mucho tiempo haciendo la misma cosa, el hecho es que no soportaba más.

Ella era una buena esposa, él no quería separarse. Pero sintió que necesitaba hacer algo antes que la amistad que él todavía sentía por ella terminara.

Romeo era agradable, no le gustaba pelear. Ante esa conversación, se puso de pie y se dio cuenta con satisfacción que Andréia por primera vez cedió a sus argumentos.

Decidió que de allí en adelante actuaría siempre así. Se sintió aliviado cuando poco después se sentó a la mesa para cenar. Trató de hablar de comodidades y Andréia no volvió a hablar de sus hijos.

* * *

Según lo acordado, Antero tocó el timbre de la casa de Nina poco antes de las siete. Ella recién se estaba vistiendo y Ofelia lo hizo entrar y esperar en la habitación. Marcos fue a recibirlo mientras Ofelia subía a decirle a Nina que estaba esperando.

– Soy Marcos, ¿cómo estás?

Antero estrechó la mano que le tendía y respondió:

– Bien, gracias.

– Mi madre no va a demorar, pero antes que ella baje quiero pedirte un favor.
Me gustaría ir también a esta reunión. Pero mamá piensa que aun soy muy pequeño.

– Si piensa así...

– Mi amigo Renato ya va y tiene mi edad. Él tiene mediumnidad y ha mejorado mucho después que él va allí. Yo también lo he hecho y Marta me dijo que estaría bien que también vaya.

– Soy nuevo en el tema, no entiendo nada. Lo estoy intentando.

– Veo espíritus de vez en cuando, me hablan.

– ¿Tu madre lo sabe?

– Lo sabe, pero está asustada. Es que cuando siento o veo cualquier cosa, me quedo ensimismado hablando sobre ello y ella cree que estoy exagerando.
Pero no es verdad. Yo realmente veo. Tanto es así que, cuando pasa, no le cuento ni le hablo del asunto. Pero, por favor, pídale que me lleve.

Nina entró en la habitación, saludó a Antero y dijo:

– Podemos irnos, estoy lista.

– Marcos me dijo que le gustaría a ir con nosotros –. Ella miró al niño y le preguntó:

– ¿Por qué no me preguntaste?

– Porque no te gusta que vaya a las sesiones.

– Él me dijo que ve y habla con los espíritus. ¿No sería bueno que él también fuera? – Nina los miró indecisa y respondió:

– Estamos en último momento, no puedo esperar a que te prepares.

– Tenía muchas ganas de ir.

– En la próxima semana, te prometo que te llevaré –. Una vez en el auto, Antero comentó:

– Marcos estaba muy interesado en ir. Estaba decepcionado.

– Hoy voy a hablar de un tema que él no puede conocer.

– Comentó que tienes miedo que se vaya.

– Antes lo tenía, pero hoy ya no lo tengo. Creo que es bueno que vaya a aprender. También tiene mediumnidad.

Nina guardó silencio durante unos momentos y luego continuó:

– Estoy viviendo un momento difícil. Tengo que tomar una decisión importante y no sé cómo hacerlo.

– A mí me pasa lo mismo. Ayer estuve dispuesto a hablar con mi esposa sobre Eriberto, pero cambié de opinión. Por el momento, Gloria está muy molesta por los dos abortos que tuvo. Desea tanto tener un hijo que cree que está embarazada, lo cual no es cierto. El doctor dijo que es psicológico.

– Es un problema delicado.

– Lo sé. Entonces decidí esperar a que se recuperara para hablar de Eriberto. Ella está obsesionada. Solo habla de eso. Cuando menciono otras cosas, ni siquiera escucha.

– Deberá buscar ayuda de un experto.

– Es lo que pretendo hacer. Pero primero pediré ayuda espiritual.

- Esta noche tuve un sueño diferente. Soñé con una mujer muy hermosa, en un lugar hermoso, y ella me dijo que Antônia necesitaba ayuda. Parece que se enteró que algo malo le iba a pasar a Eriberto y se escapó para intentar detenerlo.

- Estabas pensando sobre nuestro caso y soñaste con eso. Los sueños reflejan nuestras preocupaciones.

- Pero este fue muy fuerte. Parecía cierto. Estoy segura que estaba en ese lugar, incluso conocía a la mujer. Hablaré con Marta al respecto.

Cuando llegaron, solo quedaban unos minutos para comenzar. Entraron pronto y se fueron acomodando donde indicaba Mercedes. La habitación estaba en penumbra, iluminada solo por una pequeña luz azul.

Mercedes realizó una ligera oración y se encendieron las luces para leer el texto de la noche. André estaba sentado al otro lado de la habitación, frente a ellos y observándolos discretamente.

Nina podía sentir su mirada sobre ella y no podía prestar atención al texto que estaba estudiando. Aunque estaba mirando a la persona que estaba hablando, su mente estaba en André.

Luego de los comentarios sobre el asunto, se apagaron las luces y Mercedes pidió a todos que oraran, pidiendo orientación en sus vidas.

Cayó el silencio. De repente, un muchacho empezó a hablar:

- No sirve de nada ahora venir a pedir. No voy a ceder. Ella va a pagar todo lo que me hizo -. Mercedes se le acercó. Poniéndose la mano en la frente, dijo:

- La venganza es un arma de doble filo, hace más daño a quien la practica.

- Estoy dispuesto a pagar el precio. Ahora se ve bien, todos sienten pena, pero yo sé lo mala que es. Estoy así por ella.

– Usted está en necesidad de ayuda. Con estos pensamientos, se vuelve difícil. Déjala en paz y recibe toda la ayuda que necesites.

– Por su causa fui asesinado. Antes que ella naciese nos encontramos, la perdoné y ella juró que me iba a recibir como un hijo y me ayudaría a tener de vuelta todo lo que había perdido. Tuve esperanzas, me preparé, ella nació, pero, cuando llegó el momento, no cumplió lo que me prometió. Cuando dormía, dejaba el cuerpo y luchaba conmigo, diciendo que no me quería como hijo. Yo estaba aturdido por el proceso de reencarnación y no pude cobrarle la promesa. Dos veces me echó del cuerpo. Me rechazó. Fue horrible lo que sufrió. Ahora que lo tengo claro, siento que me han engañado y no lo dejaré pasar.

Una mujer que estaba al otro lado de la mesa intervino:

– Te puedo ayudar. Varias veces me acerqué a ti tratando de hablar, pero siempre que me veías, huías, no querías escuchar nada.

– Te conozco. Con el pretexto de ayudarme, quieres llevarme, pero no lo haré. Esta vez nadie me va a engañar.

– Hay algo que necesito decirte. Recuerda que en ese momento Marina vivía una vida desenfrenada. Fue en esa casa de prostitución donde te encontraste con la muerte.

– No fui a esa casa. Yo estaba allí para tomar una satisfacción porque ella me delató con el marido de la mujer que yo amaba. Él tenía una relación con ella y él estaba allí, y acabó conmigo.

– Necesito decirte que Marina no cumplió la promesa que hizo porque no pudo. Ella todavía quiere hacer eso. Realmente quiere tener ese hijo. Pero sucede que, en el momento en que se hizo muchos abortos, los cuales han dañado sus órganos reproductivos en el cuerpo astral. Así, cuando se generó su cuerpo actual, era deficiente en ese campo. No sé si podrá tener hijos en esta encarnación. Puede que tengas que esperar al siguiente.

- No lo sabía. Estoy sufriendo mucho. Será difícil esperar tanto tiempo. Necesito olvidar, salir de este infierno, empezar de nuevo.

- En ese caso, ven conmigo. Déjala vivir su vida. Ten la seguridad que ya está cosechando los resultados de sus elecciones en esos días. Si vienes conmigo te ayudaremos a renovarte, estoy segura que conseguirás lo que quieres más rápido de lo que piensas. Conozco a una persona que está encarnada y lo ama mucho. Estoy seguro que ella te recibirá con alegría y amor.

- ¿Quién es?

- Mira.

- Es ella, la mujer que siempre amé

- Ella también te ama y fue la causa involuntaria de su muerte. Él estará feliz de darle la bienvenida como hijo. Ven. Vámonos.

- Yo iré.

El muchacho suspiró y se quedó en silencio. La mujer que habló con él también. Mercedes se conmovió:

- Hoy volvimos a tener la manifestación de la bondad divina. Agradeceremos y vibraremos luz por todos los involucrados. Que Dios nos bendiga.

Milena comenzó a hablar sobre el juicio y el perdón, revolviendo hasta el presente con sus palabras.

Mientras los dos espíritus hablaban, Antero se removió en su silla con inquietud y Nina lo miró con preocupación. Las palabras de Milena lo hicieron llorar, mientras André, conmovido, la miraba con atención.

Con una oración de agradecimiento, la sesión terminó y se encendieron las luces. Algunos comentarios, luego de beber el agua, la gente se fue y Antero le comentó a Nina:

– Ellos hablaron sobre Gloria, estoy seguro. Vine aquí hoy pensando acerca de pedir ayuda para ella.

– Esperemos y hablemos con Marta.

Mercedes se acercó y Antero se levantó y fue a buscarlo:

– Necesito orientación. ¿Podríamos hablar?

– Yo iba a pedirte que te quedases para conversar. Vamos a esperar a la gente salga –. Se sentó de nuevo al lado de Nina, que se levantó para abrazar a Mercedes.

– Tú también deberías quedarte. Marta quiere hablar contigo.

Nina asintió y se volvió a sentar mientras Mercedes iba a despedirse de sus amigas y comentaba:

– Con ellos ni siquiera necesitamos hablar. ¿Viste? – Antero sonrió y preguntó:

– ¿Puedo hacerte una pregunta?

– Sí.

– Desde la otra vez que vinimos aquí, el hermano de Milena nos vigila todo el tiempo. No nos quita los ojos de encima y tengo la sensación que no le gustó vernos juntos. Tengo la impresión de estorbar. ¿Tiene algún tipo de interés?

– Hace muchos años que teníamos un caso. Pero se acabó. Él mira por curiosidad.

– Hay más que curiosidad. Has hecho mucho por mí. Si quieres que me vaya, no seas tímida.

– Entre él y yo no hay nada y no hay posibilidad que exista. Así que no te preocupes por eso. Te lo contaré todo después.

André se acercó a ellos y le tendió la mano:

– ¿Cómo estás, Nina?

– Bien – respondió ella, estrechando la mano que le tendió.

Luego le presentó a Antero e intercambiaron algunas palabras formales. Entonces André tomó:

- Necesitamos hablar, resolver ese asunto. Mañana voy a llamar para hacer una cita.

- No veo la necesidad. Además de eso, mañana estará demasiado ocupada.

- Llamaré de todos modos. Si no respondes, iré a tu oficina. Milena se acercó, los saludó y luego le dijo a André:

- Vamos, André, no puedo llegar tarde. Ellos dijeron adiós, salieron y Antero comentó:

- Está muy nervioso y casi pierde el control.

- Estamos viviendo un momento complicado. Te lo cuento después.

- Siento que hay algo muy fuerte entre ustedes. Por todo lo que has hecho por Antônia y por mí, te estoy agradecido y espero que seas mi amiga, pero eso no hace que sea necesario que me cuentes nada de tu pasado.

- Agradezco tu discreción, pero quizás desahogarme con un amigo sea bueno. Nunca antes había podido hacer eso. Siempre cargué sola con el peso de mis problemas.

La gente se fue y Mercedes los invitó a la oficina, donde Marta y el Dr. Dantas los esperaban.

Nina y Antero se calmaron y él aclaró:

- Vine a pedir guía espiritual sobre el problema de Gloria, mi esposa, pero ese espíritu el que se anunció durante la sesión dijo una historia que me pareció familiar. Creo que tiene que ver con los dos.

- Así es, Antero - respondió Marta -. problemas de Gloria con la maternidad son una consecuencia de sus actitudes en una vida pasada cuando ella se llamaba Marina.

- Tuve la impresión, pero es muy diferente a la que describió. Gloria es una mujer discreta, fiel, entregada a su hogar, nunca sería una prostituta.

- En ese momento ella lo fue, sufrió, maduró, hoy no lo haría. Si prestas atención te darás cuenta que, a pesar de la vida modesta que lleva en esta ocasión, hay momentos en que muestra el trato emocional, tanto en el ámbito sexual, como en la familia, un conocimiento sorprendente para una joven ingenua y sin experiencia.

- Eso es cierto. Cuando habla de prostitutas, nunca las critica, sino que pone de relieve los problemas que deben enfrentar. Siempre termina diciendo que nunca podría soportar vivir de esa manera.

- Es que los sufrimientos de aquellos tiempos quedaron registrados en su inconsciente, influyendo en sus actitudes actuales.

- Lo que me impresionó fue lo que dijo ese espíritu, dos veces se le impidió nacer. Gloria tuvo dos abortos involuntarios. Ella sufrió mucho, incluso arriesgó su vida, tanto que decidí no pensar en tener hijos para salvarla. Pero ella quedó desequilibrada y de tanto querer este hijo está con un embarazo psicológico. Fue este el motivo por el que quería pedir orientación. No sé cómo ayudarla. Ella no escucha. Garantiza que está embarazada, aunque los exámenes médicos demuestran que no lo está. Todo el tiempo habla de nuestro bebé, de su cuarto, de su nombre, de su ropa. Yo trato de mostrarle la verdad, pero es inútil.

- El espíritu que estaba a su lado cobrando su promesa la estaba influyendo. Ahora que comprendió y aceptó a alejarse de tratamiento, creo que va a salir de este proceso. En cuanto a ti, no te culpes por no haberte casado con Antônia. Desafortunadamente, ella no tuvo la paciencia para esperar. Te habías comprometido con Marina, no por amor, sino por sentirte culpable. Esto ocurrió cuando estabas muy joven.

Después de conquistarla, provocaste su primer embarazo, pero no lo asumiste. Abandonada, provocó el primer aborto. Más tarde, después que ambos desencarnaron, cuando se encontraron en el astral, ella se encontraba en un estado lamentable e infeliz, vampirizada por entidades malignas. Apenado, te sentiste culpable y te comprometiste a ampararla en esta encarnación ofreciéndole un nombre de modo que ella pudiese rescatar a su dignidad herida como mujer.

- Pero si Antônia hubiera esperado, sería con ella con quien yo mismo me habría casado. Yo la amaba de verdad.

- Antônia se alejó de ti porque sintió que no podía separarte de Gloria. Si hubiera esperado, tu compromiso con Gloria habría terminado y podrían vivir juntos.

- ¿Abandonaría a Gloria por Antônia?

- No. La vida une a las personas por algún tiempo para lograr sus objetivos. Cuando obtiene lo que quiere, naturalmente provoca cambios. Las relaciones son temporales. Cuando terminan, duele, pero a pesar de eso es mejor aceptar, darse cuenta que es hora de dejarse ir. Antônia no podía soportar perderte a ti y a su hijo. Si ella hubiese esperado, ustedes habrían tenido un tiempo para relacionarse.

- Si ella se había quedado con el niño puede no haber hecho lo que hizo.

- Es difícil saberlo. Pero ella no confiaba en sí misma. Tenía miedo de no poder cuidarlo sola, las palabras de tu padre la convencieron y ella se sacrificó pensando en el bien del niño.

- Esta actitud fue buena de su parte. A Antônia le gustaba sacrificarse por los demás. Mi madre es lo opuesto a ella. Tiene un temperamento autoritario y áspero, pero Antônia soportó bien esa convivencia. Ella nunca se quejó, hizo todo lo posible para no disgustarla.

- Sus padres la consentían mucho. Cuando los perdió, se quedó sin piso. El mimo debilita y hace dependiente a la persona. Ella creía que, siendo buena, podía ser aceptada, amada. Pero se equivocó. Quienes violan sus verdaderos sentimientos para complacer a los demás sienten una insatisfacción, un vacío en el pecho, provocado por su alma, que está sofocada y quiere actuar según lo que sienten. Es un conflicto doloroso. Por eso se suicidó.

- No, Antônia llegó a esto porque fue débil. Cuando surgió el problema, en vez de utilizar su fuerza para enfrentarse a ellos, hacerse cargo de su vida, avanzar, prefirió ponerse en la posición de víctima, como si ella no tuviese ninguna responsabilidad por los problemas que enfrentaba.

- Ella no tenía la culpa que sus padres la mimaran - defendió Antero.

- La historia de Antônia se pierde en el tiempo. Comenzó cuando ella pertenecía a una familia noble y se acostumbró a ver cumplidos todos sus deseos. Le gustaba manipular a los demás, vivir en la indolencia, ser cargada de un lado a otro por vasallos sentados en lujosas sillas o los mullidos cojines de sus caballos. Después de algunas vidas así, terminó paralizada. Ni siquiera podía moverse en el astral.

Todos escucharon atentamente. Marta habló con una voz diferente, caminando de un lado a otro, la mirada perdida en un punto indefinido. Ellos sabían que era alguien otra cosa que habló a través de ella.

- ¿Fue un castigo? - Preguntó Antero.

- De ninguna manera. Dios no castiga a nadie. Fue su decisión. La naturaleza tiene sus leyes y todos debemos respetarlas. Todo en el universo se mueve, cumpliendo su cometido. Ella prefería que la sirvieran, permanecer en la pereza, la indolencia, y terminó dañando los centros motores del cuerpo astral, entonces aparecieron las consecuencias. Sufrió mucho porque sin poder moverse se vio obligada, aunque tenía posición y dinero, a soportar el maltrato de las personas asalariadas que la maltrataban porque ella dependía físicamente de ellos.

– ¡Cuánto sufrimiento! – comentó Antero.

– Lo fue. Cuando llegó al astral, sabiendo la causa de esto, decidió reaccionar. Pidió nacer pobre. Quería trabajar, superar ese estado, se preparó un tiempo, recibió ayuda y nació en un hogar pobre, pero fue recibida con cariño por sus padres. Sin embargo, no estaba sana. Sus piernas estaban débiles, no podía seguirles el ritmo. Entonces comenzaron los mimos. Sus padres la trataron como incapaz. Entonces ella, a quien le gustaba acomodarse, encontró la manera de hacerlo. Pues bien, con el tiempo, que se curó del viejo problema y, esta vez, nació físicamente saludable, pero estrechamente creyendo que era débil, incapaz, que necesitaba el apoyo de otros para sobrevivir. No confío en su propia fuerza. Aquí, en resumen, está la historia de Antônia.

– Y ahora, ¿qué será de ella? El suicidio fue un error.

– Ella ha actuado en contra de la vida. Esto es serio. Pero la bondad de Dios no abandona a nadie. El problema es que se escapó del tratamiento. Mientras no sea consciente que tiene la fuerza suficiente para cuidarse, creer en la vida, no podrá reequilibrarse.

– Entonces es cierto – intervino Nina. Yo soñé esta noche con una persona que me dijo eso.

– Fui yo.

– ¿Tú? Me pediste que la ayudara, pero no sé qué hacer.

– Lo sabrás a su debido tiempo. Necesito irme. Les pido que recen por ella, para que se calme y vuelva al tratamiento.

– No creo que esté en condiciones de ayudar a nadie. Ni siquiera puedo resolver mis problemas – respondió Nina.

– Las situaciones que crea la vida brindan oportunidades para resolver viejos problemas que quedan atrás. Y lo hace cuando estamos preparados para vencerlos. Piénsalo y no te pierdas ninguno de ellos.

Nina bajó la cabeza pensativa. Antero preguntó:

- ¿Cómo puedo ayudar a Gloria?

- Entendiendo el momento que pasa. Confía y espera. También estate atenta para aprovechar las oportunidades que se avecinan. Recuerda que en cualquier situación lo importante es actuar dentro de los valores eternos del espíritu. Que Dios los bendiga.

Marta se sentó, se frotó la frente y luego dijo:

- Mamá, ¿puedes traerme un vaso de agua?

Mercedes se levantó y fue a buscarlo. El Dr. Dantas consideró:

- Vamos a orar en silencio y dar gracias a Dios por habernos recibido tanto esta noche.

Mientras Marta bebía agua, permanecieron en silencio, cada uno pensando en los hechos de la noche. Luego se despidieron. Una vez en el carro, Antero no pudo evitarlo:

- Estoy impresionado. Nunca pensé que la vida fuera así. Siento como si estuviera descubriendo un mundo nuevo, más coherente, más justo. Después de lo que oímos me pregunto: ¿cómo fue que llegué a donde estoy? ¿Cómo me involucré con Antônia y Gloria?

- A juzgar por lo que nos dijo Marta, el azar no existe. Las relaciones siguen una causa anterior. Me gustaría a saber si es así en todos los casos o si existen otras razones.

- Debe haberlas, de lo contrario siempre estaríamos con la misma gente.

- Marta me dijo una vez que a lo largo de nuestra vida estamos adoptando creencias falsas, que nos parecen verdaderas, sin profundizar y comprobar si son lo que parecen. Las hacemos reglas que adoptamos a diario, luchamos por ellas sin darnos cuenta que nos llevan a atraer la infelicidad. Si alguien intenta demostrar que es falso, nos enojamos, no queremos verlo.

– Eso es cierto. A veces lo siento cuando hablo con mi madre. Ella tiene una cierta creencia que la hacen actuar de una manera desagradable, que acaba siempre creándole problemas. Pero ella se niega a verlo.

– Marta dice que en este caso la vida nos pone situaciones frente a nosotros, personas, que con sus actitudes pueden hacernos darnos cuenta de nuestros propios errores. Cuando nos irritamos con las personas porque ellos tienen ciertas actitudes que nos incomodan, es porque somos iguales.

Antero sonrió y dijo:

– Eso realmente sucede. En casa de mi madre, los empleados no se quedan mucho tiempo. Los implica y los descarta, porque son prepotentes, no aceptan reprimendas, son exigentes. Varias veces noté que son muy parecidos a ella.

– Si la persona todavía no puede ver, entonces comienzan a aparecer situaciones más graves, problemas más grandes, hasta que, presionado por el sufrimiento, se ve el que tenía que ver.

– En este caso, no todas las relaciones tienen origen en lazos de otras vidas.

– Es cierto. Marta garantiza que tanto el amor como el odio unen a las personas. Me gustaría saber más al respecto.

– La vida es más compleja de lo que pensamos. Tenemos mucho que aprender.

– Estoy de acuerdo. Me quedé para hablar de mi relación con André.

– No quiero ser indiscreto.

– Necesito hablar. Nuestros problemas tienen un punto en común y me he estado preguntando por qué apareció Antônia en mi vida.

– En ese caso, habla.

El carro se detuvo en frente de la casa de Nina. En pocas palabras lo contó todo. Cuando se calló, él dijo:

– Estoy seguro que el azar no existe. Nuestra reunión estaba programada. Descubrí, además de mi hijo, un mundo completamente nuevo. Tú haciéndome saber que era padre, te diste cuenta que no podrás impedir que André asuma la paternidad. Estoy emocionado.

– Hasta entonces, estaba segura de lo que quería. Pero, después de conocerte, todo cambió. André ha resultado ser diferente de lo que pensaba. Está obsesionado con la idea de hacerse cargo de su hijo. Pero no puedo llegar a Marcos y confesar que le he mentido. Voy a quedar desacreditada.

– Tarde o temprano tendrás que hacerlo. Mejor que él lo sepa por ti. Es un chico inteligente. Parecía maduro para su edad. Háblale, explícale tus razones, dile la verdad. Estoy seguro que él va a entender. Es lo que pretendo hacer con Gloria. Simplemente no lo hice porque tenía miedo de agravar su estado emocional. En cuanto mejore, se lo contaré todo.

Nina suspiró pensativa y luego respondió:

– Siento que tienes razón. Voy a pensar en una forma de hacer esto. Gracias.

– Ánimo. Todo saldrá bien.

Se despidieron y Nina entró en la casa. Fue directamente al dormitorio para ver a Marcos, que estaba durmiendo. Lo besó en la frente con cariño y fue a prepararse para ir a la cama.

Antero llegó a casa y Gloria lo esperaba leyendo.

– ¡Tardaste demasiado!

– No te dije que esta reunión en la casa de mis amigos era una sesión de Espiritismo. Hoy tomó más tiempo que la semana pasada.

– ¿Qué hiciste en una sesión espírita?

– Estudiar la vida. El Dr. Dantas me invitó y me gustó mucho.

– ¿No tenías miedo? Cuando era niño, veía formas, oía voces, mi madre decía que era peligroso. Estaba aterrorizada.

– La gente suele exagerar la muerte, cubriéndose de luto, paños negros, el misticismo. Pero es cosa del hombre, después de la muerte, el espíritu va a vivir en otra dimensión y seguirá vivo. La muerte es como un viaje en el que te vistes de acuerdo con el lugar donde vas a vivir.

– Siempre pensé que cuando alguien muere, el alma va realmente a vivir a otro lugar. Cuando mi tío José murió, en la funeraria miraba su cuerpo y sabía que él ya no estaba más allí. Él era un hombre vibrante, lleno de vida, feliz, fuerte, que no tenía nada que ver con ese cuerpo muerto, petrificado que estaba en frente de mí. Yo misma me preguntaba: ¿a dónde será que él se fue?

– Presentiste la verdad. La semana que viene irás conmigo.

– ¿De verdad lo crees? No fui invitada.

– Le diré que quieres ir.

– No lo sé.

– No tengas miedo, el entorno es muy agradable y el resultado es maravilloso.

– De acuerdo. ¿Quieres comer algo?

Él estuvo de acuerdo y la acompañó al comedor. Gloria parecía mejor. Mientras preparaba la mesa y le servía, no mencionó el embarazo. Quería que hablara sobre la sesión.

Antero describió detalles, omitiendo su caso personal. Gloria escuchó con atención y él notó que su mirada era diferente. Los ojos más brillantes, la sonrisa más natural. Se sintió tranquilo y confiado.

Fueron al dormitorio y, mientras se preparaban para dormir, Antero informó lo que había aprendido en contacto con los espíritus.

* * *

A la mañana siguiente, poco después que Nina llegara a la oficina, André llamó:

– Nina, quiero hablar contigo.

Ella no respondió de inmediato, pensando en lo que había hablado con Antero la noche anterior. Al no obtener una respuesta, continuó:

– Por favor, Nina, tenemos que encontrar una solución. Vamos a almorzar juntos y conversar.

– Almorzar hoy es imposible. Tengo audiencia a primera hora de la tarde.

– En este caso, yo paso en torno al final de la tarde –. Nina pensó por un momento y respondió:

– Quiero estar en casa para cuidar de Marcos. Tendré más tiempo por la noche. Sabes donde vivo. Pasa a las nueve y saldremos a hablar.

– Está bien. Estaré allí.

Nina colgó el teléfono y se sentó pensativa. Lucía tocó y entró:

– Traje estos documentos para que los firmes.

– Déjalos sobre la mesa.

Lucía vaciló un poco, luego dijo:

– Debo decirte una cosa sobre André. Nina estaba interesada:

– ¿Qué es?

– Breno me dijo que se separó de Janete. Vive temporalmente en un hotel. Creí que ella había descubierto la existencia de Marcos, pero Breno aseguró que no. Dijo que André llegó a la conclusión que su matrimonio con ella fue un error y decidió separarse. ¿Habrá sido por tu causa?

Nina pensó por un momento y respondió:

– No lo creo. Nosotros no tenemos una cosa con otra. Tiene que ser por otra razón.

— André aseguró que, después de haber estudiado espiritualidad, se dio cuenta que se había casado con Janete por vanidad y nunca la amó. Ahora, quiere aprender más sobre los valores de la vida y ser más veraz; es decir, actuar de acuerdo con sus sentimientos.

— ¿No está mintiendo? Un hombre que hizo lo que me hizo a mí no puede tener esa actitud.

— Breno garantiza que está siendo sincero.

— Bueno, ese es su problema. Ayer estuvimos en la sesión espírita en la casa del Dr. Dantas. Hubo algunos hechos que me hicieron repasar algunas actitudes. André me sigue presionando y tal vez sea mejor que prepare a Marcos para conocer la verdad, antes que él se lo diga.

— Qué bueno, Nina. Breno me dijo que una de las razones para separarse era la posibilidad de estar más libre para asumir al niño, sin tener que estar preocupado con los problemas de Janete.

— Yo todavía no sé cómo a hacer lo que él quiere. Acordamos una reunión hoy por la noche para conversar y decidir.

Lucía sonrió con satisfacción.

— Me gustaría que te reconciliaras y seas feliz como nosotros,

— Eso nunca sucederá. ¿Cómo van las cosas con Anabel?

— Ella es irreductible. Breno estaba nervioso, preocupado, pero después que él habló con sus hijos, habló de sus sentimientos, garantizó que nunca los dejará de amar y hará todo para que sean felices, se quedó más tranquilo.

— ¿Cómo reaccionaron los chicos?

— Estaban tristes, asustados, pero luego de esta conversación también están tranquilos. Rubens es el mayor, tiene dieciocho años, pero fue comprensivo. Dijo que adora a su madre, pero piensa que es una mujer muy cerrada, intransigente y orgullosa, que nunca ha sido amable con ellos. Breno estaba emocionado, no esperaba que pudiera ser tan maduro.

- Los hijos a veces nos sorprenden. Marcos dice de vez en cuando cosas muy sensatas y maduras para su edad.

- En este caso no tienes que estar preocupada con su reacción cuando se entere de todo.

- Cuando lo pienso siento un escalofrío en el estómago... Será un momento difícil, pero tendré que afrontarlo.

- Eres una mujer valiente. Siempre te admiré y me gustaría ser así.

- Pero tú también lo eres. Hiciste cosas que yo no tuve el valor de hacer. Cuando André me dejó, acepté sin reaccionar. A veces creo que, si hubiese dejado el orgullo de lado, lo hubiese buscado antes que André se casase, llamándolo a la responsabilidad, todo podría haber sido diferente. Pero cuando supe de su noviazgo, me quedé ofendida, me encerré en mi propio dolor y dejé que él se casara con otra.

- El orgullo siempre se interpone en el camino. A pesar de haber hecho lo que hice, siempre me sentí digna, aceptando el amor que Breno me podía ofrecer, porque lo amo con pureza. Hemos intercambiado amor, pero nunca he querido a estropear su vida en familia. Estaba en la oscuridad, me contentaba con amarlo también y lo hacía feliz. Los momentos que Breno estuvo a mi lado fueron buenos, alegres, agradables.

- Quizás por eso la vida te está recompensando. Últimamente he estado cuestionando mis actitudes pasadas. Durante todos estos años, lo único que hice fue vengarme de André. Me las arreglé para lastimarme aun más. El dolor nunca me abandonó, no fui feliz y la tan esperada venganza no me dio la alegría esperada. Ya no quiero vivir así. Necesito olvidar, rehacer mi vida.

- Está bien, Nina. Espero que encuentres la alegría de vivir.

- Cuando consiga resolver este problema con Marcos y André, podré pensar para mí, qué hacer con mi vida. Retomar lo que perdí, lo que dejé atrás.

- Ahí está el lado bueno. Lograste convertirte en una buena profesional, criaste bien a tu hijo y tienes muchos años por delante. Siento que estás tomando la decisión correcta.

- Le debo mucho al Dr. Dantas y su familia. Son personas de fe, actúan con sabiduría. Además de apoyo profesional y espiritual, aceptaron mi amistad. Pensándolo bien, soy una persona feliz. Ahora trabajemos. ¿Trajiste todos los documentos que te pedí?

- Sí. Puedes examinarlos.

Nina se rindió al trabajo buscando no pensar en el encuentro que tendría con André pronto más de noche. Al final de la tarde, se fue a su casa, tomó un baño y fue a estar con Marcos, que estaba viendo la televisión.

Ella le habló como de costumbre, tratando de averiguar cómo había pasado el día. Después de la cena, ya que necesitaba estudiar para el examen del día siguiente, ella tomó un libro y se sentó a su lado, dispuesta a ayudarlo si lo necesitaba.

- Listo, he terminado.

- ¿Estás seguro que estás listo para la prueba?

- Sí. Sabes que me gusta mucho la historia. Lo sé todo. Puedes preguntarme.

- Veamos.

Ella tomó el libro y él continuó diciendo lo que sabía. Nina estaba satisfecha y subió a ver la televisión. Nina fue al dormitorio, se preparó y bajó las escaleras. Eran las nueve menos quince. Se acercó a la ventana y vio que el carro de André ya estaba parado delante.

Le advirtió a Ofelia que se iría y volvería en media hora. Luego se acercó a André, quien, al verla, salió del auto y se estiró para saludarla.

- ¿Hace tiempo que llegaste? - Preguntó ella agitando la mano que él le ofreció.

- Unos quince minutos.

- Hice la cita para las nueve.

- Estaba ansioso y el tiempo no pasaba.

Abrió la puerta del carro y ella entró. Se sentó a su lado diciendo:

- ¿A dónde quieres ir?

- Un lugar discreto, no muy lejos. No puedo tardar mucho.

- Conozco un bonito y tranquilo restaurante cercano. ¿Has cenado?

-Ya.

- En ese caso podemos ir a un bar que conozco. Es pequeño y silencioso. Allí podemos hablar con facilidad. ¿Está bien?

Nina estuvo de acuerdo y en veinte minutos estaban sentados a una mesa en el pequeño y acogedor bar. Llamaron al camarero y ordenaron una botella de blanco vino y algunos aperitivos. Nina se acordó que cuando ellos salían en los viejos tiempos, ella pedía vino blanco, pero fingió que no se dio cuenta.

Después que el vino fue servido y los bocadillos colocados frente a ellos, André, mirándola en los ojos, dijo:

- Gracias por venir.

- ¿Qué quieres?

- En primer lugar, decirle que yo soy no el chico frívolo de otros tiempos. Reconozco que me dejé llevar por la vanidad y asumo toda la culpa que me pertenece.

- No vine aquí para hablar del pasado. Él murió y no hay ninguna manera de conseguir que vuelva.

- Hoy puedo evaluar todo lo que perdí todos estos años, pero sé que es imposible volver atrás. Lo que quiero es que me veas como soy ahora y no como era entonces. Cambié, Nina. He aprendido. Hoy ya no haría lo que hice. Vine a decirte que quiero asumir la paternidad de Marcos para ser un buen padre. Un amigo en el que él pueda confiar.

Habló con voz firme y Nina sintió que estaba seguro de lo que decía. Ella miró hacia abajo pensativa por un momento, luego respondió:

- He estado pensando en lo que me dijiste. No tengo derecho a decidir por Marcos. Voy a hablar con él, decirle la verdad y preguntarle lo que él quiere hacer. Lo que decida lo voy a aceptar.

- Finalmente escuchaste la voz de la razón. Pero, Nina, antes que Marcos decida, quiero que me conozca mejor. Me temo que se sienta lastimado por lo que hice y no me dé la oportunidad de demostrar que puedo ser un buen padre.

- No sé cómo hacer lo que me pides.

- Solo quiero convivir un poco con él antes que se lo digas. Ese día en la casa del Dr. Dantas, hablamos un rato y fue encantador, inteligente, amable, es un chico muy especial. Estoy seguro que si nos conocemos mejor nos entenderemos muy bien.

Nina sintió el deseo de decirle que no quería que ellos se entendieran bien. Que él no tenía ningún derecho de exigir nada ahora. Que a ella le gustaría que Marcos lo rechazase y le negase el derecho de ser padre.

Pero no dijo nada. No quería que descubriera que, a pesar del deseo de olvidar, el dolor todavía estaba dentro de ella como el primer día.

- Pidió ir a la sesión en la casa del Dr. Dantas el próximo miércoles. Iré un poco antes y, si tú también vas, pueden hablar.

- Allí estaré. No perderé esta oportunidad.

– Pero primero quiero que me prometas que no le dirás nada. Quiero contarle todo y explicarle por qué mentí que moriste.

– Te lo prometo. Solo espero que cuando se lo digas, no dejes que tu enojo hacia mí te influya –. Nina lo miró a los ojos y dijo seriamente:

– Tampoco me conoces bien. Yo sería incapaz de utilizar a mi hijo para perjudicarte.

– Lo siento. No te ofendas, por favor. Conquistar el amor de Marcos es muy importante para mí.

– Tienes razón. El miércoles tendrás tu oportunidad. Ahora tengo que irme. André puso su mano sobre la de ella diciendo:

– Nina, ¿cuándo me vas a perdonar? Me miras con rabia, desprecio.

– Quiero resolver este asunto lo antes posible y olvidar el pasado.

– Me gustaría mucho que me vieras como soy y pudiéramos tener una relación cordial. Después de todo, tenemos un hijo que nos une. No podemos seguir como enemigos.

Nina sintió que las lágrimas estaban a punto de caer y trató de reaccionar:

– Vámonos, por favor.

– ¿Es tan difícil para ti soportar mi presencia? ¿No ves que estoy siendo castigado lo suficiente por haber elegido mal y más allá del peso de la culpa estoy cargando con la decepción y la infelicidad? También quiero olvidar, empezar de nuevo, rehacer mi vida, encontrar la paz. Estoy intentando, Nina, tener una vida mejor. No me desprecies, ayúdame con tu compresión. Todos cometimos errores, entiéndelo.

Nina retiró la mano que sostenía y las lágrimas corrieron por su rostro emocionado. Estalló en sollozos y André se levantó, se sentó a su lado, la abrazó diciendo:

– Llora, Nina, tira lejos todo el daño que has mantenido en tu corazón todos estos años.

Le ofreció un pañuelo que ella sostuvo tratando de secarse los ojos, pero los sollozos no cesaron mientras ella temblaba, su rostro apretado contra su pecho, queriendo morir porque mostraba debilidad.

Se quedó en silencio esperando a que ella se calmara. No aprovechó ese momento de fragilidad y lo agradeció. Poco a poco, Nina se fue calmando y se alejó de él, secándose los ojos con vergüenza.

– Perdón por esta escena desagradable. Estoy tensa porque he estado bajo mucha presión en los últimos días.

– ¿Crees que te presioné demasiado?

– Varios acontecimientos ocurrieron que remecieron mi cabeza y me dejaron insegura.

– ¿Te refieres a la inmortalidad y sus consecuencias?

– Sí. Tenía pruebas que la vida continúa. Necesito repensar muchas cosas.

– Estoy pasando por el mismo proceso. Sentí que necesitaba cambiar mi vida, tomé algunas acciones, pero actué con naturalidad, no me sentí presionado.

– Todo esto es muy nuevo para mí. Tuve una colega que se suicidó y su espíritu me busca pidiéndome que la ayude. Es un caso delicado, hice lo que pude, pero parece que para ella no fue suficiente, que quiere más.

– Milena me habló sobre este caso. Por lo que he notado, no es fácil ayudar a alguien. Es necesario confiar en los amigos espirituales y no rendirse.

– Con todas estas cosas, estoy frágil. Soy fuerte, no suelo perder el control como lo hice hace un rato.

– No intentes explicarlo. Gracias a esto he descubierto que no eres la mujer dura fría que parecías, pero sigues siendo sensible y fiel como siempre fuiste.

– No hablemos más de eso. Quiero irme.

– De acuerdo.

Mientras él saldaba la cuenta, Nina fue al baño, se miró en el espejo, se retocó el maquillaje. Cuando regresó a la mesa, André la estaba esperando para llevarla de regreso.

En el carro, en el camino, Nina se sentía aliviada. Tenía que admitir que él había sido discreto y delicado. Su miedo a estar cerca de él había desaparecido.

André habló sobre los hechos que había presenciado en las sesiones espíritas del Dr. Dantas, que le había hecho replantearse las metas de su vida, y Nina sintió que estaba siendo sincero. La conversación fluyó con naturalidad y Nina puso sus dudas e incertidumbres en busca de respuestas.

El tema era tan interesante que Nina se sorprendió cuando el auto se detuvo frente a su casa. Le tendió la mano a modo de despedida.

– Buenas noches. Estaremos allí el miércoles.

– Buenas noches, Nina. Vendré seguro. Gracias por escucharme.

Salió del carro y entró rápidamente en la casa. André la observó hasta que ella desapareció, luego puso en marcha el carro y se dirigió al hotel.

Nina no se dio cuenta ni André vio que los seguía desde el principio un auto oscuro donde un hombre los miraba y solo se fue cuando André entró al hotel.

A la mañana siguiente, Janete recibió una llamada telefónica.

– Este es Osvaldo. Necesito verla, tengo noticias.

– Iré a tu oficina a las diez.

– Estaré esperando.

Con el corazón latiendo con fuerza, Janete se preparó y bajó a desayunar. Finalmente iba a averiguar por qué André se había ido de la casa. Ella conocía a Osvaldo desde los tiempos de la escuela.

Se había graduado como abogado, pero mantenía un servicio de investigación privada que había utilizado varias veces. Fue él quien descubrió que André asistía a las sesiones en la casa del Dr. Dantas. Pero, hasta entonces, no había observado nada más.

A las diez en punto entró Janete en el despacho de Osvaldo, quien la saludó amablemente.

– Entonces, ¿qué averiguaste? – Preguntó ella con ansiedad.

– Las cosas comienzan a aclararse, hasta esa reunión con otra mujer - Janete palideció, sintió que le temblaban las piernas y se sentó.

– ¿Quién es ella? – Preguntó ella, sorprendida.

– Aun no lo sé. Pero lo averiguaré. Aquí está el informe.

Con manos temblorosas, Janete tomó el papel, lo leyó y lo colocó sobre la mesa.

– Él salió con ella, pero solamente fueron a conversar. ¿Qué te hace pensar que ellos tienen un caso?

– Eligieron una mesa discreta, ella parecía nerviosa, él preocupado. Sea lo que fue, no fue una primera cita. Estaba en una mesa lo más cerca que pude, había una pantalla y podía verlos a través de una rendija, pero no podía escuchar lo que decían. De repente ella comenzó a llorar, él la abrazó para consolarla. Él estaba de frente a mí y me di cuenta como él la miraba. Estoy seguro que hay algo entre ellos.

– En ese caso, sigue investigando. Descubre quién es ella, qué hace.

– Eso es correcto. Tomaré algunas fotos.

— Hazlo. Si es necesario, agregue a otra persona. Yo pago. Necesito saber todo con urgencia —. Janete salió muy irritada del despacho de Osvaldo. Pensó en el *pai* Otero. Se había negado a servirle. Quedó con miedo. Le había dicho que había otra mujer. Ella no lo había creído. Pensó en sus palabras: "Hay, sí. La misma de antes." De repente, Janete se estremeció: La misma de antes... ¿Nina? ¿La había encontrado?

Se retorció las manos con nerviosismo. Mientras pensaba, todo se estaba volviendo más claro en su cabeza. Si el trabajo del *pai* Otero había sido deshecho, nada más natural, que se volvieran a encontrar. Janete no tuvo más dudas. La escena que Osvaldo había descrito solo pudo haber ocurrido entre los dos.

No se iba a conformar, ni a aceptar perder. André era su marido. Era con ella quien debería quedarse. Haría lo que hiciera falta en otro momento. Otero no quieren hacerlo, pero iba a encontrar otro. Con Nina, André no se quedaría.

Tendría que esperar a que Osvaldo completara sus investigaciones. Mientras tanto, se encargaría de buscar otro *pai de santo* que aceptara trabajar para ella.

Llegó a casa angustiada, nerviosa. Se sentía enferma y le molestaba un fuerte dolor de cabeza. Parecía tener una banda de metal alrededor de la frente y la nuca, apretando.

— Fueron los nervios — pensó — Pero pagarán por todo esto.

Buscó las píldoras para el dolor y tomó dos. Se fue a la cama un rato para descansar. Ella no vio que dos figuras oscuras la abrazaron con satisfacción. Uno le dijo al otro:

— Ahora podemos vengarnos.

— Ella pagará por todo el daño que nos hizo.

— De nada le sirvió evitar quedar embarazada.

— Tenía miedo. Pero fue inútil.

— Mientras el esposo estaba con ella, no pudimos actuar.

– Él estaba protegido. ¿Recuerdas?

– Lo recuerdo. Siempre aparecía aquella mujer que nos mandaba a salir diciendo que él no iba a poder ser nuestro padre.

– Era mejor así. Ahora que se ha ido, podemos hacerlo mejor. Nadie más va a interrumpir nuestros planes.

Janete se movía inquieta en la cama. Los remedios no la aliviaron y el dolor aun era fuerte. Nerviosa, tomó otra pastilla.

Estaba somnolienta y pronto se durmió. Pero fue un sueño inquieto. Estaba en compañía de un par de jóvenes de aspecto preocupado que la tiraban de un lado a otro, reían, le decían frases de broma, la llevaban a lugares oscuros, llenos de sombras siniestras.

Aterrada, Janete trató de deshacerse de ellos, pero no pudo. Apenas logró despertar y sintió que el dolor de cabeza seguía siendo el mismo. Las pastillas no le habían dado alivio. Aun aturdida, tomó uno más y regresó. Esta vez cayó en un sueño profundo.

Uno de los espíritus que la observó comentó:

– Está drogada. No lograremos nada más.

– Vámonos. Regresaremos más tarde.

Se fueron y Janete siguió durmiendo, un sueño profundo y sin sueños.

* * *

Dos días después, un lunes, muy temprano Olivia recibió una llamada de Antonino:

– Ese pedido que me hiciste llega hoy. Necesitas enviarme el dinero para gastos.

– Voy a tomarlo personalmente y asegurarme que está en conformidad con lo que se pidió.

– Si quiere retirarse hoy, tendrá que darse prisa.

– Me iré de inmediato.

Colgó el teléfono feliz. El conductor la llevó a una tienda donde solía comprar y ella lo despidió con el pretexto que una amiga la recogería para almorzar juntos.

Cuando se fue, Olivia salió, tomó un taxi y se dirigió a la casa de Antonino.

– Espera, no tardaré – le dijo al conductor.

Una vez con Antonino en su oficina, sacó de su bolso un gran sobre que decía:

– Aquí tienes la primera entrega de lo que te prometí. Cuando todo esté resuelto, recibirás el resto.

Lo abrió, comprobó el dinero y respondió:

– Está bien. Pero es bueno saber que será más caro de lo que acordamos. Tuve que contratar a la pareja, pagar los documentos al especialista.

Y ahí está mi parte. El riesgo es grande. Necesito ser advertido.

– ¿Cómo planeas hacerlo?

– He estado investigando. Esperaremos a la salida de la escuela.

– ¿Seguro que es el mejor lugar? Hay mucha gente alrededor.

– Déjamelo a mí. Sé cómo hacerlo. Todo estará bien. Recojo al niño y le entrego los documentos a la pareja, quienes inmediatamente lo llevarán a otro estado. Cuando presenten una denuncia, estarán lejos, fuera del alcance de la policía.

– Ten cuidado. Nadie puede saber que te contraté.

– Si eso pasa, no se mencionará su nombre. Pero, como dije, el riesgo es grande. Pero tengo confianza. Sé cómo hacerlo. No pasará nada.

Olivia regresó a casa satisfecha. Dentro en poco estaría libre de ese mocoso entrometido. Todo volvería a la normalidad en su familia.

Por la tarde, Antero llegó a casa dispuesto a conversar con Gloria. Durante el final de la semana, que había observado con satisfacción que se estaba mucho mejor. No había mencionado el embarazo ni había estado en la habitación del bebé, como siempre hacía.

Había hablado de otros asuntos, participado en las actividades normales de la casa. El domingo por la noche, Antero le había preguntado si ella deseaba someterse a otros médicos exámenes para verificar el embarazo, ya que afirmó que éstos se habían hecho incorrectamente.

– No – respondió –. Yo sé que todavía no estoy embarazada. Es mejor esperar.

No hizo ningún comentario. Pero íntimamente estaba feliz de notar que Gloria estaba saliendo de esa ilusión. Tan pronto como entró a la casa, fue a buscarla, dispuesto a hablar. La encontró en el comedor hablando con la criada. Al verlo llegar, se acercó, y lo abrazó con cariño.

La besó suavemente en la mejilla y le preguntó:

– Vayamos al dormitorio. Quiero hablar contigo

Una vez allí, cerró la puerta y se sentó a su lado en la cama tomándola de la mano.

– Lo que te voy a contar es un secreto de mi pasado que solo descubrí hace unos días.

– Me sorprende. No sabía que tenía secretos.

– Nos conocemos desde que éramos niños y sabes casi todo sobre mí. Digo casi, porque antes de nuestra boda tuve un romance con una chica y nunca tuve el valor de decírtelo.

Ella lo miró seriamente y preguntó:

– ¿Por qué me lo dices ahora?

– Porque, como dije, este caso tuvo graves consecuencias y lo ignoré. Solo supe, como dije, hace unos días.

– ¿Consecuencias graves? ¿A qué te refieres?

- Es una historia triste y reconozco mi culpa, pero necesito que me perdones, me apoyes. Estamos juntos y realmente necesito que me ayudes.

- Me estás asustando. ¿Qué es?

- En primer lugar, quiero pedir que me escuches hasta el final antes que emitas un juicio.

Tomando sus manos, que temblaban entre las suyas, Antero comenzó a contar su relación con Antônia, sin mencionar el inmenso amor que le tenía para no herir los sentimientos de Gloria. Hablando de la amistad de primos que los había llevado a una relación íntima.

Las lágrimas caían por el rostro de Gloria, la cual trataba de contener la emoción. Habló del suicidio y finalmente como había tomado conocimiento que Eriberto era su hijo. Concluyendo:

- Cuando Nina me contó todo, me quedé atónito, sin saber qué hacer. Nina dijo que el espíritu de Antônia estaba sufriendo porque sabía que a mamá no le gustaba y temía que lo maltrataran.

- Me di cuenta hace mucho tiempo y estaba apenada al notar como ella lo trataba, sobre todo cuando Arthur no estaba presente. ¿Ella sabe quién es?

- No. Sabes lo malgeniada que es. Él no quiso que ella lo supiera por miedo a que nos lo dijera. Antônia le hizo prometer de no contarle. Ella no quería interrumpir nuestra vida matrimonial. Fui a hablar con mi padre. Me confirmó todo y me contó detalles que no conocía. Yo estaba muy emocionado. Lamentamos la pérdida de dos hijos sin saber que ya tenía uno. Fui a ver a Eriberto sin decirle nada a nadie, y noté lo mucho que se parece a Antônia y a la gente de nuestra familia.

- ¿Qué planeas hacer?

– Es mi deber encargarme de ese hijo. Él es huérfano de madre. Me gustaría que tú asumieses ese papel en su vida. Juntos podemos hacer de él un hombre de bien.

Ella no respondió de inmediato. Ella rompió en sollozos y él la abrazó emocionado apretándola al encuentro de su pecho. Alisando su cabello con cariño, esperó a que ella se calmara.

Cuando se calmó, él consideró:

– No tienes que decidir ahora. Piensa todo el tiempo que quieras. Pero entiende que debo cumplir con mi deber como padre.

– Lo sé. Estoy conmocionada. No esperaba tal cosa. Confieso que hubo un momento en que sospeché que ustedes se gustaban. Observé la manera en que se miraban y, justo antes de fijar la fecha de la boda, te habías enfriado conmigo. Llegué a pensar que romperías nuestro compromiso. Ahora sé por qué. ¿Realmente no sabías que ella estaba embarazada?

– No. Mi padre dijo que cuando se enteró, salió de nuestra casa para no perturbar nuestro matrimonio.

– ¿Ella fue capaz de eso con un hijo en su vientre?

– Así es. Ella renunció a todo y pasó lo que pasó.

– Si ella pudo hacer esto por nosotros, yo también podré perdonar la traición y recibir a su hijo como mío. Él no tiene la culpa de nada y necesita nuestra protección. Puedes encargarte de reconocer la paternidad. Mañana mismo lo iremos a buscar para que venga a vivir con nosotros.

Antero besó la frente de Gloria diciendo alegremente:

– Eres una mujer maravillosa que no te merezco, pero créeme, nunca olvidaré lo que estás haciendo por mí y por él.

– Vamos a darle un hogar feliz. La situación de orfandad suya siempre me conmovió. Cuando vamos a la casa de tu madre, varias veces intenté jugar con él, llevarle un poco de alegría. Pero sentí que se retraía, había tristeza en sus ojos.

Organizaremos una hermosa habitación para darle la bienvenida, pero mientras tanto estará en la habitación de invitados.

Sus ojos brillaron de emoción y Antero la abrazó satisfecho. Ella continuó:

– Mañana temprano, haremos algunas compras. Hagamos esa habitación más alegre. Quiero que se sienta como en casa y sepa que es querido.

– Prepararé todo y por la noche lo recogeremos.

– Hablaré con papá, le informaré de nuestra resolución.

Todo acordado, fueron a cenar hablando con animación, haciendo proyectos para el futuro con Eriberto. Después de la cena, se dirigieron a la habitación de invitados, donde Gloria planificó los cambios en la decoración que lo harían más alegre y jovial, como corresponde a un niño. Antero aplaudió con emoción y ayudó a hacer la lista de la compra.

No fue a trabajar a la mañana siguiente. Acompañó a Gloria a las tiendas con gusto, anticipándose a la alegría de Eriberto eligiendo juguetes y adornos coloridos.

Almorzaron en un lindo restaurante y Antero notó que Gloria parecía otra persona. Relajada, feliz, ojos vivos y brillantes de placer. Después del almuerzo se fue a su casa a prepararlo todo y Antero se dirigió a la oficina de su padre para hablar.

Acababa de regresar de almorzar. Antero lo abrazó diciendo:

– ¿Podemos hablar?

– Por supuesto. Siéntate.

– Ayer por la noche le dije todo a Gloria –. Arthur lo miró de cerca:

– ¿Cómo reaccionó ella?

– Mejor de lo que esperaba. Yo estaba nervioso, le expliqué todo lo que pasó, ella se conmovió, lloró mucho. Le dije que no me iba a desprender de mi hijo y pedí que tomara el lugar de madre que Antônia había dejado vacante. Ella estuvo de acuerdo. Dijo que, si Antônia se había sacrificado para no perturbar nuestra vida familiar, se olvidaría de la traición y cuidaría a nuestro hijo como si fuera suyo –. Arthur, tratando de controlar la emoción que ahogaba su voz, respondió:

– Gloria siempre me pareció una buena joven. Estoy seguro que será una gran madre para él.

– Quiero que hables con mamá, le pidas que le arregle la ropa y avises digas que lo recogeremos esta noche.

– ¿Tan rápido? Lo extrañaré. Es un chico muy alegre y cariñoso.

– Sabremos cómo cuidar de él con afecto. Él será feliz en nuestra casa.

– En realidad, se necesita de un padre y de una madre. Yo, por causa de la profesión, casi no tengo tiempo para estar con él, y Olivia, como sabes, no le gustan los niños. Nunca estuvo muy interesada en él.

– Lo sé, papá. ¿A qué hora podremos recogerlo? Me gustaría que estuviese en casa ahora.

– Hoy no tengo mucho. Iré a casa más temprano. Estaré allí después de las siete.

– Estaremos allí a las ocho. De esa manera tendrás tiempo para hablar con mamá, explicarle todo –. Se despidieron y Antero se fue a la oficina a trabajar. Se sintió aliviado y feliz.

Al final de la tarde, Josefa como hacía todos los días, fue la escuela a recoger a Eriberto. Como no era muy lejos, ellos iban y volvían a pie. Cuando él salió, después de besarlo con cariño, Josefa lo agarró de la mano y se puso a caminar.

Él estaba emocionado contando los juegos en los que había participado con sus colegas. Al doblar la esquina de repente, un hombre agarró el brazo de Josefa, puso un revólver bajo el brazo diciendo en voz baja:

– Sigue caminando y no digas nada. Si gritas, disparo –. Josefa tembló y Eriberto miró con miedo al forastero, quien dijo entre dientes:

– No dejes que ese chico diga nada, de lo contrario morirás –. Ella se esforzó por mantener la calma y dijo:

– Está bien, Eriberto. Vámonos.

– Sí, vamos.

Cuando llegaron a una cuadra de su casa, apareció un automóvil y se detuvo cerca de ellos y alguien abrió la puerta trasera. El hombre le dijo a Josefa:

– Si gritas o haces algo, dispararé.

Rápidamente agarró al niño y lo metió en el auto, subió, cerró la puerta de golpe y se fueron a toda velocidad. Josefa quiso gritar, pero no pudo emitir ningún sonido.

Una mujer dobló la esquina y, al verla, preguntó:

– ¿Pasó algo? ¿Qué fue? – Entonces Josefa logró gritar:

– Un hombre se llevó a Eriberto. ¡Llame a la policía!

Pronto algunas personas se detuvieron y Josefa estaba llorando desesperadamente:

– ¡Se llevaron al chico! Llame a la policía, por favor.

– ¿Qué chico? – Preguntó un hombre.

– Él estaba armado, me amenazó con matarme. No pude hacer nada. Se robó al niño.

Alguien llamó a la policía y apareció un carro. Salieron dos policías y Josefa contó lo sucedido. Hablaron con los presentes, pero nadie había presenciado el hecho.

– Vamos a la comisaría – dijo uno –. Presentarás una denuncia, cuéntanos cómo fue y darás todos los datos del hombre.

- Tienen que ir tras ellos. Pueden matar al niño – dijo Josefa llorando.

- ¿A qué lado se dirigieron? – Ella señaló y él continuó:

- Pondré la alarma y enviaré varios carros a buscarlos.

Subieron a Josefa al vehículo y de camino a la comisaría notificaron el caso por radio describiendo el color del auto, la apariencia del hombre, la edad del niño, la ubicación.

Nada más llegar a la comisaría, Josefa, inconsolable, pidió que avisasen a su patrón.

Arthur estaba en el medio de una consulta cuando la secretaria advirtió que la policía la estaba buscando. Él respondió de inmediato. Después de preguntarle su nombre y si era el responsable del niño, el policía dijo:

- Ese chico fue secuestrado hace poco cuando salió de la escuela. Josefa está aquí haciendo declaraciones y le pedimos que venga a esta comisaría para formalizar la denuncia.

Arthur colgó el teléfono asustado. Inmediatamente despidió al cliente y se dirigió a la comisaría. En cuanto lo vio, Josefa corrió hacia él diciéndole angustiada:

- Dr. Arthur. No pude hacer nada para detenerlo. Me apuntó con un revólver y dijo que si gritaba me iba a matar. Se llevaron a nuestro chico.

Arthur sintió la boca seca y el pecho oprimido. Él fue a hablar con el comisario, quien le preguntó si él tenía alguna idea de quién pudo haber hecho esto. A lo que respondió:

- No tengo ni idea. Solo tiene seis años.

- ¿Tiene enemigos?

- No, soy médico y siempre me llevé bien con la gente. Estoy impresionado. No tengo idea de quién pudo haber hecho esto.

- Entonces es un secuestro. Pronto recibirás noticias pidiendo rescate.

– La policía necesita hacer algo. No podemos dejar a un niño en manos de estos matones – dijo Arthur, nervioso.

– Ya lo estamos haciendo. Sin embargo, tenemos muy poco para una mejor búsqueda. La joven no vio la matrícula ni el modelo. Solamente reconoce el color. En cuanto al hombre, tenemos pocos datos. Estaba muy nerviosa, asustada y no se dio cuenta de los detalles.

– Yo estaba con miedo que hiriesen a Eriberto – justificó ella llorando.

– Es natural – dijo el comisario –. Miró las fotos del archivo y no reconoció a nadie. Entonces no tenemos muchos elementos para facilitar nuestro trabajo. A pesar de esto, nos estamos esforzando en encontrarlos. Todos nuestros vehículos están ejecutando una búsqueda a través del barrio y en toda la ciudad en busca de ellos. ¿Tienes una foto del niño?

Afortunadamente Arthur llevaba uno en su billetera y se lo dio al ayudante.

Luego de formalizar la denuncia, brindando todas las aclaraciones, el comisario le dijo:

– Puede irse. Si alguien se pone en contacto, avísenos de inmediato.

– Me gustaría esperar aquí, a ver si llega alguna noticia – dijo Arthur inquieto.

– Si tenemos alguna noticia se lo haremos saber. No tiene sentido quedarse aquí. Será mejor que se vayas a casa. Pueden estar comunicándose.

Arthur salió de la comisaría con Josefa, quien solo lloraba. En el auto, Arthur pensaba cómo les iba a decir esto a Antero y Gloria. Esta era una misión difícil que necesitaba cumplir lo antes posible.

Llegó a casa y Olivia, al verlo llegar con Josefa, con los ojos hinchados por las lágrimas y sin Eriberto, fingió preocuparse y preguntó:

- ¿Qué sucedió? Estoy preocupada. Ustedes no regresaron de la escuela. ¿Dónde está el niño? - Josefa, sollozando, no pudo hablar y fue Arturo quien respondió:

- Ha ocurrido una tragedia. Eriberto fue secuestrado al salir de la escuela.

- ¿Secuestrado? ¿Cómo pasó eso?

- Un hombre armado amenazó a Josefa y se llevó al niño -. Olivia fingió consternación:

- Eso no puede ser. ¡Qué horror! ¿Quién hubiera hecho eso?

- La policía lo averiguará. Por ahora tenemos que esperar a ver si se comunican para pedir rescate. El comisario cree que fue un secuestro.

- Solo puede ser eso. Llamarán pidiendo dinero.

- No soporto la idea de no saber dónde está y qué están haciendo con él. Llamaré a Antero.

- ¿Para qué? No tiene nada que ver con eso.

- Por supuesto que sí. Es el padre de Eriberto.

Olivia palideció y se sentó aterrorizada. ¿Había oído bien?

- ¿Qué dijiste?

Arthur, sosteniendo el teléfono, respondió con nerviosismo:

- Lo que escuchaste. Eriberto es nuestro nieto, es hijo de Antero.

Olivia se quedó sin habla. Su pensamiento estaba en confusión. Por supuesto, no era el hijo de Gloria. ¿Quién sería la madre de este niño?

Antero respondió y Arthur dijo nervioso:

- Soy yo, hijo. Ha ocurrido una desgracia.

- ¿Qué pasó? ¿Algo con mamá? - Preguntó Antero, sobresaltado.

— No. Ella está bien. Fue con Eriberto. Fue secuestrado al salir de la escuela.

Antero no respondió de inmediato. La sorpresa, el miedo, la angustia se manifestaron en su voz cuando logró decir:

— Y la policía, tiene alguna pista, ¿sabe quién lo hizo?

— Desafortunadamente, no. Creen que fue un secuestro y tenemos que esperar a que se comuniquen. Estoy angustiado, no sé qué hacer.

— Voy para allá de inmediato.

Arthur colgó el teléfono y se dejó caer en un sillón. Sacó el pañuelo del bolsillo y se secó el sudor de la cara. Olivia necesitaba saber más. Controló su nerviosismo y preguntó:

— ¿Es Eriberto realmente el hijo de Antero?

— Sí.

— Y la madre, ¿quién es?

— Antônia.

— ¿Qué? ¿Estás seguro de eso?

— Sí.

— Esta historia está mal contada. Verás que ella tuvo este hijo y lo engañó diciendo que era de Antero. Nunca dijo nada al respecto. Si fuera verdad, se habría encariñado con el chico, pero nunca noté nada.

Arthur decidió no responder para no pelear. No satisfecha, Olivia continuó:

— Por supuesto. Ella mintió. Quería que su hijo heredara parte de nuestra fortuna. Arthur no pudo evitarlo:

— ¿Qué clase de mujer eres? ¿Qué maldad envuelve tu corazón? Hoy llegué al límite de mi tolerancia. Ya no soporto tu tacañería, tu intransigencia, tu implicación con todo y con todos. Basta. Cuando todo esto termine, me separaré. Ya no soporto escuchar tus palabras sarcásticas, mirarte a la cara.

Estaba pálida y Olivia sintió que había dicho demasiado. Trató de corregir.

– Estoy nerviosa. Esta desafortunada mujer nos causa problemas incluso después de su muerte.

– Limpia tu boca cuando hables de Antônia. Ella era una dama digna, que vino a nuestra casa en busca de protección que no sabía que le daría y terminó embarazada de nuestro propio hijo, se suicidó con disgusto. Nunca más te refieras a ella en tono peyorativo. No lo toleraré.

– Estás nervioso, yo también. ¿Crees que no estoy preocupada por el niño?

– Este niño es nuestro único nieto, que fue asaltado por bandidos y está en peligro de vida.

– No pasará nada. Verás.

– ¿Cómo lo sabes?

– El comisario dijo que se trataba de un secuestro. No le van a hacer nada al chico porque quieren dinero. Pagaremos lo que nos pidan y nos lo devolverán.

Arthur no respondió. Estaba demasiado enojado para decir alguna cosa. Josefa apareció en la habitación, ojos rojos, llevando una bandeja.

Se acercó a Arthur diciendo:

– Yo traje una taza té de bálsamo de limón. Tome, doctor, que le hará bien.

– Gracias, Josefa. Tómalo también, estás muy nerviosa.

– Ya lo tomé, doctor. Pero todavía estoy temblando incluso ahora. ¿Qué pasará con nuestro niño?

Ella le sirvió, le preguntó si Olivia también quería, pero ella se negó, la miró con furia, pero no intervino por temor a empeorar la situación con su marido.

– No lo sé, Josefa.

– Estoy tratando de rezar, pidiendo protección a la Virgen María, pero no lo consigo. ¿Será que aun así ella me va a escuchar?

– Eso espero. Tratemos de calmarnos. No podemos hacer nada más que esperar, y esto me desespera.

Antero entró asustado y corrió hacia su padre, quien le devolvió el abrazo.

– Papá, ¿pasó realmente? ¿No fue un error?

– Así es.

– ¡No pude hacer nada! – Dijo Josefa, llorando de nuevo.

– Apareció de la nada cuando volteamos la calle, me tomó del brazo, puso un revólver bajo mi brazo que estaba sujetando y dijo que sigamos caminando. Eriberto parecía asustado y mandó que yo lo calmara, porque si él hacía algo, me mataría.

Hizo una pausa, tratando de recuperar el aliento. Antero aprovechó para preguntar.

– ¿Cómo era él? ¿No lo conocías de alguna parte?

– No. Era bajo, medio fornido, pardo, de cabello lacio, sus manos se sentían como de hierro, me apretó el brazo con tanta fuerza que se puso morado. Mira.

Antero miró horrorizado y preguntó:

– ¿Había más gente en la calle?

– Algunas personas que también recogían a sus niños. Pero no percibieron nada. Él escondió el revólver que estaba camuflado debajo de mi brazo. Cuando estábamos a una cuadra de la casa, un auto se detuvo y se llevó a Eriberto, diciendo que si yo gritaba me mataría, lo tiró adentro del carro, subió y se fue.

– En ese momento, ¿había otras personas alrededor que pudieran haber visto todo?

– Para decirte la verdad, no lo sé. Yo estaba en shock. Solo logré gritar cuando vi a una señora cerca de mí, luciendo asustada y preguntando qué pasó. Le pedí que llamara a la policía. Cuando llegaron, ya era tarde. El carro se había ido. Preguntaron, pero la gente dijo que no había visto nada.

Antero se dejó caer en un sillón y se pasó la mano por el pelo con desesperación. Algunas lágrimas corrieron por su rostro y las dejó fluir libremente.

Olivia los observaba sin saber qué hacer. Conforme había arreglado con Antonino, en este momento Eriberto ya debería estar muy lejos fuera del alcance de la policía. Por ese lado, ella estaba tranquila.

A pesar de saber que Eriberto era su nieto, hijo de Antero, a quien amaba, no se arrepentía de haberlo apartado de su casa. La presencia del hijo bastardo de Antero ciertamente dañaría su relación con Gloria. ¿Qué pensaría ella cuando se enterara?

Sabiendo la verdad, Olivia pensó que su actitud había liberado a su hijo de tener que asumir una paternidad no deseada que pondría en peligro su matrimonio. Nunca podrían saber que ella era quien había planeado esto. Ese era su único miedo.

Pero por ese lado, estaba tranquila. Pensaron que se trataba de un secuestro y estarían esperando a que los secuestradores se comunicaran. Como nadie llamaría, Antonino tendría tiempo de resolver todo como estaba previsto.

Cuál fue su sorpresa cuando escuchó a Antero decir:

– Nos habíamos preparado para esta noche. Nos pusimos de acuerdo para venir y llevarlo a vivir con nosotros. Gloria estaba tan feliz. Ella arregló la habitación para él, compramos juguetes, ropa, todo. ¿Cómo le voy a contar lo que pasó?

Olivia abrió la boca y la volvió a cerrar, tragándose las preguntas que la molestaban. Lo mejor ahora era no decir nada. Por lo visto, todo el mundo sabía que el niño era el hijo de Antero, menos ella. ¿Por qué no le dijeron?

Arthur se sentó más cerca de su hijo y dijo con tristeza:

– Por primera vez en mi vida no sé qué hacer... – Al escucharlo, Antero dio un salto de la silla y tomó:

– Pues yo sí sé.

Fue al teléfono y llamó a Nina, quien respondió rápidamente:

– Nina, de nuevo necesito tu ayuda. Mi hijo fue secuestrado y estamos desesperados. La policía piensa que fue un secuestro y que tenemos que quedarnos al lado del teléfono con la esperanza que los bandidos se comuniquen. Por favor habla con Marta, pide ayuda. Te daré el teléfono de la casa de mi padre. Llama y dime lo que dice.

– De acuerdo. Mantén la calma, no te desesperes. Estoy segura que nuestros amigos espirituales nos ayudarán.

Él le dio el número del teléfono, se despidió y colgó. Arthur lo miró sin comprender. Antero, al ver que Olivia los estaba mirando, dijo a su padre:

– Llamé a esos amigos que nos pueden ayudar. ¿Recuerdas lo que te conté? Confío mucho en ellos. Vamos a esperar.

– Sí. Fue una buena idea. Mientras tanto, vamos a rezar. Es lo que podemos hacer.

Olivia los miró sin entender nada. ¿A qué amigos se referían? Ciertamente gente poderosa. A pesar de tener un poco de miedo, ella pensó que sea quien sea, no lograrían nada. Esta vez estarían demasiado lejos de su alcance.

Arthur y Antero empezaron a rezar en silencio, esperando que sonara el teléfono. Olivia sabía que estaban esperando en vano, así que se cansó y fue a organizar la cena. Entonces comenzó una espera difícil y dolorosa para Arthur y Antero, era difícil de soportar.

Nina colgó el teléfono y fue a ver al Dr. Dantas. Así que la vio notó que estaba asustada:

– ¿Qué fue, Nina, pasó algo?

– Sí. Eriberto fue secuestrado esta tarde cuando salía de la escuela. Antero llamó angustiado pidiéndonos ayuda espiritual. Eso era lo que temía Antônia. Se escapó del tratamiento porque sabía lo que estaban tramando contra el niño.

– ¿Sabes cómo fue?

– Antero estaba muy nervioso y no dio detalles. ¿Recuerdas mi sueño?

– Sí. Trata de recordar los detalles más pequeños.

– Ella me dijo que Antônia pasaría por un momento muy difícil, ella me pidió que la ayudara. No sabía cómo. Luego explicó que algo iba a pasar, aun no sabían la extensión del hecho, pero que no podían intervenir. Era necesario confiar en el bien y esperar.

– Hay momentos en que la fuerza de las cosas es muy fuerte y no se puede impedir.

– ¿Qué desencadena este tipo de cosas? ¿Qué fuerzas son estas tan poderosas?

– Es la sabiduría de la vida actuando sobre las energías de las personas en conflicto para responder a cada una según sus actitudes. Es la justicia divina que se manifiesta.

– Es difícil de entender cómo un chico tan pequeño puede ser víctima de esta manera.

– Mirando a través de ojos humanos, no puedes entender. Pero al conocer la espiritualidad, sabiendo que cada uno cosecha de acuerdo con lo que sembró, que el niño de hoy ya ha vivido otras vidas en el que utiliza su libre albedrío como lo consideró mejor, entendemos que no hay ninguna víctima, pero solo los resultados de sus actitudes.

– Me angustia pensar en lo que están sufriendo.

– Llamaré a Mercedes y le pediré que reúna a nuestra gente. Necesitamos tener una reunión para orar y pedir ayuda.

– Me gustaría ir.

– Sería genial.

Llamó, habló con Mercedes, que quedó en llamar a sus compañeros y dijo que se iría de inmediato.

– ¿Vas conmigo?

– Pasaré por la casa y llevaré a Marcos.

– De acuerdo. Estaremos esperando.

Nina le contó a Lucía lo que había pasado y le pidió que cerrara la oficina. Luego se apresuró a salir. Lo que pasó con Eriberto la impresionó también. Pensó en Marcos y se preguntó cómo se habría sentido si le hubiera pasado a él.

Al llegar a casa, lo abrazó con cariño.

– Vine a recogerte para ir a la casa de Marta.

– ¿Pasó algo? Estás nerviosa.

– Vamos a pedir ayuda espiritual por un niño de seis años que fue secuestrado esta tarde cuando salía de la escuela.

Marcos estuvo serio por unos momentos y respondió:

– No fue un secuestro.

– La policía dijo que sí.

– No lo fue. Estoy seguro

– ¿Cómo lo sabes?

– No lo sé. Siento que la policía se equivoca.

– Pero fue robado.

– Pero no secuestrado. No quieren pedir dinero.

– ¿En serio?

– Créeme, mamá. Están todos equivocados.

– ¿Sabes qué era entonces?

– No. Solo sé lo que dije.

– Vamos. No quiero llegar tarde.

Se fueron y el pecho de Nina se sintió pesado. Cuando llegaron a la casa del Dr. Dantas, ella notó que el auto de André estaba esperando en la puerta. Respiró hondo y entró.

Aparte de Milena y André, algunas personas ya habían llegado. Nina saludó a todos y Marta pidió que ellos se acomodasen en la sala de reuniones. Nina se acercó a Marta y le dijo en voz baja:

– Marcos piensa que la policía se equivoca. Que nadie va a pedir dinero. Milena, que estaba al lado, comentó:

– Yo también lo siento.

– En este caso, ¿qué habría sido? – preguntó el Dr. Dantas. Nadie sabía cómo decirlo.

– Sería bueno que viniera Antero – dijo Marta –. ¿Alguien podría llamarlo? Pídale que traiga una foto del niño.

– Yo llamaré – respondió Nina.

– Mientras tanto, vamos a concentrarnos y orar pidiendo ayuda a nuestros amigos espirituales –. Nina fue a llamar a la otra habitación. Antero respondió al primer timbre.

– Soy yo, Antero. Estoy en la casa del Dr. Dantas. Reunió a sus compañeros y vamos a tener una reunión especial para pedir ayuda. Marta pidió que vinieras.

– No puedo. Estoy cerca del teléfono esperando que llamen los secuestradores. Quiero estar aquí cuando suceda.

– No llamarán.

– ¿Cómo lo sabes?

– En cuanto le dije a Marcos, sintió que no era un secuestro, que la policía se equivocó. Ellos no quieren dinero y no van a llamar. Yo no le di importancia, pero cuando llegué aquí Milena dijo lo mismo. Ambos sienten que no es lo que todos piensan.

Antero estaba indeciso. Confió en la mediumnidad de Milena. Después de unos momentos dijo:

– Me gustaría que ir, pero... yo no, no sé... ¿Y si llaman y no estoy?

– Tú eres el que sabe. Marta pidió tu presencia.

– ¿Quién es? – Preguntó Arthur, quien estaba al lado.

– Están haciendo una sesión en la casa del Dr. Dantas. Marta quiere que vaya. Dicen que nadie llamará. Que la policía se equivoca. No sé qué hacer

– Creo que deberías ir. Yo estaré esperando. Si llaman te lo haré saber. ¿Tienes el teléfono de allá?

– Sí.

– Anota el número y listo. No tiene sentido que los dos estemos aquí. Al menos estarás haciendo algo.

– En ese caso buscaré a Gloria. No he tenido el valor de decírselo todavía.

– Ve, hijo mío. Seguiré rezando.

Antero se fue y Olivia, al verlo irse, se acercó:

– Escuché sonar el teléfono. ¿Fueron los secuestradores?

– No.

– ¿A dónde se fue Antero?

– A buscar a Gloria para ir a la casa de unos amigos.

– Él debe permanecer aquí en espera de la llamada.

– Es posible que esta llamada no suceda.

Olivia se asustó. ¿Habían descubierto algo? Tratando de controlarse, preguntó:

– ¿Cómo lo sabes?

– Los amigos de Antero son médiums y dijeron que la policía se equivoca y que nadie llamará.

Olivia preocupada:

– ¿Lo creíste? Qué absurdo. No sabía que eran tan ingenuos.

A pesar de parecer indiferente, Olivia comenzó a tener miedo. ¿Qué pasa si se las arreglaron para encontrar que ella era la única que había tramado todo? Si se enteraron que nadie iba a llamar a preguntar por el dinero, podrían descubrir el resto. Sobresaltada, trató de fingir estar más preocupada por Eriberto para evitar que sospecharan de ella.

Antero llegó a la casa cuando ya había oscurecido y Gloria lo esperaba con impaciencia, ordenada, lista para recibir a Eriberto. Al verlo entrar abatido, dijo:

– ¡Tardaste demasiado! Estás pálido. ¿Ha pasado algo?

Los ojos de Antero se llenaron de lágrimas y la abrazó con fuerza contra su pecho, sollozando. Gloria, asustada, lo acarició tratando de calmarlo. Cuando finalmente se quedó en silencio, ella dijo:

– Tengo miedo. Nunca te vi en ese estado. Dime, ¿qué pasó?

– Eriberto fue secuestrado a la salida de la escuela por un bandido y hasta ahora no sabemos nada de él –. Gloria se estremeció y no pudo contener las lágrimas:

– ¿Cómo sucedió eso? Soy yo. Siento que estoy maldita. Nunca podré ser madre. ¡Qué triste destino!

– No digas eso, Gloria. No fue culpa tuya. Sí, estoy siendo castigado por el mal que le hice a Antônia.

– No digas eso. Ella se fue de tu casa sin decir nada. Tú no sabías que tenías este niño.

– Vine a recogerte para ir a la casa del Dr. Dantas. Ellos se reúnen pidiendo ayuda espiritual para Eriberto. Quieren que vaya y vine a buscarte para que me acompañes.

– Vamos. Ellos te han ayudado a conocer la verdad, nos pueden ayudar a traer a Eriberto de vuelta sano y salvo.

– Eso es correcto. Pensemos en lo mejor.

Llegaron a la casa del Dr. Dantas poco después. La criada los introdujo en la sala de reuniones. Mercedes los recibió, colocándolos alrededor de la mesa.

La sala, iluminada por una pequeña lámpara azul, estaba tenue y se podía escuchar música suave. Marta preguntó:

— Sigamos rezando. Pedimos a los padres del niño que lo visualicen, como si él estuviera aquí. Antero y Gloria obedecieron. Antero oraba pidiendo perdón a Antônia, sintiéndose culpable y pidiendo que los amigos espirituales trajeran a su hijo de regreso. Gloria, por su parte, conversaba con Dios, y en su conmovida oración pedía el derecho a ser madre. Se consideraba culpable por nunca haber querido adoptar un niño y dijo que, si Dios le concedía la gracia de recuperar a Eriberto, ella le prometía ser una madre amorosa y dedicada para él.

Milena rompió el silencio y tomó:

— Vamos a tomarnos todos de las manos. En este momento estamos necesitando de la energía de todos los presentes. Mercedes preguntó:

— ¿Puede decirnos algo sobre el paradero de Eriberto?

— Todavía no. Seguimos el caso de cerca. Mantengamos la confianza al pensar en el regreso del niño.

— ¿Los secuestradores pedirán dinero para devolverlo?

— No. Se trata de un problema familiar. Es todo lo que podemos informar por ahora. Nos gustaría que siguieran orando en vigilia hasta nuevo aviso. Puede tomar un tiempo, túrnense si es necesario. Las personas con las que estamos tratando son inmunes a las energías más sutiles, pero son sensibles a las energías de los encarnados.

Milena guardó silencio y continuaron en oración. El tiempo pasaba. En un momento dado Mercedes informó que había una mesa para una merienda en el comedor y que sería bueno tomar turnos, comer algo, descansando por media hora.

Pasado ese tiempo, deberían volver a participar mientras otros saldrían.

Pasó el tiempo y todo siguió igual. No había noticias. Antero había llamado a su padre, quien dijo que no habían llamado.

***

Retrocedamos un poco en el tiempo y sigamos lo que estaba pasando con Eriberto. Cuando se encontró atrapado por el extraño y arrojado al auto, Eriberto comenzó a gritar. Antonino, que conducía el carro, gritó:

– Jofre, haz que se calle ese mocoso.

Le cubrió la boca del niño diciendo nerviosamente:

– Cállate ahora o te golpearé. No quiero oír ni pío.

Eriberto intentó reprimir el llanto y se encogió en un rincón del banco. Asustado, se estremecía de vez en cuando sollozando suavemente.

– Mejor ve más rápido, antes que la policía nos persiga.

– No adivines. Yo sé lo que estoy haciendo.

Cruzaron la ciudad y en media hora estaban en Via Anchieta. Fueron a Riacho Grande, ingresaron a la ciudad y en pocos minutos llegaron a una choza al borde del camino. Se detuvieron, bajaron, tomando al niño de la mano.

Llamaron levemente y un chico la abrió mirándolos con preocupación. Poco después, una mujer de unos treinta años apareció curiosa.

Entraron y Eriberto al verlos se echó a llorar diciendo:

– ¡Quiero irme a casa! Tengo miedo. No quiero quedarme aquí. Antonino no dijo nada, sacó un pañuelo del bolsillo y un vaso pequeño, vertió el contenido sobre el pañuelo y lo colocó en la nariz del chico, que luchó un poco y se habría caído si el chico no lo hubiera abrazado.

- Es mejor así. Dormido no nos dará ningún problema, ¿está todo listo?

- Sí - respondió el chico con Eriberto en su regazo -. ¿Estás seguro que estará bien? Parece muerto.

- Está muy vivo, dormirá al menos hasta mañana. Cuando se despierte, ya te habrás ido. Vamos.

El muchacho llevó al niño al carro, lo puso en el asiento de atrás, mientras que la mujer puso un equipaje en el maletero. Cerraron la cabaña y se acomodaron: los dos hombres en el frente y la pareja en el asiento trasero, habiendo colocado al niño en medio de ellos.

El muchacho pasó la mano por los hombros del niño, apoyando la cabeza contra su pecho. Antonino miró y no dijo nada. Arrancó el carro y a los pocos minutos estaban de vuelta en Via Anchieta, rumbo a la costa. Llegaron a la ciudad de Santos. Después de casi media hora, Antonino se detuvo.

- Es aquí. Bajemos.

Era una casa de madera en un lugar muy pobre. Ellos descendieron, el muchacho llevaba a Eriberto en su regazo. Antonino abrió la puerta y entraron todos. El muchacho acostó al niño. La mujer dejó la maleta en el suelo y Antonino dijo:

- Nosotros ya hablamos de todo, pero es bueno repetir. No quiero errores. Recuerden que, si algo sale mal, serán arrestados, y si lo hacen, ustedes no deben decir nada. Si nos delatan, vamos a acabar con los dos. Ustedes saben que soy hombre de palabra. Para bien, hago de todo. Pero exijo fidelidad.

- Confía en mí - dijo el muchacho -. Haremos todo bien.

- Veamos si entendiste. Repite lo que debes hacer.

- Mañana voy a la ciudad y compro pasajes de bus a la ciudad de Registro. Allá hay un autobús para el Paraná. Tenemos que ir a una ciudad del interior. Vamos a comprar nuestro pedazo de tierra y vivir nuestra vida.

– ¿Qué vas a hacer con el chico?

– Nosotros pensamos quedarnos con él. Es un brazo más para el trabajo –. Antonino meneó la cabeza, pensativo.

– No sé si eso es lo mejor. Cuando sea adulto se puede ir de boca. Tal vez sería ser mejor que lo dejaras en un orfanato. ¿Tienes los documentos que te di?

– Los tengo. Creo que en el orfanato puede decir lo que sucedió y lo lleven de vuelta. Si se queda conmigo, no correremos ese riesgo.

– Eso es verdad. Quédate con él. Te dejo una botella de tranquilizante para el viaje. Antes de salir de casa para viajar, dale veinte gotas en un poco de agua.

– Él es pesado. No voy a cargarlo todo el tiempo.

– Con veinte gotas caminará. Solo estará somnoliento y querrá sentarse. Si alguien pregunta, di que está enfermo.

Antonino sacó un paquete y lo colocó sobre la mesa diciendo:

– Aquí está el dinero que te prometí. Primero, debo decirte que nunca vuelvas a poner un pie en nuestro estado. Si regresas, acabaremos con ustedes dos.

– No pensamos en volver. Tenemos problemas con la policía. Solo queremos seguir con nuestra vida en otro lugar donde nadie nos conozca y vivamos en paz.

Antonino y su compañero se fueron. Cuando estuvieron solos, la mujer dijo preocupada:

– ¿Crees que hicimos bien en quedarnos con este chico? ¿Qué pasa si la familia se queja y la policía lo encuentra?

– Antonino garantizó que el niño es huérfano, fue adoptado por gente de la fina. Pronto se olvidarán y podremos comprar nuestro sitio y empezar de nuevo nuestra vida.

– Lo miro y siento una opresión en mi pecho. Cuando siento esto, no es bueno.

– Ahí vienes con tus manías. Pues yo estoy muy feliz de recibir este dinero. Además, no somos malas personas, no vamos a hacerle daño. Si él es razonable, no tendrá de qué reclamar. La mujer se subió a la cama y puso una mano en la frente de Eriberto y dijo:

– Está helado. ¿Y si está muerto?

El muchacho se acercó y puso la oreja al pecho del niño.

– Está respirando. Pronto se despertará. Comamos algo y durmamos. Estoy clavado. Mañana tengo que ir a la ciudad a ver los pasajes a primera hora. ¿Trajiste esa merienda?

– Sí. La pondré sobre la mesa.

Sacó pan, mortadela y una botella de agua de una bolsa. Se lavó y se sentó a comer.

– Nelson...

– ¿Qué pasa, mujer?

– No lo sé, siento algo extraño. Parece que me voy a desmayar.

– ¿De nuevo? Hacía tiempo que no te pasaba eso. ¿Ese *pai de santo* no cerró tu cuerpo?

– Dijo que estaba cerrado, pero no sé... Me estoy mareando.

– Estás sin comer. Ven, come un sándwich.

Se sentó al otro lado de la mesita, tomó un trozo de pan, lo abrió, puso unas rodajas de mortadela y empezó a comer. Se sintió mejor.

– Creo que fue una debilidad – dijo –. Está pasando.

– ¿No te lo dije?

Terminaron de comer y dijo:

– Vamos a dormir. Mañana quiero levantarme a las cuatro.

– Solo hay una cama. ¿Dónde vamos a dormir?

- Hay una hamaca en la maleta. Cógela y vamos a acomodarnos -. Encontraron una manera de colgar la red y él decidió:

- Yo me quedo en la hamaca y tú en la cama con él. Tienes el sueño más ligero. Si se despierta, vas a sentirlo.

Ella estuvo de acuerdo y se acostó. Su cabeza se sentía pesada y estaba muy cansada. Pronto se durmió. Soñó que fuera de la casa había una mujer queriendo entrar y ella estaba con miedo. La puerta estaba abierta y ella corrió a cerrar, después la ventana se abrió y ella aterrorizada trató de cerrarla, pero una mano fría se lo impidió.

Una mujer pálida, delgada y de mirada amenazante entró diciendo:

- Ustedes no se van a llevar a mi hijo. Él tiene que quedarse con su padre. Aterrorizada, la mujer trató de justificarse:

- Es huérfano. No tiene familia. Cuidaremos de él.

- Es mentira. Tiene un padre que lo cuidará. Vas a llevarlo de regreso.

- No puedo. Vamos a criarlo.

- El padre y el abuelo están sufriendo mucho. Sé lo que vas a hacer con él. Si no lo devuelves, no tendrás paz. Yo soy su madre. Estoy a su lado para defenderlo. Llévalo de regreso antes que la policía los encuentre. Voy a contarle todo al comisario y ustedes serán detenidos.

- No podemos. Aceptamos el dinero. Compraremos una chacra. Cuidaremos al chico con cariño.

- ¡No quiero! Llévalo de regreso tan pronto como amanezca. De lo contrario, acabaré con ustedes dos. Ella avanzó sobre la mujer que trató de escapar, pero no logró salir de lugar. Quiso gritar, llamar a su marido, pero no emitió ningún sonido. Estaba temblando de terror.

El espíritu de Antônia la agarró por el cuello y dijo enojada:

– Si no devuelves a mi hijo, te acabaré. ¡Lo juro!

Aterrada, sintiéndose sofocada, la mujer se despertó sudando profusamente. Se levantó de un salto y se dirigió a la hamaca. Sacudió a su marido, asustada:

– Despierta, Nelson... despierta –. Él abrió sus ojos con un inicio:

– ¿Qué pasa, mujer?

– Ese chico no puede ser nuestro.

– ¿Por qué?

– Está acompañado. El alma de su madre quería ahorcarme.

– Estás nerviosa. Fue solo una pesadilla.

– No, no lo fue. Sé cuándo es alma del otro mundo. Ella dijo que debemos devolverlo lo antes posible.

- No vamos a hacer eso.

– Tengo miedo. Ella juró que ella nos va a perseguir. Es una mujer pálida, ojos de fuego. Yo no quiero verla nunca más. Tenemos que hacer algo con ese niño. Nos vamos a llevarlo con nosotros.

Nelson se sentó en la hamaca y se rascó la cabeza con nerviosismo. No desafió a Bina cuando ella hablaba de alma del otro mundo. Tenía pruebas suficientes para saber que era verdad.

– En ese caso, lo dejaremos en el camino. No voy a devolver el dinero. Compremos nuestro sitio.

– Quiere que lo devuelva a casa.

– Eso no. Antonino nos matará.

– Eso si nos encuentra. En vez de ir al Paraná, vamos a otro lugar, bien lejos, donde él nunca nos pueda encontrar.

– No lo sé... necesito pensar. Hicimos tantos planes.

– Quería que la vieras. Habrías corrido de miedo. Fue horrible. Ella saltó sobre mí, me agarró la garganta, pensé que había llegado mi momento. No podía respirar.

– Fue solo una pesadilla. Estabas nerviosa, con miedo. Nada va a suceder.

– Sí, lo hará. No seas terco. Ella lo está cuidando y con mucha ira. Si no hacemos lo que quiere, nuestra vida no va hacia adelante. Sé lo que digo.

– ¡No devolveré el dinero!

– Podemos quedarnos con él. Ella no habló de dinero. Solo quiere que devolvamos al chico. Dejamos al chico en alguna parte, nos vamos muy lejos.
Antonino no nos encontrará. Seguiremos con nuestras vidas.

– ¿Y dónde dejamos al chico?

– Tenemos que pensar. Quizás aquí mismo. Dejamos una merienda, algo de dinero y ya está. ¿No dijo Antonino que podíamos dejarlo en alguna parte? Entonces. Si alguna vez nos encuentra, no tiene nada de qué quejarse.

– Tienes razón. Pensando así es mejor, incluso en deshacerse de él. Nelson abrió la ventana y dijo:

– Está amaneciendo. Pronto va a empezar a clarear. Voy a comprar los boletos y vuelvo a buscarte.

– Yo te acompañaré. No quiero estar aquí sola. Será mejor que nos vayamos antes del amanecer. Pronto las personas de aquí comenzarán a despertar. Es mejor que nadie nos vea.

– ¿Y el chico?

– Se queda. Dejamos la merienda, el agua, un poco de dinero y nos vamos. No puedo esperar para deshacerme de ese niño.

Nelson vaciló un poco, luego decidió:

– Sí. Es incluso mejor si nadie nos ve. Empaca todo y vámonos –. Bina fue donde estaba Eriberto, que dormía profundamente, enderezó la cubierta diciendo en voz alta:

– Dejamos a tu hijo aquí. Cuida de él. Es lo que podemos hacer.

– ¿Qué estás murmurando?

– Nada. Se lo estoy entregando a la madre.

– ¡Santo Dios! A veces me das miedo.

– No seas tonto. Yo sé lo que estoy haciendo.

Ellos pusieron los documentos sobre la mesa al lado de la merienda, recogieron sus pertenencias y se fueron dejando la puerta solo con el pestillo.

Eriberto, ajeno a todo, se quedó dormido. El espíritu de Antônia se acercó besándolo en la frente, y luego se sentó en la cama a su lado. Tenía la intención de quedarse allí para protegerlo.

A ella le gustaría ser capaz de hablar con él durante el sueño, pero vio que no sería posible debido a que su espíritu dormía encima del cuerpo y ella no consiguió despertarlo.

Antônia se asustó. Solo había visto una situación de igualdad en las personas que habían muerto recientemente. ¿Eriberto estaba muerto? Concentró su atención en su pecho y vio que su corazón aun latía. Él estaba vivo. Solo tenía que esperar a que se despertara. Mientras tanto, rezaba pidiendo ayuda.

Pensó en las enfermeras que la cuidaron, pero no tuvo el valor de pedirles ayuda. Se había escapado del tratamiento y temía que no la vieran y, peor aun, quisieran llevarla de regreso. Tal vez Nina podría hacer alguna cosa. Pensó en ella con afecto. Era la mejor persona del mundo. Empezó a pensar en ella pidiéndole ayuda.

Mirando el rostro de Eriberto ella sentía vibrar dentro de sí un amor muy grande, al mismo tiempo se lamentaba amargamente de haber atentado contra la vida. En ese momento tuvo conciencia que no asumiera su responsabilidad de madre. Dios le había que dado ese niño para que lo cuidase, guiándolo, convirtiéndolo en un hombre de bien.

Ella fracasara como mujer, como madre, dejando que los demás interfiriesen en su vida. Estaba arrepentida, pero ya era demasiado tarde. No podría ir hacia atrás. Lo que podía hacer era quedarse junto a él, de allí en adelante, amándolo, protegiéndolo.

Las lágrimas corrían por su rostro y ella lo besó con amor, a partir de ese momento cuidaría de él, sin dejar que le pasara nada malo. Comenzó a alisarle el cabello con cariño y, conmovida, notó que de su pecho salía una luz rosa que rodeaba el cuerpecito de Eriberto. Se dio cuenta con satisfacción que a medida que esta energía rosada se extendía sobre él, su respiración se hacía más rápida.

En el período de tratamiento que había recibido donde había estado hasta entonces, le habían enseñado el poder de las energías positivas. El sentimiento de amor, de compasión transmite energías muy poderosas. Satisfecha, Antônia sintió que eso era cierto.

Mirando al hijo con amor, derramó sobre él energías positivas y, además de Eriberto comenzar a respirar mejor, el color de su piel era más natural. Sintiéndose más tranquila, decidió quedarse allí, pensando en él con amor, esperando que despertara.

* * *

En la casa del Dr. Dantas, continuaron orando, turnándose a cada media hora como que se les había pedido por amigos espirituales. Era el amanecer y estaban todavía allí cuando Milena se levantó y dijo:

— Reunamos a todos ahora. Se acerca un momento decisivo y debemos sumar nuestras fortalezas.

Alguien llamó a los que estaban descansando, quienes respondieron puntualmente. Al verlos acomodados, Milena continuó:

– Tomémonos de la mano y hagamos un gran círculo –. Ellos obedecieron, ella entró en el círculo y continuó:

– Mentalicemos a Eriberto y Antônia, su madre. Quienes los conocen piensan en ellos con amor y alegría.

– Mientras ustedes se quedan en la cadena de apoyo, yo iré hasta allá – dijo Marta.

Colocó una silla dentro del círculo y se sentó en ella. Su cabeza se inclinó, luciendo dormido. Así permanecieron media hora, luego Marta suspiró, abrió los ojos y dijo:

– Gracias a Dios. Está todo bien. Demos gracias a Dios por la ayuda que hemos recibido y terminemos hoy nuestro trabajo.

Mercedes hizo una leve oración de acción de gracias y terminó la sesión. Las luces fueron encendidas y agradeció a la gente por su colaboración. Se fue después de las cuatro de la mañana y ellos se fueron despidiendo, habiéndose quedado solamente Antero, Gloria, Nina, Milena, André y Marcos, que estaba durmiendo en el sofá en la otra habitación, pero despertó cuando Milena lo había llamado de regreso.

Antero, ansioso, se acercó a Marta:

– ¿Y entonces? Me puedes decir algo

– Sí. Está bien. Duerme bajo el efecto de un somnífero.

– Lo vi – intervino Marcos –. Él está en una casa de madera, muy pobre. Hay una mujer que lo cuida. Ella es alta y delgada, cabello castaño, alisa su cabeza con mucho amor.

– Así es, es el espíritu de Antônia que está a su lado – explicó Marta sonriendo.

– ¿Viste dónde está este lugar? ¿Quién los llevó allí?

– No sé dónde está, pero noté que la tierra es arenosa. Antero se retorció las manos angustiado:

– En ese caso no podemos ir a buscarlo.

– Cálmate – respondió Marta –. El peligro ha pasado. Ahora es cuestión de tiempo. Lo que puedo decirles es que lo encontrarán y regresará sano y salvo.

– Ojalá tuviera esa certeza – dijo Antero.

– Puedes confiar – intervino Mercedes –. Es su mentor quien te lo está diciendo. Él es generalmente sincero. Si dijo que el peligro había pasado, es cierto.

– Lo siento – dijo Antero –. Es que estoy muy angustiado.

– Lo puedo entender – respondió el Dr. Dantas sonriendo.

– ¿Hay algo más que pueda decir? Ya que han estado allí, vieron la casa donde él está, si los espíritus son de ayuda, ¿no es más fácil llevarnos hasta allí? – preguntó Antero.

– Lo vemos de esa manera, pero nuestros amigos espirituales piensan de manera diferente. Ellos saben que, si no se nos permitió saber dónde está el niño para ir a buscarlo, es porque hay otros factores involucrados en el caso que se deben cumplir. Dijeron lo que se les permitía y lo que consideraban más importante, que fue darnos a conocer que el peligro había pasado y que Eriberto regresará sano y salvo. ¿No es esto lo que importa? – Dijo Marta.

– Sí – asintió Antero.

– Necesitas descansar. Por el momento es lo mejor que se puede hacer. Descansa, confía y espera los resultados.

Antero se despidió agradeciendo su ayuda y se fue con Gloria. El Dr. Dantas se despidió de Nina:

– Hoy no tenemos nada especial en la oficina. No tenemos que ir a trabajar. Lucía puede encargarse de todo.

– Está bien, doctor. Esperemos noticias del niño –. Ella salió con Marcos, André y Milena. Marcos no contuvo su entusiasmo:

– Mamá, yo lo vi dormido. La casa, todo. Dijiste que el espíritu de Antônia era horrible, pero no me parece. Se veía tan cariñosa, una madre tan buena. Lloraba, sentí mucha pena por ella. Ella está muy arrepentida por lo que hizo.

André, que caminaba al lado, escuchó admirado. Milena sonrió, pasó el brazo por los hombros de Marcos diciendo:

– ¡Eres uno de nosotros! Juntos vamos a formar un maravilloso grupo –. Él sonrió:

– ¿De verdad? Llamemos a Renato. ¡Él ve más que yo!

– Pero tienes más experiencia que él.

Nina pareció admirada y no respondió. Se despidieron y acordaron que quien tuviera alguna noticia llamaría para contarlo.

André abrazó a Marcos con cariño diciendo:

– Me gustaría ser como tú.

– Y yo como tú – respondió.

– ¿Por qué? – Preguntó André, sorprendido.

– Por qué no eres niño y sabe muchas cosas que yo no sé –. Nina intervino:

– Vamos, hijo mío. Es tarde.

En el camino de regreso, Marcos dijo que vio mucho más en la sesión que se había olvidado de contar. Nina pensó en la tristeza de Antero, que a pesar del consuelo que había recibido de los amigos, aun seguía sin saber dónde y con quién estaba su hijo.

Antero y Gloria regresaron a la casa de Arthur. Olivia ya se había retirado, pero Arthur seguía sentado junto al teléfono.

Al verlos entrar, se puso de pie ansioso. Antero preguntó:

– ¿Alguna noticia?

– Nada todavía. Y a ti, ¿cómo te fue?

En pocas palabras, Antero contó lo sucedido, terminando:

– Aseguraron que el peligro pasó y Eriberto regresará sano y salvo.

– ¡Por favor, Dios, que sea verdad! – Gloria abrazó a su suegro diciendo:

– Yo no tengo ninguna duda. Si usted hubiera estado ahí, creerías. Fue conmovedor. El amor de esta gente, la fe, la dedicación, pasar horas orando por un niño que ni siquiera conocen. Había algo en el aire que no sabía cómo explicar, pero que parecía mágico. A pesar del momento difícil que estamos atravesando, parecía que alguien estaba diciéndome: ¡confía, todo va a salir bien!

Arthur regresó el abrazo de ella tratando de ocultar el rostro para que no lo viera llorando. Antero se unió a ellos, abrazándolos:

– Ellos dijeron que confiemos y esperemos. Estás muy abatido. Necesitas cuidar de tu salud. Ve a descansar, estaré junto al teléfono.

– No podré dormir.

– Intenta relajarte. Si alguien llama, yo te llamaré. No tiene sentido quedarnos los dos aquí. Tú también, Gloria, intenta dormir un poco.

– Nada de eso. Yo me pondré a tu lado. Después que el Dr. Arthur descanse, será nuestro turno. También necesitas descansar. Vamos a turnarnos.

– Tienes razón, Gloria – dijo Arthur –. Me voy a estirar en el sofá.

Josefa, con los ojos enrojecidos e hinchados de llorar, oía todo en un rincón de la habitación, se acercó:

– Ustedes necesitan alimentarse. Voy a traer un bocadillo –. Antero se le acercó:

– Déjalo para más tarde. Quiero que busques un retrato de Eriberto. El más reciente. Una vez que el día esté despejado, los periódicos y la televisión harán un anuncio y ofrecerán una recompensa a quienes lo traigan de regreso.

– Buena idea. Si la policía se equivoca, si no es un secuestro, puede funcionar.

– Ve a descansar, padre. Déjamelo a mí.

Arthur se estiró en el sofá y trató de no pensar. Necesitaba ahorrar fuerzas, prepararse para lo que aun podría suceder.

Josefa trajo el retrato y se lo entregó a Antero, quien volvió a notar su parecido con Antônia. Cogió papel, bolígrafo y escribió los datos del niño. Gloria se acercó y se sentó a su lado en el sofá.

– Descansa un poco, Antero. Debemos estar bien para actuar cuando surja alguna novedad.

– Tienes razón.

La abrazó, Gloria apoyó la cabeza en su pecho. Pronto amanecería y necesitaba estar bien para actuar. Eran las siete en punto cuando Olivia se despertó, se vistió y bajó las escaleras. En la sala, Arthur dormía en un sofá mientras Antero y Gloria, abrazados, dormían en otro.

– ¡Qué desperdicio! – Pensó –. Tanto por causa de un niño bastardo.

No le había emocionado la noticia que Eriberto era su nieto. Para ella, un hijo fuera del matrimonio era un desastre familiar. Ella actuaría en el en el momento adecuado. En este momento él estaba demasiado lejos y nunca regresaría. Con el tiempo se olvidarían. Pronto Gloria tendría un hijo legítimo y ya nadie recordaría a ese niño.

Olivia hizo un movimiento que hizo un leve ruido y Antero abrió los ojos sobresaltado:

– Me quedé dormido. Ya amaneció.

Arthur abrió los ojos y se sentó tratando de concatenar las ideas.

– ¡No sé lo qué sucedió! Me desmayé. Hacía un tiempo que no dormía tan profundamente. Gloria intervino:

– Logré dormir sentada, ¡nunca me había pasado antes!

– Voy a lavarme y salir a poner los anuncios – dijo Antero.

– No antes de tomar un café – dijo Olivia.

Antero iba a negarse, pero Gloria intervino:

– Comamos algo. Entonces te vas.

Se lavaron rápidamente y poco después se sentaron a la mesa del comedor. Los dos tenían hambre, pero se sintieron mejor después de comer.

Olivia prestó atención a lo que decían, tratando de averiguar dónde estaban las cosas. Escuchó los comentarios sobre la información de los espíritus con incredulidad. Pero no dijeron nada de ella. Pensó que era bueno que estuvieran entretenidos. Así pasaba el tiempo y, cuanto más pasaba, más distante estaría Eriberto.

En la pequeña cabaña de la costa, Eriberto se movió un poco, comenzando a despertar. Sentía la boca amarga, la cabeza mareada, no sabía bien dónde estaba. Poco a poco; sin embargo, fue volviendo en sí. Tenía sed. Se puso de pie sosteniendo la mesa a un lado con miedo a caer. Cogió la botella de agua, le quitó el tapón y bebió desesperadamente del pico.

Hacía calor y buscó gente a su alrededor. No vio a nadie. ¿A dónde habrían ido? Con cautela se dirigió a la pequeña cocina, abrió el fregadero y se lavó la cara, se mojó el pelo. No tenía toalla para secarse.

Regresó a la habitación y se secó la cara con la sábana. Tenía hambre.

Abrió el paquete sobre la mesa, tomó un trozo de pan, puso mortadela y se sentó a comer. Recordó todo lo que le había pasado y tuvo miedo. Se habían ido, pero podían volver. Fue a la puerta, la abrió y miró. El sol estaba claro y se podía ver a algunas personas caminando un poco más lejos.

Necesitaba irse antes que volvieran. Vio dinero sobre la mesa, lo tomó y se lo metió en el bolsillo. Se puso los zapatos y se fue. Comenzó a caminar rápidamente para alejarse lo más posible de ese lugar, pero no sabía a dónde ir.

Un hombre que caminaba en dirección opuesta, cargando una canasta, lo pasó, lo miró y se detuvo. Eriberto, sorprendido, aceleró el paso.

– ¿Qué pasa, chico? No tengas miedo.

Eriberto echó a correr. Estaba pálido, asustado, golpeó de frente con una mujer que estaba llevando un paquete que se rompió y unos cuantos panes se esparcieron por el suelo. Ella lo sujetó diciendo:

– ¿Qué pasa, niño, no miras por donde caminas? Él estaba temblando:

– Suélteme, por favor. Quiero ir a casa –. Ella lo miró con asombro y preguntó:

– ¿Por qué corrías así?

– Quiero irme a casa. Esos hombres pueden volver. Tengo miedo. Tienen un revólver de este tamaño. Déjame ir, por favor.

Ella lo abrazó asustada. ¡Un niño tan pequeño! Su ropa estaba sucia, pero era de buena calidad. ¿Qué le habría sucedido?

– No tengas miedo. No te lastimaré. Cálmate.

– Quiero a mi tío Arthur.

Eriberto lloraba y ella le acariciaba la cabeza conmovida. Miró a su alrededor y no vio a nadie.

– Dime qué pasó.

– Cuando yo salí de la escuela con Josefa, un hombre con un revólver apareció, me metió en un carro y me hizo oler una cosa y me dormí. Me desperté ahora. No había nadie, la puerta estaba abierta y me escapé. Quiero ir a casa. Por favor.

Ella lo interrogó tratando de averiguar la dirección de su casa, pero él no lo sabía. Todavía estaba aterrorizado que los hombres regresaran. No podía dejar a un niño tan pequeño solo en la calle.

– Ven conmigo.

– ¿Me vas a llevar a casa?

– Voy a llevarte a mi casa. Vamos a averiguar dónde vives y entonces te irás a casa.

– ¿Lo prometes?

– Te lo prometo. Pasaremos nuevamente por la panadería y compraremos pan para la merienda de mis hijos, que deben ir a la escuela pronto. Después iremos a casa y cuidaré de ti.

Ella tomó su mano, quien la acompañó alegremente. Pronto estaría de nuevo en casa. Compraron pan y fueron a su casa.

Era una casa pequeña, fue al patio y llamó a los dos niños:

– Vengan a lavarse y prepararse para la escuela. Dense prisa, serviré el desayuno.

Entraron a la cocina y miraron con curiosidad a Eriberto sentado en una silla.

– ¿Quién es, mamá? – Preguntó el menor.

– Es un chico que está perdido y lo ayudaré a volver a casa. Vamos, no pueden llegar tarde.

Obedecieron y ella se apresuró a calentar el almuerzo y preparar la merienda para la escuela.

– ¿Tienes hambre? – Preguntó mirando a Eriberto.

– No, señora. Me comí el pan con mortadela que se dejaron en la casa. Estoy con sed. Apuntó un filtro de arcilla a una esquina del fregadero y respondió:

– Puedes beber allí. Luego ve a lavarte en el tanque del patio trasero. Toma la toalla.

Cogió la toalla que ella le tendió y se fue. El delicioso olor de la comida lo hizo sentirse como en casa. Cuando regresó poco después, tomó un peine y se peinó.

– Ahora te ves hermoso.

– Gracias. Eres muy buena.

– Puedes llamarme Eunice.

– Sí, señora.

Se dio cuenta que el chico tenía muy buenos modales. Debería ser de una familia adinerada. Los padres deberían estar ansiosos por encontrarlo.

Los dos muchachos regresaron de uniforme, peinados, y se sentaron a la mesa donde ya estaba servida la comida, mirando a Eriberto con curiosidad.

– Su nombre es Eriberto – dijo Eunice. Luego, volviéndose hacia Eriberto, continuó:

– Este es Juan, el otro es Antônio.

– Mucho gusto – dijo Eriberto.

Lo miraron con asombro. No estaban acostumbrados a este tratamiento.

– Vamos a comer.

Sirvió a todos y se sentó a comer. Mientras conversaban haciéndole preguntas a Eriberto, ella pensó en la mejor manera de resolver su caso.

Los dos muchachos fueron al colegio y Eunice, poniendo los platos en el fregadero, le dijo a Eriberto:

– Arreglaré la cocina y luego iremos a la comisaría. Nos ayudarán a encontrar a tu familia. Mientras tanto, te traeré la caja de juguetes.

Se fue a su habitación, tomó una gran caja de cartón, la colocó en el piso de la habitación diciendo:

– Puedes jugar a voluntad. Tan pronto como termine, vamos a tratar de encontrar a tu familia.

Eriberto sonrió alegremente y se sentó en el suelo, al lado de la caja, para ver qué tenía. Eunice volvió a la cocina y pensó:

– Quizás sea mejor esperar a que Mário vuelva. Puede ir a la policía conmigo.

Su marido solo viene después de las siete. Ella encendió la radio como hacía todos los días, mientras que estaba tomando el cuidado de los servicios de la casa. Una música alegre llenó el aire y ella cantó alegre.

Terminó los platos y estaba limpiando el piso de la cocina cuando la música fue interrumpida y el locutor anunció noticias especiales.

– Noticias de desaparición. Un niño de seis años que salió de la escuela en el distrito Jardins, en São Paulo, caminaba con su niñera cuando cerca de su casa se les acercó un individuo armado que se llevó al niño, lo metió en un automóvil y desapareció después. Hasta ahora, los delincuentes han no hecho contacto con la familia. El padre está desesperado. El nombre del niño es Eriberto.

Eunice gritó alarmada:

– ¡Es él! ¡Dios mío, es él!

Sintió que le temblaban las piernas y se sentó tratando de recuperar el aliento. Cuando se calmó un poco, recordó que no había prestado atención al número de teléfono ni a la dirección.

Se dirigió a Eriberto, que estaba absorto en jugar con un carro.

– ¡Ellos te están buscando! ¡Estabas en la radio! – El chico la miró tratando de entender.

– ¿Me están buscando esos hombres?

– No. Tu familia.

– ¿Saben dónde estoy?

– No. Pero les diremos.

Eunice pensó un poco y decidió ir a la panadería tratando de llamar. El Sr. Manuel la ayudaría. Fue allí con Eriberto.

El Sr. Manuel era el dueño de la panadería. Ella le habló contándole lo que había sucedido y él se emocionó y dijo:

– Voy a mirar en la lista el número de esa radio y vamos a llamar ahora. Imagino cómo los padres que debe estar desesperados.

Él estaba nervioso y le llevó un tiempo para encontrar el número. Él llamó diciendo que el chico que había desaparecido estaba con doña Eunice, que lo había encontrado en la calle. Después de hablar con dos personas y dar toda la información, dio la dirección de la casa de Eunice.

– Vendrán a tu casa de inmediato. Notificarán a la familia.

– ¡Bien! Gracias, señor Manuel.

– Estoy feliz de ayudar en tal caso. Estoy pensando en la alegría de sus padres cuando lo sepan.

– Ni siquiera lo digas. ¿Qué hago ahora?

– Vete a casa y espera. Le daré al chico algunos dulces.

El Sr. Manuel colocó unos dulces en una bandeja y le entregó el paquete a Eunice diciendo:

– Y a cuenta de la casa. Lléveselas para las visitas. Es mejor prevenir.

– Gracias, Sr. Manuel. Nuestra casa es de pobres, pero siempre tiene un café para los amigos. Cuando lleguen, me gustaría que usted también esté. Mi marido no llega hasta las siete.

– De acuerdo. Voy a estar atento. Tan pronto como lleguen iré –. Eunice tomó la mano de Eriberto diciendo:

– Vamos, hijo mío. Pronto estarás con tu familia.

Eriberto sonrió feliz. Se fueron a casa y, mientras esperaban, Eunice preparó café recién hecho y lo metió en el termo. Tenía ropa para planchar, pero no estaba de ánimo. Se sentó en la habitación al lado de Eriberto y estaba hablando con él tratando de averiguar más sobre su vida.

*** * ***

Antero había salido de la casa a las siete y media de la mañana, buscó algunas emisoras de radio y televisión, proporcionó los anuncios. Luego fue a la comisaría a ver si había alguna noticia.

– Estamos esperando a que llamen – dijo el comisario.

– ¿Y si no llaman?

– Él desapareció ayer. Tenemos que esperar veinticuatro horas. Si no aparece nadie o llama, empezaremos a buscar.

Antero no pudo evitarlo:

– Mientras tanto, puede que estén demasiado lejos.

– No lo creo. Yo tengo experiencia. Ellos van a llamar. ¿Sabe usted si tiene algún enemigo?

– No. Ni nadie de mi familia. Somos gente de paz.

– Entonces debe haber sido un secuestro. Es dinero lo que quieren. ¿Por qué se llevarían al chico? Tenga la seguridad que sé lo que estoy diciendo.

Antero no insistió y se fue a casa. No podía decirle al oficial de policía lo que habían dicho los espíritus. Pasaba de la una cuando llegó a la casa de sus padres. Pronto se le informó que no tenían novedades.

– Estábamos esperándote para almorzar. Voy a mandar servir – dijo Olivia.

– ¿Y Gloria? – Preguntó Antero.

– Está allá arriba, en el cuarto del niño. Dijo que iba a empacar sus cosas.

– Hablaré con ella.

Antero subió al cuarto de Eriberto, donde Gloria estaba metiendo la ropa de Eriberto en una maleta. Al entrar allí se conmovió y sus ojos se llenaron de lágrimas.

Al verlo, Gloria lo abrazó diciendo:

– Llevemos todo lo que es suyo a nuestra casa. Quiero tener todo listo para cuando regrese. Para que no tenga que quedarse aquí ni un día más.

– No sé cuándo será eso. Aun no hemos tenido noticias.

– Estuve hablando con Josefa. Ella vivirá con nosotros.

– Tenemos que hablar con mamá sobre eso.

– Tu madre va a dar gracias a Dios porque ella se vaya. Josefa me dijo que doña Olivia no lo soporta y se queja del niño. No ha sido feliz aquí.

– No digas eso. Mi papá lo adora.

– Pero pasa mucho tiempo fuera trabajando. Ella aprovecha la oportunidad para maltratar al niño.

Antero sintió una opresión en el pecho. Iba a responder, pero cambió de idea. Muchas veces él sorprendió a su madre maltratando no solo a los empleados sino Antônia, que era de la familia, y siendo dura con Eriberto, refiriéndose a él de manera ofensiva.

De buen carácter, no quería aceptar que su madre fuera una mujer arrogante y mezquina. Por primera vez empezó a pensar que su tolerancia con las actitudes podría haber perjudicado a Antônia. Si su madre fuera diferente, quizás no habría salido de casa y todo se habría arreglado de otra manera.

Ella no parecía preocupada con el destino de Eriberto. Gloria tenía razón. Cuando lo encontraran, ellos lo llevarían directamente a su casa. Olivia apareció en la puerta del dormitorio diciendo:

– El almuerzo está servido. Empacar sus cosas es una pérdida de tiempo.

– ¿Por qué está diciendo esto? ¿Sabe algo más? – le preguntó a Gloria mirándola intensamente.

– Por supuesto que no. Dije eso porque no sabemos cuándo va a aparecer, si aparece.

– Pareces feliz que haya desaparecido – respondió Gloria nerviosa.

– ¿Qué te pasa? ¡Nunca me hablaste así! Por supuesto, estoy preocupada por el chico. Pero me estoy controlando.

– Vamos a parar con esto. Todos estamos nerviosos. Será mejor que vayamos a almorzar – dijo Antero. Olivia salió de allí pensando en Josefa. Ella había ido con Gloria a guardar las ropas del niño. Ciertamente le había hablado mal de ella a su nuera. Esa era otra que quería ver lejos de su casa. Cuanto antes mejor.

– Ya terminé – dijo Gloria –. Vamos a bajar. Me gustaría que el chofer pusiera estas maletas en nuestro carro.

Antero accedió y bajaron. Almorzaron en silencio. Luego fueron a la sala de estar a esperar las noticias. Antero encendió la radio para escuchar los anuncios mientras Arthur encendía la televisión.

Al ver el retrato de Eriberto en las noticias de las dos, Arthur se conmovió. ¡Es su hijo! ¿Dónde estaría? Pensó en Antônia. ¡Qué triste destino para ellos!

Gloria se acercó a él, colocando una mano en su hombro:

– Regresará, Dr. Arthur. Dios es grande. Estoy segura de eso.

– Ojalá tuviera tu fe.

– Va a ser el hijo que yo no tuve. Voy a cuidar de él con mucho amor.

– Eres muy buena, hija mía.

– No es bondad. Él me va a dar mucho más de lo que yo le doy.

– Estoy seguro que serás una buena madre –. Antero se acercó:

– Ya están pasando el aviso en la radio.

– Ahora está en la televisión – dijo Arthur.

– Ahora solo podemos esperar. Llamaré a la oficina. A ver cómo van las cosas y saber si alguien llamó – dijo Antero.

Comenzó la angustiosa espera por ellos. Habían hecho todos los arreglos y no tenían nada que hacer más que esperar.

Eran más de las cuatro cuando sonó el teléfono. Antero respondió al primer timbre.

– Quiero hablar con el Sr. Antero.

– Soy yo, puedes hablar.

– Se trata de la radio Tupi, creo que encontraron a tu hijo.

– ¿Está bien?

– Eso parece.

– ¿Dónde está él?

– En la ciudad de Santos. Una señora lo encontró vagando por la calle y se lo llevó. Escuchó nuestra radio y llamó, dando la dirección. Nuestros reporteros ya están en camino.

– Iré de inmediato. Dame la dirección.

Gloria le tendió papel y lápiz. Le temblaban las manos y Gloria dijo:

– Ya, puede decírmelo.

Repitió la dirección y ella la anotó. Arthur, emocionado, estaba con ellos.

– Gracias a Dios. Eriberto fue encontrado, parece estar bien.

– Voy contigo – dijo Arthur.

– Yo también – dijo Gloria.

– No, vete a la casa a arreglar todo. Lleva a Josefa. Nosotros nos vamos en el carro de papá.

Olivia, pálida, podía oír todo en la puerta de la sala. Trató de ocultar su molestia. No podía despertar sospechas. Trató de fingir felicidad. Se acercó diciendo:

– ¡Por fin! Me alegro que lo encontraran. ¿Él está bien?

– Sí – respondió Arthur, satisfecho. Al ver Josefa más atrás temblando de emoción, él continuó, diciéndole:

– Arregla tus cosas.

Vas a la casa de Antero a esperar a Eriberto.

Ella asintió. Estaba demasiado emocionada para hablar.

Corrió para terminar de arreglar su maleta. Arthur fue a vestirse y Antero, mientras comprobaba sus documentos, dinero, dijo a su madre:

– Lo llevaremos directamente a nuestra casa. Josefa va con nosotros a cuidar de él.

– Lo voy a extrañar – dijo.

— Tú ya has hecho bastante por él. Es mi hijo y mi responsabilidad. Si lo hubiera sabido antes, ya lo habría llevado.

Arthur estaba listo y se apresuraron a salir. Querían llegar a Santos antes del anochecer. Josefa empacó rápidamente sus pertenencias y se fue a casa con Gloria.

Olivia, cuando se encontró sola, dio libre rienda a la irritación. Antonino había fallado. Eso no podría quedarse así. Le había dado mucho dinero y ya tenía preparado el resto para unos días. Hablaría con él. Tendría que devolver el dinero.

Planeaba ir a buscarlo de inmediato, pero lo pensó mejor y decidió esperar unos días hasta que el caso fuera olvidado. Se había llamado a la policía y no podía despertar sospechas.

Eran casi las seis, cuando el carro de Arthur se estacionó frente de la panadería del Sr. Manuel, que fue dada como una referencia. La calle estaba muy transitada y la gente se apiñaba un poco más adelante. Antes que Antero saliera del auto, un muchacho se acercó:

— ¿Eres el padre del niño? La casa de doña Eunice está al otro lado de la calle. Han llegado los reporteros —. Antero le agradeció y llevó el auto a la casa indicada. Los dos bajaron ansiosos, haciendo espacio entre las personas, un fotógrafo tomó algunas fotos haciendo preguntas, pero ni siquiera prestaron atención. Querían ver a Eriberto.

Entraron. El niño jugaba con los dos hijos de Eunice, mirando con asombro a la gente curiosa que lo rodeaba. Al ver a Arthur, corrió hacia él y le dijo:

— ¡Tío Arthur! ¡Tío Arthur!

Arthur abrió los brazos, Eriberto se arrojó sobre ellos. Arthur lo abrazó con alegría. Cuando logró dominar la emoción preguntó:

– ¿Estás bien?

– Sí. Doña Eunice es muy buena.

Solo entonces vio a Antero junto a él, sonreírle:

– ¡Tú también viniste!

Antero extendió los brazos y el niño se lanzó a ellos contento. Por unos momentos Antero no pudo hablar. ¡Era su hijo y estaba en sus brazos!

Los dos reporteros se acercaron queriendo entrevistarlos, pero Arthur respondió:

– Más tarde. Antes que queremos conocer a la dueña de casa y saber lo que sucedió. Eriberto, ya en el suelo, tomó la mano de Arthur diciendo complacido:

– Vamos, hablemos con ella.

Eunice, con los ojos llenos de lágrimas, estaba muy conmovida. Sus dos hijos fueron a pararse a su lado.

– Esta es doña Eunice – dijo Eriberto –, estos son mis amigos Juan y Antônio. Ellos me enseñaron a jugar fútbol.

Arthur le tendió la mano a Eunice diciendo emocionado:

– Gracias por cuidar tan bien de nuestro chico. Estaremos agradecidos por el resto de nuestras vidas. Este es mi hijo Antero.

– No sabes lo bien que nos hiciste. Que Dios la bendiga.

– Es un chico educado y amable. Nos gusta mucho.

Luego le contó cómo lo encontró corriendo, asustado, y él le contó sobre el secuestro.

– Mi marido está trabajando y no llegará hasta las siete. Iba a esperar a que viniera para ir a la policía conmigo. Luego escuché la radio y estaba tan nerviosa que no escribí el número de teléfono que me dieron. No tenemos teléfono, fui a la panadería para hablar con el Sr. Manuel. Es un muy buen amigo nuestro, llamó a la radio y les dieron nuestra dirección.

Antero y Arthur abrazaron agradecidos al Sr. Manuel.

– Trajo una bandeja de dulces para nosotros – dijo Eriberto sonriendo –. Ya me comí dos.

Todos rieron y Manuel trató de ocultar su emoción. Luego le pidieron a Eriberto que contara todo desde que Josefa lo recogió del colegio.

En pocas palabras les dijo y Antero preguntó dónde estaba la casa donde había estado durmiendo.

– No quiero ir allí. Tengo miedo – respondió.

– No irás allí nunca más – dijo Arthur –. Nosotros vamos a enviar a la policía.

– Esta historia no está clara – dijo Antero.

– Estoy de acuerdo – intervino el Sr. Manuel –. ¿Por qué ellos se iban a robar al niño y luego irse lejos sin pedir rescate o algo más? Si quieres, llamaré a la policía. El comisario aquí es mi amigo.

– Sí, está bien – respondió Antero.

Se fue y los reporteros querían información sobre la familia y Arthur miró a Antero sin saber qué decir. Él no quería conmocionar a Eriberto revelando que Antero era su padre. Por lo tanto, no estuvo de acuerdo:

– Estamos cansados. Nos quedamos despiertos toda la noche y el día no fue nada fácil. Tenemos que esperar a la policía y obedecer los requisitos legales. Más tarde me comprometo a decir todo.

– Es que mi periódico quiere publicar este artículo en la edición de mañana. Necesito cerrar hoy.

– Te prometo que antes de irme te describiré todo.

El marido de Eunice se asustó. Ella la presentó a todos y le dijo lo que había sucedido. Estaba avergonzado, pero satisfecho. Su esposa había hecho una buena acción.

Arthur, observando su cara cansada, señalando el ruido que las personas estaban haciendo, tomó una decisión. Escribió la información sobre la familia, revelando la paternidad de Antônia y Antero, se la dio a los reporteros diciendo:

– Esto es lo que les prometí. Ahora les pido que se vayan, déjennos en paz.

– Queremos esperar a la policía, ver la casa – dijo uno.

– El Sr. Mário llegó cansado del trabajo y tiene derecho a cenar en paz. A todo el mundo, voy a intercambiar unas pocas palabras con ellos y saldremos enseguida. Nosotros esperaremos al comisario afuera.

Mário quiso protestar, pero Antero lo detuvo:

– Papá tiene razón. Estamos irrumpiendo en tu casa.

– Estoy contento que estén aquí, que encontraron a su hijo. Si me pasara a mí, creo que me volvería loco.

– Vayan a esperar afuera – dijo Arthur, abriendo la puerta de par en par y todos salieron. Tan pronto como estuvieron solos la cerró diciendo:

– Quería estar a solas contigo para cumplir lo que prometí.

– ¿Qué es? – Preguntó Mário.

– Una recompensa para cualquiera que diera noticias de nuestro chico.

– ¡No queremos nada! Yo hice por él y lo que haría por cualquier otra persona – dijo Eunice.

– Lo sé, doña Eunice. Eres una buena persona. Además de cuidarlo, le dio cariño, amor. Esto no tiene precio – dijo Antero.

– En realidad no. No hay dinero en el mundo para pagar lo que hizo usted. Pero estamos agradecidos, emocionados con su actitud, queremos retribuir de alguna manera – dijo Arthur.

– ¿A qué hora te vas a trabajar? – Preguntó Antero.

– A las seis.

– Y vuelve a las siete de la noche.

- Es cierto. Trabajo fuera de casa. Tengo que irme temprano.

- ¿Esta casa está alquilada?

- Sí. Allí se va una buena parte de mi sueldo.

- Tienen dos hijos en la escuela - continuó Antero -. Usted es un trabajador muy esforzado.

- Lo hago con mucho gusto, mi riqueza es mi familia. Soy un hombre feliz

Arthur sonrió, sacó la chequera de su bolsillo, se sentó, escribió un cheque, lo dobló y se lo entregó a Mário diciendo:

- De ahora en delante de usted no va a pagar más alquiler. Comprará una casa.

Abrió el cheque con manos temblorosas y quiso hablar, pero no pudo. Eunice miró el cheque y no pudo evitarlo:

- ¿Todo esto? ¡Dios mío, somos ricos!

- Quiero que sepas que somos tus verdaderos amigos. No queremos perderte de vista. Aquí dejaremos nuestra dirección, pero pronto volveremos a visitarlos. Quiero traer a Gloria, mi esposa. Ella estará feliz de conocerlos.

El Sr. Manuel abrió la puerta y se asomó.

- Yo no quiero interrumpir, pero el comisario está viniendo. Quiere hacerse cargo del caso personalmente.

- Entre, Sr. Manuel - dijo Eunice.

- Cuando le conté todo, a él también le pareció extraño. Quiere investigar porque cree que es posible que quieran llevarse al chico de nuevo.

- ¡Dios no lo quiera! - Exclamó Eunice.

- Eso no va a suceder - dijo Antero -. Lo cuidaremos muy bien.

- Es muy bueno investigar. Solo descansaré cuando arresten a los secuestradores y descubran la verdad - reforzó Arthur.

La policía llegó pronto y pidieron llevar a Eriberto a la casa. Aunque la noche ya había oscurecido las calles, Eriberto localizó la casa y entró la policía, permitiendo solo la presencia de un investigador.

Estaban esperando afuera. En la tenue luz de la habitación, examinaron todo, sin encontrar pruebas significativas, solo los documentos falsos.

Ellos cerraron la casa, aseguraron la puerta y la ventana para que nadie entrase, y se comprometieron a continuar la investigación a la mañana siguiente.

A pesar de estar cansados, tuvieron que acudir a la comisaría para registrar el hecho. Era pasada la medianoche cuando comenzaron su viaje de regreso.

Eriberto dormía en el asiento trasero, mientras que Antero condujo el carro al lado de Arthur. Aunque cansado, estaban satisfechos. Como los amigos espirituales habían dicho, todo acabó bien. Lo que no se dieron cuenta es que el espíritu de Antônia había estado al lado de Eriberto todo el tiempo, lo protegió con amor, y todavía estaba allí, velando su sueño, acariciando su cabeza de cuando en cuando.

Eran casi las dos de la mañana cuando el carro de Arthur entró en el garaje de la casa de Antero. Las luces estaban todavía encendidas, lo que indica que Gloria y Josefa los esperaban.

Al escuchar el ruido del auto, salieron de inmediato. Ante su ansiedad, Antero dijo de inmediato:

– Está durmiendo en el auto. Está muy bien.

– ¡Gracias a Dios! – Exclamó Gloria con emoción.

Josefa abrió la puerta del carro, tomó la mano de Eriberto, que dormía profundamente, besándola tiernamente. Su emoción le impidió hablar. Al ver que ella se disponía a cargarlo, Antero intervino:

– Déjamelo a mí, Josefa. Lo acostaré.

Él entró con Eriberto en su regazo, y lo llevó a la habitación, lo colocó sobre la cama. Josefa se acercó y le puso la mano en la frente.

– Él está muy bien. La mujer que lo recogió se hizo cargo de él, lo alimentó y limpió – informó Antero.

– Pero esa ropa no es suya – respondió Josefa.

– Es de uno de los hijos de doña Eunice. Las suyas estaban sucias.

– Vamos a dejarlo dormir – dijo Arthur –. Él necesita descansar. Me voy a casa. Mañana vendré para conversar.

Se despidió satisfecho. Notó el cariño con el que Gloria había ordenado la habitación y se puso feliz. Ahora estaba donde siempre debería haber estado. Pensó en Antônia. De ahora en adelante, podría descansar en paz.

Sin embargo, Antônia no pensó en irse. Se sintió feliz cuidándolo. Era como si estuviera haciendo ahora lo que no tuvo el valor de hacer cuando él nació.

No vio que un par de espíritus iluminados la observaban con emoción. Habían venido allí dispuestos a llevarla de vuelta. Sin embargo, se dieron cuenta que su energía había mejorado mucho. El ejercicio de su función como madre, había vibrado tanto amor que las heridas que todavía tenía en su astral cuerpo a causa de suicidio habían disminuido enormemente.

– Le daremos un poco más de tiempo – dijo la mujer. A lo que él respondió:

– De acuerdo. Solo un poquito más.

Ellos continuaron observando en silencio como el espíritu de Antônia observaba con satisfacción el cariño con que Josefa arreglaba a Eriberto en la cama. Vencido por el cansancio, continuó durmiendo. Gloria había colocado la cama de Josefa en el armario junto a la habitación de Eriberto. Tenía la intención de renovar la casa, para dar más comodidad a ambos.

Antero, de la mano de Gloria, se acercó a la cama de Eriberto diciendo:

– Vamos, Josefa. Vamos a dar las gracias a Dios por traernos a Eriberto de vuelta.

Se arrodillaron junto a la cama y con voz temblorosa Antero pronunció una emotiva oración de agradecimiento, porque Dios les había dado a este hijo y lo había devuelto sano y salvo.

En un rincón, una emocionada Antônia acompañó la oración. Los dos espíritus de luz se habían acercado al grupo y las manos extendidas rezaban con ellos. Una luz muy clara bajó desde arriba y los envolvió.

Cuando salieron de la habitación, Gloria comentó:

– Estoy tan feliz que todo mi cansancio se haya ido.

– Nunca me sentí tan bien.

– ¿Ya sabe que eres su padre?

– Todavía no. Mañana hablaremos con él y le contaremos. Papá vendrá tan pronto como se despierte para ayudarnos.

Abrazados, fueron al dormitorio y pronto se durmieron en paz. Josefa se acostó y pronto se durmió. Antônia se quedó allí, cuidando su cuerpo dormido.

Amanecía cuando vio que el espíritu de Eriberto, de la mano de Josefa, entraba en la habitación. Al verla, dejaron de sentir curiosidad.

Contenta de poder hablar con él, Antônia se le acercó y lo abrazó mientras le decía emocionado:

– ¿Quién eres tú? – Preguntó el chico.

– Antônia, tu madre.

– Tú moriste – dijo, sorprendido.

– Mi cuerpo murió. Pero yo todavía vivo en otro lugar. Quiero decir que yo te amo mucho y me quedaré a tu lado para protegerte. Nada de malo te sucederá más. Yo realmente quería conocerte.

– Ahora ya lo conoces –. Josefa los miraba asustada.

– Te estoy muy agradecida por lo que has hecho por mi hijo. Dios te bendiga –. Y volviéndose hacia Eriberto prosiguió:

– Recuerda que yo te amo y siempre lo haré.

Lo besó con cariño en la frente y Josefa recordó que la madre de Eriberto estaba muerta. Tenía mucho miedo. Ella tomó su mano diciendo:

– Ven, tenemos que volver.

Eriberto se acomodó sobre su cuerpo dormido mientras ella se dirigía a la habitación contigua y luego se despertaba. Aun asustada, se levantó y fue a ver a Eriberto. Al ver que dormía en paz, consideró:

– Fue solo un sueño. No tengo que preocuparme Y volvió a la cama para intentar dormir un poco más.

* * *

La noticia se difundió rápidamente. Las noticias de la noche anterior y la mañana siguiente hablaron del caso de Eriberto. Olivia leyó los periódicos a primera hora de la mañana, pero la policía no tenía ni idea de las noticias.

Qué idea más estúpida la suya, abandonando al chico tan cerca. ¿Por qué habrían hecho eso? Antonino aseguró que la pareja era de confianza. Pero él se las vería con ella. Tendría que devolver parte del dinero.

Arthur se despertó a las diez y media, se vistió y bajó a desayunar. Al verlo, Olivia dijo feliz:

– Menos mal que todo volvió a la normalidad. ¿Te contó cómo fue?

– Sí, lo hizo.

– Lo leí en el periódico. ¿Fue así?

– No he visto las noticias todavía, pero así debe haber sido.

– Yo ni siquiera vi al niño. Ustedes se lo llevaron directamente a la casa de Antero.

– Ellos pensaron que era mejor. Después de todo, Eriberto debería haber estado con ellos desde el principio. Quiero tomar un café. Necesito irme.

– La mesa aun está puesta. Les diré que sirvan.

– Si tardan demasiado, tomaré algo en la calle.

– Puedes sentarte que ya serás servido.

Fue al comedor, se sentó. El café estaba en el termo y se sirvió. Olivia se sentó a su lado con ganas de iniciar una conversación.

– ¿No me vas a contar los detalles?

– Los periódicos deben haber dicho todo.

Se movió en su silla, vaciló un poco y luego consideró:

– ¿Crees que Gloria está siendo sincera? ¿Qué tan satisfecha está de tener al hijo de su esposo con otra mujer en su casa? A nadie le gusta que lo traicionen.

Arthur intentó controlar su irritación.

– Gloria es una buena chica. Ella realmente quiere ser madre.

Olivia negó con la cabeza. Antes de continuar, Arthur dijo con seriedad:

– No juzgues a los demás por ti misma. Están felices y todo está bien como está. Ahora necesito irme.

Antes que ella protestara porque él no había comido nada, se levantó y se alejó. Durante el trayecto hasta la casa de Antero pensó que cada día era más difícil soportar la maldad de Olivia.

Sus comentarios lo hirieron. ¿Hasta cuándo lo soportaría? Al llegar a la casa de Antero, ellos ya habían desayunado y Eriberto sentado en el regazo de Gloria escuchaba atento una historia que estaba leyendo en un libro ilustrado a color.

La cariñosa escena conmovió a Arthur. Al verlo entrar, detuvo la lectura y el niño corrió a abrazarlo. Antero entró en la habitación diciendo:

– Te estábamos esperando.

– Lo sé. Tenemos que hablar con Eriberto. Necesita saberlo todo.

Sosteniendo la mano de Eriberto, Arthur lo hizo sentarse en el sofá y se sentó a su lado. Antero y Gloria se sentaron frente a ellos.

Arthur sacó una foto de Antônia de su bolsillo, se la mostró al niño diciendo:

– Esta es tu madre, que murió cuando eras muy pequeño.

El niño tomó la fotografía, mirándola ansiosamente por unos momentos. Luego, algunas lágrimas rodaron por su rostro.

– Era bonita, ¿no crees? – Continuó Arthur sonriendo.

– Mucho – dijo Eriberto, sin apartar los ojos de la foto –. Realmente desearía que no hubiera muerto.

– Nosotros también.

– Entonces era ella. Yo sabía que era ella. Antero estaba interesado:

– ¿Cuándo?

– Esta noche, soñé que ella estaba en mi habitación. Ella dijo que me está protegiendo –. Arthur lo miró con preocupación:

– No la conocías, ¿cómo sabes que era ella?

– Debido a que ella dijo que era mi madre, y es igual a la foto. Pregúntale a la Josefa. Ella estaba conmigo y también la vio.

– Está bien – concordó Arthur y continuó:

– Nosotros te decimos su historia, la cual es también la tuya y de Antero. No te lo dije antes porque aun eras pequeño y no lo entenderías. Ahora has crecido y es hora que lo sepas.

– ¡Ya cumplí seis años! – dijo el chico levantando la cabeza con orgullo.

– Eso es correcto. Tu madre era hija de mi hermana Bernardete, que murió cuando Antônia tenía catorce años y estaba sola en el mundo.

– ¿Y su padre?

– También había muerto cuando ella era pequeña. Yo era su tío y la llevé a vivir a nuestra casa. En ese momento Antero no se había casado con Gloria. Sin decírselo a nadie, Antônia empezó a salir con Antero. Pero la relación no funcionó. Antônia no se llevó muy bien con Olivia y decidió vivir en otro lugar. Antero, que conocía a Gloria desde niño, empezó a salir con ella y se casaron.

Eriberto escuchó con atención. El tema era delicado y Arthur eligió sus palabras con cuidado.

– Siempre iba a visitar a Antônia y supe que iba a tener un hijo y que Antero era el padre. Arthur guardó silencio y Eriberto miró a Antero con asombro. Antero no pudo evitarlo, se acercó al niño, lo abrazó diciendo:

– ¡Soy tu padre, Eriberto!

– ¡Nunca me lo dijiste! – Exclamó asombrado.

– Es que yo no lo sabía. Pero siempre he gustado de ti y yo estaba muy feliz de saber que eres mi hijo –. Arthur intervino:

– Cuando naciste, Antero ya se había casado y tu madre no quería que él lo supiera. Pensó que a Gloria no le gustaría.

Gloria se acercó:

– Pero estaba equivocada. Estoy muy feliz de saber eso.

– Después que ella murió, te llevé a nuestra casa, pero no le dije nada a Antero porque le había prometido Antônia que nunca se lo diría.

– Una persona que conocía la historia vino a decirme que eras mi hijo. Gloria y yo estamos felices y queremos que nos aceptes como padres y te quedes aquí – dijo Antero –. Gloria y yo vamos a cuidarte y hacer todo lo posible por hacerte feliz. ¿Nos aceptas?

Eriberto sonrió contento:

– Yo quiero. Pero ¿también vendrá el tío Arthur?

– Soy tu abuelo. No viviré aquí pero siempre te veré –. Eriberto consideró por unos pocos momentos, y luego exclamó con alegría:

– ¡Qué bueno! ¡Ahora ya tengo un padre, una madre, e incluso un abuelo! Necesito decírselo a Josefa. Ella, que observaba toda parada en la puerta de la habitación, entró sonriendo:

– Lo sé. ¡Qué bueno!

Corrió hacia ella, abrazándola con afecto.

– ¡Te tengo a ti! Ahora no falta nada.

– Eso es verdad. Vamos, te mostraré algo que descubrí.

– ¿Qué es?

– Un trenecito que camina, silba y tira humo.

– ¡Oye! Quiero ver.

Se fue con Josefa y Arthur dijo:

– Él es feliz. Gracias a Dios. Ahora vamos a cuidar de la vida. Necesito ir al consultorio.

– Yo a la empresa. Pero primero todavía tengo que hacer algunos arreglos.

– ¿Qué planeas hacer?

– Voy a sacar a Eriberto de la escuela. Me temo que los secuestradores querrán volver a intentarlo.

– De hecho. Es extraño que se hayan llevado al chico para dejarlo en ese lugar.

– Quizás se confundieron y tomaron al chico equivocado. En cualquier caso, es posible que quieran completar lo que no han logrado.

– Sería bueno hablar con el comisario.

– ¿El de aquí? No le preocupaba en absoluto el caso. Es una pérdida de tiempo. El de Santos quedó en investigar.

– En la comisaría tienen muchas ocurrencias y poco tiempo para atenderlas todas. Por darnos la paz de la mente me gustaría mucho encontrar a los culpables y verlos en la cárcel.

– Yo también.

Gloria había salido de la sala. Al ver que estaban solo ellos dos, Antero prosiguió:

– Vamos a investigar por cuenta propia. ¿Cómo es eso?

– Contrataré a un detective. Pero queda entre nosotros.

– Hazlo. Ahora necesito irme. Cualquier cosa, estaré en el consultorio.

– Eriberto aceptó bien la situación.

– Nunca se quejó, pero le gustó descubrir que tiene padres.

Arthur se despidió y Antero se dirigió a la oficina. Hubo mensajes de amigos, pero llamó a Nina primero. Ella era responsable de todo lo bueno que estaba pasando en su vida.

Le contó todo y terminó:

– Ahora voy a llamar a doña Mercedes. Dile al Dr. Dantas cómo van las cosas. Dile que estoy muy agradecido con todos. Estoy seguro que todo salió bien gracias a la ayuda espiritual. Hoy por la noche iré con Gloria a la sesión.

– Estoy feliz por ti.

– Espero que tu caso también se resuelva y que todos estén contentos, como nosotros.

– Gracias, Antero.

– Me preocupaba decirle a Eriberto la verdad. No sabía cómo reaccionaría cuando se enterara que tenía un padre que durante tantos años estuvo ausente. Yo le dije que no sabía de nada, pero aun temía que me exija, pero no fue lo que sucedió.

– ¿No? ¿Cómo reaccionó?

– Estaba feliz de tener una madre, un padre e incluso un abuelo. Mi padre concluyó que, aunque nunca se quejó, extrañaba la presencia de sus padres.

– Tu caso es diferente al mío.

– Me dijiste que le ibas a contar todo a Marcos.

– Yo lo haré. Pero tengo miedo. Le mentí.

– Valor. Él estará feliz y te vas a sentir aliviada. Termina pronto con este tormento.

– Veremos.

Nina colgó el teléfono, pensativa. No creía que su caso tuviera una buena solución. Sabía que tendría que ceder, ya que André tenía derecho a relacionarse con Marcos. Pero nunca estaría feliz de compartir su afecto con André.

Durante el resto de la tarde, Nina no pudo olvidar las palabras de Antero. "Valor. Él estará feliz y te vas a sentir aliviada. Termina pronto con este tormento."

De hecho, estaba atormentada por este tema, sabía que necesitaba hablar con Marcos, pero seguía posponiéndolo. Cuando terminó el horario de trabajo, Nina se fue a casa. Al entrar, Marcos corrió hacia ella diciéndole:

– Madre, vi a Eriberto en la televisión, su padre y abuelo también. Yo sabía que lo encontrarían pronto. Marta me dijo que él pensaba que era huérfano y que su padre no sabía que tenía este hijo. ¿Será que él ya sabe que Antero es su padre?

Nina sintió una tensión y se angustió. Trató de tomar su voz natural respondiendo:

– Me llamó Antero diciéndome que ya lo sabe todo.

– ¡Caramba! ¡Debe estar muy feliz!

– ¿Crees eso?

– Por supuesto. Antes, no tenía a nadie. Ahora tiene padre, madre, abuelo, una familia.

– Es cierto. Ahora voy a darme una ducha y a prepararme para irme.

– Yo también voy. Lo prometiste.

– De acuerdo.

Poco antes de las siete, Nina llegó con Marcos a la casa del Dr. Dantas. Se había mostrado reacia a ir a causa de André, pero, por otro lado, sentía que necesitaba ayuda espiritual con urgencia. Estaba angustiada, insegura, inquieta. Ese ambiente de paz y armonía calmaría tu corazón.

Cuando ellos entraron, André y Milena ya estaban allí. Ellos se levantaron para saludarlos y Nina notaron el placer con que Marcos los abrazó. Todos comentaron con alegría el caso de Eriberto y, cuando Antero entró con Gloria, estaba rodeado de todos dispuestos a abrazarlos.

Ambos se sintieron conmovidos por su cariño y sobre todo por el recuerdo que solo dos días antes habían estado allí, angustiados, desesperados, temiendo por la vida de Eriberto. Era hora de agradecer.

Antero informó los detalles del caso y encontró que toda la información de los médiums estaba confirmada. Marcos, al enterarse que habían encontrado al niño en Santos, exclamó:

– Yo vi que la tierra era arenosa. Debería haber llegado a la conclusión que él estaba en la costa –. Marta lo abrazó diciéndole seriamente:

– Cuando tengan una videncia, debes informar solo la escena que viste. No debes interpretar ni querer ir más allá, porque puedes equivocarte. Los buenos médiums se pierden haciendo esto y acaban desacreditados.

Llegó el momento de iniciar la sesión y todos tomaron asiento. Mercedes hizo una sincera oración de agradecimiento por el regreso sano y salvo de Eriberto. Después de leer el tema y estudiar de noche, se volvieron a apagar las luces y el espíritu de Bernardete se comunicó a través de Milena.

– Quiero agradecer la ayuda que nos brindaron al permanecer en vigilia esa noche. Así, logramos influir en las personas que estaban con el niño. Debo decir que el espíritu de Antônia estuvo a su lado todo el tiempo, tratando de protegerlo. Estaba dispuesta a hacer cualquier cosa para evitar que hicieran lo que pretendían. Había una mujer en la casa a la que queríamos influir. Como era muy materialista, necesitábamos las energías de los encarnados, que sumados a las nuestras podrían sensibilizarla. Por eso pedimos que en un momento determinado todos se unieran para vibrar. Uniendo nuestras fuerzas, con la ayuda de nuestros superiores, conseguimos que Antônia en sueños se encontrase con esta mujer, haciéndola consciente de sus errores. Estaba muy asustada y cuando se despertó convenció a su pareja que renunciara al chico. Ellos lo abandonaron y se fueron con el dinero, que al fin y al cabo era lo que querían.

– ¿Dinero? – Comentó Antero –. No dimos nada.

– ¿Puedes contarnos algo al respecto? – Preguntó Mercedes.

– Todavía no. Hicimos un seguimiento a la distancia y ahora el niño se encuentra a salvo, permitimos que Antônia nos viese y la convencimos de regresar a su tratamiento. Ella está más tranquila, nos pidió uno o dos días para estar con su hijo y prometió volver con nosotros. Debo decir que la encontramos mejor, a pesar de haber huido del hospital. De acuerdo a lo señalado, durante el tiempo en que se encontraba junto a su hijo, sin saber qué iba a pasar, temiendo por su vida, lo envolvió con tanto amor que todo el sentimiento que había reprimido desde su nacimiento fluyó, envolviéndolos. Y el sentimiento de ese amor puro e intenso le permitió conectarse con seres más elevados, lo que cambió por completo su situación espiritual.

– El amor cubre una multitud de pecados – sentenció Mercedes emocionada.

– Es cierto. Este contacto con las vibraciones superiores la hizo sentir que puede ser feliz. Se arrepintió de lo que hizo y está dispuesta a asumir los resultados de sus acciones. Sabe que el sentimiento de amor que carga en su corazón le dará la fuerza para aprender lo que necesita y seguir adelante. Estaré eternamente agradecida por todo lo que hicieron por mi hija. Dios los bendiga.

Milena guardó silencio y continuaron rezando en silencio. Poco después, un joven comenzó a hablar sobre los beneficios del perdón incondicional, diciendo que quien perdona recibe más gracia que quien es perdonado.

Mercedes ofreció una pequeña oración de agradecimiento y terminó la reunión. Después de comentar los mensajes, tomando el agua que estaba sobre la mesa, se despidieron.

André habló con Marcos emocionado mientras Nina los observaba con cierta preocupación. Antero se acercó a Nina, que estaba hablando con Mercedes, diciendo:

– Esperé porque quiero hacerte una invitación. El sábado tendremos una cena para celebrar la llegada de Eriberto. Nos gustaría que estuvieras con nosotros.

– Lo haré con mucho gusto – dijo Mercedes sonriendo. Volviéndose hacia Nina le preguntó:

– Irás con Marcos, ¿no?

– Sí.

Marcos, que se acercaba, exclamó:

– ¡Opa! Tengo muchas ganas de conocer a Eriberto –. Detrás de él estaban André, Marta y Milena.

Antero reiteró la invitación diciendo que insistió en que todos fueran. Luego se despidieron y Nina se fue con Marcos al auto. André se acercó a Milena y antes que ella se subiera al auto la invitó:

– Vamos a comer algo y nos gustaría que nos acompañen.

– Gracias, pero tenemos que irnos. Necesito levantarme temprano mañana. Marcos intervino:

– También tengo hambre. Vamos, mamá.

Nina miró a su hijo, a André, los dos esperaron con mirada suplicante.

– De acuerdo. Pero no tardaremos mucho.

– Yo conozco un muy buen lugar. Vamos en mi carro – dijo André satisfecho.

– No. Iremos detrás de ti.

En el auto junto a Marcos, Nina dijo:

– Veamos si tienes mucha hambre.

– Sí tengo. Pero me gusta más conversar con ellos. Siento como que somos amigos.

– Ustedes se acaban de conocer.

– Creo que somos amigos de otras vidas.

Nina no respondió. Las cosas estaban sucediendo y el asedio se hacía cada vez más apretado. Llegaba el momento en que ya no podría ocultar la verdad.

En el restaurante, André estaba feliz, hablando de los países que había visitado, sus costumbres, y Marcos escuchaba con entusiasmo. Como siempre, Nina tuvo que admitir que André era un conversador brillante. Tan envolvente en sus narrativas que durante algún tiempo Nina incluso olvidó su situación.

Era pasada la medianoche cuando miró su reloj y decidió irse.

– ¡Es tarde! Tenemos que irnos.

– ¡Qué lástima, mamá! ¡La conversación está tan buena!

– Nunca te conformas. Es hora de irse.

André pidió la cuenta y se fueron. Al despedirse, Marcos le dijo a André:

– Tú bien podrías seguir el asunto mañana allí en casa –. Tomada por sorpresa, Nina se estremeció, pero intervino:

– El Dr. André es un hombre ocupado. Nos veremos el sábado en la casa de Antero. ¿Lo olvidaste?

– El sábado va a tardar en llegar – se quejó el chico.

– Pasará muy rápido – garantizó Milena sonriendo y besando a Marcos en la frente –. Si me extrañas, tienes mi teléfono. Puedes llamarme.

– Te vas a arrepentir de decir eso – dijo Nina sonriendo –. Él te va a abusar.

– Será un placer hablar con él. Tenemos muchos problemas en común.

Nina se despidió de Milena con un abrazo y le tendió la mano a André, quien la acercó suavemente a sus labios. Entonces él dijo:

– Duerme bien, Nina.

Ella sintió su rostro quemado y de inmediato entró en el carro. Marcos se sentó a su lado mirándola con aire divertido. Durante el viaje, al ver que ella no estaba diciendo nada, él dijo:

– Madre, creo que André está interesada en ti –. Nina trató de ocultar su vergüenza.

- ¿De dónde sacaste esa idea?

- Vi cómo te miraba y cómo te besaba la mano.

- El Dr. André es un hombre bien educado. En sociedad se acostumbra besar la mano de una mujer para despedirse.

- Siento que le gustas.

- Pero a mí no me gusta. Nunca más digas eso -. Él la miró asombrado:

- De acuerdo. No diré nada más. Pero que le gustas, eso sí.

Nina no respondió. Una vez en casa, acostada a dormir, Nina recordó todo lo que había sucedido esa noche.

Marcos tenía razón. Los ojos de André brillaban cuando la miraba. Dondequiera que estuviera, sorprendió su mirada sobre ella. Luchó por olvidarlo e irse a dormir. Sin embargo, las escenas de momentos antes se repitieron ante sus ojos y ya era muy tarde cuando, vencida por el cansancio, logró conciliar el sueño.

***

A la mañana siguiente, nada más llegar Antero a la empresa, se encerró en su despacho y llamó a Octavio, amigo desde la secundaria. Aunque habían seguido carreras diferentes, la amistad se mantuvo.

Octavio se había convertido en un juez de derecho de gran prestigio. Él respondió de inmediato, y después de los saludos dijo:

- Realmente iba a llamar. ¿Cuál fue la historia del secuestro que vi en los periódicos? Nunca supe que tenías un hijo. ¿Realmente sucedió?

- Sí. Es una historia larga y triste cuyos detalles te contaré más adelante. Tampoco sabía que tenía este hijo. Lo descubrí hace unos días que el niño adoptado por mi padre era mi hijo con Antônia.

- Recuerdo tu pasión por ella.

- Así es. Quería asumirlo, se lo conté todo a Gloria, quien estuvo de acuerdo. El día que lo íbamos a recoger, lo secuestraron al salir de la escuela. Debes haberlo leído en los periódicos.

- Lo leí. Pero encontré esa historia muy extraña. Los secuestradores pretenden obtener dinero. Algo anda mal en este caso.

- Eso es lo que pensé. Por eso te llamo. Necesito tu ayuda. Me propongo seguir investigando por cuenta propia. ¿Puedes referirme a alguien que pueda hacer esto por mí?

- Puedo. Pero no por teléfono. ¿Puedes venir aquí?

- Iré de inmediato. En quince minutos estaré allí.

Antes de ir, llamó al comisario en Santos para enterarse de cómo iban las investigaciones y se enteró que había hablado con el dueño de las distintas casas entre las que estaba la que había estado Eriberto. Las alquilaba por temporada. Describió al hombre que la había alquilado por una semana, pagado por adelantado, como era costumbre, diciendo que era para una pareja de amigos y su hijo.

El comisario dio la descripción del hombre, que Antero anotó, y prometió seguir investigando. Armado con estos datos, Antero colgó y fue inmediatamente a la oficina del amigo.

Allí, contó todo en los más mínimos detalles y concluyó:

- Percibo que algo está mal. No puedo dejar las cosas como están.

- Estoy de acuerdo. Tienes que descubrir quién fue, enviarlo a la cárcel. Ellos pueden volver.

- Es lo que pienso. No creo que la policía esté interesada en continuar con las investigaciones. Ellos tienen otros casos, más urgentes a atender. Eriberto ha sido encontrado y está bien.

- Tengo un amigo que puede ofrecerte lo que necesitas. Es discreto y eficaz. Es bueno actuar pronto. Cuando se llevaron al chico, deberían haber sabido todo sobre ti. Pueden ser personas cercanas, conocidas y que vigilan todos los pasos de la familia. Recomiendo el secreto absoluto. Nadie puede saber lo que pretendes hacer.

– Solo mi padre lo sabe y acordamos no decírselo a nadie más.

– Eso está bien. Lo llamaré.

Media hora después llegó y tras las presentaciones Antero lo puso al día con todos los detalles y lo contrató. Marcelo Ribeiro era un joven de treinta años, alto, de piel clara, que inspiraba confianza, mirando a los ojos a la persona con la que hablaba.

Anotó todo, los nombres de los familiares, amigos cercanos, empleados y la descripción del hombre que había alquilado la casa de Santos.

– ¿Se acuerda usted de algo más? A veces, un pequeño detalle que se pasa por alto puede resolver un caso.

Antero vaciló un poco, luego declaró:

– Bueno, hay un detalle que no he mencionado, ya que es una creencia íntima en la que hasta hace poco tiempo yo no creo, pero que he tenido que aceptar en la evidencia que teníamos.

– Dime, ¿qué pasa? Preguntó Octavio.

Antero, que en su narración había omitido la parte espiritual, lo relató todo, incluso cómo Nina se había enterado que el niño era su hijo hasta que la ayudó durante el secuestro. Y terminó:

– Hasta ahora todos los que los espíritus dijeron que, si se confirma, pero ayer se mencionan una cosa que no puedo entender.

– ¿Qué era? – preguntó Marcelo.

– Que la pareja abandonó al niño porque tenían el dinero, que era lo que realmente querían. Pero no pagamos nada. Sería la primera vez que ellos están equivocados.

– Es un caso para pensar – dijo Marcelo.

– Si ellos acertaron en todo, eso también podría ser cierto.

– Si es cierto, el caso cambia por completo – comentó Marcelo.

– ¿Cómo es eso?

– Alguien podría haberles pagado para llevarse al niño.

– ¿Quién haría una maldad de esas con una criatura? – Preguntó Antero, sobresaltado.

– Alguien a quien no le gustas. Alguna venganza.

No tenemos enemigos. Mi padre es un médico muy estimado y nunca tuvo enemigos.

– En ese caso, alguien a quien no le guste el niño y quiera mantenerlo alejado de la familia.

La única persona que se implicaba con Eriberto era su madre. Este pensamiento pasó rápidamente por la cabeza de Antero, pero éste lo repudió horrorizado. Ella podría no ser capaz de hacer eso.

– Me gustaría a conocer el resto de la familia y sus amigos más cercanos – dijo Marcelo.

– Sería bueno. Puedes presentarlo como amigo. Marcelo es muy bueno analizando a las personas.

– Claro. Pero te garantizo que no encontrarás nada allí.

– Aun así, me gustaría intentarlo.

Antero accedió y acordaron que a última hora de la tarde lo llevaría a casa y lo presentaría a todos como un amigo de paso por la ciudad.

– Ese detalle del dinero es importante.

– Es posible que el médium se haya equivocado. Puede suceder.

– Puede ser. Pero, por otro lado, este detalle hace que el caso sea más lógico. Si no pidieron rescate fue porque alguien ya les había dado dinero.

– No había pensado en eso. ¿Crees que podrás encontrar a los secuestradores? No tenemos muchos elementos.

– Creo que a los espíritus les interesa que los localicen. Y casi estoy seguro que nos ayudarán a encontrarlos.

– No sabía que creías en los espíritus – comentó Octavio.

– Creo y pienso que tú también debes creer. Ellos existen y en su propia manera interfieren con los hechos. Cuando lo necesito, tengo una amiga médium que me ayuda.

Antero sonrió satisfecho. Marcelo era la persona correcta para manejar el caso. Acordaron que al final de la tarde pasaría por la empresa y Antero lo llevaría a su casa.

Eran las seis y media cuando entró con Marcelo en su casa y le presentó a Gloria como un viejo amigo que vivía en Rio de Janeiro, que estaba de paso por la ciudad, estaría por unos pocos días. Estaban hablando en la sala cuando Josefa entró con Eriberto. Marcelo se mostró encantado con el niño, alegando que tenía un hijo de su edad. Como habían acordado, Antero se disculpó diciéndole que se iba a dar una ducha y llamó a Gloria para que lo acompañara. Marcelo cogió un libro de historia de los niños que estaban sobre la mesa y preguntó:

– ¿Te gusta esta historia?

– Mucho. Gloria me lo está leyendo.

Eriberto tomó un carro que estaba en una esquina y continuó:

– Mi papá compró ese auto. Él camina, se enciende sus luces delanteras y tiene una bocina.

– ¡Qué belleza! – Exclamó Marcelo.

Eriberto, emocionado, comenzó a jugar con el carro mientras Josefa lo seguía discretamente. Marcelo aprovechó el momento y se acercó a ella.

— ¿Llevas mucho tiempo con él?

— Desde que nació, es decir, desde que el Dr. Arthur lo llevó a casa.

— Debe gustarte mucho.

— Me encanta. Estaba casi loca cuando se lo llevaron, pero no pude hacer nada.

— Tengo curiosidad, ¿cómo pasó?

Josefa informó de lo sucedido. Después de escuchar con atención, Marcelo tomó:

— Valoro la desesperación de los padres de Antero.

— El Dr. Arthur estaba realmente desesperado, ya doña Olivia...

— ¿Qué pasa con ella?

— Bueno, a ella no le gustan los niños. No le importaba mucho.

— Era su nieto.

— No sabíamos que era el hijo del Dr. Antero. Era un secreto. Nos enteramos más tarde. Pero aun así a ella no le importó. El chico le tenía miedo. Usted tenía que ver lo que ella hacía con él. Lo siento, no debería estar diciendo eso. Puede que al Dr. Antero no le guste. Adoro al Dr. Arthur y aquí, entonces, doña Gloria es un amor. Eriberto y yo estamos felices aquí. Por favor, no les digas nada.

— No te preocupes. No diré nada. Por la forma como lo dijiste, ella no te gusta —. Josefa miró hacia atrás y al ver que estaban solos dijo en voz baja:

— Ella trataba al niño con desprecio, no lo dejaba comer en la mesa, ni toleraba su presencia. Frente al Dr. Arthur, lo disimulaba. Sufría mucho por eso. Amo a este chico. Es dulce, cariñoso, eso me dolía.

– Eres una buena chica, Josefa –. Gloria regresó al cuarto diciéndole a Marcelo:

– Siento dejarte solo, pero Antero parece un niño, quiere todo en la mano.

– No te molestes. Soy de casa

A pedido de Gloria, Josefa llevó a Eriberto a lavarse las manos porque la cena se iba a servir en cuanto bajara Antero. Marcelo habló con ella, quien le dijo acerca de su deseo de ser madre, su frustración y la alegría que la presencia de Eriberto le trajera.

– Admiro tu actitud. Después de todo, es el hijo de Antero con otra mujer.

– Lo sé. Su madre era prima de Antero. A pesar de quererlo mucho y estar embarazada, lo dejó todo para no perturbar nuestro matrimonio. En su lugar, no sé si podría hacer eso. Murió y yo quiero olvidar lo que sucedió y ser una buena madre para él, quien no tiene la culpa de nada.

– Fuiste generosa.

– Nada de eso. Recibí mucho más de lo que di. Estaba triste, pensando que no merecía ser madre. Entonces la vida me trajo a Eriberto, demostrando que me considera capaz de asumir esta responsabilidad. Me siento valorada y feliz.

Antero apareció en la habitación y la conversación se generalizó. Luego se sirvió la cena. Una hora después, Marcelo se despidió. Antero se ofreció a llevarlo al hotel.

Una vez en el auto, Marcelo dijo:

– Mi auto se quedó en el estacionamiento de Octavio.

– Te dejo ahí. Me dio tiempo para hablar con todos, pero creo que todavía no tienes nada que decirme.

– No. Pero la conversación fue muy provechosa. Mañana me gustaría a conocer a tus padres.

– Puedo llevarte a su oficina.

– Prefiero ir a su casa. Quiero conocer a los sirvientes.

Antero estuvo de acuerdo. Lo dejó en el estacionamiento después de hacer una cita para la noche siguiente.

Marcelo llegó a casa y poco después sonó el teléfono. Era Octavio:

– Entonces, ¿cómo estuvo?

– Bien, tu amigo tiene una familia envidiable. Mañana conoceré a sus padres. ¿Qué me puedes contar de ellos?

– El Dr. Arthur es un encanto. No puedo decir lo mismo de doña Olivia. Es una mujer esnob, burlona y manipuladora. Pero socialmente es muy respetada. Creo que estás perdiendo el tiempo con ellos. ¿No sería mejor investigar al hombre que alquiló la casa en Santos?

– Confía en mí, Octavio.

– Yo lo hago. Si tienes alguna noticia, llámame.

Marcelo colgó el teléfono pensativo. Tomó la lista de los que habían escrito los nombres de todo el mundo y rayó a Gloria y Josefa. Estaban más allá de toda sospecha.

Al día siguiente, en cuanto André llegó a la oficina, encontró a Breno.

– ¿Ha leído los periódicos de hoy?

– No.

– Se aprobó la ley de divorcio. Lee.

André se interesó, tomó el periódico y leyó. Luego preguntó:

– ¿Qué te pareció?

– Bien, muy bien. Estoy seguro que con el tiempo se mejorará.

– Yo prefiero que el divorcio sea inmediato. De esta manera tendremos que esperar dos años para obtenerlo.

– Solicitaré inmediatamente una separación legal. El tiempo pasa rápido y pronto me divorciaré y podré casarme legalmente con Lucía.

André se quedó pensativo unos minutos. También estaba separado, pero no tenía esperanzas que Nina lo quisiera de vuelta. Pero, aun así, quería deshacerse de Janete lo antes posible.

– Creo que haré lo mismo.

– Estoy seguro que Anabel estará de acuerdo, fue ella quien decidió separarse. Pero Janete no aceptará.

– Ella no puede hacer nada. Estamos separados y no pretendo volver, tendrá que aceptarlo. Iré a la corte.

– Creo que lo mejor sería ir a conversar con ella y conseguir que ella esté de acuerdo.

– Preferiría no volver a verla ni discutir este asunto.

– La resolución de común acuerdo siempre será más fácil y menos dolorosa –. André pensó un rato y decidió:

– Voy a hablar con mis padres. Me separé, exigían explicaciones. Ha llegado el momento de hacer esto.

– Tu madre intentará hacerte cambiar de opinión.

– Lo sé. Pero ahora no soy más aquel joven inexperto. Sé lo que quiero hacer con mi vida y no seré influenciado por nadie. Los buscaré por respeto. Sé que, en el fondo, ambos quieren que sea feliz.

Esa mañana, el Dr. Dantas llegó temprano a la oficina y se reunió con Nina para hablar sobre el divorcio. Después de estudiar el cuerpo de la ley, el Dr. Dantas dijo:

– Será mejor que contratemos a una o dos personas. ¿Alguna vez te preguntaste cuántas parejas desquitadas, separadas durante años, viviendo una situación marginal ante la sociedad van a querer legalizar su situación?

– De hecho. Yo mismo conozco algunos – respondió Nina sonriendo.

El Dr. Dantas se quedó en silencio por unos momentos mirando a Nina, luego dijo:

– André se separó de Janete.

– Lucía me lo dijo.

– He estado viendo la forma en que te mira. Creo que sigue enamorado –. Nina se sonrojó y desvió la mirada.

– No creo, lo que quiere es acercarse a Marcos. Además, no está acostumbrado a que lo contradigan. Siempre tenía todo lo que quería. Quiere romper mi resistencia, golpearme.

– No lo creas, Nina. No dejes que el orgullo siga destruyendo tu vida. Eres joven, tienes muchos años por delante. Yo sé que tú no dejaste de amarlo.

– André no es de fiar.

– He hablado mucho con él, me abrió el corazón. André cambió, Nina. Ya no es ese joven sin experiencia. Ahora sabe lo que desea de la vida y sé que él te quiere a y a Marcos.

– ¿Él te dijo eso?

– Habló de la voluntad de ser verdadero, asumiendo lo que siente, a dar un rumbo mejor a su vida, el amor que siente por Marcos y de cómo le gustaría que tú lo perdonases. Yo estoy acostumbrado a tratar con las personas y te puedo asegurar que André está siendo sincero, lleno de pensamientos elevados.

– Antiguamente creía que era así. Bueno, noble, sincero. Pero cuando menos lo esperaba, él me abandonó dejando sobre mis hombros la responsabilidad de un niño.

– Él se arrepiente amargamente. Varias veces me aseguró que, si pudiese volver atrás, no haría eso.

- ¿Quién me garantiza que si lo acepto un día no lo hará de nuevo?

- Nadie puede garantizar nada. No sabemos lo que nos depara el mañana. ¿Quién puede garantizar que tú también vayas a cambiar y pensar de manera diferente a lo que piensas hoy?

Nina bajó la cabeza pensativa, el Dr. Dantas continuó:

- Se merece una nueva oportunidad. Quiere reparar el daño que les ha causado. Nunca te dije nada porque conozco tus principios y sé que no quieres tener una relación con un hombre casado. Pero ahora todo ha cambiado. Él será libre. De hecho, en mi opinión, ya es libre. Se separó aun sabiendo que tú no lo aceptarías.

- No sé qué decir. No estoy segura.

- No te detengas, Nina. Piensa con calma. Deja de lado tu orgullo, tu dolor. Piensa que en aquel momento él era incapaz de actuar de manera diferente. Hizo lo que pensó que era mejor. Pero ahora ha madurado, reconoce que estuvo mal. André es un hombre bonito, Nina, por dentro y por fuera.

- No sabía que tenías tan buena impresión sobre él.

- Al igual que yo dije, hemos estado hablando. Yo aprecio sus cualidades, así como te aprecio a ti. Deseo mucho que seas feliz.

Nina se le acercó y lo besó en la mejilla con cariño:

- Gracias. Estoy muy feliz de tener un amigo como tú.

- Habla con Marcos, dile la verdad. Tu hijo es un muchacho inteligente, va a entender.

- Lo pensaré, doctor.

Después de dejar la sala del Dr. Dantas, a Nina le resultó difícil trabajar. Sus palabras reaparecieron en su mente, haciéndola reflexionar. La memoria del tiempo que vivieron juntos, los momentos de amor, de felicidad, de la comprensión volvieron haciéndola experimentar de nuevo las emociones de aquellos tiempos.

Reconoció que nunca había sido feliz después de la separación. Su vida se había vuelto árida, difícil, alimentada por el orgullo. Incluso el amor que sentía por Marcos era una mezcla de dolor y tristeza, debido a las circunstancias y sus logros de manera significativa, no le dieron la realización interior que quería.

Sin ganas de trabajar, a la hora del almuerzo Nina estaba en casa. Marcos estaba saliendo para la escuela y ella lo besó con cariño. Después que se fue, Nina no quiso almorzar y fue al dormitorio. Necesitaba pensar, decidir qué hacer con su vida.

André llegó a la casa de sus padres y Andréia lo abrazó diciéndole:

– Finalmente nos recuerdas.

– ¿Cómo estás mamá?

– Preocupada por ti.

Fingió no escuchar y abrazó a su padre y preguntó por Milena.

– Esa es otra que anda extraña. Se le dio por salir todos los días sin decir a dónde va – se quejó Andréia.

– Milena está muy bien – respondió Romeo satisfecho –. Gracias a ti y a tus amigos.

– Me alegra saberlo, vine a almorzar con ustedes.

– Antes tenemos que hablar – dijo Andréia.

– Nada de eso – dijo Romeo –. Tengo hambre. Primero comamos. Hablaremos más tarde.

Andréia ocultó su enfado y se fue a almorzar. Cuando terminaron, André preguntó:

– Vayamos a la oficina.

Los ojos de Andréia brillaron, eso es lo que ella quería. Una vez acomodado, André dijo:

– Vine aquí para tener una conversación franca con ustedes.

– Quiero saber cuál fue esta idea de separarse de Janete.

– Este es un asunto que nos concierne solo a ella y a mí. Pero en consideración a ustedes, y lo que espero de ustedes dos, hablaré de ello. Nuestro matrimonio fue un error. Somos muy diferentes, no tenemos ninguna posibilidad de ser felices juntos.

Andréia iba a interrumpir, pero Romeo hizo un gesto repentino diciendo:

– Déjalo hablar, Andréia.

Ella guardó silencio. En los últimos tiempos, Romeo había estado adoptando algunas actitudes desagradables hacia ella, sin atender más a lo que ella quería. André continuó:

– Cuando era estudiante, me enamoré de una chica que no pertenecía a nuestro nivel social. Era hermosa, inteligente, dulce, y yo la amaba con todas las fuerzas de mi corazón. Alquilé una casita y fuimos a vivir juntos. Le prometí que nos casaríamos cuando me graduara.

– ¡Lo sabía e hice todo lo posible para que la dejaras! – dijo Andréia sin poder contenerse.

– Lo hiciste. Estuve involucrado todo el tiempo en eventos y fiestas donde lanzabas a Janete en mis brazos. Pero no te culpo por eso. Quiero creer que creías que me estabas haciendo un bien.

– Me alegra que reconozcas eso – estuvo de acuerdo.

– La culpa de lo que pasó fue exclusivamente mía. Yo debería haber sido lo suficientemente responsable para hacer lo que mi corazón deseaba. Pero no fue así. Desafortunadamente, yo era muy joven y sentía placer en desfilar con Janete en los lugares de moda, ser la envidia de mis amigos cuando ella aparecía en la puerta de la universidad en un auto de lujo para buscarme. Me dejé llevar por la vanidad y hoy lo lamento profundamente.

– Pero Janete es una chica buena, hermosa, rica, tiene todo para hacer feliz a un hombre – dijo Andréia con convicción.

– Pero yo no la amaba. Amaba a Nina. Cuando supe que estaba esperando a mi hijo, me aterroricé. ¿Cómo le explicaría eso a Janete, a ustedes, dejar de lado un matrimonio tan ventajoso? Yo sucumbí.

– Hiciste lo mejor que podías hacer. Elegiste lo correcto.

– Te equivocas, madre mía. Elegí mal y hoy estoy sufriendo como resultado de esta actitud.

– Continúa, hijo mío – dijo Romeo con interés.

– Yo fui un canalla. Me casé con Janete pensando que seguiría con Nina después de casarme. Quería quedarme con ambas.

– Qué horror – dijo Andréia, asustada.

– Quería hacerlo. Y subestimé el carácter de Nina. Ella no quería. Salió de nuestra casa al día siguiente y desapareció. Desesperado, la busqué como loco por algunos años sin saber lo que había sido de ella. Una vez la vi en la calle, hermosa, bien arreglada, traté de hablar, pero ella no me dio la oportunidad. Se subió a un taxi y desapareció.

André habló sumergido en sus recuerdos, contó como la encontrara cambiada, transformada en una abogada de éxito, el descubrimiento del niño, su esfuerzo para llegar más cerca de él.

Andréia escuchó asombrada, sin encontrar palabras para intervenir. Después que terminó de contar todo, Andréia comentó:

– Fue por ella que dejaste a Janete.

– No lo fue. Nina nunca me perdonó. La razón fue otra. La vida tiene sus propias formas. Al tratar de ayudar a Milena, obtuve más ayuda que ella. Descubrí los valores espirituales que nos llevan al logro de la felicidad. Llegué a la conclusión que mi infelicidad hoy es el resultado de tomar decisiones equivocadas, incompatibles con mis verdaderos sentimientos. Hoy en día, lo que más falta es a encontrar la paz interior, la alegría de vivir que he perdido, para ganar el amor de mi hijo y el perdón de Nina.

Había un brillo especial en los ojos de André que hizo que Romeo se levantara y abrazara a su hijo diciendo emocionado:

– Estoy orgulloso de ti. Espero que consigas lo que quieres.

Andréia, con la cabeza gacha, no dijo nada. El tono de André denotaba su sinceridad y de repente se sintió pequeña, mezquina, con sus valores de apariencia. Romeo se acercó a ella abrazándola:

– Aceptar que también cometemos errores nos hace humanos y maduros –. Andréia suspiró, miró hacia arriba y preguntó:

– ¿Reconocerás a este hijo?

– Yo lo haré. Solo estoy esperando a que Nina le diga que estoy vivo. Hoy se aprobó la ley de divorcio. Voy a hablar con Janete a hacer la separación judicial. En dos años estaremos divorciados.

– Ella sufrirá mucho – dijo Andréia.

– Quizás. Pero estoy seguro que se conformará pronto. Después que el divorcio puede rehacer su vida, encontrar a alguien que la ame y puede hacerla más feliz que yo. Sé que ella también estaba triste. La separación beneficiará a ambos.

Cuando André dejó la casa de sus padres, estaba satisfecho, sintiendo que nunca se había entendido con ellos tan profundamente. Había dejado que su corazón hablara, había expresado sus sentimientos y había sido comprendido.

Decidió ir a hablar con Janete. Había pospuesto ese momento, pero sentía que estaba listo para enfrentarlo. Fue a buscarla. Estaba en el dormitorio preparándose para irse, cuando la criada le advirtió de su presencia. Inmediatamente fue al espejo para prepararse. Sus piernas se sentían débiles mientras bajaba las escaleras.

Al verla entrar en la habitación, André se puso de pie:

– ¿Cómo estás, Janete?

– Bien – respondió ella, tratando de controlar su voz.

– Vine a hablar de nuestras vidas.

Su tono formal dejó en claro que el asunto era serio.

– Siéntate, por favor.

– Deseo formalizar nuestra separación.

Ella palideció, pero luchó por mantener el control.

– Sé que te estás encontrando con tu antigua novia de la época de estudiante. Quieres dejarme por ella.

– No. Quiero separarme de ti porque entiendo que no tenemos nada en común. Que nunca seremos felices juntos.

– ¿Quieres que te crea? Cambiaste mucho después que volviste a encontrarte con ella.

– Para ser honesto, aunque me casé contigo, nunca la olvidé. Nina fue el amor de mi vida. Digo esto para dejar claro que nuestro matrimonio fue un error. Nuestra relación ha sido de apariencia y ni tú ni yo éramos felices. Mis encuentros con Nina han sido por otra razón. Nunca reanudamos nuestra relación. Ella no me perdona el hecho de haberla cambiado por ti.

– No intentes engañarme. ¿Qué otras razones tendrías para justificar estas reuniones?

– Estaba embarazada cuando la dejé. Recién ahora descubrí que tenemos un hijo. Tiene casi diez años y pretendo asumir su paternidad.

Janete abrió la boca, la cerró de nuevo, sin saber el que diga. ¡Un hijo! ¡Era demasiado! ¡Qué vergüenza cuando sus amigos se enteraran! Además de ser abandonada, se iba a documentar la prueba de su traición.

Cuando logró recuperarse un poco, dijo:

– ¡No me harás esto! ¡Es demasiado!

– Aceleré nuestra separación para preservarte de ese hecho.

– ¿Crees que con eso los comentarios malintencionados no me van a involucrar? ¿Yo, traicionada, abandonada, como un objeto que ya no sirve?

– Lamento que te estés sintiendo así. Pero yo tampoco sabía que él existía. Nina nunca vino a verme y no quería que asuma al niño.

Janete perdió el control, rompió en un llanto nervioso y André esperó un rato hasta que ella se calmó. Luego se sentó a su lado en el sofá, sostuvo su mano diciendo:

– Lo siento. A pesar de nuestras diferencias, me gustas y te respeto. Sabías que vivía con Nina y; sin embargo, hiciste todo lo posible para quedarte conmigo. Cometiste un error y estás sufriendo las consecuencias. Pero aun sabiendo esto, sé que soy más culpable que tú, que me engañé, dejé mi amor a un lado, preferí un matrimonio de conveniencia. Es difícil descubrir eso. Ambos cometimos errores. Nuestro matrimonio comenzó mal y nunca pudo funcionar.

Hizo una pausa mientras Janete lloraba suavemente. Luego continuó:

– Mañana tengo la intención de presentar una solicitud de separación legal. Es el primer paso hacia el divorcio. Afortunadamente, nuestra legislación ya lo permite. Vamos a legalizar nuestra situación y cada uno de nosotros será capaz de rehacer su vida, como lo desee.

– Nunca volveré a confiar en nadie.

– Estamos viviendo un momento difícil, pero estoy seguro que lo superaremos.

– Estoy devastada. ¿Qué dirán los demás?

– Lo que los demás piensan no me interesa. Ellos no tienen nada que hacer con mi vida. Debes hacer lo mismo. Asume que nuestro matrimonio fue un error, dile a quien quiera escucharlo, habla mal de mí, si estás enojada. Pero sea verdadera. Di lo que sientes. Asumiendo una actitud honesta, estoy seguro que callarás a los maledicentes.

– ¿Qué será de mi vida después de todo esto?

– Haz un viaje, busca nuevos amigos, trata de ser feliz. Es lo que me propongo hacer.

Ella suspiró, no sabiendo qué decir. A pesar de los hechos, André estaba siendo más amigo que antes y esta actitud la tranquilizó. André se puso de pie:

– Piensa en lo que conversamos y no me guardes rencor. Vamos a vivir nuestras vidas en paz. Cuando recibas la citación judicial, avíseme. Estoy listo para responder cualquier pregunta. En cuanto a nuestros bienes, todo será como desees.

Le tendió la mano, que ella estrechó:

– De lo que dices, debo deducir que no hay ninguna posibilidad de volver atrás.

– No todo lo que he dicho refleja mis más profundos sentimientos. Pensé mucho antes de tomar esta decisión.

– Está bien.

Se fue y Janete fue al dormitorio, pensando en todo lo que había dicho André. A pesar del miedo que sentía al tener que afrontar una situación desagradable, se conformó. El tono de André, cómo se posicionara, le dio la certeza que no había nada más que hacer. Se terminó. Hablaría con su padre, se iría a vivir a Europa hasta que todos lo olvidasen.

Una semana después, Olivia estaba sentada en la sala leyendo cuando llegó Arthur. Ella se maravilló:

– ¿Estás en casa a esta hora? ¿Ha pasado algo?

Sí. Hoy tuve una sorpresa desagradable y espero que tengas una buena explicación.

– ¿De qué se trata?

– Fui al banco y vi que había un retiro de cincuenta mil en nuestra cuenta. Pensé que estaba equivocado, me quejé, pero el gerente me mostró el cheque. ¿Me puedes decir qué hiciste con el dinero?

Ella palideció. Esto no pudo haber sucedido, Arthur no tenía la costumbre de revisar el extracto bancario. Fue ella quien controlaba todo. Trató de ocultar su nerviosismo:

– Debe haber sido un error. Iré al banco ahora mismo.

– ¿Quieres decir con que no retiraste ese dinero?

– Bueno, hice un retiro para algunos pagos. Tuve que renovar nuestra ropa de cama, vajilla. Hice algunas compras, pero no gasté todo eso. Verás que el empleado se equivocó, siempre pasa.

– En ese caso, hablaré con el gerente. No puede suceder.

– Déjamelo a mí. Te garantizo que lo resolveré lo antes posible. No sueles ir al banco, ¿qué hacías allí?

– El Dr. Adalberto me ofreció esa hermosa casa que tiene en Campos do Jordão. Pensé en comprarla.

– No me gusta eso. Hace demasiado frío, está lejos.

– Pues a mí me encanta y ya estoy negociando la compra.

Olivia no respondió de inmediato. Necesitaba encontrar una manera de resolver este caso. Si le pedía ver sus compras, ella no tendría nada que mostrar y su mentira sería descubierta.

Trató de evadir el tema:

– Si te gusta, cómpralo. Fue bueno que fueras al banco, pero no tuviste que salir de la oficina por eso. Déjamelo a mí.

– Miró el reloj en su muñeca y continuó:

– A esta hora el banco ya ha cerrado. Pero mañana por la mañana iré allí para corregir el error. Tendrán que reponer el dinero.

– Me presentaron una prueba del retiro. ¿Cómo puede ser eso?

– ¿Revisaste los datos de la persona? Ellos pueden haber confundido los nombres.

– De hecho, no lo vi. Me sorprendió tanto que vine directamente aquí.

– No te preocupes. Pronto todo estará en orden. Déjamelo a mí.

– En ese caso, volveré al hospital. Necesito ver a algunos pacientes.

Después que él salió, Olivia pensó y decidió. Se fue a su habitación, abrió la caja fuerte donde guardaba sus joyas, tomó algunas, las metió en una bolsa y se fue.

Le pidió a su chofer que la dejara en la tienda acostumbraba comprar sus ropas, lo despidió pidiendo que regresara dos horas más tarde. Para que esté seguro que lo que no había terminado, salió, tomó un taxi y se dirigió a la sección de empeños de la Caixa Econômica.

Recibió solo la mitad de la cantidad que le había dado a Antonino. Decidió buscarlo y reclamar parte del dinero. Era justo, después de todo no había cumplido el acuerdo. Una vez allí, entró y fue llevada a la "oficina" de Antonino. Tan pronto como la vio, dijo:

– Sabía que vendrías.

– Esta vez fallaste. No cumpliste lo que prometiste.

– No fue mi culpa. Todo estuvo bien planeado. Los bribones me engañaron. No cumplieron con nuestro acuerdo.

– Yo quiero mi dinero de vuelta. El chico está en casa. Antonino se levantó enojado:

– Eso no es posible. Yo les pagué. Me quedé sin nada.

– No creo que les hayas dado todo a ellos. No intentes engañarme.

– Estoy diciendo la verdad. Y hay más, quiero el resto que me prometiste.

– Eso no es posible. Mi marido está desconfiando. Él vio que saqué el dinero del banco y quiere saber para qué lo saqué.

– Si no me das el resto que me debes, haré que él sepa que fuiste tú quien planeó todo – la amenazó él.

Olivia palideció, se puso de pie nerviosa:

– Si haces eso serás arrestado. Voy a decir que robaste al niño para chantajearme. ¡Irás a la cárcel!

– A ninguno de nosotros nos interesa que la policía se meta en el negocio. Intenta darme el resto que me debes y lo olvidaremos.

– Eso no es posible. No es justo. Ahora mismo fui a empeñar mis joyas para intentar devolver el dinero al banco. Me falta la mitad. No puedo conseguir más. Mi marido está desconfiando.

– Sabía que esta historia era peligrosa. Quiero el resto del dinero. Pero en nombre de nuestra amistad de tantos años, puedo esperar hasta que me puedas pagar. Es lo que puedo hacer.

La miró de manera diferente y de repente Olivia tuvo miedo. Decidió irse.

– De acuerdo. Veré qué puedo hacer.

Se despidió y se fue. Tan pronto como se fue, Antonino llamó a Jofre:

– Estamos corriendo peligro. Su marido camina desconfiando. Ella está hablando demasiado.

– ¿Qué dices, jefe?

– Ve detrás de ella, cuando esté lejos de aquí, haz el trabajo. Toma su bolso, tiene dinero.

Él salió rápidamente y vio a Olivia pasar en el taxi. Inmediatamente cogió la camioneta y los siguió. Cuando el taxi se detuvo, mientras ella pagaba, él estacionó y se bajó. Cuando ella estaba entrando en la tienda, la abordó:

– No digas nada o morirás.

Olivia lo reconoció, sintió la punta de un arma contra su cuerpo y obedeció:

– ¿Qué quieres de mí?

– Necesitamos hablar. Vamos, sube al carro. Temblando, ella obedeció. Se mostró el revólver diciendo:

– Si gritas, te mataré.

Luego sacó una cuerda de la guantera, le quitó el bolso que ella agarraba asustada, y le ató las manos.

– ¿Qué es lo que quieres? Le dije a Antonino que conseguiría el resto del dinero. Él me dio plazo.

– Quiere volver a conversar contigo.

Olivia pensó que Antonino quería asustarla. Era su amigo desde la infancia. No le haría daño. Se calmó un poco. Encendió el carro y condujo en silencio. Al ver que estaba oscureciendo y salían de la ciudad, dijo, nerviosa:

– No estás yendo a la casa de Antonino. ¿Para dónde me estás llevando?

– Cállate o te ataré un pañuelo a la boca.

– ¿Qué vas a hacer conmigo?

– Te dije que te callaras. Es mejor no ponerme nervioso.

El corazón de ella latía violentamente. Él continuaba conduciendo y la noche había caído del todo. Ella no sabía dónde estaba. Solo sabía que era un lugar oscuro, donde no había nadie que la ayudara.

Arthur llegó a casa después de las ocho y buscó a Olivia. La criada le informó que se había salido y aun no había regresado. El chofer lo buscó en la sala:

– Dr. Arthur, estoy preocupado con doña Olivia. Ella desapareció. Arthur se asustó:

– ¿Cómo desapareció?

Le dijo que por la tarde la había llevado a la tienda de ropa y, cuando fue a buscarla según lo acordado, ella no estaba. Las chicas de la tienda informaron que ni siquiera había estado allí.

– ¿Cómo que no estaba ahí? ¿No la dejaste en la tienda?

– Lo hice, la vi cuando entró.

– Esta historia está mal contada.

– También me sorprendió.

Arthur pensó por un momento y luego dijo:

– Esperemos. Puede ser que ella se haya encontrado con algunos amigos y se le haya olvidado avisar.

– Me resulta difícil. Ella nunca hizo eso. No me gusta, jefe. Creo que es bueno que notifique a la policía. Puede que le haya pasado algo.

– Esperemos un poco más. Si no llega, llamaré.

Se fue y Arthur recordó el retiro de la cuenta bancaria ¿Esto tuvo algo que ver con el retraso de Olivia? ¿Y si hubiera mentido y se hubiera llevado ese dinero? ¿Fue víctima de algún chantaje?

Inquieto, llamó a Antero y lo puso al día.

– Es posible que los secuestradores se la hayan llevado. Voy a hablar con Marcelo y vamos a ir de inmediato a su casa.

Arthur estaba angustiado. ¿No terminaría esa historia? Tan pronto como llegaron, dijo nervioso:

— Ella no apareció ni llamó todavía —. Marcelo los miró con seriedad y dijo:

— Ya he tomado medidas. Estaba por llamar a Antero, cuando él me llamó.

— ¿Sabes lo que está pasando? — Preguntó Arthur, angustiado.

— Bueno, lo que tengo que decir no es bueno.

— Habla, Marcelo. ¿Qué sabes? — Dijo Antero, sobresaltado.

— Puse a mis hombres siguiendo a doña Olivia.

— ¿Para protegerla? ¿Estaba ella en peligro? — Preguntó Arthur.

— Para conocer los hechos. De todas las personas con las que hablé, ella fue la única a la que no le gustaba Eriberto.

— No estarás pensando que ella... — comenzó Arthur nervioso.

— No estoy afirmando nada. Hoy, cuando se fue, la siguieron. Fue a una tienda, despidió al conductor, fingió entrar.

Después que él se fue, ella se fue, tomó un taxi y se dirigió a la Caixa Econômica Federal, donde empeñó varias joyas.

— Entonces ella realmente sacó el dinero del banco. ¿Estaba siendo víctima de un chantaje?

— No lo sé. Salió de allí, tomó otro taxi y se dirigió a una casa modesta en las afueras, un lugar muy peligroso. Por lo que mi asistente observó, debe ser conocida en esa casa. Entró, se quedó unos minutos y se fue. El taxi seguía esperando y ella subió. Mi ayudante iba a seguir al taxi cuando notó que un hombre salió de la casa, tomó una camioneta y fue tras ellos. Los siguió discretamente, el taxi se detuvo frente a la tienda de ropa, el camión se detuvo detrás. Ella bajó, pagó al conductor, y cuando ella iba a entrar en la tienda, el hombre de la camioneta se acercó y la obligó a entrar en el camión. Estaba armado. Mi asistente me informó por radio, le dije que no los perdiera de vista. Notifiqué a la policía, que inmediatamente tomó medidas.

– ¡Dios mío, fue secuestrada! – Dijo Arthur, angustiado.

– A esta hora los policías tienen que estar en la casa de la periferia. Voy al carro para escuchar las noticias - Poco después regresó diciendo:

– Los carros de la policía siguen al camión, esperando el momento adecuado para acercarse. Es necesario tener cuidado. No pueden arriesgar su vida.

Arthur se derrumbó en el sillón, acariciando su cabello con angustia.

– ¡Dios mío! ¿Por qué no me dijo que la estaban chantajeando? ¿No se dio cuenta del peligro que corría?

Marcelo miró y no dijo nada. Sospechaba que la verdad era muy diferente. Decidió esperar a que se esclarecieran los hechos.

A continuación, la angustia de la espera comenzó para ellos. Antero llamó a Marta pidiendo oraciones. Se sintió angustiado, pero confiaba en la protección espiritual.

De vez en cuando, Marcelo iba al auto para recibir noticias. Se enteró que estaban parados en una carretera, habían sido rodeados por la policía. Jofre puso el revólver apuntando a la cabeza de Olivia y amenazaba con matarla si se acercaban.

– Voy para allá – dijo Marcelo.

– Iré contigo,

– Si quieres ir, es bueno saber que tendrás que callar y no interferir.

– Yo también voy – dijo Arthur.

– No, papá. Preferiría que vinieras a mi casa, hagas compañía a Gloria y Eriberto. Confiemos en Dios, que nunca nos ha abandonado.

– No puedo quedarme esperando sin poder hacer nada o saber qué está pasando. Iré contigo.

– Los llevaré conmigo, pero se tendrán que conformar con observar desde lejos.

Ellos salieron en el carro de Marcelo. Media hora después llegaron al lugar. Los autos de la policía habían encendido las luces y puesto un foco en el camión. Jofre era perfectamente visible con el arma en la cabeza de Olivia.

Arthur se sintió mareado y Antero lo apoyó:

– Dije que sería mejor que no vinieras.

– Me controlaré. Puedes ir.

Un policía con un megáfono intentaba convencer a Jofre que se entregara.

– Tu jefe está arrestado. Es mejor entregarte. Deja ir a la mujer. Prometo que no dispararemos.

– Vete. Déjame pasar, de lo contrario ella muere.

– Si haces eso tú también vas a morir. ¿Eso es lo que quieres? Vamos, ríndete. Terminó. Baja el arma y ríndete. Es lo mejor. Prometo que no dispararemos.

El tiempo se fue arrastrando, absortos en convencerlo a rendirse, que ni se dio cuenta. Amanecía el día en que Jofre mostró cansancio y comenzó a ceder negociando su rendición.

Después de prometer que no dispararían, finalmente entregó el arma. Olivia, pálida, no podía moverse. Arthur y Antero quisieron ir al rescate, pero la policía no se lo permitió.

– Vamos a la comisaría.

– Mi esposa está en mal estado, quiero llevarla a casa.

– No puedes. Antes ella tendrá que declarar en la comisaría de policía. Vamos –. Los dos fueron a Marcelo:

– Haz algo – dijo Arthur –. Ella necesita ser auxiliada. Después de lo que ha pasado, es una falta de humanidad.

– No entiendo, Marcelo. Ella es la víctima – dijo Antero nervioso.

– Tenemos que cumplir con todos los trámites. Vamos.

Los dos vieron que habían metido a Olivia en un carro patrulla y se indignaron.

En la comisaría, Antero se enteró que su madre estaba detenida para las investigaciones y no se le permitió hablar con ella. Al ver su angustia, Marcelo sugirió:

– Es mejor que llame a su abogado. Él va a ser capaz de entrar y conocer qué está pasando.

Antero pensó en André. Inmediatamente lo llamó para pedir ayuda y prometió ir de inmediato.

Cuando André llegó a la comisaría, Antero lo esperaba en la puerta:

– Siento despertarte a esta hora. Pero tu nombre nunca abandonó mi mente. Necesitamos tu ayuda.

– ¿Qué pasó?

En pocas palabras, Antero contó lo sucedido. Y terminó:

– No entendemos. Nadie nos da explicaciones y está detenida.

André pidió una hoja de papel y escribió un poder notarial para manejar el caso. Arthur firmó y fue a hablar con el comisario. Permaneció allí durante casi media hora y cuando salió estaba muy preocupado. Los dos lo rodearon con ansiedad.

– Entonces, ¿qué está pasando? – Preguntó Arthur.

– Lamentablemente las noticias no son las mejores. Se detuvo a los dos secuestradores de Eriberto, pero dijeron doña Olivia fue la autora intelectual.

– ¡No puede ser! – Dijo Arthur.

– ¡Deben estar mintiendo! – comentó Antero.

– Desafortunadamente, todos los detalles la comprometen. Antonino, el secuestrador, dijo que conocía a doña Olivia desde hacía mucho tiempo. Ella, resignada a compartir la herencia familiar con Eriberto, lo contrató. Ella le dio el dinero para llevarse lejos al niño, inclusive falsificaron documentos de identidad para que nunca fuese encontrado.

Las lágrimas corrieron por el rostro de Arthur, quien no encontró palabras para responder. Antero, pálido, escuchaba desolado. Al verlos en silencio, André continuó:

– Esa tarde que descubrió el retiro de dinero y ella fue a empeñar joyas para reemplazar el dinero. Como no era suficiente, se fue al secuestrador a quejarse que no habían cumplido su parte y debían devolverle parte del dinero. Creo que ella los amenazó diciendo que usted estaba desconfiando, por lo que cuando se fue, Antonino envió a su cómplice a seguirla y acabar con ella.

Continuaron escuchando en silencio y André después de una breve pausa terminó:

– El resto ya saben, quien le salvó la vida fue Marcelo, que en buena hora ustedes contrataron. Sospechaba de su participación.

– Estoy sorprendido. No le agradaba el chico, pero nunca pensé que sería capaz de hacer lo que hizo. ¿El secuestrador no está mintiendo?

– Es lo que la policía quiere saber. Pero la mujer que vive en la casa del secuestrador dijo que no es el primer servicio que le hace a doña Olivia. Un investigador, hablando con algunos vecinos, se enteró que ella iba de vez en cuando y Antonino se jactó que era amigo de ella. Bueno, el caso es serio. Estoy a disposición, pero no soy penalista. Sería bueno que contrataran a un abogado del área.

– Necesito hablar con ella, ver cómo está, saber la verdad – dijo Arthur –. No me iré antes de eso.

– Hablaré con el comisario, veré qué puedo hacer.

Mientras André iba a tratar de conseguir un permiso para verla, Antero decía con tristeza:

– Papá, eso no puede ser cierto.

– Espero que estén mintiendo, pero, por otro lado, hubo momentos en los que ella parecía odiar a Eriberto. Eso me dolió mucho y traté de olvidar, pero muchas veces ella se indignó porque la había registrado y lo convirtiera en nuestro heredero. Ella dijo que te estaba perjudicando a ti.

– Ella también me dijo eso.

– Ahora estoy con miedo. Ellos pueden estar diciendo la verdad –. André volvió diciendo:

– El comisario le está tomando sus declaraciones y dijo que cuando termine te permitirá hablar con ella.

– Gracias. Esperaré – dijo Arthur.

Mientras esperaban, Antero llamó a Gloria diciéndole que todo estaba resuelto, pero no tuvo el valor de hablar de la sospecha que pesaba sobre Olivia.

Dos horas después, finalmente pudieron entrar para hablar con Olivia. En el pasillo, Arthur vio a Antonino, que estaba siendo llevado, y dijo nervioso:

– ¡Te conozco! Trabajaste en mi casa durante muchos años –. Lo miró colérico y dijo entre dientes:

– Tu esposa desgració mi vida, pero no voy a pagar solo por sus ideas.

Arthur iba a responder, pero la policía se lo llevó rápidamente. André los acompañó a la habitación donde estaba Olivia, pálida, con los ojos muy abiertos, temblando, nerviosa. Al verlos entrar, se arrojó a los brazos de su marido diciendo:

– Por favor sálvame. Sácame de aquí. No puedo soportarlo más.

– Cálmate, Olivia. Estamos haciendo todo lo posible, pero parece que estás en problemas. Acabo de encontrarme con Antonino en el pasillo. Él era tu protegido, te conoce desde la infancia.

– Ese canalla: Me está acusando. Yo era buena con él –. Arthur la miró con seriedad y dijo con voz fría:

– ¿Qué otros servicios te hizo?

– ¿Él también te dijo eso?

– Nos lo contó todo – mintió Arthur.

– Debería haber sabido que no servía. Desgraciado. Si cree que me va a vencer, está equivocado. Lo acabaré. Sé muchas cosas que él hizo y lo contaré todo. Quiere medir fuerzas y le irá mal.

Con los ojos muy abiertos, estaba furiosa. Antero parecía verla por primera vez.

– Él mostró la evidencia y contó todos tus secretos – dijo Arthur. Ella lo miró asustada, con ira, y no logró controlarse:

– ¡Acabaré con ese desgraciado! ¡Tú tienes la culpa de todo! Llevaste a ese bastardo a casa, me robó tu atención, tu amor. Él te gustaba más que yo. Además de nuestro nombre, se iba a llevar la mitad de la fortuna de Antero. Debería haber pedido que lo eliminaran, así nunca habría regresado. Eres el mayor culpable. Me las pagarás.

Fuera de sí, se arrojó sobre Arthur, rasguñándole la cara, gritando su odio. André y Antero intentaron sujetarla, pero fallaron.

Entraron unos policías y con gran esfuerzo lograron inmovilizarla. Arthur y Antero, mudos del susto y horror, solo atinaron a mirar. André trató de apoyarlos:

– Salgamos de aquí. Necesitan aire.

Los dos se dejaron guiar en silencio hasta el patio. Cuando logró hablar, Antero dijo:

– Mamá se volvió loca.

– No, hijo mío, ella siempre estuvo loca. No quería verlo y lo estoy pagando caro. André hizo lo que pudo para ayudar –. Arthur, aunque convencido de la culpabilidad de Olivia, le pidió a su amigo psiquiatra que fuera a verla a la comisaría. André pidió y obtuvo permiso para su hospitalización.

Solo al final de la tarde se logró internarla después de haber firmado un término de responsabilidad. El jefe policial dijo que, a pesar de su estado, la nombraría como autora intelectual del secuestro de Eriberto.

Era casi de noche cuando los tres llegaron a la casa de Antero. Estaban devastados, cansados, deprimidos. André pidió intensamente la ayuda de amigos espirituales para ayudarlos a resistir los eventos. Cuando entraron, Marcos estaba en la habitación jugando con Eriberto, quien los vio correr hacia su abuelo diciendo alegremente:

– ¡Mira el carro que me dio Marcos! Tiene una bocina –. Acariciando al niño, respondió:

– ¡Es hermoso!

– Mira, papá. ¡Yo lo controlo y él anda!

Antero levantó al chico besándolo con cariño. Íntimamente dio gracias a Dios por haberlo salvado. André se acercó a Marcos diciendo alegremente:

– Qué bueno verte. Te extrañé.

– Yo también. Mamá está en la cocina.

Gloria entró en la habitación y saludó a todos. Inmediatamente se dio cuenta que había sucedido algo muy malo, pero no preguntó nada. Mientras hablaban de los hechos, Marcos tomó a André de la mano y lo condujo a la cocina, al verlos entrar de la mano, Nina se sorprendió.

– ¡André!

Marcos, con mirada de complicidad, los dejó solos y se fue a escuchar la noticia en la sala.

- Después de lo que pasamos hoy, ver a Marcos y a ti es un premio.

- No sabía que estabas con ellos. Marta pidió oración a todos los amigos y, a mí, me dijo para venir aquí, porque sería necesario el apoyo para Gloria. Estamos aquí desde ayer por la noche.

Se acercó mucho a ella diciendo:

- Al verte con un delantal en la cocina, me acordé de las veces cuando estábamos juntos en nuestra pequeña casa.

Ella hizo un gesto de molestia e iba a contestar, pero André no le dio tiempo. La sostuvo en sus brazos, buscó sus labios, la besó durante mucho tiempo. Trató de resistir, pero falló.

Su corazón se aceleró, sus piernas temblaron, respondió a ese beso sin pensar en nada más. Durante unos minutos continuaron besándose. Finalmente, dijo:

- ¡Como te extrañé, Nina! ¡Yo te amo como el primer día! Siento como que todavía me amas. Nuestro amor es más fuerte que cualquier otra cosa.

Respiró hondo tratando de liberarse:

- Pero sigues casado.

- Ya no lo estoy. Ayer Janete firmó la separación legal y viajó a Europa. Soy un hombre libre.

La apretó contra su pecho, besándola amorosamente.

- Nina, di que me perdonas.

- Hace mucho que te perdoné. Yo reconozco que mi orgullo impidió que luchase por nuestro amor.

- Podremos casarnos tan pronto como salga el divorcio. Ya hemos perdido demasiado tiempo. No vamos a esperar más tiempo -. Los ojos de André brillaron y él la abrazó diciendo a su oído:

- Ahora solo queda decirle la verdad a Marcos.

– Espero que me perdone.

– ¿Qué me vas a contar que aun no sepa?

Al ver a Marcos parado frente a él con expresión de curiosidad, Nina perdió el piso. André respondió:

– Tu madre te contará una historia de amor que tuvo un final feliz.

– Lo sé. Ustedes se van a casar. Yo sabía que un día eso iba a pasar.

– Eso es, hijo mío –. Gloria entró a la cocina diciendo:

– Dr. André, todavía estoy conmocionada. Gracias por lo que hiciste por nosotros. Estoy con pena del Dr. Arthur. Está devastado.

Nina no sabía nada y André lo contó todo en pocas palabras.

– ¿Qué pasará con ella ahora? – Preguntó Gloria.

– No lo sé. Les aconsejé que contrataran a un penalista. Analizará los hechos, quizás alegando disturbios mentales, pero sea como fuere, estaba claro que ella es culpable, tendrá que responder por este delito. Lo que dependerá del desarrollo del caso.

Nina abrazó a Gloria diciendo:

– Nos vamos. Necesitas descansar.

– Estoy preocupado con el Dr. Arthur. Quiero ver si los convenzo de quedarse aquí esta noche.

– Sería bueno. El cariño de ustedes, y sobre todo la presencia de Eriberto, le ayudará a reaccionar – dijo André.

– Ese hijo es lo mejor que nos sucedió. Él me aceptó de corazón, me llama mamá, lo que me conmueve mucho. Fue cosa suya. Yo no le sugerí nada. Creo que me aceptó.

– Dios lo puso en tus brazos y está feliz. Ahora tenemos que irnos. Terminé de preparar la cena. Ellos necesitan alimentarse – dijo Nina sonriendo.

– Ustedes van a cenar con nosotros.

– Queda para otro día. Tenemos que irnos –. Gloria la abrazó con cariño:

– Gracias, Nina. Dios los bendiga por haberte quedado conmigo en estos momentos tan difíciles.

– Voy contigo – dijo André.

Se fueron y André se ofreció a llevarlos, pero, mientras Nina conducía, dijo:

– Los acompañaré hasta allá.

Cuando llegaron, se bajó del auto y esperó. Ella entró, abrió la puerta y Marcos lo invitó a pasar.

– André debe estar cansado – dijo Nina, sonriendo.

– Él va a entrar al menos un momento – dijo Marcos. André entró, se sentaron en la sala y Nina pidió:

– Marcos, ve a pedir a Ofelia que haga un café. Se fue y Nina siguió bajando la voz:

– Es mejor que te vayas. Le contaré todo, pero prefiero que no estés presente.

– ¿Prometes hablar hoy?

– Te lo prometo.

André tomó el café y se despidió. Nina fue al dormitorio, llamó a Marcos y se sentó en la cama junto a él.

– Marcos, ¿te gusta André?

– Me gusta. ¿Te vas a casar con él?

– Me gusta, pero no es nuevo. Lo conocí antes que nacieras. Él fue el único amor de mi vida.

– ¿Por eso nunca aceptaste ningún pretendiente?

– Fue, a pesar del dolor que guardé, nunca podría amar a otro hombre.

Marcos sintió que algo importante iba a pasar, la tomó de la mano y, con ojos brillantes, esperó. Nina empezó a hablar de su relación con André, la felicidad que sentían, los planes para el futuro que habían hecho. Luego el embarazo, su actitud indiferente, el abandono.

Marcos la abrazó con ansiedad y le preguntó:

– Mamá, ese hijo que estabas esperando, ¿soy yo?

– Sí. Eres tú.

– Quieres decir que él y...

– ¡André es tu padre!

Marcos lo apretó contra su pecho y conmovido contuvo el llanto. Nina lo besó varias veces en la mejilla con amor diciendo:

– Perdóname. Yo te mentí. No murió.

Cuando dejó de sollozar, con los ojos húmedos, la miró con seriedad. Ella continuó:

– Pensé que era mejor decir que estaba muerto. No quería que supieras que nos había abandonado. Pensé que sufrirías menos pensando en eso.

– ¿Qué pasó después?

Nina habló sobre sus sentimientos, su ira, el dolor que tenía en el corazón, el deseo de ganar en la vida para vengar su desprecio. No dejó ningún detalle. Su reencuentro, la constatación que la venganza no le trajo la alegría esperada, y luego la parte espiritual, su arrepentimiento, el esfuerzo de afrontarlo todo para asumir la paternidad. La consciencia que su matrimonio fue un error, la separación para poder asumir libremente el amor de su hijo. Del orgullo que le había impedido expresar su amor por ellos. Y, finalmente, el descubrimiento que su amor era más fuerte que nada.

– Te estoy abriendo mi corazón, hijo mío. Quiero que me perdonen por omitir la verdad. Pero ahora que sé que André te ama, su mayor deseo es vivir a nuestro lado. Él habla de matrimonio, pero el divorcio recién saldrá dentro de dos años. Quiero escuchar tu opinión.

– Madre, me gusta desde que lo conocí. Bueno, a mí me pareció familiar. Su lugar está aquí. Nosotros somos su familia de corazón. Milena dijo que vive en un hotel. Necesita venir a vivir aquí, con su familia. Lo buscaremos ahora mismo.

Nina abrazó a su hijo con cariño, él continuó:

– Bien que yo lo sospechaba. ¡La forma en que se miraban!

– Sé controlarme muy bien.

– ¡Pero los ojos brillan! Madre, ¿por qué tardaste tanto en decírmelo? ¿Quieres decir que Milena es mi tía?

– Ese es el lado bueno. En cuanto a tus abuelos, no lo sé.

– Déjamelo a mí. Hasta donde yo sé, soy el único nieto. Será fácil –. Nina sonrió feliz.

– Entonces, ¿vamos a buscar a mi papá?

– Todavía no. Tenemos que ver si quiere mudarse aquí.

– Vendrá corriendo. Lo llamaré.

– ¿Qué vas a decir?

– Que necesitas hablar con él. Tengo el número de teléfono.

Llamó, la operadora respondió y dijo que André se había ido, preguntó si quería dejar un mensaje.

– Escríbalo, por favor:

"Papá, estamos a la espera que vengas a casa. Marcos."

Ella dijo que lo anotó y él colgó.

– Estará encantado.

– Está bien, entonces vendrá corriendo.

– Así que será mejor que los dos nos preparemos para esperarlo.

Marcos se fue y Nina, emocionada, se dio una ducha, se vistió, luego se fue a la cocina a ver qué había para cenar.

Ofelia la miró con satisfacción y comentó:

— ¡Te ves hermosa! Finalmente las cosas están donde deberían estar.

Nina sonrió y no respondió. Estaba emocionada, nerviosa. Y si André no venía. Y si no recibía el mensaje. Marcos se preparó y se sentó a su lado en la sala. Sus ojos ansiosos miraban de vez en cuando por la ventana. Eran más de las nueve cuando finalmente sonó el timbre. Marcos corrió a abrir.

André, al verlo, lo abrazó emocionado diciendo:

— Hijo mío, finalmente te tengo en mis brazos.

Los dos se quedaron unos momentos abrazados y Nina, parada a su lado, no se atrevió a interrumpir. Entonces los dos la miraron y le tendieron los brazos, quien se arrojó sobre ellos con emoción.

Ofelia, en la puerta, los miraba con los ojos brillantes de alegría.

Sin decir nada, mientras permanecían abrazados, pasó junto a ellos y cerró la puerta.

Los tres estaban tan unidos, sintiendo la magia del momento en que sus almas se encontraron, sellando un amor que había superado todas las barreras y se muestra más poderoso que todos ellos. No vieron que una luz muy blanca los envolvía mientras algunos espíritus rezaban por su felicidad. Entre ellos estaban Bernardete y Antônia.

— Ellos vencieron algunas etapas y la vida les dará un merecido descanso – dijo Bernardete.

— Nina se lo merece. Siempre le estaré agradecida por todo lo que hizo por nosotros – respondió Antônia.

— Yo también. Tenemos que irnos. Ahora que estás en paz, necesitas cuidar tu futuro, estudiar, trabajar duro para rehacer tu vida. Tu tiempo para ser feliz un día llegará. Pero primero tendrás que aprender algunas cosas y saber esperar.

Mientras André, Nina y Marcos, abrazados en el sofá, hacían planes para el futuro, las dos, abrazadas, acompañadas de los espíritus de la luz, se elevan y desaparecían en las estrellas del cielo. En la casa de Nina, todo estaba en paz.

Fin

Grandes Éxitos de Zibia Gasparetto

Con más de 20 millones de títulos vendidos, la autora ha contribuido para el fortalecimiento de la literatura espiritualista en el mercado editorial y para la popularización de la espiritualidad. Conozca más éxitos de la escritora.

Romances Dictados por el Espíritu Lucius

La Fuerza de la Vida

La Verdad de cada uno

La vida sabe lo que hace

Ella confió en la vida

Entre el Amor y la Guerra

Esmeralda

Espinas del Tiempo

Lazos Eternos

Nada es por Casualidad

Nadie es de Nadie

El Abogado de Dios

El Mañana a Dios pertenece

El Amor Venció

Encuentro Inesperado

Al borde del destino

El Astuto

El Morro de las Ilusiones

¿Dónde está Teresa?

Por las puertas del Corazón

Cuando la Vida escoge

Cuando llega la Hora

Cuando es necesario volver

Abriéndose para la Vida
Sin miedo de vivir
Solo el amor lo consigue
Todos Somos Inocentes
Todo tiene su precio
Todo valió la pena
Un amor de verdad
Venciendo el pasado

Libros de Eliana Machado Coelho y Schellida

Corazones sin Destino
El Brillo de la Verdad
El Derecho de Ser Feliz
El Retorno
En el Silencio de las Pasiones
Fuerza para Recomenzar
La Certeza de la Victoria
La Conquista de la Paz
Lecciones que la Vida Ofrece
Más Fuerte que Nunca
Sin Reglas para Amar
Un Diario en el Tiempo
Un Motivo para Vivir

¡Eliana Machado Coelho y Schellida, Romances que cautivan, enseñan, conmueven y pueden cambiar tu vida!

Romances de Arandi Gomes Texeira y el Conde J.W. Rochester

El Condado de Lancaster
El Poder del Amor
El Proceso
La Pulsera de Cleopatra
La Reencarnación de una Reina
Ustedes son dioses

Libros de Vera Kryzhanovskaia y JW Rochester

La Venganza del Judío

La Monja de los Casamientos

La Hija del Hechicero

La Flor del Pantano

La Ira Divina

La Leyenda del Castillo de Montignoso

La Muerte del Planeta

La Noche de San Bartolomé

La Venganza del Judío

Bienaventurados los pobres de espíritu

Cobra Capela

Dolores

Trilogía del Reino de las Sombras

De los Cielos a la Tierra

Episodios de la Vida de Tiberius

Hechizo Infernal

Herculanum

En la Frontera

Naema, la Bruja

En el Castillo de Escocia (Trilogia 2)

Nueva Era

El Elixir de la larga vida

El Faraón Mernephtah

Los Legisladores

Los Magos

El Terrible Fantasma
El Paraíso sin Adán
Romance de una Reina
Luminarias Checas
Narraciones Ocultas
La Monja de los Casamientos

Libros de Elisa Masselli

Siempre existe una razón
Nada queda sin respuesta
La vida está hecha de decisiones
La Misión de cada uno
Es necesario algo más
El Pasado no importa
El Destino en sus manos
Dios estaba con él
Cuando el pasado no pasa
Apenas comenzando

**Libros de Vera Lúcia Marinzeck de Carvalho
y Patricia**

Violetas en la Ventana
Viviendo en el Mundo de los Espíritus
La Casa del Escritor
El Vuelo de la Gaviota

**Vera Lúcia Marinzeck de Carvalho
y Antônio Carlos**

Amad a los Enemigos
Esclavo Bernardino
la Roca de los Amantes
Rosa, la tercera víctima fatal
Cautivos y Libertos

Libros de Mónica de Castro y Leonel

A Pesar de Todo

Con el Amor no se Juega

De Frente con la Verdad

De Todo mi Ser

Deseo

El Precio de Ser Diferente

Gemelas

Giselle, La Amante del Inquisidor

Greta

Hasta que la Vida los Separe

Impulsos del Corazón

Jurema de la Selva

La Actriz

La Fuerza del Destino

Recuerdos que el Viento Trae

Secretos del Alma

Sintiendo en la Propia Piel

World Spiritist Institute
https://iplogger.org/2R3gV6